생각이 바뀌면
인생이 바뀐다

2022년 여름
정태익

운명을 바꾸는 **부동산 투자 수업**

운명을 바꾸는

바 이 블 에 디 션
기 초 편 · 실 전 편

부동산읽어주는남자 | 정태익

부동산 투자 수업

리더스북

기초편 차례

1부 왜 반드시
투자해야 하는가

2부 왜 지금 투자해야 하는가

3부 투자의 출발선에서 고민하는 것들

4부 투자금 모으기 불변의 법칙

5부 부동산 투자 개념 잡기

6부 ^부 부동산 시장 환경의 이해

6부 부동산 시장 환경의 이해

실전편 차례

실전편 투자 수업을 시작하기 전에
부자로 가는 길에 선 당신을 환영합니다 **292**

7_부 성공하는 인생을 위한 투자 플랜

8부 반드시 알아야 하는 입지 분석의 기술

9부 첫 집 마련을 위한 매수의 기술

10부 실전 투자자를 위한 아파트 투자의 기술

11부 실전 투자자를 위한 비(非)아파트 투자 엿보기

12부

실전 투자자를 위한 경매 투자 엿보기

운명을 바꾸는

부동산 투자 수업

내 집 마련부터
실전 아파트 투자까지,
결국 돈 버는
부동산 투자 트레이닝

기초 편

머리말

생각이 행동을 바꾸고
행동이 인생을 바꾼다

"당신은 돈을 벌 자격이 있나요?"

세상에 부자가 되고 싶다는 사람은 많습니다. 그들에게 오히려 위와 같은 질문을 던진다면 어떤 대답을 할까요?

많은 사람이 돈을 좇습니다. 명품을 척척 사고, 고급 호텔에 묵으며, 여행을 다니는 삶은 선망의 대상입니다. 이런 삶까지는 아니더라도 '번듯한 아파트 한 채 사서 가족과 평범하고 행복하게 살고 싶다'는 소망은 누구나 갖고 있습니다. 문제는 내 집 한 채 마련하는 것이 절대 쉽지 않다는 겁니다. 대부분 사람들은 손쉽게 '돈 버는 방법'을 알고 싶어 합니다. 저는 이런 말씀을 드리고 싶습니다.

운명을 바꾸는 부동산 투자 수업

"투자를 잘하는 사람이 되십시오."

수많은 사람을 가르치고 상담하면서 세상에는 두 부류의 사람이 있다는 사실을 깨달았습니다.

> **유형 1 : 투자를 잘하고 싶은 사람**
> **유형 2 : 돈을 많이 벌고 싶은 사람**

부자가 간절히 되고 싶다면, 투자를 잘하면 됩니다(유형 1). "생각이 행동을 바꾸고, 행동이 인생을 바꾼다." 제가 자주 하는 말입니다. 투자를 제대로 배우고 실행해보려고 '생각'해야 '행동'이 바뀝니다. 생각이 바뀌지 않는데 행동이 바뀔 리 없습니다. 그저 돈 되는 꿀팁, 종목, 아파트 단지를 찍어주기만을 바라선 안 됩니다(유형 2). 그럼 내 인생은 조금도 달라지지 않습니다.

나의 현재는 과거 행동의 결과입니다. 그리고 지금껏 나를 지배해온 사고방식 때문에 그런 행동을 해온 것입니다. 현재의 내 모습이 만족스럽지 않나요? 인생을 바꾸고 싶다면, 생각부터 바꿔야 합니다. 즉, 나의 생각과 행동을 바꿔야 비로소 돈을 벌 자격이 생기는 겁니다.

"투자를 잘하려면 어떻게 해야 하나요?"

가난에서 벗어나 부자가 되고 싶은 당신이 저에게 던져야 할 질문은 바로 이것입니다. 그리고 저는 이 책에 위 질문에 대한 저의 대답과 노하우를 정리해두었습니다. 그렇습니다. 저는 이 책을 통해 투자자가 가져야 할 생각과 행동을 알려드리려고 합니다. 부자가 되려면 생각의 전환과 달라진 행동을 반복해야 합니다. "내가 이걸 어떻게 해?" 그런 생각이 든다면, 바로 책을 덮고 원래의 현실로 돌아가면 됩니다.

"부자가 되는 것은 어렵다. 정말 죽을 만큼 노력했다."

부자가 된 사람들이 공통적으로 하는 말입니다. 그 노력이 무엇일까요? 바로 나의 '돈 그릇'을 키우는 일입니다. 저는 각자의 돈 그릇만큼 돈이 따라온다고 생각합니다. 부의 그릇이 크면 많은 부를 쌓을 수 있지만, 그릇이 작으면 설사 큰돈이 들어오더라도 금세 흘러넘쳐 사라지고 맙니다. 로또 1등을 한 벼락부자들의 불행한 말로를 예로 들 수 있겠네요.

물론 투자가 아닌 다른 방식으로 돈을 버는 사람도 많습니다. 언젠가 200억 원 규모의 자산을 보유한 사업가를 만난 적이 있습니다. 그분은 본인의 사업에 대해서는 전문가지만, 소위 말하는 '부동산 까막눈'이었습니다. 사업과 투자는 완전히 다른 영역이고, 사업으로도 부를 이룰 수 있습니다. 그러니 꼭 부동산 투자가 아니어도 사업 등을 통해 부를 쌓는 길은 있습니다.

그렇다면 지금 이 책을 보는 당신에게 묻고 싶습니다. 투자가 아닌 다른 돈 버는 방법을 아시나요? 사업을 잘하시나요? 연예인, 전문직처럼 고소득을 벌어들일 수 있나요? 아니라면 당신이 부자가 되는 길은 '투자'뿐입니다. 이것이 바로 당신이 투자를 공부해야 하는 이유입니다.

왜 부자는 더 부자가 되고,
가난한 자는 더 가난해지는가

　본격적으로 투자 수업에 들어가기 전에, 잠시 제 이야기를 해볼까 합니다. 제가 왜 부자가 되기로 마음먹었는지, 그리고 왜 부동산 투자를 시작하게 되었는지에 관한 이야기입니다.

　1985년, 저희 가족은 서울 강남구 삼성동으로 이사를 했습니다. 소위 '강남'이라 불리는 그 지역의 한복판으로 온 것이죠. 어릴 때부터 강남에 살았다니 금수저라 생각할 수도 있겠지만 전혀 아닙니다. 지금은 상상하기도 어렵겠지만, 과거의 강남은 코엑스 무역센터 건물 하나만 덩그러니 있는 황량한 벌판과 같았습니다. 강남의 상징이 된 테헤란로는 무밭, 배추밭이었고 근처 허름한 벽돌 공장에서 친구들과 술래잡기를 하며 놀았습니다. 그 벽돌 공장 자리에 지금은 수천억짜리 빌딩이 세워져 있습니다.

　물론 제가 끼니를 거를 만큼 어려운 어린 시절을 보냈다거나 찢어지게 가난한 삶이 지겨워 부자가 되어야겠다고 결심한 건 아닙니다. 그렇다고 유복한 편도 아니었습니다. 지난 반세기 동안 우리나라는 세상에서 가장 빠르게 경제 성장을 이뤘고, 저희 부모님은 그 시기의 최대 수혜지였던 강남 한복판에 살았죠. 하지만 부모님은 안타깝게도 투자와는 거리가 멀었습니다. 주식하는 분들 중 "이상하게 내가 사는 건 떨어지고 팔면 오른다"라며 한탄하는 분들이 있는데, 말하자면 우리 가족이 그랬습니다.

　'강남'이 어떤 동네입니까? 수백 수천 배가 오른 '기회의 땅'이었습니다. 제가 초등학교 입학할 때만 해도 친구들의 집안 사정은 다들 비슷비슷했습니다. 그런데 머지않아 그 일대 부동산 가격이 폭등하면서 상황이 완전히 달라졌습니다. 자고 일어나 보니 돈방석에 앉은 벼락부자가 주위에 생겨나기 시작한 거죠. 얼마 전까지 같이 오락실에 다니던 친구들이 고가의 게임기를 집에 들이기 시작하고, 값비싼 브랜드의 옷과 가방, 신발 등을 척척 사는 걸 보면서 저는 상대적 박탈감을 느꼈습니다. '왜 우리 부모님은 저런 걸 못 사주지?' 그런 생각에 저도 모르게 위축됐죠. 오랫동안 알고 지낸 친구가 강남에 아파트 몇 채를 가진 부자라는 사실을 알았을 때의 충격이 지금도 생생합니다. 대학생이 강남 아파트 3채를 가지고 있다면 믿기나요? 친구 아버지가 친구 명의로 집을 여러 채 사놓았기에 가능했습니다. 그분은 강남이라는 기회의 땅을 제대로 보고 있었던 거죠.

그래서일까요, 저는 목표 없이 방황하는 어린 시절을 보냈습니다. '남들은 부자인데, 내 친구네는 점점 부자가 되는데 왜 우리 집은 부자가 되지 못했을까.' 그러다 어느 순간 열등감에 못 이겨 '나는 부자가 될 수 없을 것'이라며 스스로를 가둬버렸습니다. 그저 친구들의 비싼 옷이 부러워 부모님께 나도 사달라며 화내고 우울해하는 그런 철없는 학생일 뿐이었죠.

나의 한 시간은 짜장면 한 그릇?

스무 살 성인이 될 때까지 저에게 부자가 되는 방법을 가르쳐준 사람은 아무도 없었습니다. 남들과 똑같은 삶을 살았고, 다들 가야 한다기에 대학에 진학했습니다. 대학에 입학한 2002년 즈음, 제 마음을 빼앗은 것은 엉뚱하게도 당구였습니다. 내가 계산한 대로 잘 치기만 하면 원하는 결과가 나오기 때문에 더욱 당구에 빠져들었는지도 모릅니다. 그러다 용돈도 벌고 당구도 배워볼 겸 동네 당구장에서 아르바이트를 했습니다. 편의점 시급이 2천 원이 채 되지 않던 시절에 당구장 시급 3,500원이면 괜찮은 일자리였습니다. 물론 절대적 금액 자체는 작았죠. 당시 짜장면 한 그릇이 3,500원이었으

운명을 바꾸는 부동산 투자 수업

니 나의 한 시간 노동의 대가는 짜장면 한 그릇이었던 셈입니다. 저는 돈이 아까워서 점심도 굶으면서 일했습니다. 스물한 살 건장한 청년이 굶으면서 일하기란 쉽지 않더군요. 하루는 당구장에 온 손님이 탕수육을 배달시켰습니다. 그런데 이 손님이 어째서인지 탕수육을 딱 하나만 먹고 손도 대지 않은 겁니다. 손님이 가고 뒷정리를 하면서 저는 상당한 갈등에 휩싸였습니다.

'솔직히 거의 새거나 다름없잖아. 하나 먹어도 되지 않을까?'

정말로 손에 탕수육을 쥐고 입으로 가져가려던 순간 정신이 번쩍 들었습니다.

'내가 지금 뭐 하는 거야? 거지냐? 왜 남들이 먹다 버린 걸 먹어?'

고작 탕수육 한 점에 자존심이 뭉개진 것만 같았습니다. 집으로 돌아와서도 화가 가라앉질 않았습니다. 학점은 1점대로 '최악'이었고, 부자는커녕 내 남은 인생이 어떻게 흘러갈지 앞이 보이지 않던 때였습니다. 스물한 살에 마주한 저의 현실이었습니다.

돈이 나를 위해 일하게 하는 법을 배우다

남이 남긴 탕수육을 먹을까 말까 고민하며 좌절한 그날은 반대로 제 인생이 바뀐 날이기도 합니다.

그즈음 저희 어머니는 우리 형제에게 100만 원씩 주시며 주식을 한번 해보라고 주문하셨습니다. '아버지가 주식으로 여러 차례 손해를 봤으니 제발 너희는 제대로 공부하고 주식을 해봐라.'라는 뜻으로 내리신 결정이었습니다. 결과적으로 그 결정은 제 인생을 바꿔놓았습니다.

그때 저는 기왕 받은 '꽁돈'으로 아무 주식이라도 하나 돈을 불려보자고 결심했습니다. 주식 관련 정보를 마땅히 얻을 곳이 없던 시절이라 무작정 서점에 갔습니다. 『100만 원으로 시작하는 OK 주식투자법』(신건용, 자유시대사)이라는 책이 눈에 띄었습니다. "뭐야, 이거 완전 나를 위한 책인데?"라며 책을 사서 겨우겨우 읽어내려 갔습니다. 하라는 대로 프로그램을 깔고, 지금은 이름도 기억 안 나는 두 글자 코스닥 주식에 100만 원을 몰아넣었습니다. 달랑 책 한 권 읽고 계좌를 만든 직후여서 아무 개념이 없었죠. 그런데 그날 주식이 12% 상한가를 친 겁니다.

내가 일주일 일해야 겨우 벌 수 있는 돈을 단 하루 만에 벌다니! 난 아무것도 안 했는데! 저는 그때 처음으로 희망을 보았습니다. 의욕도 없고 미래가 보이지 않던 인생에 한 줄기 빛이 비치는 듯했죠. 어떻게 부자가 될 수 있는지에 대한 해답을 찾은 것 같았습니다.

곧장 집으로 가 주식과 관련된 책이 있는지 찾아보았습니다. 경영학을 전공하던 형의 방에서 읽을 만한 책이 눈에 보이더군요. 그것들을 방으로 가져와 미친 듯이 읽기 시작했죠. 그리고 마침내 제

운명을 바꾸는 부동산 투자 수업

인생의 책인 『부자 아빠 가난한 아빠』(로버트 기요사키, 민음인)를 읽게 됩니다. 워낙 유명했던 책이라 집집마다 한 권쯤은 있었을 겁니다. 저 역시 고등학생 시절 그 책을 한 번 읽은 적이 있습니다. 그때는 '무슨 이런 허황된 이야기가 다 있나' 생각하며 내팽개쳤죠.

투자로 돈을 버는 강렬한 경험을 하지 못했다면 여전히 『부자 아빠 가난한 아빠』를 사기꾼 같은 책으로 치부했을 테지만, 그날은 달랐습니다. 그 책은 저에게 인생의 목표를 심어주었고, 저의 예언서가 되었습니다. 책에 나오는 '가난한 아빠'의 가르침이 나의 지난 인생과 같아 보였습니다. '부자 아빠'의 가르침이야말로 내가 원하던 대답이었습니다. 지금도 그날의 다짐을 생생하게 기억합니다. 책을 끝까지 읽은 뒤 결심했습니다.

"나는 돈을 위해 일하지 않겠다. 돈이 나를 위해 일하게 하겠다. 돈이 일하게 하는 시스템을 만드는 데 내 남은 인생을 투자할 것이다."

지금으로부터 20년 전 이야기입니다. 저의 생각이 바뀌자 제 행동도 달라졌습니다. 그때부터 틈나는 대로 주식을 공부했고, 아르바이트해서 번 돈으로 투자를 하기 시작했죠. 군에 입대하기 전에 장기 투자를 하자는 생각으로 LG 지주회사 주식을 6천 원대에 사서, 2006년 전역한 뒤에 3만 원에 매도했습니다. 주식으로 거의 5배를 벌었죠. 투자금이 적어 큰 이득을 보지는 않았지만, 저는 그때 확신했습니다.

'내 생각이 틀리지 않았구나. 투자를 잘만 하면 내 인생을 바꿀 수도 있겠다.'

투자에 성공하는 '절대 공식'을 지켜라

모두가 알고 있으면서도 막상 투자할 때는 잊어버리는 공식이 있습니다. 그 어떤 투자자도 벗어날 수 없는 공식입니다.

투자 수익 = 투자금 × 수익률

이 간단한 공식이 주는 큰 깨달음은, 수익률 못지않게 투자금을 높이는 것이 중요하다는 사실입니다. 그런데 다들 수익률에만 신경을 쓰고, 투자금은 간과해버립니다. 아니, 정확하게 말하면 투자금은 늘릴 생각조차 하지 않습니다. 투자금을 늘리려면 소득은 늘리고 소비는 줄여서 저축을 많이 해야 합니다. 한마디로 절약하며 살아야 하기 때문에 좀 더 쉬워 보이는 길인 높은 수익률만 바라는 거죠.

저는 수익률과 투자금 둘 다 높여서 최대한 빨리 부자가 되겠다고 결심했습니다. 이미 대학과 전공이 정해진 상태였기 때문에 그 안에서 최대한 연봉을 많이 주는 회사에 취업하자는 새로운 목표를 세웠습니다. 목표를 달성하려면 남은 2년의 대학 생활 동안 부족한 학점과 '스펙'을 채우기 위해 죽어라 노력할 수밖에 없었습니다. 학점 1점대를 배회하던 제가 다른 사람이 된 이유는 간단합니다. 길이 보였기 때문입니다.

이 악물고 준비한 결과, 졸업 후 바로 대기업에 입사하게 되었습니다. 드디어 사회에 첫발을 내디뎠다는 것도 기뻤지만, 무엇보다도 이제 본격적으로 투자를 해볼 수 있겠다는 생각에 마음이 설레었습니다. 당시 저는 건설회사 시공직이라 강원도로 발령을 받았습니다. 강원도 산골짜기 건설 현장에서 숙소 생활을 했기 때문에 최소한의 지출을 하며 모든 투자금을 주식에 넣고 1년간 미친 듯이 투자를 공부해보기로 결심했습니다. 주위 동료들이 대기업 직원 연봉으로 '소비'의 즐거움을 만끽하는 동안, 저는 악착같이 모아서 '투자'를 했습니다. 남들이 취미생활을 즐길 때, 저는 주식을 공부했습니다. 소득의 90%를 모두 주식에 넣었습니다. 매일 주식 책을 읽었고, 야근 후 숙소로 돌아와 자기 전까지 종목과 재무제표를 분석했습니다.

결과를 말씀드리자면, 첫해의 주식 수익률은 24%였습니다. 이 말을 들으면 사람들은 높은 수익률이라며 깜짝 놀랍니다. 하지만 저는 너무나도 실망했습니다. 내가 할 수 있는 최선을 다했는데

24%라니! 정말 미친 듯이 모든 걸 포기하고 '올인'하면 2배, 아니 10배도 벌 수 있으리라 믿었기 때문입니다. 게다가 수시로 찾아오는 주식 하락기에 손실을 보게 되면 어떻게 대응해야 할지 알 수 없어 커다란 두려움을 느꼈습니다. 내 인생을 바꿀 수 있을 것이라는 기대감에 균열이 생기는 순간이었습니다.

부자가 되려면 남들과 다른 길을 가라

저는 지금도 매년 1월 1일이면 『부자 아빠 가난한 아빠』를 읽습니다. 거기에는 스물한 살 때부터 적어놓은 메모가 남아 있어, 저의 초심을 떠올리게 합니다. 주식에 실망했던 그때도 어김없이 그 책을 꺼내 들었습니다. 로버트 기요사키는 저의 멘토였고, 그 책은 지침서와도 같았으니까요. '나는 어떻게 해야 하는가?' 절박한 심정으로 다시 책을 읽었습니다.

그런데 벌써 열 번도 더 읽었던 그 책을 다시 읽으면서 정말 신기한 경험을 했습니다. '로버트 기요사키는 부동산 투자로 돈을 번 사람'이라는 사실을 그제야 깨달은 것이죠. 그전까지는 몇 번이고 책을 읽어도 주식과 사업 이야기에만 눈길이 갔습니다. 그런데 처음으로 기요사키가 부동산 투자자이기도 하다는 사실이 눈에 들어왔습니다. 아는 만큼 보인다고, 제가 주식에만 몰두해 있었고 부동산에는 관심조차 없었기에 그저 지나쳐버렸던 것입니다.

그때부터 부동산 투자에 관심을 갖게 되었습니다. 주식에서의 경험으로 투자금을 키우고 수익률을 높여야 한다는 것은 이미 알고 있었는데, 부동산은 레버리지(대출)를 일으켜 내 자본보다 훨씬 큰 자산을 소유할 수 있는 투자 수단이었습니다. 로버트 기요사키의 말이 그제야 보였습니다.

저는 곧바로 생각을 행동으로 옮겼습니다. 전 재산 4,600만 원으로 살 수 있는 부동산을 알아보기 시작했습니다. 그때 지방 소도시의 아파트가 눈에 들어왔습니다. 매매가 5,300만 원, 보증금 500만 원에 월세 30만 원을 받을 수 있는 물건이었습니다.

2009년은 리먼 브라더스발 글로벌 금융 위기로 부동산 시장에 그야말로 피바람이 불던 시기였습니다. 그래서 지방 아파트는 애물단지와 같은 취급을 받고 있었죠. 저는 주식 투자를 했기 때문에 부동산도 주식 투자를 하듯이 따져봤습니다. "월세 30만 원이면 단순 계산해도 연 7%가 넘는 수익률이다. 이 정도면 충분하지 않은가?" 거기에 레버리지를 일으키면 3배, 4배도 벌 수 있을 것 같았습니다.

그 아파트에는 당시 1천만 원의 주택담보대출이 있는데도 불구하고 임차인이 4천만 원에 전세로 거주 중이었습니다. 아마 이해가 잘 안 될 겁니다. 어떻게 매매가와 전세가의 차이가 단 천만 원밖에 나지 않는지, 대출까지 껴 있는 물건에 전세로 살고 있는 세입자는 도대체 뭐 하는 사람인지 말이죠.

당시는 금융 위기로 집 사는 것을 극도로 꺼리는 분위기였기에 가능한 일이었습니다. 제2의 IMF가 온다는 둥, 나라가 망할지도 모른다는 둥 위기라는 말이 뉴스에 수시로 나오던 시절이니 다들 집을 사는 대신 전세를 얻으려고만 했습니다. 두려움이 시장을 지배하고 있었죠. 그런 분위기에 집을 사는 것은 무모한 행동으로 보였을 것입니다. 저는 이런저런 비용까지 합쳐 단돈 450만 원으로 그 아파트를 샀습니다. 임차인의 전세금과 이전 집주인이 받아둔 대출을 끼고 그 가격에 살 수 있었습니다.

'통장에 4,600만 원 있으니까 이런 집 10채를 살 수 있는 건가?'

4,600만 원으로 5억의 자산을 가질 수 있게 해주는 레버리지의 힘을 깨닫는 순간이었습니다. 아침 7시 반에 출근해 자정 가까이까지 죽도록 일하던 시기에, 450만 원을 주고 산 아파트 한 채는 저에게 새로운 희망이 되었습니다.

남들의 말을 들으면, 남들처럼 살게 된다

그러나 그때를 떠올려보면 제 편을 들어준 사람은 단 한 명도 없었습니다. 하나같이 저를 뜯어말렸죠.

"야, 요즘 누가 미쳤다고 집을 사냐?"

"그러다 집값 떨어지면 어쩌려고 그래? 열심히 일해서 연봉 올리고 착실하게 모을 생각을 해야지."

"한 방에 훅 간다! 다들 가지고 있는 집도 팔고 있는 마당에."

심지어 돈을 벌려면 한 건이라도 더 거래를 성사시켜야 할 공인중개사마저 저를 만류했습니다.

"아들 같아서 하는 얘긴데, 사지 말아요. 여기 더 떨어질 거야."

이런 충고와 조언에는 항상 '다 너를 위해서 하는 얘기야'라는 말이 붙었지만 저는 제 생각대로 밀고 나갔습니다. 정말로 간절히 인생을 바꾸고 싶었고, 다른 대안이 보이지 않았기 때문입니다. 저는 가진 돈을 탈탈 털어 주변의 더 많은 아파트를 사들였습니다. 기대했던 것처럼 10채를 사지는 못했지만, 총 6채를 마련할 수 있었습니다.

"두고 봐라. 너는 망할 거다."

"너 그러다가 진짜 큰일 난다."

주변 사람 모두가 저의 실패를 확신하고 있었습니다.

결과부터 말하자면, 저는 그 6채의 아파트로 1년 사이에 1억 원이 넘는 수익을 올렸습니다. 우려했던 금융 위기는 경제에 직접적인 타격을 주지 않아 대부분의 사람들이 일자리를 지킬 수 있었습니다. 사람들의 소득 수준은 유지되었지만 집 사기를 꺼리는 분위기는 이어져 자연스레 전세 수요가 늘었고, 올라간 전세가가 매매가를 밀어 올리는 상황이 펼쳐진 것입니다.

처음 샀던 아파트는 그다음 전세 계약을 7천만 원에 했습니다. 대출 1천만 원을 상환하고도 2천여 만 원의 목돈이 들어왔죠. 다른 곳들의 전셋값도 일제히 오르면서 통장에 돈이 쌓였고, 이 돈을 투자금 삼아 또다시 6채를 추가 매수할 수 있었습니다. 주변 사람들 모두가 뜯어말리는 부동산 침체기에도 답은 있었던 것이죠. 남들과 다르게 움직이자 기회가 보였습니다.

현실적인 조언이라며 '평범한 길'을 걸으라고 강요하는 사람들 대부분은 당신을 위하지 않습니다. 솔직히 말해 그들이 조언과 충고를 하는 이유는 자기 자신을 위해서입니다. 어쩌면 그들은 당신이 자신과 다른 길을 걷고 성공할까 봐 두려운 건지도 모릅니다. 얼마 전까지 나와 비슷했던 사람이 달라지는 모습을 보면, 가만있던 본인을 자책하게 될 테니까요. 물론 대부분 나를 진심으로 걱정해서 하는 말일 테지만, 주변의 조언이 곧 정답은 아닙니다. 내가 가려는 길에서 먼저 성공한 사람에게 조언을 들어야지, 그 길을 가보지 않은 사람의 조언은 그저 걱정과 기우에 불과하다고 생각합니다. 남들의 말을 들으면 남들처럼 살게 됩니다. 남과 다른 길을 가고 싶다면, 평범한 길을 걷는 사람들의 말에 휘둘리지 마세요.

"항상 같은 일만 반복하면서 매번 다른 결과가 나오기를 바라는 것은 심각한 정신병 증상이다."

아인슈타인이 한 말입니다. 지금껏 살아온 나의 생각과 행동이

나의 '돈 그릇'을 만듭니다. 이 그릇을 키우고 지금과는 다른 삶을 살고 싶다면 모든 것을 뜯어고쳐야 합니다. 저는 어린 시절의 결핍을 연료 삼아 수백 권의 투자 관련 책을 읽고 발품을 팔아가며 공부했고, '거지' 소리를 들을 정도로 아껴가며 돈을 모아 투자했습니다. 그 결과 30대에 회사를 스스로 그만둘 수 있었고, 이제는 사람들에게 투자에 관해 이야기할 수 있는 사람이 되었습니다. 이렇게 책을 쓰는 것도 그런 경험이 있었기에 가능한 일이죠. "생각이 바뀌면, 인생이 바뀐다." 시급 3,500원 당구장 아르바이트생의 삶이 이렇게 바뀐 이유입니다.

부자는 부자의 길을, 가난한 자는 가난한 길을 택한다

본격적으로 이야기를 시작하기에 앞서 분명하게 해둘 것이 몇 가지 있습니다. 이 책을 계속해서 읽을지 말지는 다음 사항을 고려해서 판단하시기 바랍니다.

첫째, 좋은 투자 지역이나 물건을 족집게처럼 찍어주기를 바란다면 책을 덮으세요. 본인을 뜯어고칠 마음 없이 돈 되는 정보를 좇고자 하는 분은 이 책을 읽을 이유가 없습니다. 이 책은 당신의 생각을 바꾸는 데 많은 비중을 할애할 것입니다. 도움 되는 정보를 백날 들어도 결국 행동으로 옮기지 못하는 것은 나의 사고방식이 과거에 머물러 있기 때문입니다. 투자할 때 가장 중요한 것은 정보가 아니라 '마인드'입니다. 삶을 장기적으로 내다보고 투자 철학을 다지는 것이 우선입니다. 대뜸 투자처를 추천받아서 돈만 벌고자 하지 마세요. 무면허로 고속도로를 달리는 것과 같이 위험한 일입니다.

둘째, 이 한 권으로 투자의 귀재가 될 수 있다고 생각하지 마세요. 저는 투자를 시작하고 싶은 사람을 위해 이 책을 썼습니다. 모든 일에는 시작이 있고, 모든 시작은 기초를 다지는 데서 출발합니다. 저는 당신이 스스로 투자 원칙을 세우고 그 원칙을 지켜나갈 의지를 다지도록 도울 것입니다.

셋째, 아무것도 포기하지 않고 부자가 되려고 하지 마세요. 앞서 돈 벌 생각을 버리고 투자를 잘할 방법을 연구해야 한다고 했습니다. 투자를 잘하려면 그만큼의 노력과 시간을 들여야 합니다. 집에서 맥주 한잔 하며 넷플릭스 보는 여유, 주말에 친구나 연인 또는 가족과 여행 다니는 즐거움을 포기할 수 있어야 합니다. 그전까지 어떤 취미를 즐겼건, 이제 당신에게 투자 공부가 새로운 취미가 되어야 합니다. 나의 삶에 투자를 최우선으로 두어야 한다는 말입니다. 퇴근 후 남는 시간에는 투자 공부를 하고 투자를 경험해야 합니다. 또한 주변 사람들에게 궁상맞다, 독하다는 말을 들을 정도로 돈을 아껴야만 합니다. 나의 생각과 원칙을 믿고 주변에 휘둘리지 않아야 합니다. 그런 토대가 있어야만 두려움을 극복할 수 있습니다.

처음 투자를 시작할 때는 누구나 불안하고 두렵습니다. 저라고 그러지 않았을까요? 당연히 두렵고 초조했습니다. 집값이 떨어지면 어쩌나 하는 걱정에 밤잠을 설친 적도 많았습니다. 세상에 100% 확실한 투자란 없으니까요. 그렇다고 투자를 하지 않으면 절대 부자가 될 리 없습니다. 떨어질 게 걱정돼서 시작조차 못 하겠다면 투자를 안 하는 편이 낫습니다. "기껏 샀는데 가격이 떨어지면 어떻게 해요?"라는 질문에 제가 해줄 수 있는 답은 '투자자로서 완전히 잘못된 질문'이라는 겁니다. 저는 투자자로서 방법을 찾는 사람이지, 걱정에 공감해주는 사람이 아닙니다. 방법을 모르면 공부하면 됩니다.

대부분의 사람들이 택하는 안정적인 길은 오히려 가장 불안한 길입니다. 잘 알다시피 퇴직 연령은 점점 낮아지고 반대로 수명은 늘어나고 있는 오늘날, 열심히 회사만 다녀서는 부자가 되기는커녕 노후 대비도 불가능합니다. 사회 문제가 된 '노후 파산'을 겪은 분들도 대부분 성실하게 살아왔고, '남들과 같은' 길을 걸어왔음을 명심해야 합니다.

지금 당신은 선택의 갈림길에 서 있습니다. 두렵더라도 내 인생을 바꿔볼 기회를 얻을 것인지, 아니면 저 끝에 어둠과 가난만이 기다리는 것을 알면서도 현실을 외면하고 서로 위로해가며 남들과 같은 길을 걸을 것인지. 덧붙여, 내가 지금 고생하지 않는다면 이 고생을 나중에 내 자녀가 하게 될지도 모릅니다. 당신이 이번 생에서 평범한 길을 걷는다면, 자녀는 부자의 길을 걷기 위해 몇 배로 고생해야 할지도 모른다는 말입니다.

세상에 공짜 점심은 없습니다. 부자가 되는 길은 절대 편한 길이 아닙니다. 고통과 눈물이 흐르는 길입니다. 모두가 이 길을 가야 할 이유도 없습니다. 하지만 부자가 되겠다는 의지가 굳건하다면, 기꺼이 외롭고 험난한 길을 걸어갈 준비가 되어 있다면, 이 책은 좋은 안내자가 되어줄 것입니다.

부자로 가는 여정의 시작, 이제 출발합니다.

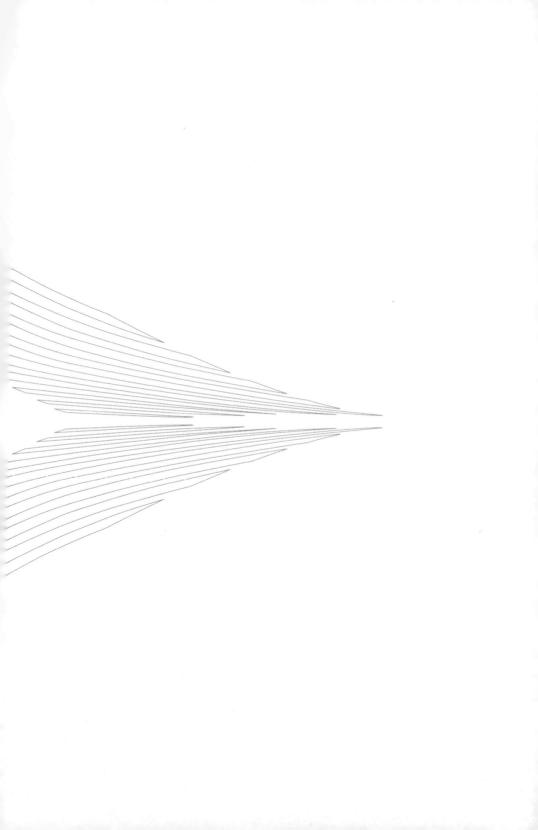

1부

생각이 행동을 바꾸고, 행동이 인생을 바꿉니다.

생각이 바뀌지 않는데 행동이 바뀔 리 없습니다.

지금처럼 회사에 매달려 살아가면 달라지는 것은 아무것도 없을 겁니다.

1부에서는 당신이 왜 월급을 기다리는 평범한 직장인에서

부자의 길을 걷는 부동산 투자자로 거듭나야 하는지

그 이유를 명확히 짚어볼 예정입니다.

분명 마인드의 변화를 느끼게 되리라 확신합니다.

왜 반드시
투자해야 하는가

01

열심히 일하는데
왜 내 삶은 그대로인가

"쉬지 않고 일하는데 왜 내 삶은 그대로일까?"

많은 사람들이 하는 고민입니다. 저도 그랬습니다. 하루 열두 시간 일하며 회사를 다니던 때도, 투자를 시작하고 난 뒤에도 머릿속에 맴돌던 고민이었습니다. 왜 나는 빨리 부자가 못 될까? 부자가 될 수는 있을까? 자괴감이 든 적도 많았습니다.

회사원으로서 저는 누구보다도 열심히 일했습니다. 아침 7시 반에 출근해 자정에 퇴근할 때도 많았고, 주말 출근도 당연하게 생각했습니다. 그렇게 해봐야 연봉 조금 오르는 게 전부였죠. 그런데 하루는 같이 야근하던 선배가 밥 먹는 시간도 아깝다고 자리에 앉아 샌드위치를 먹으며 일하는 모습을 보고 문득 이런 생각이 들었습니다.

'이게 뭐지? 죽어라고 일해봤자 몸만 축나고, 돈은 회사가 벌고…. 노예랑 다를 게 뭐야?'

결론부터 말하자면, 열심히만 살면 절대 부자가 되지 못합니다. 투자를 시작했을 때 제게 충고하는 사람들이 많았습니다. 그들은 그저 남들처럼 열심히 살던 사람들이었고, 제게도 그렇게 살라고 조언했습니다. 공격적인 투자나 사업은 위험하다, 연봉을 올려야 한다, 빨리 돈 모아서 빚을 갚아라….

그러나 이 조언은 부자가 되는 것과는 전혀 무관했습니다. 그저 열심히 사는 노동자, '노동자'라는 이름에 가려진 노예. 그게 당시 저와 제 주변의 삶이었습니다.

그럴싸한 포장지에 가려진 현대판 노예 시스템

인간은 모두 평등하다고 생각하세요?

적어도 법적으로는 그렇습니다. 링컨 대통령의 노예해방선언이 1863년 일이니, 21세기인 지금은 당연히 법 앞에서 모두가 평등한 권리를 인정받고 있죠. 하지만 현실을 잘 들여다봅시다. 정말로 계급은 사라졌을까요? 저는 그렇게 생각하지 않습니다. 노예제도는 여전히 남아 있습니다.

『모든 것의 가격』(에두아르도 포터, 김영사)이라는 책에서는 노예제도가 법적으로 사라진 이유를 흥미롭게 설명합니다. 노예의 인권을 위해서가 아니라 '경제적인 유불리를 따져서', 그러니까 노예를 먹이고 재우는 비용보다 월급을 주는 게 '더 싸게 먹혀서' 노예제도가 사라졌다는 겁니다. 농경사회에서 공업사회로 나아가며 기업들은 다양한 일을 하는 사람을 원하게 되었습니다. 주로 농업에 종사할 노예가 필요했던 과거와는 달리 서비스업이나 단순 노동 종사자부터 건설, 기계 기술공, 세무사나 변호사, 회계사 같은 전문직까지 사회가 필요로 하는 직업과 노동의 종류가 매우 다양해졌죠.

옛날에는 노예를 데려다 숙식만 제공하면 필요한 노동력을 대부분 충족시킬 수 있었지만 지금은 불가능합니다. 노예를 데려다가 변호사로 키우고 의사로 만들 바에야 그 돈으로 변호사나 의사에게 그때그때 돈을 지불하는 편이 훨씬 저렴하다는 계산이 나옵니다. 그렇기 때문에 노예제도가 폐지되었다는 겁니다. 최소한 법적으로는 폐지되었지만 실질적으로 노예제도는 그 모습만 바뀌었을 뿐입니다.

모두 알다시피 과거에는 크게 4가지 계급이 있었죠. 지배계층인 왕과 귀족, 피지배계층인 평민과 노예. 이들은 서로 유기적으로 연결된 관계입니다. 왕은 귀족에게 토지를 주고, 귀족은 노예를 데려다가 숙식을 제공하는 대가로 농사를 짓게 했습니다. 평민 역시 농

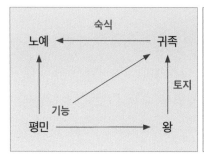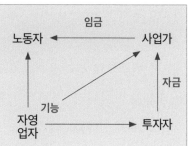

과거 노예와 현대의 근로자 비교

사를 짓거나 왕과 귀족, 노예에게 필요한 생필품이나 농기구 같은 것들을 만들며 생계를 유지했죠. 그런데 현대사회도 크게 다르지 않습니다. 투자자, 즉 주주는 사업가들에게 돈을 줍니다. 이 투자금으로 사업가는 노동자를 고용해 월급을 주고 일을 시킵니다. 자영업자들은 투자자와 사업가, 노동자에게 필요한 여러 상품과 서비스를 제공합니다.

과거 노예들은 귀족이 숙식 제공을 끊으면 잘 곳도, 먹을 것도 없는 처지가 됐습니다. 오늘날 노동자도 사장이 월급을 주지 않으면 집도, 먹을 것도 살 수 없습니다. 그러니 경제적으로 봤을 때 사실상 노예제도와 자본주의 시스템은 다를 바가 없습니다.

"노동자가 노예면 내가 노예라는 거야?" 이런 생각에 불쾌할 수 있습니다. 자신이 노예라고는 생각해본 적이 없겠죠. 그게 바로 '(자유로운) 노동자'와 '임금' 같은 포장지의 역할입니다. 노예 상태

　　　　　　　　　　　　　　　　　　운명을 바꾸는 부동산 투자 수업

이나 노예인 줄 모르게 하는 겁니다.

이 말이 아무리 기분 나쁘다고 해도 엄연한 현실입니다. 이러한 현실을 받아들이지 않는 한 삶은 나아지지 않습니다. 생각을 바꾸면 행동이 바뀌고, 행동이 바뀌어야 인생이 바뀝니다. 생각을 바꾸는 첫 단계가 바로 현실을 있는 그대로 보고 받아들이는 것입니다.

나의 자녀를 노예로 만들지 않으려면…

노예와 현대사회의 노동자가 비슷한 점은 또 있습니다. 노예의 자식이 노예였던 것처럼, 노동자의 자녀도 노동자가 되는 경우가 많다는 점입니다. 물론 모두가 그런 것은 아니지만, 대체로 그렇습니다.

어릴 때부터 부모님께 들었던 조언들을 떠올려보면 대부분 비슷할 겁니다. 열심히 공부해라, 좋은 대학에 가라, 안정적인 직장에 들어가라, 회사는 최대한 오래 다녀라, 저축 많이 해라, 대출은 절대 받지 마라, 욕심 내지 말고 분수대로 살아라…. 이런 조언들을 성실하게 따랐다면 성인이 되어서 노동자가 됐을 확률이 매우 높습니다. 그럼 경제적 자유, 부자와는 매우 거리가 먼 삶을 살게 됩니다. 쳇바퀴처럼 직장을 오가며 상사의 눈치를 보고 매년 크게 다르지 않은 연봉에 나와 가족의 생계를 맡겨버리죠. 이러한 답습이 부

과거와 오늘날 계급 간의 벽

모님의 잘못은 아닙니다. 부모님도 어릴 때부터 그렇게 배워왔기에 자식에게 그대로 가르쳤을 뿐입니다.

학교에서도 진실을 제대로 말해주지 않습니다. 정규 교육 과정에서 대출받아 투자하고 사업하라고 가르치는 학교가 있을까요? 오히려 공부 열심히 해서 좋은 대학 가고, '스펙' 잘 쌓아서 회사원이나 자영업자가 되라고 가르칩니다. 말하자면, 학교는 노예와 평민을 키워내는 공장인 셈입니다. 사실 현대의 학교는 산업사회에 필요한 노동자를 양성하기 위해 세워진 곳이니 당연합니다. 자녀에게 '공부 열심히 해서 안정적인 회사에 들어가라'라고 가르치는 것은, '노예나 평민이 돼서 열심히 일해라'라는 말과 같습니다.

하지만 절망하기에는 이릅니다. 예나 지금이나 계급 사이에는 거대한 벽이 있지만, 과거와는 달리 지금은 노력 여부에 따라 그 벽을 뛰어넘을 수도 있기 때문입니다. 매우 힘든 일이긴 하지만 벽의 존재를 깨닫고, 이런 시스템을 제대로 이용한다면 의외로 그 벽을 빨리 넘을 수도 있습니다.

그렇지 않으면 자녀도 우리와 같은 삶을 살 확률이 높습니다. 지금부터는 달라져야 합니다. 열심히 일하는 노예의 삶을 원하지 않는다면, 어제와 다르게 살아야 합니다. 자본주의 시스템을 이용할 방법을 제대로 익히고 행동해야 합니다. 다시 한번 강조하지만 지금까지와는 다르게 생각하고 다르게 행동해야 앞으로 다른 삶을 살 수 있습니다.

다음 장에서 바로 인생을 바꾸고 싶은 당신이 어떻게 해야 하는지를 살펴보겠습니다.

02 인플레이션을 이기는 단 하나의 방법

앞 장에서 현대사회에도 신분제도가 있다고 했습니다. 과거에는 혈통과 타고난 신분이 계급 이동을 가로막았다면, 자본주의 사회에서 계급을 공고하게 만드는 것은 바로 '인플레이션'입니다. 그런데 아이러니하게도 인플레이션을 제대로 이해하고 행동하면 부자가 될 수 있습니다. 인플레이션에 대해 알고 나면 내가 어떻게 대처해야 하는지, 어떻게 지금의 계급에서 벗어날 수 있을지 한눈에 보일 겁니다.

운명을 바꾸는 부동산 투자 수업

당신의 월급은 물가 상승을 못 이긴다

인플레이션이란 '통화량 증가로 화폐 가치가 하락하면서 모든 물건의 가격이 전반적으로 꾸준히 오르는 현상'을 뜻합니다. 간단히 말해 세상에 풀린 돈이 늘어나면서 물가가 오르는 겁니다. 자본주의 체제는 계속해서 돈이 늘어나는 시스템입니다.

한국은행에서 발표한 자료에 따르면 대한민국의 '광의통화(M2)', 쉽게 말해 '우리나라에 떠도는 돈의 양'은 1986년 55조 원에서 2020년 3,200조 원으로 약 58배 늘어났습니다. 같은 기간 미국의 통화량도 약 8배 가까이 늘었습니다. 자본주의 사회라면 매우 자연스러운 현상입니다.

통화량이 늘면 물가도 오릅니다. 뭐든 흔해지면 가치가 떨어지는데, 돈도 마찬가지입니다. 20년 전이나 지금이나 똑같은 닭을 가지고 튀기는데도 치킨 가격이 2배나 오른 이유는 닭 자체의 가치가 오른 게 아니라 돈의 가치가 떨어졌기 때문입니다. 그걸 보고 우리는 물가가 오른다고 하는 것입니다.

문제는 99%의 노동자나 자영업자의 소득이 인플레이션을 따라 잡지 못한다는 겁니다. 가장 큰 이유는 '내가 일하지 않으면 돈을 벌 수 없다'는 한계 때문입니다. 회사원은 말할 것도 없고 자영업자도 6개월만 일을 쉬면 당장 발등에 불이 떨어집니다. (매장을 여러 개 갖고 있거나 관리자와 직원을 여럿 두고 장사하는 사람은 사업가로 분류됩니다.) 물론 자영업자나 노동자 중에도 물가 상승을 뛰어넘는 돈을 벌어들이는 사람이 있긴 합니다. 그게 나머지 1%입니다. 연봉 10억 원이 넘는 슈퍼 샐러리맨이나 수억 원대 수임료를 받는 변호사, 진료비가 비싸도 예약이 끊이지 않는 유명 의사, '대박집'을 운영하는 자영업자가 그렇습니다. 이들도 일을 하지 않으면 소득이 끊긴다는 점은 마찬가지지만, 소득이 워낙 크니 한동안 일을 쉬거나 줄여도 영향을 덜 받습니다.

하지만 99%의 평범한 샐러리맨은 열심히 회사를 다녀봐야 99%의 확률로 점점 가난해질 수밖에 없습니다. 심지어 1%의 사람들도 인플레이션을 뛰어넘기 위해 많은 것을 포기해야 합니다. 자신을 혹사시키고 많은 시간을 일에 쏟아부어야 합니다. 가족과 지낼 시간을 줄이고, 취미생활은 꿈도 못 꾸며, 병원 갈 시간조차 없어 아파도 참고 일하다 건강이 더 나빠지기도 하죠. 1%의 사람들도 '워라밸'을 엄격하게 지키려면 인플레이션을 이기기 힘들 수 있습니다.

결국 인플레이션은 노동자나 자영업자를 통제하는 벽이 됩니다. 그러니 배운 대로 열심히 일해서 성실하게 저축하는데도 오히려 가난해지는 겁니다. 다른 방법을 찾아야만 합니다.

운명을 바꾸는 부동산 투자 수업

소유권, '벽'을 뛰어넘는 유일한 방법

"집 사려고 열심히 돈 모았는데 갑자기 집값이 올라서 '벼락거지' 된 기분이에요."

2016년부터 부동산 가격이 오르더니 '미쳤다'는 말이 나올 정도로 그 값이 치솟았습니다. 자산 가격이 급격히 올라버려 상대적으로 빈곤해진 사람을 가리키는 '벼락거지'라는 신조어도 만들어졌죠. 이 또한 일종의 인플레이션입니다. 가만히 있는 아파트의 가치가 갑자기 올라간 것은 아니니까요. 거듭 말하지만 노동자나 자영업자는 지금 하는 일만 열심히 해서는 인플레이션의 벽을 뛰어넘기가 힘듭니다.

그 견고한 벽을 뛰어넘는 확실한 방법은 하나뿐입니다. 바로 소유권을 갖는 것, '내가 일하지 않아도 돈을 버는 시스템'을 만드는 겁니다. 이미 벽을 넘어선 부자들이 하는 방법입니다. 이들은 돈이 생기면 자산부터 삽니다. 사업체를 만들고, 주식을 사고, 건물을 삽니다. 모두 자산이죠. 여기서 나온 매출과 배당금, 월세 등으로 또다시 자산을 삽니다. 그렇게 점점 부자가 되어갑니다. 부자라서 그렇게 하는 게 아니라, 그렇게 해서 부자가 된 겁니다. 자산은 내가 일하지 않아도 돈을 벌어다 주기 때문에 어느새 수익은 눈덩이처럼 불어납니다. 그러니 돈을 버는 속도가 빨라 인플레이션을 뛰어넘을 수 있는 것이죠.

이때 주의할 점이 있습니다. '부채'가 아닌 '자산'을 소유해야 한다는 것입니다. 자산과 부채의 차이는 '나에게 돈을 벌어다 주느냐' 아니면 '나에게서 돈을 빼앗아 가느냐'에 있습니다. 자산은 '사고 나서 가격이 내려갈 수도 있지만 오를 수도 있는 것'이라면, 부채는 '사고 나면 무조건 가격이 내려가는 것'입니다.

- **자산**: 구매 후 가격 상승 또는 하락(사업체, 주식, 토지, 상가, 주택, 금, 은, 원자재, 채권, 미술품, 가상화폐 등)
- **부채**: 구매 후 가격 하락(옷, 자동차, 음식, 취미생활 용품 등)

새 자동차도 동네 한 바퀴만 돌고 오면 감가상각이 됩니다. 해외여행을 다녀오면 추억과 사진은 남을지 몰라도 통장 잔고는 확실히 줄어듭니다. 반면 주식을 사면 가격이 하락할 수도 있지만, 오르기도 합니다. 배당금이 지급되기도 하고요. 금이나 은, 원자재, 미술품 등도 마찬가지로 가격이 오르락내리락하죠.

그런데 문제는 우리가 자산보다 부채를 더 먼저, 더 많이 산다는 것입니다. 일단 사고 싶은 부채를 모두 사고 돈이 남으면 투자할 곳을 알아보는 패턴입니다. 명심하세요. 자산이란 남는 돈으로 사는 게 아니라 가장 먼저 사야 하는 것입니다.

시작은 '내 집 마련'부터

'자산을 소유하라.' 좋은 말입니다. 하지만 먹고살기도 힘든데 무슨 자산이고 투자냐며 막막해하는 분도 있을 겁니다. 그래서 저는 처음 투자를 시작하는 분들에게 말합니다.

"일단 집부터 사세요."

그 이유는 다양합니다. 먼저 집은 '의식주', 사람이 살아가는 데 반드시 필요한 3가지 요소 중 하나이기 때문입니다. 누구나 먹고사는 일에는 반드시 돈을 써야 합니다. 그런데 꼭 필요한 것을 사면서 동시에 자산을 소유하게 된다면 가장 이상적이겠죠. 이는 의식주 중 '집'이라는 자산을 살 때만 가능한 일입니다. 집은 사는(live) 데 꼭 필요한 요소이자 동시에 가치가 오르면 나에게 돈을 벌어다 주는 자산입니다. 이뿐만 아니라 집이 없으면 나와 가족 모두 불편하고 고통받을 수밖에 없습니다. 여러 차례 집을 옮기다 보면 주거 안정성이 떨어지고, 전세나 월세가 가파르게 오르면 매우 난감해집니다. 내 집이 있으면 그럴 걱정은 없으니 마음이 한결 편안하죠.

한마디로 집은 의식주의 하나로서 반드시 필요하고, 인플레이션을 이길 수 있는 자산이며, 잘만 투자하면 계급을 뛰어넘는 수단이 되기도 합니다. 집을 산다고 해서 곧바로 들어가 실거주할 필요는 없습니다. 잠시 다른 집에 월세로 살면서 이 집을 레버리지로 활용해도 좋죠. 그래도 언제든 마음만 먹으면 들어가서 살 수 있는 집이 있다는 것은 일종의 보험처럼 든든합니다.

　노예 계층에서 벗어나고 인플레이션을 방어하려면 당신은 소유권을 가져야 합니다. 지금 당장 해야 할 일은 소유권을 갖는 것입니다. 내 이름으로 된 집 한 채를 마련하는 일은 '부의 그릇'을 키우는 확실한 첫걸음입니다.

03 입사하는 순간부터 퇴사를 생각하라

2015년 말, 다니던 회사에서 희망퇴직 신청을 받기 시작했습니다. 안 그래도 회사 생활을 접고 투자에 집중하려던 참이라 전 곧바로 인사팀에 연락했습니다. 그런데 권고사직을 받은 다른 부서 차장에 대한 소문이 들려왔습니다. 그분은 통장에 단돈 2천만 원도 없다며 이제 막 중학생이 되는 자녀를 어떻게 키우냐고 인사팀에 눈물로 사정했다고 합니다.

회사의 냉정함을 강조하려고 이 이야기를 꺼낸 것은 아닙니다. 그보다 더 근본적인 문제인 당신의 노후에 대한 질문을 던지고 싶습니다. 당신은 노후 준비가 되어 있습니까?

회사도, 국가도 당신을 책임져주지 않는다

앞선 사례가 멀게 느껴지지 않는 이유는 실제로 우리 주위에서 흔히 일어나는 일이기 때문입니다. 회사에 전적으로 의지하는 삶을 산다면 노후가 곤란해질 수밖에 없습니다. 통계청에서 발표한 2020년 기준 우리나라의 노인빈곤율은 40.4%로, OECD 주요국 G5(미국, 일본, 영국, 독일, 프랑스) 평균인 14.4%의 3배에 달합니다. 10명 중 4명이 힘겨운 노후 생활을 하고 있다는 말이죠. 그런데도 직장인의 절반 이상은 노후 준비를 제대로 하지 않습니다. 그나마 준비한다는 분들은 물가 상승률도 따라잡지 못할 방법으로 노후 대비를 하고 있죠. 노인빈곤율 압도적 1위, 그게 우리나라의 현실입니다. 열심히 회사를 다니며 꼬박꼬박 국민연금을 납부하는 사람이 많은데도 그렇습니다. 회사나 국가만 믿었다가는 '노후 파산'을 피하기 힘듭니다. 각자가 알아서 대비하는 수밖에 없습니다. 그런데 은퇴 준비를 하고 싶다면서도 막상 물어보면 말뿐인 사람이 많습니다.

내담자 은퇴 준비로 한 20억 정도 모으고 싶어요.

부읽남 연봉은 얼마나 되죠? 지금까지 얼마나 모으셨어요?

내담자 연봉은 3천만 원이고, 한 5천만 원 정도 모았어요.

부읽남 1년에 1억씩 모아도 20년 걸리는데, 3천만 원으로 어떻게 할 건가요?

내담자 　네? 주식이나 부동산에 투자해서 성공하면 되지 않을까요? 투자할 만한 곳 좀 알려주세요.

저에게는 익숙한 대화입니다. 정확한 목표를 세우거나 이를 실현할 구체적인 방법을 조금도 고민해보지 않고, 지나치게 높은 수익률을 목표로 삼는 분들이 있습니다. 이런 생각으로 올바른 행동을 할 수 있을까요? 생각부터 바꿔야 합니다. 행동은 그다음입니다. 단, 생각에는 계획이 뒤따라야 합니다. 계획 없는 생각은 망상일 뿐입니다.

나는 몇 살까지 일할 수 있을까? 그럼 은퇴 이후 몇 년 정도 살게 될까? 그동안 필요한 금액은 얼마나 될까? 지금 소득이면 은퇴 시점까지 얼마나 모을 수 있을까? 목표액과의 차액은 얼마지? 그 차이를 메울 방법은 뭐가 있을까? 사업? 무슨 사업을 해야 하지? 투자? 투자를 한다면 평균 수익률을 얼마나 올려야 할까? 그 정도 수익률을 올릴 수 있는 투자는 뭐가 있을까? 투자금을 늘릴 방법은 없을까?

기본 중의 기본이라 할 만한 이런 질문들조차 해보지 않고 목표를 세우는 것은 로또에 미래를 거는 것과 같습니다. 목표부터 제대로 세워야 그에 맞는 방법을 찾을 수 있습니다.

은퇴 후의 삶은 생각보다 길고, 예상외로 돈도 많이 필요합니다. 월급만으로는 절대 그 돈을 모을 수 없습니다. 직장을 다니면서도 돈을 벌 다른 방법을 찾아야만 합니다. 이런 현실을 빨리 깨달을수록 내 인생이 바뀝니다.

돈 벌 방법 찾는 데 시간을 써라

직장인이라면 '회사가 원하는 인재가 되지 않는 것'을 목표로 해야 합니다. 잘못 쓴 게 아닙니다. 회사가 원하는 인재가 '되지 말아야' 합니다. 보통은 가능한 한 오래 회사를 다니고 싶어 하고, 정년을 꽉 채우면 칭송받습니다. 그러나 회사 생활만으로는 부자가 되기는커녕 노후 대비도 힘듭니다. 우리나라 평균 기대수명은 85세에 달하는데 정년은 보통 55세, 길어야 60세입니다. 직장 생활 하면서 25~30년간 모은 월급으로 남은 30년을 살아가야 합니다. 자녀들 대학 등록금이나 결혼 자금 등을 지원해주고 나면 집 한 채 남지 않는 경우가 많습니다.

회사는 '자기 삶을 희생해가며 목숨 바쳐 일하고 성과를 올리는 사람'을 좋아합니다. 야근이고 주말 근무고 가리지 않고 불평 없이 해내야 하는 것은 기본이죠. 심지어 그렇게 충성을 다해도 그중 극히 일부만이 임원까지 올라갑니다. 사실 막상 은퇴해보면 그들도 대부분 노후 준비가 부족한 게 현실입니다.

그렇게 임원이 되어 정년까지 다닌다고 가정해봅시다. 정년퇴직

운명을 바꾸는 부동산 투자 수업

은 정말 축하받을 일일까요? 55세, 60세가 됐다고 해서 일을 아예 못 하게 되는 것도 아닌데, 그 나이가 됐다는 이유만으로 회사는 직원을 합법적으로 내보낼 수 있습니다. 대기업 기준 신입 사원 중 약 1~2%만 임원을 달 수 있다고 합니다. 그럼 나머지 98%의 사람들은 결국 자의든 타의든 회사를 떠나야 합니다. 회사를 대충 다니면서 월급을 받으라는 말이 아닙니다. 회사가 나를 평생 책임져줄 것이라 믿고 다른 준비는 내팽개친 채 일만 하지 말라는 것입니다. 투자를 하면서도 충분히 회사에 다닐 수 있습니다. 일하지 않는 시간에는 돈 벌 방법을 찾는 데 노력과 에너지를 쏟아야 합니다.

돈 벌 방법은 크게 사업과 투자, 2가지입니다. 회사를 다니는 동안 사업이든 투자든 원하는 것을 찾아 공부하고, 미리 준비해서 회사를 나간 이후를 대비해야 합니다. 내 인생은 내가 책임져야 합니다.

입사한 순간부터 그만둘 준비를 해야 한다

"사업? 투자? 그걸 할 줄 알면 이러고 있겠어? 그리고 그거 위험해. 내 주변에 사업하다 망해서 빚이 수억 원인 사람도 있고, 투자하다가 돈 다 날린 사람도 있어."

이런 말을 하는 사람들에게는 공통점이 있습니다. 그들 모두 회사를 벗어날 어떤 노력도 진지하게 해본 적이 없다는 겁니다. 회사

다니기 싫다고, 당장 때려치우고 싶다고 푸념하면서도 정작 아무런 준비는 하지 않고 "그래도 직장 생활이 제일 낫지"라고 말합니다. 그들이 말한 '사업 망하고 투자로 돈 날린 사람' 대부분은 제대로 된 준비 없이 버티다가 회사를 나간 사람들입니다. 재취업이 안 돼 어쩔 수 없이 사업이나 투자를 시작했다면 잘될 리가 없겠죠.

정말로 회사를 다니기 싫고 그만두고 싶다면, 말로만 할 것이 아니라 실질적인 준비를 해야 합니다. 남들이 여행 다니는 시간에 저는 책을 읽고 투자 공부를 했습니다. 동료들이 차를 바꿀 때, 저는 월급의 90%를 모아서 부동산에 투자했습니다. 회사에 들어간 그 순간부터 그만둘 준비를 한 겁니다.

"그렇게 악착같이 살아서 나이 먹고 부자 되면 뭐 해요? 그럴 거면 그냥 부자 못 되더라도 젊을 때 즐기고 살래요."

이런 말을 하는 분들이 참 많은데, 큰 오해입니다. 투자를 하면 은퇴 시기가 빨라집니다. '알아서 돈을 벌어다 주는 시스템'을 만들었다면 30대의 나이에도 회사를 그만두고 자유롭게 살 수 있습니다. 그래서 조금이라도 빨리 투자를 시작해서 은퇴하라는 겁니다. 젊을 때 즐기다가 은퇴 후에 노후 걱정하지 말고, 젊을 때 고생하더라도 일찍 은퇴해서 즐기면 됩니다.

바로 지금부터 회사를 빨리 그만둘 준비를 하세요. 투자를 잘하려고 노력하는 것, 그것이 바로 은퇴 준비입니다.

운명을 바꾸는 부동산 투자 수업

04

월급 300만 원,
경제적 자유를 꿈꾸는
당신에게

언제부턴가 '경제적 자유'라는 말이 유행처럼 퍼지기 시작했습니다. 경제적 자유를 이루는 게 꿈이라는 분들을 만나면 저는 먼저 이런 질문부터 던집니다.

"경제적 자유가 뭐라고 생각하세요? 돈이 얼마나 있어야 경제적 자유를 이루는 걸까요?"

매우 기본적인 질문 같지만 여기에 제대로 답하는 분이 의외로 드뭅니다. 계획은커녕 목표조차 불투명한 사람들이 많죠. 그러나 목표를 분명히 해야 계획을 세울 수 있습니다.

사람마다 '경제적 자유'에 대한 기준이 다르다

'경제적 자유'나 '부자'에 대한 정의는 사람마다 다릅니다. 누구는 30억 원이면 충분하다는 반면에, 누구는 100억 원 정도는 있어야 부자라고 합니다. '일 안 하고도 그럭저럭 먹고살 만하면 부자'라고 정의 내리는 분도 있습니다. 저의 수강생 중 한 부부는 첫 번째 상가 투자에 성공해서 월급을 포함해 매달 850만 원 정도의 소득을 올리게 되었습니다. 그런데 몇 년이 지나도록 추가 투자는 없었고, 그 투자가 첫 번째 투자이자 마지막 투자가 되었습니다. 그 정도면 충분히 만족스럽다는 거죠. 저라면 당연히 첫 번째 투자의 성공을 발판 삼아 더 큰 성공을 꿈꿨겠지만 그분들은 아니었죠. 여기에 옳고 그름은 없습니다. 그분들 입장에서는 그게 정답이니까요. 산속에서 자급자족하며 살아가는 '자연인'을 관찰하는 TV 프로그램이 있습니다. 극단적인 예시지만, 이분들도 경제적 자유를 이뤘다고 볼 수 있습니다. 소득이 거의 없어도, 지출 또한 0에 가깝기 때문입니다. 핵심은 본인이 만족한다면 그것이 곧 자유라는 것입니다.

"저는 자연인이 될 생각 없는데요."

아마 이 책을 읽는 분들이라면 이렇게 말씀하시겠죠. 그래서 이번 장에서는 종이와 펜만 있으면 손쉽게 해볼 수 있는 '부자 가능성 테스트'를 준비했습니다. 이 테스트를 통해 경제적 자유를 이룰 수 있는 '나만의 목표 금액'을 정하고, 정말로 목표를 실현할 수 있을지 알아보려고 합니다. 이 테스트가 정확하고 정교하지는 않지만, 목표를 세우기 힘들어하는 분에게는 목표와 그 달성 가능성을 예상해보는 데 도움이 될 것입니다.

나의 '부자 가능성' 테스트

① 목표액 정하기

먼저 '최종 목표액'을 정해보겠습니다. 사실 목표액은 총액 개념보다는 '현금 흐름'으로 정하는 편이 좋습니다. 30억, 100억을 벌겠다는 목표보다 '한 달에 천만 원씩 벌겠다'가 더 좋은 목표입니다. 쉽게 팔리지도 않는 시골 땅을 가지고 있어서 자산만 많은 사람보다는 한 달에 1,500만 원씩 현금을 버는 사람이 더 풍족하게 살 수 있으니까요. 그러나 여기서는 간단한 계산을 위해 최종 목표액을 '총액'으로 정해보겠습니다. 이때 목표액은 구체적으로 따져보는 것이 좋습니다. 어떤 집에 살고 싶은지, 무슨 차를 타고 싶은지, 자녀들을 위해 얼마의 자산을 남겨두고 싶은지 등을 모두 고려해서 나온 금액인 거죠.

어린 두 아이를 키우는 평범한 직장인 준호 씨 부부가 있습니다. 각자 연봉이 3,500만 원 정도인 30세 동갑내기 부부의 목표는 이렇습니다.

"한강이 보이는 반포동 30평대 아파트에 살면서 2억 원 정도의 외제차를 타고 싶고, 두 명의 아이들이 결혼할 때 우리 집에서 멀지 않은 곳에 전세 아파트를 구해주고 싶다."

이 경우에 목표액은 어느 정도 나올까요?

- **집** : 약 30억 원(2022년 3월 기준)
- **차** : 약 2억 원(취득세, 등록세, 보험료 등 포함)
- **자녀 지원** : 약 10억 원(5억 원×2명)
  총액 : 약 42억 원

참고로 물가 상승률, 생활비 등은 제외했습니다. 너무 복잡하게 계산하면 시작도 전에 지치니까요. 다만 생활비는 이후 과정에서 따져보도록 합시다. 자, 이렇게 우리는 '목표액'을 정했습니다.

② 나의 현재 재산 파악하기

이제 나의 현재 재산을 파악할 차례입니다. 앞서 목표액을 계산할 때는 상상만으로도 기분이 좋았겠지만, 이제 냉정하게 현실을 따져봐야 합니다. 그런데 보통 재산이라고 하면 현재 가진 것만을 따지는 경우가 많습니다. 우리는 재산에 앞으로 저축할 돈까지 포함하겠습니다. 즉, 지금 가진 '현재의 자산'과 '앞으로 저축 가능한 돈'을 모두 더한 것이 '내 재산'인 셈입니다. 이때 '현재의 자산'은 부동산과 현금성 자산을 모두 포함하는데, 대출금이 있다면 빼야 합니다. 여기에 현금은 물론이고 주식과 펀드, 연금, 보험 등이 있다면 모두 더해서 계산합니다.

> **나의 자산** : {부동산 + 현금성 자산(주식, 펀드, 연금, 보험 등을 현금화한 금액) + 1년 저축액 x 50세까지 남은 연수} - 대출금

여기서 '저축'이란 쉽게 말해 수입에서 지출을 뺀 돈입니다. 준호 씨 부부의 연간 수입이 세후 6천만 원이고 그중 4천만 원 정도를 지출하고 있다면 1년에 2천만 원을 저축할 수 있는 셈입니다.

그렇다면 여기서 몇 살까지 돈을 벌고 저축할 수 있을지를 생각해봐야 합니다. 사람마다 다르지만, 보통 50세부터는 저축이 어렵습니다. 평균 퇴직 연령이 앞당겨졌고, 이쯤 되면 자녀의 대학 등록금이나 결혼 자금 지원 등으로 큰 지출이 발생하기 때문이죠. 준호 씨 부부가 50세까지 저축 가능한 돈을 따져봤더니 4억 원이 나옵니다(연간 2천만 원×20년). 여기에 앞서 계산한 '자산'이 3억 원이라면, 이들의 재산은 7억 원이 되죠. 불확실한 미래의 저축액까지 계산해봐야 하는 이유는, 이렇게 파악한 재산이 곧 '투자금'이 되기 때문입니다.

③ 목표 수익률 파악하기

목표액을 정하고 투자금을 파악했으니 이제 목표 수익률을 알아볼 차례입니다. 수익률을 계산할 때 쓰는 가장 간단한 공식이 '72의 법칙'입니다. '자산이 2배 되는 데 걸리는 기간과 수익률 계산법' 정도로 이해하면 됩니다. 계산도 무척 쉽습니다. 72를 수익률로 나누면 내 자산이 2배가 되는 기간이 나옵니다. 물론 앞서 말씀드렸듯 정교한 계산법이 아니라 기간이 길어질수록 오차가 커지지만, 목표를 세우는 데는 이 정도의 간단한 계산법으로도 충분합니다.

원금이 2배 되는 데 걸리는 시간(년) = 72/수익률(%)

이 공식에 따르면 수익률이 2%인 경우 내 자산이 2배가 되는 데 걸리는 기간은 36년입니다(72/2=36). 마찬가지로 연 수익률이 3%라면 24년(72/3)이 됩니다.

역으로 72를 기간으로 나누면 수익률이 나옵니다. 예를 들어, 12년 만에 자산을 2배로 만들려면 연 수익률 6%를 올려야 하는 거죠(72/12=6). 복잡하다고요? 저는 이 공식을 활용하여 투자금을 N배로 불리는 데 필요한 수익률을 구하는 공식, '36의 법칙'을 만들어보았습니다. 간단히 다음의 식을 통해 계산해보면 됩니다.

운명을 바꾸는 부동산 투자 수업

투자금을 N배로 만들고 싶을 때의 목표 수익률 = [72/2×(N)]/기간 = 36×N/년

준호 씨 부부의 목표 수익률 계산을 예로 들어보겠습니다. 이들
이 50세가 되는 20년 후에 목표액인 42억 원을 만들려면, 다시 말
해 투자금인 7억 원을 6배로 불리려면 연 수익률은 얼마가 되어야
할까요? 공식에 한번 대입해보겠습니다.

목표 수익률 = 36×6(배)/20(년) = 10.8(%, 실제 복리 계산식 적용 시 9.4%)

즉, 준호 씨 부부가 7억 원을 투자해서 20년 후에 42억 원을 만
들려면, 해마다 10.8%의 수익을 올려야 한다는 겁니다. 20년이라는
기간을 단축하고 싶다면 당연히 10.8%보다 높은 수익률을 올려야
겠죠. 20년간 연 수익률 10.8%를 올려야 한다는 말에 어떤 생각이
드나요? 직접 투자를 해본 적이 있거나 투자를 공부해본 사람이라
면 아마 기겁했을 겁니다. 그게 정상입니다. 반대로 생각보다 목표
수익률이 낮다고 생각했다거나 '수익률을 한 20%로 높인다면 10년
만에 달성되는 건가?'라고 생각했다면 반성해야 합니다. 20년간 단
한 번의 손실 없이 10.8%씩 매년 자산이 복리로 불어나야 달성할
수 있는 목표라는 뜻이니까요.

목표 수익률	갖춰야 할 투자 실력
2% 이하	아무것도 하지 않고 적금만 들어도 가능한 수준
3~7%	투자에 약간의 관심만 있으면 가능. 불필요한 지출을 줄이고 차근차근 모아서 투자를 시작할 것
7~10%	다른 일을 하면서 틈틈이 공부하는 것만으로는 어려움. 진지하게 투자에 일생을 걸고 공부
10~15%	생활비를 최대한 줄이고, 대출도 적극적으로 활용해야 가능한 수준
15~20%	받을 수 있는 대출은 모두 받아서 투자금을 최대로 늘려야 함. 또한, 10명이 모이면 9명 정도는 가르칠 수 있을 정도로 투자 실력이 상위권이어야 가능
20% 이상	투자에 목숨 걸어야 함. 100명이 모이면 그중 99명 정도는 가르칠 수 있을 정도로 투자 실력이 최상위권이라야 가능

정해진 답은 없지만 강의를 해오면서 쌓은 저의 경험에 비추면, 각 수익률을 달성하는 데 필요한 투자 실력은 위의 표와 같습니다. 사실, 해마다 꾸준히 15% 이상의 수익률을 올리려면 투자만으로는 거의 불가능합니다. 그 정도 수익률을 올리는 사람은 대부분 사업을 하고 있죠. 20% 이상의 수익률이라면 말할 것도 없습니다. 그것도 조그마한 가게가 아니라 직원을 여럿 둔 사업을 해야만 가능합니다. 참고로 역사상 위대한 투자자 중 한 명으로 꼽히는 워런 버핏의 연평균 수익률이 21% 정도입니다. 워런 버핏보다 뛰어난 투자

자가 될 자신이 없다면 자신이 세운 목표를 달성하기란 사실상 불가능하죠.

당신의 목표 수익률은 얼마입니까? 이를 달성할 능력이 있나요? 아니, 능력 이전에 의지는 충분합니까? 진지하게 생각해봐야 할 문제입니다.

꿈을 포기하기 전에 '되는 길'을 찾는 게 먼저다

어떤 투자자도 벗어날 수 없는 공식이 있습니다.

목표액 = 투자금 × 수익률

준호 씨 부부는 목표액을 달성하려면 매해 10.8%의 수익률을 꾸준히 올려야만 합니다. 쉽지 않아 보이죠? 수익률을 높이는 것보다 더 손쉬운 방법이 있습니다. 목표, 그러니까 눈높이를 낮추는 겁니다. 준호 씨 부부라면 '반포 한강뷰 아파트'를 '마포구 아파트'로, 고급 외제차 대신 '국내 중형 세단'으로, 자녀들 결혼 지원은 아파트 전세가 아닌 '빌라 전세'로 바꾸는 것만으로도 목표를 달성할 가능성이 커집니다.

눈높이를 낮추고 싶지 않다면 투자금을 늘리는 방법도 있습니다. 앞서 투자금은 지금 가진 돈과 앞으로 벌어서 저축할 돈을 더한 것이라고 했습니다. 지금 가진 돈이 당장 늘어날 리는 없으니, 앞으로 벌 돈과 저축액을 늘리면 됩니다. 아껴 쓰거나, 연봉을 올리거나, 부업을 하거나, 소액 투자를 시작하는 등의 방법이 있습니다.

투자금을 늘리는 것이 특히 중요한 이유는 수익률을 높이는 것보다 더 확실하고 더 안전하기 때문입니다. 수십, 수백 퍼센트의 수익률을 바라는 것은 무리입니다. 이것은 전 재산을 털어 로또를 사는 것과 다르지 않습니다. 아직 투자 공부가 되지 않았다면 수익률보다는 투자금을 늘리는 데 집중해야 합니다. 사실 투자금을 늘리는 가장 간단한 방법은 최대한 아껴 쓰고 저축하는 겁니다.

'아껴서 모으라고? 그런 말은 누가 못 해? 무슨 비법이라도 있는 줄 알았더니….'

이렇게 생각한다면 부자가 되기는 힘듭니다. 저축이 쉽다면 당신은 왜 돈을 모으지 못했나요? 아껴 써야 한다는 것은 누구나 알지만 아무나 실천하지는 못합니다. 그런 일을 해내야만 부자가 됩니다. 저축, 그것은 진심으로 부자가 되고 싶다면 꼭 넘어야 할 산이기도 합니다.

운명을 바꾸는 3천만 원

투자에 대해 전혀 모르는 분이 찾아와 "뭐부터 시작해야 하죠?"라고 묻는다면, 저는 망설임 없이 "먼저 저축부터 하세요"라고 답합니다. 사람들은 좋은 투자처를 찾는 데 골몰하지만 정작 투자금을 높여주는 저축은 애써 무시합니다. 이번 장은 내 인생을 바꿀 수 있는 저축에 관한 이야기입니다.

저축: 부자 되는 습관의 시작

사람들은 부자가 되는 시간을 단축해줄 도구가 무엇인지 궁금해합니다. 하지만 도구 사용법을 제대로 익히려면 시간과 노력이 필요하죠. 효과가 뛰어난 도구일수록 초보에게는 위험합니다. 투자 실력을 키우지 않고 어설프게 시작했다가는 본전도 못 건질 가능성이 매우 큰 것이죠. 투자가 처음인 당신이 지금 당장 할 수 있는 것이 바로 '저축'입니다.

① 저축은 투자금을 높이는 가장 쉬운 방법이다

투자의 절대 공식, '투자 수익=투자금×수익률'에서 수익률은 투자 실력으로 결정됩니다. 그런데 실력이 부족하다면 투자금을 늘려야 하는데 가장 확실하고 안전한 방법이 바로 저축입니다. 소득을 높이기는 어렵지만 지출을 줄이는 것은 훨씬 쉽습니다. 소득은 남이 결정하지만, 지출은 내가 결정할 수 있기 때문입니다.

② 투자의 가속도를 높여준다

저축은 투자에 가속도를 붙여줍니다. 성공하는 투자자가 되려면 극단적으로 저축해야 하죠. 주변 사람들에게 "그렇게 모은다고 부자 되겠나?"라는 핀잔도 듣고, 왜 그러고 사냐는 멸시도 좀 받아보고, 진짜 독하다는 말을 자주 들을 정도는 돼야 제대로 저축한 겁니다. 투자는 한 번으로 끝나지 않습니다. 또 다른 투자를 위해서는 지속적으로 투자금이 쌓여야 합니다. 저축 습관은 올바른 소비 습관으로도 이어집니다. 지출 통제와 소득 증가의 선순환이 일어나기 시작하면 투자에 가속도가 붙습니다.

③ 투자를 공부할 시간을 확보해준다

극단적으로 아끼다 보면 돈 나갈 일은 자연스레 피하게 됩니다. 친구들과의 술자리도 줄어들고, 돈 드는 취미 활동도 접거나 줄일 수밖에 없습니다. 그러면 시간이 남습니다. 그 시간에 '투잡'을 하며 투자금을 늘리거나 투자 공부를 할 수 있겠죠.

운명을 바꾸는 부동산 투자 수업

3천만 원: 부의 그릇을 키울 최소한의 자격

투자가 처음인 분들에게 저는 우선 3천만 원을 '극단적으로 아껴서 최대한 빨리' 모아보기를 권합니다. 이는 제가 직접 돈을 모아보고 수많은 사람을 상담한 경험에서 나온 기준입니다. 사회 초년생들의 평균 초봉 정도의 금액이면서, 작게나마 투자를 시작해볼 만한 돈이기도 합니다. 만약 소득이 매우 높아 3천만 원 정도는 몇 달 만에 모을 수 있는 사람이라면 '1년간 극단적으로 아껴서 최대한 많이 모으는 것'을 목표로 하면 됩니다.

3천만 원은 투자를 위한 최소한의 자격입니다. 투자법을 공부하는 것만큼 부의 그릇을 키우는 것이 중요한데, 3천만 원은 최소 시작 기준이라고 보면 됩니다. 단순히 돈을 모으는 게 왜 부의 그릇을 키워줄까요? 투자자의 기본 인내심을 길러주기 때문입니다. 우리는 이 과정에서 수많은 유혹을 이겨내야 합니다. 수백만 원만 모여도 새 노트북이 사고 싶고, 1천만 원이 모이면 그동안 열심히 산 나를 위해 해외여행이 가고 싶고, 2천만 원만 모여도 자동차를 사고 싶어집니다. 그 모든 욕망을 이겨내고 3천만 원을 최단 기간에 모았다면, 당신은 부자가 될 1차 관문을 통과한 것입니다.

2부

투자 관점에서는 전세야말로 최악의 선택입니다.

많은 사람들이 간절히 바라는 청약도 부동산 투자 관점에서는 정답이 아닐 수 있습니다.

이번 장에서는 왜 지금 집을 사야 하는지, 왜 투자를 공부해야 하는지 알려드리겠습니다.

왜 지금
투자해야 하는가

05

여전히 당신은
집을 사도 좋다

내담자 모은 돈이랑 대출을 최대한 끌어다 쓰면 ○억 원 정도 될 것 같은데, 이
돈으로 집을 살 수 있을까요?

부읽남 ○억 원이면 경기도에 있는 아파트를 사실 수 있을 것 같은데요.

내담자 서울이 아니잖아요! 직장이랑 너무 멀어요.

부읽남 그럼 여긴 어떨까요? 서울에 있습니다.

내담자 30년 됐네요. 지금 사는 집보다 좁아서 아이 키우기 힘들 것 같아요.

부읽남 여기는요? 여기는 서울이고, 집도 꽤 크고, 나름 신축이에요.

내담자 '나홀로 아파트'네요…. 나홀로는 집값 잘 안 오른다던데.

부읽남 그러면 서울 아파트를 전세 끼고 사놓으세요.

내담자 저는 실거주하고 싶어요. 음, 일단 전세 살면서 돈 모아야겠네요.

수도 없이 반복되는 익숙한 대화 패턴입니다. 마치 뫼비우스의 띠처럼 물고 물립니다. 많은 분들이 집은 사고 싶은데 마음에 드는 집이 없다고 하소연합니다. 덧붙여 지금은 집값이 오를 대로 올라 일단 전세 살다가 좀 떨어지고 나서 사야겠다고 말합니다. 이런 분들에게 저는 '나중' 말고 '지금' 집을 사라고 이야기합니다. 무주택자가 지금 당장 해야 할 일은 집을 사는 것입니다.

전세 말고 서둘러 집을 장만하라

집을 사지 않고 전세로 시작했을 때의 시나리오를 살펴보겠습니다. 부부 합산 연봉 6천만 원에 전 재산 2억 원인 신혼부부가 전세자금대출 70%를 받아서 서울 30평대 아파트를 전세 6억 원에 얻는다고 가정해봅시다. 지어진 지 15년 이내라 단지도 깔끔하고 주변 인프라도 잘 갖춰져 있습니다. 그런데 이 아파트의 매매가는 사실 10억 원입니다(서울의 전세가율이 2022년 현재 55% 정도임을 감안하여 가정했습니다). 2억 원을 가진 부부가 10억 원짜리 집에 사는 거죠. 이게 문제입니다. 내가 실제로 살 수 있는 집보다 더 좋은 집에 거주하면 세간살이나 생활수준이 거기에 맞춰져 집을 사기가 점

운명을 바꾸는 부동산 투자 수업

점 더 어려워집니다. 혹시나 전세가가 급등하여 8억으로 올라버리면 어떻게 될까요? 답이 없습니다. 서울을 떠나기도 힘들고, 이제 와서 30평보다 작은 아파트로 가기도 힘들고, 더 낡은 아파트로는 더더욱 힘듭니다.

지금 가진 돈으로 마음에 드는 집을 살 수 없다는 건 집이 문제가 아니라 내 기준이 문제인지도 모릅니다. 우리는 '자신이 원하는 집'과 '자신에게 맞는 집'을 종종 혼동합니다. 주택담보대출을 받거나 전세 등의 레버리지♀를 활용해서 '내가 살(buy) 수 있는 집'이 내 수준에 맞는 집입니다. 최대한 냉정하게 내 자산 현황을 파악하고, 감당할 수 있는 선에서 레버리지를 활용해 적당한 집을 하루라도 빠르게 사는 편이 좋습니다.

> ♀ **레버리지(leverage)**
> '지렛대'를 뜻하는 단어이다. 지렛대를 이용하면 실제 힘보다 몇 배나 무거운 물건을 움직일 수 있는 것처럼, 은행 대출 등을 통해 돈을 빌려서 투자함으로써 수익률을 극대화하는 것을 '레버리지 효과(지렛대 효과)'라고 한다.

절대로 전세 살지 마라

"절대로 전세 살지 마세요. 차라리 월세로 사세요."

저는 2017년 제 유튜브 채널에 '절대로 전세 살지 마라'라는 영상을 올려 구독자들에게 큰 호응을 받았던 적이 있습니다. 지금도 수강생들에게 전세 대신 월세로 시작하라고 말합니다. 월세라니, 선뜻 동의하지 않는 분이 많을 겁니다. 우리 사회는 월세에 대한 편견이 있죠. 신혼부부가 전셋집에서 시작하면 고개를 끄덕이지만, 월세로 시작하면 안쓰러운 눈으로 바라봅니다. '전세 구할 능력이 없어서 월세로 산다'는 인식이 팽배하죠. 전세금은 나중에 고스란히 돌려받는 데 비해, 월세는 생돈이 나간다는 경제적인 계산도 더 해집니다. 정말 그럴까요?

전세를 살게 되면 내가 가진 목돈이 전세 보증금이라는 명목으로 최소 2년간 묶이게 됩니다. 내 돈을 고스란히 돌려받는 전세 제도는 얼핏 세입자에게 유리해 보이지만, 사실 전세 자금을 무이자로 집주인에게 빌려주는 것과 같습니다. 4억 원짜리 집에 3억 원을 내고 전세로 살았는데, 2년 후에 집값이 5천만 원 오른다면 시세차익은 누구 몫인가요? 당연히 집주인입니다. 투자로 치면 나는 3억 원을, 집주인은 고작 1억 원을 냈는데 이익은 100% 집주인이 독식하는 겁니다. 그런데 세입자 돈으로 돈을 번 집주인은 절대로 세입자에게 고마워하지 않습니다. 오히려 집값이 많이 올랐으니 전셋값을 올려야 한다고 요구하겠죠.

저는 신혼생활을 경기도 안양시의 오래된 15평짜리 아파트에서 월세로 시작했습니다. 그때는 이미 아파트 투자를 통해 자산을 어느 정도 마련한 상태였습니다. 그런데도 월세로 시작한 것은 투자금을 많이 마련하여 하루라도 더 빨리 부자가 되고 싶었기 때문입

전세(대출 80%)		월세	
전세금	1억 8,000		
대출금	1억 4,400	월세	60 / 월
이자(3%)	36 / 월	보증금	1,000
자기 자본	3,600		

경기도 안양시 B아파트 전/월세 비교(단위: 만 원)

니다. 당시 그 아파트의 매매가는 2억 6천만 원, 전세는 1억 8천만 원이었고, 월세는 보증금 1천만 원에 월 60만 원이었습니다.

그때는 전세 대출이 80%까지 가능했으니 전세로 산다면 제 돈 3,600만 원이 필요하고, 매달 36만 원 정도의 지출이 발생하죠. 월세는 보증금 1천만 원만 있으면 되고, 매달 60만 원을 내야 하고요. 한눈에 봐도 월세를 살면 전세를 살 때보다 매달 24만 원이 더 나갑니다. 하지만 저는 월 24만 원, 1년에 288만 원을 더 쓰더라도 보증금 차액인 2,600만 원으로 그 이상을 벌 수 있다고 생각했습니다. 이것이 투자자의 마인드입니다.

혹시 이렇게 생각할지도 모르겠습니다. 차라리 전세로 살고 투자금을 빌릴 수도 있지 않느냐고요. 그렇지 않습니다. 월세 살면서 보증금 2,600만 원을 아끼고, 여기에 대출까지 받아서 최대한 투자금을 늘리는 게 투자자의 마인드입니다. 2,600만 원으로 1년에 288만 원을 벌려면 연 11% 이상의 수익률을 올려야 하니 힘들어 보일지도 모릅니다. 하지만 가뜩이나 적은 투자금에서 2,600만 원은 어떤 부동산을 살 수 있는가 없는가를 결정짓는 중요한 차이가 될 수 있습니다. 또한 현재는 소득 대비 대출 총액 제한이 있기 때문에 전세자금대출을 받으면 주택담보대출이나 신용대출 받기가 더욱 어렵습니다.

투자 관점에서는 전세야말로 가장 나쁜 선택입니다. 내가 가진 모든 돈이 전세 보증금으로 묶여 그 돈으로 할 수 있는 기회비용을 모두 날리게 됩니다. 내 돈을 남에게 맡기지 말고 '소유권'을 얻는 데 사용해야 합니다.

폭락이 오면 정말 집을 살 수 있을까

집을 살 기회는 누구에게나 찾아옵니다. 그런데 고민 끝에 전세를 택한 분들은 정작 기회가 왔을 때 보증금에 돈이 묶여 있어 기회를 놓치기 쉽습니다. "그때 샀어야 하는데"라는 말과 함께 "집값이 폭락하면 그땐 꼭 사야지"라는 다짐을 하며 대한민국 역사상 몇 번 없었던 폭락을 기다립니다.

그런데 원하는 대로 집값이 폭락하면 그분들은 집을 살 수 있을까요? 대부분 사지 못할 것입니다. 이유는 2가지입니다. 첫째, 돈이 없어서입니다. 대부분 전세로 살고 있기 때문에 폭락이 시작돼도 운용할 돈이 없어서 못 삽니다. 전세 계약 기간도 남았는데, 집값이 폭락하는 상황에서 집주인이 전세금을 쉽게 내줄 리도 없겠죠. 하지만 월세를 사는 사람들은 다릅니다. 통장에 돈이 있어야 기회를 잡을 수 있습니다.

두 번째, 겁이 나서 못 삽니다. 집값이 오를 때도 못 샀는데 집값이 떨어질 때는 살 수 있을까요? 얼마나 더 떨어질지 모르는 상황이라 여간해서는 집을 사지 못합니다. 더 떨어지면 사야겠다며 계속 전세를 삽니다.

사실 저는 이런 이야기 자체가 무의미하다고 생각합니다. 부동산 시장은 물가와 연동됩니다. 장기적으로 보면 우상향하는 자산이며, 다른 곳이 떨어진다고 해서 내 집값이 무조건 떨어지는 것도 아닙니다. 애초에 오를 만한 곳을 사면 문제가 안 됩니다. 문제는 오를 만한 곳을 찾는 방법을 모른다는 것입니다. 그 확률을 높이는 것이 바로 투자 공부입니다.

정리하면 다음과 같습니다. '집을 돈으로만 보지 말자. 집은 자산이면서 동시에 필수재이다. 가능한 한 빨리 나에게 맞는 집을 찾자. 특히 실거주할 집이 필요하다면 더욱 그렇다. 단, 집은 자산으로서도 기능하니, 오를 집을 찾는 눈을 키우자.'

처음 집을 살 때는 불안하고 두렵습니다. 우리가 돈 주고 사는 것 중에 가장 비싼 게 집이니 당연히 그럴 수밖에 없습니다. 그 두려움을 한번 깨고 나면 많은 것이 달라집니다. 등기를 마치고 나면 비로소 보이는 것들이 있게 마련입니다.

06

부동산 공부,
일단 시작하면
많은 것이 달라진다

 부동산 투자는 최소 3천만 원의 투자금에 레버리지를 사용하는 큰 투자이기 때문에 어떤 걸 사는지가 매우 중요합니다. 그런데 많은 사람들이 자동차를 살 때보다 부동산을 살 때 더 공부를 대충 하는 경향이 있습니다. 대표적인 예로 투자할 만한 적당한 곳을 전문가가 간단히 짚어주길 바라죠. 그러나 남의 말만 믿고 전 재산을 맡기는 건 매우 위험한 행위입니다. 돈 되는 곳을 누군가 알려줄 거라는 안일한 생각으로 투자하면 사기를 당하기 쉽습니다. 사기꾼들은 돈은 있는데 아는 건 없는 초보 투자자를 노려, 그들이 듣고 싶어 하는 말을 해줍니다.

운명을 바꾸는 부동산 투자 수업

"무조건 수익률 30% 이상은 보장합니다. 어려울 것 없어요. 복잡한 일은 저에게 맡기시고, 계약서에 도장만 잘 찍어주시면 돼요."

"여기는 10년간 임대 보장입니다."

"급매 중의 급매예요. 지금 안 사면 다른 사람에게 넘어갑니다."

이런 이야기를 들어본 적이 있거나 이런 말을 믿고 부동산에 투자한 적이 있나요? 이런 분들을 위해 지금부터 본인의 실력을 키울 수 있는 공부법을 알려드리겠습니다.

부동산 신생아, 책 30권은 읽고 투자하라

"부동산 공부는 어떻게 해야 하나요?"

우선 '오를 곳을 알려달라'는 질문이 아니어서 다행입니다. 적어도 공부에 대한 의지는 느껴지네요. 이런 분들에게 드리는 제 답변은 이렇습니다.

"부동산 관련 책을 30권 정도 읽어보세요."

실망스러운 답변인가요? 공부를 빨리, 편하게 끝내고 싶은 마음은 이해합니다. 하지만 당신이 뭘 공부해야 할지도 모르는 '투자 신생아'라면 특정 책을 추천받을 필요도 없습니다. 어떤 투자서든 상관없이 30권쯤 읽어보세요. 어차피 지식이 '0'에 가까울 때는 어떤 책이든 읽으면 도움이 되니까요. 수많은 방법 중에서도 책을 추천하는 것은 가성비가 좋기 때문입니다. 책은 전문가의 노하우를 집약해놓은, 검증된 정보의 집합체입니다. 양질의 정보를 담고 있으면서 강의보다 훨씬 저렴하죠. 언제 어디서든 읽을 수 있으니 시간 활용도 자유롭고요.

우선 서점에서 관련 분야의 책이 많은 곳으로 갑니다. 그리고 제목이 이해되는 책부터 펴보세요. 읽다 보면 내 수준에 맞는지 금세 알게 됩니다. 너무 어렵다면 더 쉬운 책을 찾아봅니다. 그러다 보면 내 수준에 맞는 책을 찾게 됩니다. 책을 여러 권 읽다 보면 큰 틀에서는 모두 비슷한 이야기를 한다는 사실을 깨닫게 될 것입니다. 책에 나오는 용어에도 어느 정도 익숙해지죠. 그러다 보면 나의 성향에 맞는 저자나 투자처를 찾을 수 있습니다. 제가 책을 읽고 로버트 기요사키라는 멘토를 찾은 것처럼 당신도 독서를 통해 투자 멘토를 찾을 수 있습니다.

막막한 투자의 길에서 방향을 잡아줄 누군가를 스스로 찾고 배우는 것, 그것이 투자 공부의 시작입니다.

'부동산 고시생'은 되지 마라

투자 공부도 없이 덥석 뛰어드는 사람도 문제지만, 몇 년씩 투자 공부만 하는 사람도 문제입니다. 수백 권의 책을 읽고 수십 개의 강

운명을 바꾸는 부동산 투자 수업

의를 수강해놓고, 정작 투자는 시작도 하지 않는 사람이 있습니다. 저는 그런 사람을 '부동산 고시생'이라고 부릅니다. 시험은 안 보고 공부만 하는 고시생이죠. 투자금이 충분히 모이지 않아서, 좋은 물건을 찾지 못해서, 부동산 시장 상황이 안 좋아서…. 다 핑계고 변명입니다. 그냥 시작할 마음이 없고, 실패할까 두려워서 시도조차 못 하는 것뿐입니다. 그럴 거면 굳이 공부한다고 시간과 정신적 에너지, 돈까지 낭비하지 말고 다른 길을 찾아야 합니다. 누구나 부동산 투자로 부자가 될 수 있지만, 모두가 부자가 되는 것은 아니니까요. 어느 정도 공부를 했다면 그때부터는 현장에도 가보면서 직접 해보는 것이 맞습니다. 실패가 두렵다면 처음에는 비교적 적은 금액으로 투자하면 됩니다.

그렇다면 공부가 충분한지 아닌지 어떻게 알 수 있을까요? 저는 '30분 강의'를 기준으로 잡습니다. 부동산 투자에 전혀 문외한인 사람을 데려나놓고 30분간 설명할 수 있다면, 이제 직접 투자를 시도해봐도 됩니다. "좋은 아파트의 기준은?", "살기 좋은 동네란 무엇인가?" 같은 주제로 부동산 문외한인 사람에게 설명한다고 상상해보면 됩니다. 내가 이해한 것을 다른 사람에게 설명할 수 있고, 상대를 어느 정도 이해시킬 수 있다면 나 스스로 기본적인 이론은 습득한 것입니다. 이 수준에 이르면 그다음은 책이 아닌 실전 투자 경험을 통해서만 배울 수 있습니다.

07

청약의 늪에
빠지지 마라

청약 경쟁률 100 대 1이 넘는 '로또 청약' 시대입니다. 집값은 미친 듯이 오르고 목돈 없는 무주택자에게 청약은 내 집 마련을 위한 최후의 수단이 된 듯합니다. 그런데 청약이 정말 누구에게나 최선의 선택일까요?

"청약을 노릴 바에는 지금 당장 집을 사세요."

"전세 말고 월세 살라"에 이어 '악플'을 견인한 저의 또 다른 주장입니다. 하지만 저는 이 청약 제도야말로 사람들이 집을 사지 못하게 하는 4가지 벽 중 하나라고 생각합니다.

당신이 집을 사지 못하는 4가지 이유

우리가 집을 사기 힘들게 하는 4개의 벽은 바로 대출, 전세, 세금, 청약입니다. 이 벽들이 정교하게 맞물리면서 사람들은 '전세 살고 무주택 기간을 늘려 청약에 당첨되자'라는 결론으로 도달합니다.

첫 번째 벽, '대출'부터 살펴봅시다. 비싼 집을 대출 없이 살 수 있는 사람은 거의 없을 겁니다. 청년층은 더욱 그렇죠. 그런데 우리나라는 LTV(Loan to Value Ratio)♀가 세계적으로 가장 낮은 수준입니다. '조정대상지역'으로 묶인 곳의 아파트

> ♀ **LTV(Loan to Value Ratio)**
> 주택담보대출. 주택의 가치 대비 대출 금액 비율을 뜻한다. 만약 LTV가 50%라면, 10억짜리 집을 취득할 때 5억 원까지 대출을 받을 수 있다는 의미다.

를 산다면 현재 집값의 50% 정도만 대출받을 수 있죠(2021년 12월 기준). 미국이나 캐나다는 집값의 90~95%를, 옆 나라 일본은 90%를 대출해주는 것에 비하면 매우 낮은 수준입니다. 심지어 집값의 100%를 대출해주는 네덜란드 같은 나라도 있습니다. 그럼 원금은 수십 년에 걸쳐 갚으면 되니 삶을 장기적으로 계획할 수 있죠. 그러니 우리나라에서는 청년층이나 신혼부부가 집을 사기 쉽지 않습니다.

두 번째 벽은 '전세'입니다. 사람들이 집을 사지 않고 전세를 선택하는 이유는 간단하죠. 6억 원의 집을 사려면 50% 대출이 나오니

3억 원의 현금이 필요합니다. 가진 돈도 빠듯한데 그 집이 원하던 컨디션도 아니니 한숨부터 나옵니다. 반면 전세를 선택하면 대출은 70~80%씩 나오면서 집 컨디션도 몇 단계 상승합니다. 평범한 사람이 이 달콤한 선택지를 두고 다른 선택을 하기는 쉽지 않습니다. 여기에 '세금'까지 끼어듭니다. 다주택자에 대한 규제가 강하니, 무주택자 입장에서는 집을 여러 채 갖기보다 '똘똘한 한 채'를 사야겠다는 마음이 더욱 강해집니다. 언젠가 마음에 꼭 드는, 지금 사는 전셋집보다 더 좋은 집을 마련하겠다고 다짐하죠.

이제 내 집 마련에 실패하는 마지막 코스, '청약'이 남았습니다. 대출에 고배를 마시고 전세를 선택해, 세금까지 고려한 무주택자의 결론은 대부분 청약입니다. 청약을 받으려면 무주택을 유지해야 하기 때문에 기왕 전세를 사는 것, 알뜰히 돈을 모아 똘똘한 한 채를 사자는 것입니다. '청약'으로 말입니다.

사실 청약 자체가 나쁜 제도라고는 할 수 없습니다. 다만 추점제는 운이고, 가점제는 점수를 만드는 시간의 기회비용이 너무 크기에 저는 추천하지 않습니다. 좀 더 자세히 이야기해보겠습니다.

나의 청약 점수는 몇 점인가

청약 당첨을 바라면서도 실제로 자신의 청약 점수를 제대로 계산해보지 않는 사람들이 꽤 있습니다. 내 청약 점수를 확인해보는 방법은 매우 간단합니다. 인터넷에서 '청약홈'을 검색한 후 '한국부동산원 청약홈' 사이트에 접속합니다. 메인 화면 우측 하단에 '청약가점 계산기'가 보일 겁니다. 여기에 무주택 기간과 부양가족 수, 청약통장 가입일을 각각 입력한 후 '가점 계산하기'를 클릭하면 내 점수가 뜹니다. 90쪽 표를 통해서 간단히 계산해도 됩니다.

최근 청약 당첨 사례를 보면, 서울 인기 지역인 강남의 경우 70점을 넘겨야 안정권입니다. 그 외 지역도 60점은 넘어야 가능성이 있죠. 4인 가족에(20점), 무주택 기간을 모조리 채우고(32점), 청약 통장 가입기간이 15년 이상이어도(17점) 69점이네요. 무주택 기간은 만 30세부터 계산하므로, 4인 가구의 가장은 빨라 봐야 45세에 69점을 받을 수 있습니다. 그럼 부양가족이라도 늘려야 합니다. 결국 집 없이, 많은 가족을 이끌고, 15년 이상을 무주택으로 살아야 한다는 계산이 나옵니다.

그래도 현재 50점대의 점수라면 청약에 도전해볼 만합니다. 부양가족을 갑자기 늘릴 수는 없으니, 앞으로 무주택 기간과 청약통장 가입기간을 늘려간다면 지역과 시기에 따라 당첨 가능성이 있습니다. 서울·수도권이 아니라면 청약 점수가 좀 더 낮아도 기대해볼

가점 항목	가점	가점 구분	점수	가점 구분	점수
무주택 기간	32	1년 미만(무주택자에 한함)	2	8년 이상~9년 미만	18
		1년 이상~2년 미만	4	9년 이상~10년 미만	20
		2년 이상~3년 미만	6	10년 이상~11년 미만	22
		3년 이상~4년 미만	8	11년 이상~12년 미만	24
		4년 이상~5년 미만	10	12년 이상~13년 미만	26
		5년 이상~6년 미만	12	13년 이상~14년 미만	28
		6년 이상~7년 미만	14	14년 이상~15년 미만	30
		7년 이상~8년 미만	16	15년 이상	32
부양가족 수	35	0명(가입자 본인)	5	4명	25
		1명	10	5명	30
		2명	15	6명 이상	35
		3명	20		
청약통장 가입기간	17	6월 미만	1	8년 이상~9년 미만	10
		6월 이상~1년 미만	2	9년 이상~10년 미만	11
		1년 이상~2년 미만	3	10년 이상~11년 미만	12
		2년 이상~3년 미만	4	11년 이상~12년 미만	13
		3년 이상~4년 미만	5	12년 이상~13년 미만	14
		4년 이상~5년 미만	6	13년 이상~14년 미만	15
		5년 이상~6년 미만	7	14년 이상~15년 미만	16
		6년 이상~7년 미만	8	15년 이상	17
		7년 이상~8년 미만	9		

가점 점수 산정 기준표

운명을 바꾸는 부동산 투자 수업

만하고요. 그런데 막 결혼한 신혼부부나 미혼인 젊은 30대가 서울·수도권에 청약 당첨되기란 무척 어려운 일입니다. 일단 가점이 높을 가능성이 거의 없습니다. 무주택 기간이 짧고, 부양가족 수도 적을 테니까요.

청약이라는 '희망 고문'에서 벗어나려면

'앞으로 10년 이상 무주택을 유지할 수 있을까? 청약통장도 15년 이상 유지할 수 있을까? 아이를 셋 이상 낳거나 부모님을 봉양해야 할까?'

청약을 준비하는 무주택자 신혼부부나 미혼의 30대라면 진지하게 스스로에게 질문을 던져봐야 합니다. 자신 있다면 청약 준비를 제대로 해봐도 괜찮습니다. 물론 '청약 당첨이 된다면 계약금과 중도금, 잔금을 낼 여력이 있는가'에 대해서도 깊이 고민해야겠죠. 청약만 되면 '로또'라고 생각하는 분들이 많지만 아닙니다. 땅값, 자재비와 인건비, 주변 집값이 오르면 분양가도 오릅니다. 현재 서울 민간 아파트 3.3제곱미터당 평균 분양가는 2,822만 원입니다(2022년 6월 기준). 대충 계산해봐도 33평 기준 9억이 넘습니다. 이때 청약 당첨자는 중도금과 잔금을 마련할 수 있어야 합니다. 청약 당첨에 대한 책임도 내가 져야 한다는 것을 잊어서는 안 됩니다.

반대로 이런 질문을 던져보고 싶습니다. 언젠가 청약에 당첨된다 해도 중도금과 잔금을 마련하기 힘들다면 꼭 청약만이 답일까요? 기본적으로 청약은 '나중에 비싸질 곳을 미리 싸게 사는 투자'인데, 생각을 조금만 바꾸면 지금 싼 곳을 사서 비싸질 때까지 기다리는 투자도 가능합니다. 굳이 무주택자로 십수 년 살며 고생스럽게 청약 점수를 높이는 것보다, 지금 실거주할 집을 구해서 편하게 살면서 더 큰 수익을 낼 수도 있습니다. 혹은 적극적으로 레버리지를 활용하여 부동산 투자를 할 수도 있고요.

일단 청약의 길을 걷기로 했다면 중도 포기하면 안 됩니다. 무조건 손해입니다. 바꿔 말해, 언젠가 청약을 포기할 거라면 최대한 빨리 포기하는 게 낫습니다. 저는 청약이 나쁜 제도라고 말하는 것이 아닙니다. 나의 청약 점수도 제대로 알지 못할 정도로 아무런 준비가 되어 있지 않다면 앞으로 청약에 실패할 확률이 매우 높다고 강조하는 것입니다. 집을 살 기회가 있는데도 새 집을 분양받겠다며 전세를 이어가는 중이라면 나의 청약 가능성을 다시 한번 가늠해보라고 말씀드리고 싶습니다. 사실은 아무것도 하지 않은 채 전세를 살면서 청약을 준비한다고 말하는 것이 마음의 위안은 될지 몰라도 내 집 마련에는 실질적인 도움이 되지 않습니다.

운명을 바꾸는 부동산 투자 수업

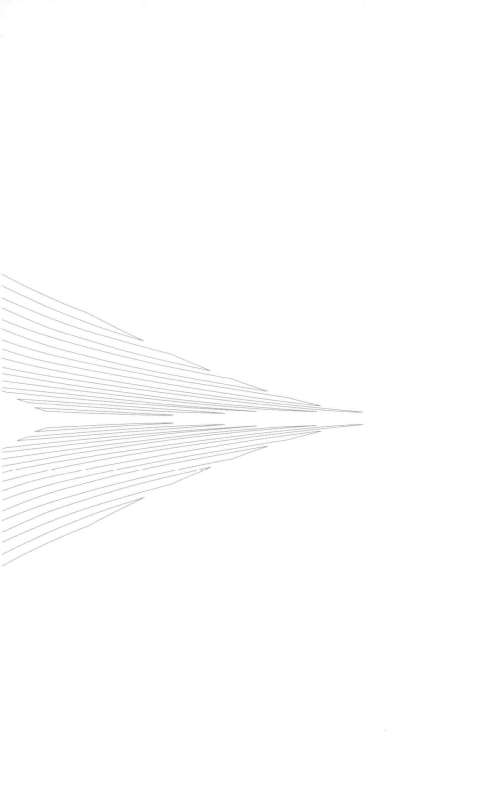

레버리지의 4가지 종류

앞서 제가 부동산 투자 초기에 '레버리지'를 활용하여 집을 여러 채 매수했다고 밝혔죠. 투자에 성공하려면 레버리지를 잘 활용해야 합니다. 이번 투자 수업에서는 부동산 투자자라면 꼭 알아야 하는 레버리지에 대해 짚고 넘어가겠습니다.

레버리지, 적은 돈으로 최대의 수익을 끌어내는 지렛대

레버리지란 원래 '지렛대'를 의미합니다. 지렛대를 이용하면 실제 힘보다 몇 배 무거운 물건을 들어 올릴 수 있죠. 투자에서 레버리지 활용은 '타인의 돈을 이용해 나의 투자 수익을 높이는 것'을 말합니다. 오로지 내가 가진 돈만으로 투자할 때보다 레버리지를 활용할 때 수익을 극대화할 수 있죠. 내 집 마련을 하려는 분들이나 부동산 투자를 시작하려는 분들 모두 레버리지에 대해 제대로 알고 있어야 합니다. 가파르게 집값이 오르는 지금은 더더욱 레버리지 활용 없이 집을 사기가 어렵기 때문입니다.

레버리지에는 크게 4가지가 있습니다. 대출, 전세, 증여, 시간입니다. 각각의 개념을 잘 이해해두면 좋겠습니다.

① 대출

대출은 말 그대로 은행과 같은 금융기관에서 돈을 빌리는 것을 말하는데, 정부 정책에 큰 영향을 받습니다. 정부가 주택 가격을 가장 손쉽게 조정할 수 있는 방법이 바로 대출 규제와 완화이기 때문입니다. 부동산 안정기나 하락기에는 집값의 70%까지 대출해주기도 하지만, 반대로 상승기에는 집값의 40% 이하로 대출을 틀어줄 때도 있죠. 대출에 대해 이해하려면 LTV, DSR과 같은 용어의 의미를 잘 알아야 합니다.

-LTV(Loan to Value Ratio)

LTV는 '담보대출비율'로, 시세의 최대 몇 퍼센트까지 대출을 받을 수 있는지를 뜻합니다. 예를 들어, 6억 원인 집을 매수할 때 LTV가 40%라면 2억 4천만 원까지 대출을 받을 수 있다는 의미입니다. 다음 표를 참고하여 조건별, 지역별 LTV를 확인하세요.

매수 가격	구분	주택			비주택
		투기과열 지구	조정대상 지역	비규제 지역	오피스텔· 상가·토지 등
9억 원 이하	무주택	50%	60%	70%	70%
	1주택 (처분 조건)	40%	50%	70%	
	2주택 이상	불가	불가	60%	
9억 원 초과	9억 원 이하까지	40%	50%	9억 원 이하와 동일	
	9억 원 초과부터	20%	30%		
15억 원 초과	아파트	불가	9억 원 초과와 동일		

※ 15억 초과 대출 금지 규제는 '투기과열지구 내 아파트'만 대상으로 하며, 투기과열지구 내 빌라, 도시형생활 주택이거나 투기과열지구 외 아파트는 15억 초과해도 대출 가능하다.

※ 2022년 8월 1일 기준 생애 최초 매수자에 한해 지역, 가격 무관 집값의 최대 80%까지 대출 가능(최대 6억 원) 단, 소득 연동 규제인 DSR은 그대로 적용된다.

－DSR(Debt Service Ratio)

DSR은 '총부채원리금상환비율'을 뜻하며, 대출 원리금을 비롯한 개인 연소득 대비 모든 부채의 상환 비율을 말합니다. 예를 들어서 연소득 1억 원에 DSR이 40%라면 대출 원금과 이자 상환액이 연간 4천만 원을 넘지 않는 한도로 대출을 해준다는 뜻입니다. 만약 연봉 1억 원인 사람이 주택담보대출을 받는다면 만기 30년, 이율 3.5%로 가정했을 때 최대 약 7억 원을 받을 수 있습니다. 따라서 연봉 1천만 원당 7천만 원 정도의 대출을 받을 수 있다는 개략적인 유추가 가능합니다(물론 금리가 인상될수록 대출 금액은 적어집니다). DSR 규제의 핵심은 소득에 따라 대출금이 연동된다는 데에 있습니다. 한편 DSR을 산정할 때 고려되는 '부채'에는 개인이 받은 모든 대출의 원리금과 여러 할부금, 미결제된 신용카드 비용 등이 포함되며, 신용대출과 같이 만기가 짧은 대출일 경우 연간 원리금 상환 금액이 훨씬 크게 계산되므로 불리합니다. 참고로 전세자금대출 등 일부 대출은 DSR 계산 시 제외되니 세부적인 사항을 꼭 확인하기 바랍니다.

2022년 7월 1일부터 총 대출 금액이 1억 원을 초과하는 순간부터 DSR 40%를 적용하는 규제가 시행되었습니다. 한마디로 거의 모든 대출에 소득 기준의 제한이 생긴다고 이해하면 됩니다. 또한 LTV와 DSR 규제는 서로 중복 적용되니, 소득이 낮다면 LTV 한도 여유가 있어도 대출액에 제한을 받게 됩니다.

대출은 정부 정책에 따라 수시로 제도가 바뀌고, 예외 조항도 많으니 집을 매수하기 전에 적용 규정을 반드시 확인해야 합니다. '부동산계산기.com'과 같은 인터넷 사이트에서 DSR 모의 계산을 해볼 수 있습니다. 단, 실제 대출 시에는 여러 요소가 작용하므로 단순 참고 자료로만 활용해야 하며 반드시 사전에 전문가와 상의하시기 바랍니다.

② 전세

전세를 레버리지로 활용하는 방법에 대해 간단히 짚어보겠습니다. 예를 들어 매매가격 5억 원인 집에 세입자가 전세금 3억 원을 내고 살고 있다면, 이 집을 집주인에게 2억 원을 주고 살 수 있습니다. 대신 세입자의 전세금 3억 원은 내가 떠안는 거죠. 흔히 '전세를 끼고 산다'는 말이 이런 의미입니다. 그러면 실제로 내 주머니에서 나간 돈은 2억 원이지만, 나는 5억 원짜리 집의 소유자가 되는 거죠. 혹은 주택의 매매 계약금을 먼저 내고, 이후에 세입자를 들여서 세입자의 전세금으로 잔금을 치르는 방법도 있습니다.

저는 전세를 '나의 집을 빌려주고 무이자 대출을 받는 것'으로 봅니다. 이런 관점에서 보면 전세는 금융기관이 아닌 개인과 개인 간의 대출, 일종의 '사채'라고 할 수 있습니다. 그러니 대출과는 달리 정부 규제로부터 거의 영향을 받지 않죠.

전세 레버리지를 활용할 때 주의해야 할 점은 '역전세 현상'입니다. 내가 5억 원짜리 집을 3억 원의 전세를 끼고 매매했는데, 2년 뒤에 해당 집의 전세가가 2억 5천만 원으로 내려가면 어떻게 될까요? 그럼 5천만 원을 토해내야 합니다. 전세 레버리지를 활용해 여러 채의 집을 매수하려는 투자 계획을 세운다면 역전세를 대비해야 합니다.

③ 증여

증여는 말 그대로 다른 사람에게서 돈이나 자산을 무상으로 받는 것

운명을 바꾸는 부동산 투자 수업

을 말합니다. 부모님의 돈을 증여받는 것도 분명 레버리지 활용의 하나입니다. 이때는 증여에 따라붙는 세금을 반드시 고려해야 합니다. 주택을 매수하면 자금 출처를 소명해야 하는데, 이때 증여세를 내지 않고 증여받는 부분이 있다면 문제가 되기 때문입니다.

④ 시간

내가 가진 '시간'도 레버리지가 될 수 있습니다. 청약에 당첨되기 위해 무주택자로서 가점을 높이려는 행위를 시간 레버리지의 예로 들 수 있습니다. 또한 재건축이나 재개발, 초장기 호재 지역에 투자하는 것도 시간 레버리지의 하나입니다. 가격이 저렴할 때 부동산을 매수하여 오랜 시간 기다리는 거죠. 기본적으로 사람들은 불확실한 상황 속에서 오래 기다리는 것을 싫어합니다. 그러나 이런 기다림의 시간을 활용하면 싸게 매수하여 나중에 큰 이익을 볼 수도 있습니다. 나에게 주어진 시간은 비교적 많은 데 비해 자금은 부족하다면 시간 레버리지를 적극적으로 활용해볼 수 있죠.

나에게 맞는 레버리지를 일으켜야 한다

상황과 연령에 따라 선택할 수 있는 레버리지와 활용 범위가 달라집니다. 예를 들어 젊은 맞벌이 신혼부부라면 당장의 소득은 적더라도 미래 소득이 클 것으로 예상되기 때문에 최대한의 레버리지를 활용해도 괜찮습니다. 레버리지 활용이 두려워서 보수적으로 투자하면 자산이 늘어나는 속도가 크게 떨어질 수 있죠. 이때는 저축률을 높여 투자금을 빨리 모으고, 그렇게 모인 투자금과 레버리지를 활용하여 살 수 있는 가장 좋은 집을 매수하면 됩니다. 아직 아이가 초등학교에 들어가기 이전이니 월세로 살면서 투자금을 모으고, 전세 레버리지를 끼고 유망 지역의 아파트를 사두는 투자도 가능합니다. 또한 재개발이 예정된 도심지 빌라를 매수하는 투자도 시도해볼 수 있습니다.

만약 40대 중반 전후의 중년 부부라면 근로소득이 가장 많을 때이고, 한동안 소득이 유지될 가능성이 높습니다. 그러나 머지않아 지출 또한 커질 수 있으므로 레버리지를 과하게 활용하기보다는 적정 수준에서 투자해야 합니다. 또한 자녀의 교육 환경 등을 고려하여 실거주를 염두에 두고 집을 매수해야 합니다. 이 시기는 모아둔 돈이 꽤 있고 소득도 높으므로 최대한 주택담보대출을 많이 받아서 정주 환경이 좋은 유망 지역의 집을 사는 것이 좋겠습니다.

자녀가 결혼 적령기에 이른 노부부는 어떨까요? 이때는 전세 레버리지를 활용하는 투자는 아예 생각하지 않는 편이 좋습니다. 재건축이나 재개발 투자 역시 오랜 시간이 걸리므로 추천하지 않습니다. 그보다 철저히 실거주할 집을 찾는 데 주력해야 하죠. 대출도 최소화하거나 받지 않는 것이 좋습니다. 노부부의 생애 주기에 맞게 구축 아파트라도 교통이 편리하고 의료 시설이 잘 갖춰진 집을 매수할 것을 권장합니다.

정리 : 나에게 맞는 레버리지를 택하여 계획을 세워라!

• 대출, 전세, 증여, 시간의 레버리지 중 무엇을 택할 것인가?

• 실거주할 집을 구할 타이밍은 언제인가?

• 미취학 자녀를 둔 젊은 부부라면 레버리지를 최대한으로 활용하라.

• 중년 부부라면 실거주를 염두에 두고 대출 레버리지를 활용하라.

• 노년기라면 실거주 중심으로, 레버리지를 최소화하라.

과제 : 나의 생애 주기에 맞는 레버리지 활용법을 고민해보자!

• 앞으로의 주택 매매에 관한 계획을 세워보자.

• 언제 실거주할 집을 마련해야 할지 정하자.

• 어떤 레버리지를 얼마나 활용할 수 있을지 정리해보자.

3부

부동산 투자를 공부하겠다고 마음먹었어도 머릿속에 의문이 가득할 겁니다.

어떤 투자를 해야 하는지부터 레버리지 활용에 대한 고민까지

이번 장에서는 투자의 출발선에 서 있는 당신의 고민을 해결해드리겠습니다.

투자의 출발선에서
고민하는 것들

08 내 집 마련 vs.적극적 투자를 고민하고 있다면

　자본주의 사회에서 살아남으려면 소유권을 가져야 하고, 이를 위해 부동산 투자가 필요하다는 사실을 깨달으셨나요? 이제 이런 의문이 들 수 있습니다. 내 집 마련을 하는 것이 먼저일까, 적극적으로 부동산 투자를 하는 것이 먼저일까. 제가 실제로 많이 받는 질문이기도 합니다.

　보통 이런 질문은 30대 중후반에, 실거주할 집이 필요한데 지금 가진 돈으로는 마음에 드는 집을 살 수 없는 분들이 많이 합니다. 이 질문을 바꿔 말하면 "내 집 마련과 적극적인 투자 중 어느 길을 먼저 택해야 더 빨리 부자가 될까요?"와 같습니다. 부동산 초보자라면 내 집 마련을 먼저 하라고 권하고 싶습니다.

지금 다주택자가 되면 벌어지는 일들

📍갭(Gap)투자
세입자가 있는 집을 매매가격과 전세금의 차이(Gap)만큼만 집주인에게 지불하고 매수('전세를 끼고 산다'고 함)하여 시세차익을 노리는 투자 방식. 예를 들어, 매매가격이 5억 원에 전세가가 3억 원이라면, 세입자가 있는(3억 원의 전세금이 껴 있는) 상태에서 2억 원에 집을 사는 방식.

각자의 상황과 성향이 다르기 때문에 투자에 정답이란 없습니다. 어떤 결정을 내리든 그 시점의 정부 정책과 시장 상황을 반드시 고려해야 합니다. 다만 2022년 현재 상황을 따져보면 적극적인 투자, 특히 지방 아파트를 여러 채 사는 '갭투자'📍는 우려되는 지점이 있습니다.

지금 서울·수도권 지역의 매매와 전세 가격 차이가 크기 때문에, 상대적으로 저렴한 지방 아파트로 눈을 돌리는 투자자가 많습니다. 1억짜리 아파트에 전세가 8천만 원이면 2천만 원으로도 아파트를 살 수 있으니 몇 채씩 사두자는 겁니다.

"한 채당 1천만 원씩만 올라도 5채면 시세차익이 5천만 원이에요."

이렇게 쉽게 생각하는 투자자가 있죠. 틀린 말은 아닙니다. 저도 이런 식의 시세차익을 노리고 투자한 적이 있는데, 잘만 하면 괜찮은 투자 방식이니까요. 그러나 다주택자에 대한 각종 세금 규제가 쏟아지는 요즘 같은 때는 신중한 접근이 필요합니다. 촘촘한 세금 규제를 어떻게든 피해 간다고 하더라도 정부 규제가 더욱 강화되는 순간, 나의 투자가 모래 위의 성처럼 위험해질 수 있습니다.

또한 매수한 집이 팔리지 않는 최악의 상황도 생각해봐야 합니다. 앞으로도 계속 강조하겠지만 부동산을 투자로 접근할 때는 항상 '어떻게 매도할 것인가'를 고민해야 합니다. 팔릴 물건을 잘 사야지, 사고 나서 어떻게 팔아야 하는지 물어보면 답이 없는 경우가 많습니다. 그래서 수요가 많지 않은 지방 소도시 아파트는 더욱 위험할 수 있죠. 지방 소도시에서 갭투자를 잘하려면 적당한 시기에 사고팔아야 하는데, 이제 막 공부를 시작한 초보 투자자가 과연 쉽게 할 수 있을까요?

내 집 마련 vs. 투자, 고민된다면 집부터 사라

앞서 말한 여러 가지 이유로 저는 초보 투자자라면 먼저 자신이 살아갈 집 한 채를 마련하라고 이야기합니다. 특히 '첫째 아이가 초등학교 갈 시점'이 다가왔다면 실거주할 집 한 채를 장만하는 것이 좋습니다. 내 아이가 안정적으로 학교에 다니기를 바라는 건 모든 부모의 마음입니다. 이 시기에 집이 없으면 전세나 월세로 떠돌아야 하니 부모로서 괴로울 수밖에 없습니다. 그 시기를 놓쳤다면 늦어도 아이가 중학교 들어가기 전까지는 정착할 집을 마련해야겠죠. 제 경험과 수많은 상담 사례를 통해 얻은 결론입니다.

매수를 원하는 집이 있지만 돈이 부족해 당장 실거주하기 어렵다면 전세를 끼고 사두는 게 현명합니다. 일단 소유권을 갖고, 첫째 아이가 초등학교 들어갈 때까지 열심히 돈을 모아서 그 집에 들어가면 되니까요.

혹은 아파트보다는 저렴한 오피스텔을 사는 방법도 있습니다. 요즘은 아파트에 가까운 오피스텔, 소위 '아파텔'(원룸 형식의 오피스텔과는 다른, 방이 여러 개인 아파트 구조의 오피스텔)이라는 곳을 찾는 사람들이 많아졌습니다. 내부도 아파트와 비슷합니다. 주변 학군과 인프라가 괜찮다면, 그러니까 살기 좋은 곳이라면 이런 오피스텔도 아파트보다는 더디더라도 가격 상승을 기대해볼 수 있습니다. 또한 청약할 때 주택 수에 포함되지 않아 실거주가 가능하면서, 무주택 기간을 늘릴 수 있다는 장점이 있습니다.

적극적인 투자를 해도 괜찮은 사람들

만약 투자 실력이 어느 정도 쌓였고 실거주할 집이 당장 필요한 상황이 아니라면 다양한 투자를 고려해볼 수 있습니다. 앞서 제가 말렸던 지방 소액 아파트를 여러 채 사두는 투자도 시장 흐름과 세금 규제를 철저히 분석한다면 가능할 수도 있습니다. 부동산 투자에서 '풍선효과'라는 말이 있습니다. 규제가 생기면 규제의 영향이 덜한 지역으로 돈이 이동한다는 뜻인데, 그 의미를 생각해보면 규제가 덜한 지역에서도 분명 기회를 찾을 수 있습니다.

무엇보다도 자신이 처한 상황을 제대로 파악하고 투자를 진행하는 것이 가장 중요합니다. 나의 능력과 실거주 여부를 고려하여 적극적인 투자를 해야 하는 시점부터 명확히 정리해야 합니다. 부동산 투자는 당신의 미래를 바꿀 수 있습니다. 좋은 방향으로든, 나쁜 방향으로든 말입니다. 무작정 욕심을 내고 '나도 쉽게 할 수 있겠지' 하는 안일한 생각으로 접근하면 절대 안 됩니다. 이는 백번 강조해도 지나치지 않습니다.

09
월세 받는 투자보다
시세차익을 노려라

　부동산 투자에는 크게 2가지 방향이 있습니다. 먼저 시세차익을 바라는 투자입니다. 쌀 때 사서 비쌀 때 팔아 차익을 남기는 거죠. 예를 들어, 아파트를 1억 원에 사서 몇 년 뒤 2억 원에 팔면 1억 원의 시세차익이 생깁니다. 그다음으로는 월세를 받는 투자가 있습니다. 상가나 원룸형 오피스텔을 사서 매달 월세를 받는 투자를 예로 들 수 있죠. 자신의 성향과 상황에 맞는 투자의 방향을 정해보세요. 시세차익을 노리는 투자와 월세 받는 투자, 당신은 어떤 쪽을 더 선호하나요?

시세차익과 월세 투자, 시장부터 다르다

시세차익형 투자가 좋을까? 월세 받는 수익형 투자가 좋을까? 부동산 투자 공부를 조금 해본 분들이라면 분명 이런 궁금증을 가질 겁니다. 부동산을 사고팔아서 시세차익을 크게 보고도 싶고, 매달 월세 받으며 살고도 싶죠. 그러나 모든 조건을 만족시키는 물건을 찾기는 어렵습니다. 현재 내 상황에 적합한 투자 방식은 무엇인지 치열하게 고민해 집중하는 것이 좋습니다.

앞서 간략히 설명했지만, 먼저 개념부터 잡고 가겠습니다. 시세차익을 노리는 투자와 월세 받는 투자는 접근 방식부터 다릅니다. 각자 유리한 집의 종류도 다른데, 시세차익을 보려는 투자에서는 '아파트 투자'가 주를 이룹니다. 사고파는 것이 핵심이므로 언제든 잘 팔려야 하기 때문입니다. 아파트는 늘 수요가 많고 매매도 활발하게 일어나니까요. 아파트보다는 수요도 적고 매매가격의 상승 폭도 낮은 편이지만, 빌라 역시 시세차익형 종목에 들어갈 수 있습니다. 아파트보다 투자금이 적게 들고, 간혹 재개발 호재를 잡아 시세차익을 볼 수도 있습니다.

반면에 월세 수익을 원하는 사람들은 상가나 오피스텔에 투자하는 편이 좋습니다. 주택으로도 월세 수익을 올릴 수 있지만, 상가나 오피스텔에 비하면 수익률이 떨어집니다. 특히 원룸형 오피스텔은 대부분 월세 받을 목적으로 건축하는 경향이 많습니다.

자, 그러면 어떤 투자 방식이 나에게 더 적합할까요?

월세를 받으려는 이유가 무엇인가

부읽남 아직 젊으시니 월세보다 시세차익을 노리는 게 낫습니다.

내담자 부읽남 님, 저는 월세를 받고 싶어요.

부읽남 조만간 지금 다니는 회사를 그만두실 생각인가요?

내담자 그러면 좋겠지만 당장 그럴 생각은 없습니다.

부읽남 그럼 용돈 정도 벌려고 투자하시는 건가요?

내담자 아뇨, 전 부자가 되고 싶은데….

부읽남 그럼 지금은 시세차익을 노리는 투자를 하세요.

저는 젊은 초보 투자자들에게 대체로 이렇게 조언합니다. 시세
차익형 투자를 하라고 말입니다. 그 이유는 간단합니다. 더욱 쉽게
수익을 낼 수 있기 때문입니다. 이는 월세 받는 투자가 상대적으로
어렵다는 말이기도 합니다. 아까 월세 받는 투자를 할 때는 상가나
원룸형 오피스텔을 주로 산다고 말씀드렸죠. 월세형 투자를 하려면
좋은 상가가 무엇인지부터 알아야 합니다. 상가를 샀는데 월세를
받을 수 없다면, 즉 공실(空室)이 생기면 완전 낭패입니다. 그런데
대부분 사람들이 상가 투자에 초보라는 점이 큰 문제죠. '여기 괜찮

은 카페 들어오면 딱이겠다' 싶지만 예상과 빗나갈 때가 많습니다. 이상하게 길 하나를 사이에 두고 이 가게는 성황인데, 저 가게는 파리가 날립니다. 잘되던 상가도 옆에 다른 상가가 들어오거나 사람들의 이동 동선이 바뀌면 발길이 뚝 끊깁니다. 이처럼 상가 입지를 분석하기란 쉬운 일이 아닙니다. 자칫해서 공실이 장기화되면 월세는 끊기고 대출 이자만 나가게 됩니다.

원룸형 오피스텔도 절대 쉬운 투자가 아닙니다. 아파트에 비해 오피스텔은 건축 허가가 까다롭지 않은 편입니다. 내가 산 오피스텔 근처에 언제든 새 오피스텔이 들어설 수 있죠. 주변에 새 경쟁자가 생기는 것은 투자자에게는 가장 피하고 싶은 상황일 겁니다. 또한 이동이 가벼운 1인 가구가 잠시 머물렀다 가는 원룸형 오피스텔의 특성상 빈번히 공실이 나기 쉽고요. 원룸형 오피스텔은 임대 수익용 건물이기 때문에 상대적으로 실거주 수요가 적어, 나중에 팔려고 해도 쉽지 않을 때가 많습니다.

누구나 아파트에 대해서는 준전문가다

제가 부동산 초보자에게 시세차익형 투자를 더 권하는 데는 분명한 이유가 있습니다. 상가 투자에 있어서는 대부분 비전문가지만, 아파트 투자에 있어서는 대부분 준전문가이기 때문입니다.

우리는 자기 소유의 집이든 아니든 지금까지 여러 형태의 주택에서 살아왔습니다. 이삼십 대의 젊은 분이라면 '아파트 키즈'일 가능성이 매우 높죠. 어떤 동네가 살기 좋은지, 어떤 아파트가 살기 좋은지 정도는 자연스럽게 체득했습니다. 내가 살기 좋다고 생각하는 곳은 다른 사람들도 대부분 살기 좋다고 느낍니다. 그러니 어디에 투자할 것인지 판단하기가 좀 더 쉽습니다. 교통은 편한가? 아이들을 키우기에 좋은가? 근처에 학교나 학원이 있나? 안전한가? 소음은 없나? 병원이나 마트와 가까운가? '내가 여기 산다면 어떨까'를 생각하는 것이 '이 상권이 앞으로 발전하겠는가'를 판단하는 일보다는 훨씬 쉬울 것입니다. 여기에 커뮤니티 시설도 잘되어 있고 관리도 철저한 아파트면 좋겠죠. 이런 요소들을 두루 갖춘 곳에 투자하면 됩니다. 사람들이 대단지 아파트를 선호하는 이유가 무엇일까요? 바로 위와 같은 요소를 두루 갖춘 곳이 보통은 대단지 아파트이기 때문입니다.

아파트 투자의 유리한 점은 또 있습니다. 여차하면 내가 가족과 들어가서 살면 되니까 주거 문제를 해결할 수도 있습니다. 반면 원룸형 오피스텔은 어렵습니다. 또한 아파트는, 원한다면 월세를 받는 것도 가능하니 여러모로 활용도가 높습니다. (상대적으로 월세 수요보다 전세 수요가 높은 아파트와 빌라는 원룸형 오피스텔, 상가에 비해 투자금 대비 월세 수익률이 높지 않다는 사실은 미리 알아두어야 합니다.)

월세 수익을 노려야 하는 사람들

그럼 월세 받는 투자는 하지 말라는 말일까요? 그건 아닙니다. 누구에게나 시세차익을 노리는 투자가 유리한 것은 아닙니다. 당장 월세 수익이 급한 분들도 있습니다. 이는 크게 2가지 경우로 나뉩니다. 첫째, 고정 수입이 끊겼거나 곧 끊길 사람. 둘째, 더는 집을 살 필요가 없는 다주택자.

전자는 회사 생활이 너무 힘들어서 퇴사를 결심한 사람, 몸이 아파서 더는 근로 생활을 하기가 힘든 사람, 퇴직을 준비해야 하는 중장년층 등입니다. 이런 경우 5년 후의 2억 원보다는 다달이 들어오는 200만 원이 훨씬 소중할 수 있습니다. 후자는 이미 시세차익용 투자를 끝낸 사람입니다. 내가 살아갈 집은 물론이고 자녀들의 집도 어느 정도 다 장만해뒀다면 다주택자에 대한 규제를 피하기 위해서라도 비주택 월세 투자가 유리할 수 있습니다.

어떤 경우든 월세 목적의 투자는 시세차익용 투자와는 다른 시각의 공부가 필요하고, 리스크가 높아진다는 점을 반드시 명심해야 합니다.

10 반드시 레버리지를 활용해야 하는 이유

"내 연봉 오르는 것보다 집값 상승 폭이 훨씬 더 크다!"

여기저기서 들려오는 하소연입니다. 실제로 그렇습니다. KB 부동산 월간 통계에 따르면 최근 20년간 우리나라 아파트 매매가격지수는 연 평균 4.91%씩 상승했습니다. 수도권으로 좁히면 연 5.29%, 서울로 한정하면 5.71%씩 올랐죠. 그런데 최근 5년 동안 직장인의 연평균 연봉 인상률은 3.4%로, 집값 상승률에 비해 훨씬 낮은 수준입니다. 안 그래도 비싼 아파트 가격은 5~6%씩 오르는데, 연봉은 3%씩밖에 안 오르니 시간이 지날수록 격차가 커질 수밖에 없습니다.

연봉이 5천만 원인 김 대리가 서울의 10억 원짜리 아파트를 사고 싶다고 가정해봅시다. 아파트값이 연평균 6%씩 상승한다면 상승 폭만으로도 집값은 김 대리의 연봉을 훌쩍 뛰어넘게 됩니다. 그래서 돈을 모아서 대출 없이 집을 사겠다고 생각할수록 집 장만이 불가능해지는 것입니다.

그런데 "대출 안 받고 집을 살 수는 없을까요?"라며 질문하는 분들에게 반대로 이렇게 묻고 싶습니다. 왜 대출을 받지 말아야 할까요? 대출을 받으면 안 될 이유가 있을까요?

우리가 대출을 두려워하게 된 진짜 이유

"집 살 때 대출을 많이 받으면 위험하지 않나요?"

이렇게 묻는 분들이 있습니다. 물론 감당할 수 없는 수준의 대출은 위험할 수도 있습니다만 '대출은 무조건 나쁘다'라는 사고방식은 반드시 깨야 할 편견이라고 생각합니다. 대출이 그렇게 위험한 것이라면 왜 돈이 많은 자산가들도 대출을 받을까요? 이상하지 않나요?

대출에 대한 두려움은 오랫동안 대출이 나쁘다고 믿도록 교육을 받았기 때문에 생긴 것이라 생각합니다.

"절대 대출은 받지 말아야 한다."

"욕심 내지 말고 분수대로 살아야 한다."

어릴 때부터 부모님께 이런 이야기를 듣고 자란 분들이 많을 겁니다. 저도 그런 사람 중 하나였습니다. 왜 우리 부모님 세대는 이런 생각을 하셨고, 또 자식들에게 이렇게 가르쳤을까요? 부모님 세대가 그런 생각을 하게 된 것은 어찌 보면 당연합니다. 지금 50대 이상 세대는 IMF 외환 위기와 글로벌 금융 위기를 직접 겪은 세대입니다. 두 번의 큰 국가 위기 때 회사가 부도나고 집이 경매로 넘어가는 것을 직접 목격한 분들이 많습니다. 잘 다니던 회사에서 구조조정을 당해 한순간에 실업자가 된 분들도 많았죠. 그런 일들을 겪으면서 자연스럽게 대출에 대한 두려움, 사업에 대한 두려움, 투자에 대한 두려움이 생겨났을 겁니다. 이런 생각이 자녀 세대에 영향을 미치면서 청년층 상당수도 대출에 대한 막연한 두려움을 갖게 된 것이죠.

대출에 대한 편견과 오해들

집을 살 때 대출을 망설이는 이들에게 묻곤 합니다.

"대출이 있는 집이라고 싸게 파는 것 보셨나요?"

세상 어떤 집주인도 대출받아 산 집이라고 해서 시세보다 싸게 팔지는 않습니다. 반대로 대출 없이 산 집이라고 집주인이 비싸게 내놓는 일도 없습니다. 즉 대출은 물건의 가치에 아무런 영향을 끼치지 못합니다. 하지만 투자자는 대출을 받아서 이익을 볼 수 있습니다. 내 돈으로는 2억 원짜리 집밖에 못 사는데 대출을 받으면 4억 원짜리 집을 살 수 있다고 생각해봅시다. 일단 투자금이 커지면 더 살기 좋은 집을 살 확률이 높습니다. 또한 상대적으로 선호하는 집일 확률이 높으니 더 안전한 투자일 수도 있겠죠. 만약 대출을 받아서 상가를 사거나 예전에 제가 했던 것처럼 여러 채의 집을 사서 투자한다면 내 자산만으로는 가질 수 없었던 기회를 잡을 수도 있을 겁니다.

대출은 어떻게 쓰느냐에 따라서 나쁜 것일 수도 있지만, 반대로 아주 좋은 친구가 될 수도 있습니다. 대출을 어떻게 바라봐야 할까요? 지금부터는 대출에 대한 편견을 하나하나 짚어보려고 합니다.

① 대출은 나쁘다는 편견

제가 처음 투자를 시작할 때, 주변 사람들은 하나같이 입을 모아 말렸습니다. 대출은 무섭고 위험한 것이라면서요. 하지만 이유를 물어보면 정확한 답을 해주지 못했죠. 저를 말리는 사람들 주변에는 대출받아서 투자한 사람도, 실패한 사람도 없었습니다. 남의 이야기를 하면서 '위험하다더라' 이야기했을 뿐입니다. 사실 투자로 성공한 사람들은 대출을 당연한 것으로 생각합니다. 대출을 투자의 도구로 활용하죠. 어떤 사람이 이 도구를 어떻게 쓰는지가 중요하지, 도구가 무조건 나쁜 게 아닙니다.

② 대출 원금을 반드시 상환해야 한다는 압박감

주택담보대출 원금을 다 갚으려면 30~40년이 걸리죠. 내 인생이 30년간 빚 갚는 데 쓰인다고 생각하면 가슴이 답답하다고들 합니다. 그럼 저는 이렇게 말합니다. "원금을 갚는 것이지, 돈이 어디로 사라지는 게 아닙니다." 대출을 받으면 이자와 원금을 갚아야 합니다만, 정확히 말해서 원금 상환분은 없어지는 돈이 아닙니다. 은행에 저축하는 것과 정확히 반대로, 빌린 돈을 은행에 넣는 행위일 뿐입니다. 생각해봅시다. 저축은 당연하다 생각하면서, 빌린 돈을 갚아나가는 것은 왜 힘겹고 의미 없는 일이라고 여기는 걸까요? 돈을 모으기 위해 은행에 넣는 것과 은행에서 빌린 돈을 갚아나가는 것, 둘 다 같은 행위입니다.

차이점은 '이자'밖에 없습니다. 그런데 이자는 돈을 사용한 대가입니다. 그것도 어떻게 보면 아주 싼 대가죠. 은행은 대출받은 돈으로 집을 사서 집값이 오른다고 해도 이자만 요구합니다. 빌려준 돈으로 집을 사서 돈을 벌었으니 얼마를 내놓으라는 요구는 하지 않습니다. 친한 친구에게 돈을 빌려서 투자했다고 생각해보세요. 내 투자가 성공하면 친구는 은근히 이자보다 더 큰 보상을 요구할지도 모릅니다. '내 돈 빌려서 성공했는데 나한테 어느 정도 이익을 나눠줘야 하지 않겠어?' 하고 말이죠. 그러나 은행은 그 이상의 대가를 바라지 않고 이자만 받습니다.

③ 이자가 아깝다는 생각

모든 상품을 이용할 때는 대가를 치러야 합니다. 이자는 대출이라는 상품을 이용하는 대가이고, 투자를 위해 지불해야 하는 이용료라고 생각해야 합니다. 집을 사기 위해 돈을 모으는 것과 대출을 받아 갚는 것은 정반대의 방향일 뿐 사실 같은 행위입니다. 이 차이에서 발생하는 이자가 아까운가요? 그 이자를 아끼려다가 엄청난 집값 상승에 집 살 기회를 놓칠지도 모른다는 사실은 더 두렵지 않은가요? 대출을 받아 집을 사면 내 명의의 집이 남지만, 이자를 아끼려다 그사이 집값이 올라버리면 점점 더 집을 사기가 힘들어진다는 점을 기억하세요.

④ 대출받았는데 집값 떨어지면 망한다는 두려움

가장 큰 착각 중 하나입니다. 앞에서도 잠깐 이야기했지만, 가격은 대출과는 전혀 상관없기 때문입니다. 5억 원짜리 아파트를 샀는데 4억 원으로 떨어졌다고 가정해봅시다. 이때 현금으로 샀으면 괜찮고, 대출을 받아 샀으면 망한 걸까요? 아닙니다. 똑같이 1억 원 손해를 본 겁니다. 그러니까 '대출받아서' 샀는데 떨어졌다는 말은 무의미합니다. 집값이 떨어진 것이 문제지, 대출 자체가 문제는 아닙니다. 대출 없이 집을 산다고 해서 떨어질 집값이 안 떨어지진 않는다는 말입니다.

그래서 거듭 살아갈 집을 가장 먼저 생각하라는 이유가 여기에 있습니다. 내가 실거주할 집을 사기 위해 저축은 잘하면서, 대출받아서 원금을 갚아나가는 것은 위험하다고들 합니다. 모아서 사는 것과 산 뒤에 갚아나가는 것은 동일한 행위지만 둘은 엄청난 결과의 차이를 만듭니다. 결국 집값이 떨어질까 봐 대출을 받지 않겠다는 것은 최대한 싸게, 저점일 때 사고 싶다는 말과 같습니다. 이자도 아끼고 대출도 적게 받고 싶은 마음이죠. 그런데 우리가 그 타이밍을 정확히 맞출 수 있을까요? 그런 마음으로 타이밍을 노리던 분들에게 최근의 집값 상승은 졸지에 '벼락거지'가 되는 상대적 박탈감을 주었음을 상기할 필요가 있습니다.

대출과 친구가 되려면 투자를 공부하라

그렇다고 무조건 대출이 좋다는 말을 하려는 게 아닙니다. 실력을 갖춘 사람이 대출을 레버리지로 활용할 때, 대출은 친구와도 같습니다. 반면에 아무 실력도 없이 의욕만 앞서는 사람에게 대출은 악마가 됩니다. 중요한 것은 대출에 대한 막연한 두려움을 떨쳐버리고, 대출을 친구로 삼을 수 있도록 투자 실력을 기르는 일입니다.

이번 장의 처음에 저는 왜 대출을 받아서 집을 살 수밖에 없는지 말씀드렸습니다. 인플레이션이라는 벽을 넘어서 부자의 길로 가려면 대출을 제대로 활용해야 합니다. 당신은 어떻게 할 건가요?

투자 실력을 기르고 대출을 활용해 부자가 될 건가요? 아니면 인플레이션의 벽에 가로막혀 앞이 보이지 않는 삶을 살아갈 건가요? 이 책을 읽는 당신은 아이에게 대출에 대한 편견을 심어주는 부모가 아니라, 대출이라는 도구를 잘 이용할 수 있도록 부자 마인드를 심어주는 부모가 되면 좋겠습니다.

11 저점에서 사서
고점에서 팔려고 하지 마라

　"집값의 고점이나 저점을 맞힐 생각을 하지 마세요. 저점에서 사고 고점에서 팔겠다는 생각이라면, 차라리 투자를 하지 않는 편이 좋습니다."

　지금 집값이 고점이냐고 묻는 분들에게 저는 이렇게 답합니다. 실망스러운 답변이라고요? 하지만 고점이나 저점은 누구도 알지 못합니다. 고장 난 시계도 하루에 두 번은 맞는다고, 어쩌다가 한두 번은 고점, 저점을 맞힐 수도 있습니다. 남들보다 좀 더 자주 맞히는 사람도 있겠죠. 하지만 매번 정확히 예측할 수는 없습니다.

　핵심은 고점과 저점을 맞히는 게 아니라, 앞으로 이 집의 가격이 오를 것인가 또는 떨어질 것인가 하는 '방향성'입니다. 내가 얼마에 샀건 그보다 더 오른다면 투자할 가치가 있습니다. 반대로 내가 아무리 싸게 살 수 있어도 가격이 떨어지는 추세라면 투자를 보류해야 합니다. 이 개념이 없으면 상승장일 때는 너무 비싸다고만 생각해 기회를 놓치게 되고, 하락장일 때는 '집값이 떨어지고 있는데 왜 집을 사느냐'며 또 기회를 놓치게 됩니다.

이번 장에서는 그 방향성에 영향을 미치는 요소를 살펴보고자 합니다.

집값에 영향을 미치는 4가지 요소

부동산 투자도 다른 투자와 마찬가지로 결국 수요와 공급에 따라 가격이 결정됩니다. 앞으로도 사람이 몰릴 것인지(수요)와 경쟁이 될 만한 부동산이 더 생겨날지(공급)에 따라 가격이 정해집니다.

"강남은 미래에도 사람들이 선호하는 지역일까요?"

이 질문의 답이 "그렇다"라는 것쯤은 다들 알 겁니다. 강남은 수요가 확실하다는 의미죠. 그럼 이 질문은 어떤가요?

"강남에 아파트 공급이 계속 늘어날까요?"

부동산을 조금만 공부해봐도 답이 "아니다"임을 알 수 있습니다. 늘어나더라도 수요에 한참 못 미치는 수준이죠. 그러니까 강남은 여전히 좋은 투자처입니다. 물론 가격이 비싸니 투자금이 적은 사람은 엄두도 못 내지만, 자금만 충분하다면 강남만큼 확실한 곳은 없는 셈입니다.

부동산, 특히 주택 투자에서 수요의 핵심은 '심리'입니다. "사람들이 이 부동산을 5~6년 후에 지금보다 더 좋아하게 될까?"라는 질문을 던져보고, 긍정적인 답이 나온다면 수요가 충분하다는 의미입니다. 여기에 이 지역의 공급까지 따져보고 투자를 진행해야 합니다.

그렇다면 부동산 수요와 공급에 영향을 미치는 것들, 즉 집값에 영향을 끼치는 요소에는 무엇이 있을까요? 크게 4가지를 꼽을 수 있습니다.

① 국가 경제 상황의 영향

국가 경제와 재정 상황에 따라 부동산에 얼마나 돈이 유입되는지가 달라집니다. 시중에 돈이 많아지면 부동산 매매가 활발히 일어나면서 가격이 오르고, 반대로 돈이 적어지면 매매가 줄어들면서 가격이 떨어지죠. 부동산 시장에 돈이 유입되는 경위는 다양합니다. 금리를 인하하면 사람들이 대출은 많이 받고 예·적금은 적게할 테니 시중에 돈이 풀립니다. 또는 정부가 재정을 통해 정책적으로 시중에 자금을 풀기도 합니다. 무역수지에서 우리나라가 흑자를 보는 경우에도 돈의 양이 증가합니다. 경제가 성장기일 때 가구소득이 증가하면서 구매력이 올라가고, 집을 사려는 사람이 늘어나 집값이 오르기도 합니다.

부동산 투자자라면 평소 미디어 등을 통해 경기나 무역수지, 중앙은행의 정책 기조 같은 경제 문제에 항상 관심을 기울이는 게 좋습니다.

② 지역적인 영향

사실 부동산은 주식과 달리 나라 전체의 상황보다는 해당 물건이 어디에 있는지, 즉 지역적인 영향을 더 크게 고려해야 합니다. 지방의 아파트 가격이 하락할 때 서울·수도권의 가격은 오르기도 하고, 서울·수도권이 떨어질 때 지방은 오르기도 합니다. 이때 해당 지역의 공급 물량이 큰 영향을 미칩니다. 인구 30만 명 정도의 지방 중소 도시에 10년 차 준신축급 A아파트가 있다고 해봅시다. 이 아파트 주위에 1만 세대 규모의 신축 아파트가 공급된다면, A아파트에 투자해도 될까요? 투자자로서는 이런 상황을 매우 조심해야 합니다. 새 아파트의 인기가 당연히 높을 테니 A아파트의 전세가는 하락할 확률이 높고, 매매가 역시 영향을 받을 수 있기 때문입니다. 지방은 아파트를 지을 땅이 서울·수도권에 비해 많지만, 생활권역의 크기가 작으므로 공급 물량을 매우 중요한 지표로 체크해야 합니다.

이외에도 해당 지역에 일자리를 많이 창출하는 기업이 들어서면 새로운 인구 유입으로 부동산 가격이 오를 수 있습니다. B라는 도시에 삼성 같은 큰 규모의 대기업이 들어선다면 주위에 사람들이 모여들 것이고, 그 지역의 집값은 오를 확률이 높겠죠. 반대로, 있던 기업이 철수한다면 해당 지역의 주택 수요와 집값이 떨어질 수도 있습니다.

마지막으로 가구 수 증감도 해당 지역의 부동산 가격에 큰 영향을 미칩니다. 보통은 인구 증감에 대해서만 이야기하는데, 부동산에서는 가구 수가 더 중요합니다. 5명의 가족이 한 집에 살면 집이 1채면 되지만, 이 가족이 뿔뿔이 흩어져 살면 여러 채의 집이 필요합니다. 집에 대한 수요가 늘어나는 거죠. 결국 인구 감소와 무관하게 가구 수가 늘어나면 집값이 오를 확률이 높습니다. 예를 들어 볼까요? 일자리가 많은 서울의 전체 인구수는 2012년 1,019.5만 명에서 2021년 950.9만 명으로 감소 추세지만, 1인 가구가 늘어나면서 가구 수는 늘어나는 추세입니다. 서울에 대한 주택 수요가 다른 지역보다 높을 수밖에 없는 이유 중 하나입니다.

③ 부동산 정책의 영향

정부의 부동산 정책은 매우 직접적으로 집값에 영향을 미칩니다. 특히 다주택자 규제와 세금 정책은 향후 몇 년간의 부동산 시장 흐름을 결정하죠. 사실 다주택자에 대한 매우 강력한 규제는 집값을 잡기는커녕 오히려 상승시킨다는 것이 오랜 세월에 걸쳐 많은 나라에서 검증됐습니다. 우리나라만 해도 그 어느 때보다 강력한 규제를 펼친 최근에 집값이 가장 가파르게 상승했죠. 정부 규제가 다주택자의 주택 공급을 어떤 방식으로든 막기 때문입니다. 예를 들어 2+2년 전세라고 알려진 '계약갱신청구권'은 얼핏 전세입자에게 유리해 보이지만, 다주택자가 전세를 내놓기 꺼리게 만들고 4년 치 전세금을 한 번에 받아야겠다는 심리를 자극합니다. 이는 전세 공급량과 가격에 영향을 끼치죠.

> **📍 계약갱신청구권**
> 주택에 대한 기존 임차 계약은 2년 단위로 진행되었는데, 세입자가 요구할 경우 특별한 사정이 없는 한 집주인이 전세 계약을 2년 더 연장해주어야 한다는 내용의 세입자 보호 제도이다. 이때 전세 보증금은 최대 5% 범위에서 증감이 가능하며, 집주인 본인이나 직계 가족이 실거주할 경우 세입자의 요구를 받아들이지 않을 수 있다.

부동산 세금 규제를 강화하는 경우도 마찬가지입니다. 지난 정부는 여러 채의 집을 가진 사람이 집을 팔았을 때 많은 세금을 물리도록 제도를 정비했습니다. 그러면 다주택자 입장에서는 집을 팔 이유가 없어지니 일단 보유하거나 자녀에게 증여하는 방향으로 마음먹게 됩니다. 결과적으로 부동산 시장에 기축 아파트 매물이 줄어드니 적은 물건에 수요가 많이 몰리면서 집값 상승을 부추긴 것입니다.

자본주의 사회에서는 경제 주체 모두가 자신에게 이익이 되는 쪽으로 움직이게 마련입니다. 다주택자가 시장에 전월세를 공급하고 신축 분양 물건을 사줘야 시장에 공급이 늘어나는데, 단순히 한쪽 면만을 보고 규제 정책을 펼친다면 다른 쪽에서 부작용이 나타나게 마련입니다. 따라서 새로운 정책이 발표되면 그 효과를 제대로 따져보고 투자해야 합니다. 투자자가 부동산 정책과 세금 규제에 항상 귀를 기울여야 하는 이유입니다.

④ 심리적인 영향

사람들은 이성보다는 감정에 치우친 선택을 합니다. 심지어 집을 살 때도 그런 경향이 있습니다. 앞에서 말한 모든 요소가 더해지면 '앞으로 오를 것 같다'는 사회적 분위기가 형성됩니다. 그렇게 되면 집값이 무섭게 치솟기도 하죠. 더욱이 집은 필수재이기에 일단 한번 집을 사야겠다는 분위기가 만연해지면 공포 심리가 더해져 집값은 점점 치솟습니다. 가격이 오를 거라고 예상되면 수요가 폭증하는, 일종의 기대 인플레이션 효과♀라고 볼 수 있죠.

> ♀ **기대 인플레이션 효과**
> 물가가 상승하는 상황에서 가격이 더 오르기 전에 미리 물건을 확보하려는 심리로, 선점하려는 수요가 늘면서 물가가 더욱 치솟는 현상을 말한다.

이런 4가지 요인 외에도 여러 호재로 인해 집값이 오르기도 합니다. 인근에 지하철역이나 버스 노선이 새로 생기는 등 교통이 편리해지면 당연히 집값이 오릅니다. 학원이 많이 생겨나면 미성년 자녀를 둔 부모들이 선호하겠죠. 백화점이나 복합 쇼핑몰 등 일종의 랜드마크가 될 만한 건물이 들어서는 것도 호재입니다. 집의 공급량은 그대로이지만 해당 지역에 살고 싶어 하는 사람들의 수요가 늘어나면 결국 그 지역의 공급이 부족한 것과 마찬가지 현상이 나타납니다.

정리하자면, 많은 사람들이 집값이 더 비싸지기 전에 집을 사야겠다고 마음먹으면 가격은 상승합니다. 투자자는 항상 위의 4가지 요소를 점검하고, 이 요소들이 어떻게 수요와 공급에 영향을 미칠지 확인해야 합니다.

투자하기 전에 반드시 체크해봐야 할 지표들

부동산 가격을 결정하는 요소 중 '심리적 요인'은 세금 정책이나 가구 수의 변화와 달리 수치로 딱 떨어지지 않기 때문에 파악하기 쉽지 않습니다. 하지만 간접적으로 추측해볼 수 있는 지표들이 있습니다. 아파트 미분양률, 경매 낙찰가율, 향후 3년간의 입주 물량, 인구와 가구 수 증감이 대표적인 지표입니다.

① 아파트 미분양률
미분양률은 '분양하려는 전체 호수 중 분양되지 않은 호수의 비율'을 뜻합니다. 이 중에서도 아파트 미분양률은 수요를 가장 선제적으로 알 수 있는 지표입니다. 새 아파트를 지었는데도 사려는 사람이 없다는 것이니 해당 지역의 공급은 많고 수요는 적다는 뜻입니다. 적정 수요는 생각하지 않고 부동산 시장이 호황이라는 것만 믿고 무리하게 분양을 시도하는 경우 미분양률이 높아집니다. 입지가 안 좋은 곳에 무리하게 분양을 하거나, 호황기를 믿고 분양가를 시장에서 생각하는 적정 가격 이상으로 책정한 경우에 미분양이 늘어납니다. 즉 입지나 가격이 매수자에게 적합하게 느껴지지 않는 경우입니다.

단, 미분양률이 높다는 사실 하나만으로 해당 지역의 부동산 하락 신호라고 단정 지어서는 안 됩니다. 시간이 지나고 미분양이 어느 정도 소화되면 다시 집값이 오르기도 합니다. 마찬가지로 미분양률이 줄었다고 무조건 수요가 늘고 있다고 해석하는 것도 위험합니다. 다른 지표들과 함께 종합적으로 판단해야 합니다.

② 경매 낙찰가율

집을 사는 방법에는 크게 3가지, 분양과 일반 매매, 경매가 있습니다. 그중 경매는 사람들이 가장 꺼리는 방식입니다. 일단 매력적인 물건이 상대적으로 적고, 입찰부터 낙찰, 명도까지의 과정이 까다로우며, 부동산에 대해 잘 알아야 하기 때문이죠. 그래서 오히려 그 지역에서 진행된 경매를 잘 분석해보면 좋은 정보를 얻을 수가 있습니다. 나름 투자 전문가라 할 수 있는 사람들이 경매를 많이 하니 그들이 이 지역을 어떤 시각으로 바라보고 있는지 알 수 있기 때문입니다.

우선 경매 낙찰가율♀이 높아지는 경우를 보겠습니다. 경매는 일반적으로 시세가 아니라 감정평가사가 매기는 감정가를 기준으로 하는데, 감정평가는 보통 매각 6개월 전에 이뤄집니다. 그런데 낙찰가율이 높게 나왔다면, 그러니까 비교적 높은 가격에 팔렸다면 그건 해당 지역의 매매 수요가 높다는 의미로 볼 수 있습니다. 조금 다르게 보면 감정평가 이후 반년 사이에 시세가 올랐다는 의미일 수도 있겠죠. 어느 쪽이든, 낙찰가율이 높다면 매매 수요가 높다고 볼 수 있습니다.

♀**낙찰가율**
경매에서 감정가 대비 낙찰가 비율이다. 경매 낙찰가율이 100%를 넘어서면 낙찰된 물건의 입찰 가격이 감정가보다 높다는 뜻이다.

반대로 낙찰가율이 낮다면 어떻게 해석해야 할까요? 감정평가 이후 반년 동안 시세에 별 변화가 없거나 심지어 떨어진 경우일 수 있습니다. 결국 시장이 안정세이거나 매수 수요가 과거 대비 작아진 어떤 이유가 있다는 의미로 볼 수 있습니다.

③ 향후 3년간의 입주 물량

향후 3년간 인근에 새로 들어설 아파트의 입주 물량도 투자에 앞서 반드시 체크해봐야 하는 지표입니다. 중요한 것은 '향후 3년'입니다. 과거도, 현재도 아닌 미래의 입주 물량을 보라는 의미죠. 건설 중인 아파트가 있다는 말은 곧 공급이 늘어난다는 의미입니다. 그것도 가장 새것이면서 구조도 좋은 최신식 아파트 말입니다.

대부분의 구매자가 선호하는, 시장에서 가장 매력적인 주택이 늘어나는 겁니다. 그 지역의 주택 수요가 빠르게 늘지 않는 이상, 공급 예정인 새 아파트로 수요가 몰릴 수밖에 없습니다.

④ 인구와 가구 수 증감

인구와 가구 수는 수요와 가장 직접적인 관계가 있습니다. 인구 또는 가구 수가 늘어나거나 줄어들면 수요도 그에 맞춰 늘어나거나 줄어들죠. 너무나 당연하고 상식적인 이야기이니 따로 설명은 하지 않겠습니다. 앞서 말했지만 우리나라 전체 인구수보다는 투자자가 매매하려는 그 지역의 인구와 가구 수가 중요하며, 특히 인구보다도 가구 수 증가에 좀 더 주의를 기울일 필요가 있습니다.

참고로 미분양률, 경매 낙찰가율, 입주 물량, 인구수 증감을 확인하는 방법은 '부자 아빠가 되기 위한 투자 수업: 투자하기 전에 반드시 확인해야 할 지표들'(142쪽)에서 자세히 설명하겠습니다. 이런 지표들은 한 번 확인한다고 끝나는 게 아닙니다. 관심 지역이 있다면 반복적으로 꾸준히 체크해야 합니다. 하루빨리 부자가 되고 싶다면 매일 거르지 않고 시장을 주시해야 한다는 점, 잊지 마세요.

운명을 바꾸는 부동산 투자 수업

12

배우자의 투자 반대를
극복하는 방법

"부자는커녕 당장 몇 년 후에 어떻게 먹고살아야 할지 막막합니다. 그런데도 아내가 투자는 안 된다고 하니 미칠 노릇이네요."

"부읽남 님 강의를 듣고 투자 좀 해보려는데 남편이 제 말을 들으려고도 안 해요. 어쩌면 좋죠?"

제게 이런 문의를 하는 분들이 정말 많습니다. 미혼이라면 내 의지대로 투자할 수 있지만 이미 결혼하신 분들은 그러기가 힘들죠. 부부의 마음이 일치하지 않는 경우도 많으니까요. 어떤 면에서 결혼은 부동산 투자와 비슷합니다. 부동산은 입지와 상품이 중요한 만큼 '사는 순간' 성공과 실패가 결정되는 경우가 많습니다. 일단 매수한 뒤엔 내 노력으로 상황을 바꾸기가 힘들죠. 결혼도 비슷합니다. '결혼하는 순간' 이미 많은 것이 결정되는지도 모릅니다. 애초부터 투자 마인드가 서로 맞지 않다면 결혼하고 나서 상대방을 설득하기란 쉽지 않죠. 그래서 결혼 전부터 돈과 투자에 대한 이야기를 깊고 솔직하게 나누어야 합니다.

부자가 되려면 결혼을 잘해야 한다

제 이야기를 잠시 해볼까 합니다. 2011년, 저는 지방에 있는 아파트 여러 채를 전세 끼고 매수했습니다. 얼마 지나지 않아 전세가가 급등하면서 2년 치 연봉에 가까운 돈을 벌어들였고, 저는 이 돈으로 다시 재투자했습니다. 매일 야근하며 일하는 와중에도 투자 공부를 멈추지 않았죠. 한편으로 저는 30세 전에 마음 맞는 분을 만나 안정된 가정을 꾸리고 싶어서, 어쩌다 쉬는 날에는 소개팅을 하러 다녔습니다. 남자가 대부분인 건설회사에 다니는 직장인은 그것 말고는 방법이 없었습니다. 저의 투자 마인드를 이해해주는 사람이라면 참 좋겠다 싶어 마음에 드는 분을 만나면 먼저 툭 터놓고 이야기했습니다.

"저는 결혼해도 부동산 투자를 계속하려고 합니다. 다만 부모님 도움은 한 푼도 받지 않으려고 해요. 월세로 시작하고 싶습니다."

서로 호감을 느끼는 상태여도 이렇게 솔직하게 말하면 사이가 멀어지곤 했습니다. 지금 돌이켜보면 제가 상대방이었어도 별 이상한 사람이 다 있다는 생각을 했을 것 같습니다. 한두 번 만나서 할 이야기가 아니긴 하죠. 어떤 분은 저의 투자 방식이 너무 위험하니 지금이라도 집을 모두 팔고 전세를 구하는 쪽으로 고려해보라고 했습니다. 정년까지 회사 다니면서 열심히 살 생각을 해야지 괜히 대출받고 그러지 말라고요. 저는 그때 많은 것을 느꼈습니다. 누가 맞고 틀린 게 아니라 그냥 '다르다'라는 것을 말이죠. 사고방식이 맞지 않으면 대화가 불가능하고, 대화가 불가능한 사람과 함께한다면 서로가 너무 힘들겠다는 사실을 깨달았습니다.

그러던 중 지금의 아내를 만나게 됐습니다. 저보다 다섯 살 어린 그녀는 흔쾌히 제 계획에 동의했습니다. 시간이 지나 결혼할 때 보증금 2천만 원에 월세 55만 원, 구축 15평 아파트에 신혼살림을 차렸습니다. 신혼집을 보면서 장인어른과 장모님이 남몰래 한숨을 내쉬셨던 모습도, 며느리에게 미안해하시던 제 부모님의 모습도 기억에 선합니다. 번듯한 곳에 자식의 신혼집을 마련해주고 싶은 마음은 어떤 부모님이든 다 마찬가지일 테죠. 당시 돈이 없어서 월셋방을 마련한 것은 아닙니다. 저에게 아파트 13채가 있었지만 투자에 가속도를 붙이기 위해 그런 선택을 했을 뿐입니다. 결혼할 때 아내에게도 약속했습니다. 이런 생활은 오래가지 않을 거라고요.

결혼 후 4년 동안 우리는 아파트 17채를 더 샀습니다. 그동안 아내가 많이 힘들었을 겁니다. 생활비는 늘 부족했고, 일찍 결혼한 탓에 친구들의 삶과 비교도 되었겠죠. 집이 좁아 화장대도 접이식으로 겨우 마련했습니다. 나중에 제대로 된 화장대를 사고 행복해하던 아내의 모습이 기억납니다. 아내의 임신 기간에 저는 회사일과 투자로 눈코 뜰 새 없이 바빴습니다. 새벽에 퇴근하는 일상이 반복됐고, 임신한 아내는 혼자서 병원에 검진을 받으러 다녔습니다. 지금 생각하면 참 미안하면서도 고마운 마음뿐입니다. 그렇게 몇 년이 지나고 저는 수도권 신도시의 신축 아파트로 집을 옮기면서 아내와의 약속을 지켰습니다.

저에게도 힘든 시간이었습니다. 불쑥불쑥 왜 이렇게까지 해야하나 싶은 생각에 흔들리곤 했죠. 그럼에도 견딜 수 있었던 것은 함께 가는 아내가 있었기 때문입니다. 나를 믿고 지지해주는 배우자는 세상 무엇보다 커다란 힘이 됩니다. 이는 경험해보지 않은 사람은 알 수 없습니다. 저는 경험해봤기에 당당하게 말할 수 있습니다. 부자가 되려면 결혼을 잘해야 한다고 말입니다.

배우자를 탓하기 전에 나를 돌아봐야 한다

아내 자랑이나 하려고 길게 이야기를 늘어놓은 건 아닙니다. 마음 맞는 사람과의 결혼이 그만큼 중요하다는 말을 하고 싶었을 뿐입니다. 하지만 이미 결혼한 분들께는 소용없는 이야기겠죠. 이런 분들의 한숨 섞인 고민과 불평을 들을 때마다 저는 말합니다.

"아직 배우자에게 신뢰를 주지 못해서 그렇습니다."

세상에 배우자의 일이 잘못되길 바라는 사람은 없습니다. 그런데도 결사반대를 한다면 이유는 하나, 나를 믿지 못하는 것이죠. 배우자가 잘할 거라는 믿음이 있다면 세상 누구보다도 든든한 지원자가 되어주지만, 믿음직스럽지 못하다면 그 누구보다 발 벗고 나서서 말리게 됩니다. 그러니 나를 못 믿느냐고 상대방을 탓하기 전에 스스로를 돌아봐야 합니다. 믿음이란 절로 생겨나지 않습니다. 당신은 배우자에게 투자자로서 믿음직한 모습을 보여준 적이 있나요? 열심히 공부하는 모습을 보여주거나, 부동산 투자에 대한 정확한 지식을 설명해준 적은요? 아니, 그보다 스스로 지금 하려는 투자에 확신이 있나요? 배우자만 믿어준다면 성공할 거라고 확신하나요?

스스로도 확신이 없으면서 상대에게 믿어달라는 것은 억지입니다. 또한, 믿음을 주려는 노력조차 하지 않는 사람은 상대가 믿어주지 않는다고 탓할 자격도 없습니다. 반대하는 배우자를 탓하기 전에 먼저 자신이 어떤 노력을 했는지 돌아봐야 합니다. 그리고 말뿐이 아닌 행동, 조그만 성과라도 보여줘야 합니다.

사람은 쉽게 바뀌지 않는다

배우자의 투자 반대에 부딪혔다면 해야 할 일이 있습니다. 먼저 투자에 얼마나 진심인지 스스로에게 물어야 합니다. 단단한 각오가 없다면 배우자의 마음을 돌리기 힘듭니다. 내 마음을 바꾸기도 힘든데 타인의 마음을 바꾼다는 것은 원래 엄청나게 어려운 일입니다.

각오가 섰다면, 이제 달라진 내 모습을 보여줄 차례입니다. 우선 배우자 앞에서 투자를 준비하는 자세, 그러니까 열심히 공부하는 모습을 보여줘야 합니다. 되도록 공부한 내용을 배우자와 공유하는 것이 좋습니다. 배우자가 자연스레 투자에 관심을 갖는 기회가 될 수도 있습니다.

다음으로 성과를 보여줘야 합니다. 사람을 믿게 만드는 가장 빠른 길은 실적을 보여주는 것이죠. 결혼할 때 제 아내가 말했습니다. "그동안 보여준 성과가 있으니 앞으로도 잘할 거라고 믿어요. 당신의 투자에 동의할 수 있어요"라고요. 처음부터 욕심 부리지 말고 작게 시작하세요. 배우자가 이 정도는 잃어도 상관없다고 동의할 만한 돈으로 시작해 작은 실적이라도 보여주는 것이 먼저입니다.

물론 이런 방법에는 한계가 있습니다. 아무리 적은 돈이라도 투자에 실패하는 순간 "거봐, 내가 뭐랬어?"라는 배우자의 말에 할 말이 없어집니다. 그렇게 되면 다시는 투자하기 어려워지죠. 그럴 땐 용돈을 저축하든 부업을 해서든 돈을 직접 마련해서 투자하는 방법도 있습니다. 아예 통장을 분리해 '내 돈으로 투자하는 거니까 신경 쓰지 마' 하는 식으로 미리 못을 박아두면, 실패하더라도 덜 곤란해지죠. 수강생 중에는 남편의 반대에 아르바이트를 해서 번 돈으로 몰래 경매를 시작한 분이 있습니다. 처음 낙찰받은 집으로 대출 이자를 내고도 월 20만 원 정도를 벌어들이게 됐죠. 저는 그분께 첫 달 월세를 봉투에 넣어 저녁 식사 자리에서 남편에게 용돈으로 주면서 투자 사실을 밝히라고 조언했습니다. 그때부터 남편이 투자를 점차 지지해주었다고 합니다. 큰 금액은 아니지만 조그만 성과가 있으니 남편도 마음을 열게 되었던 거죠.

부부는 경제 공동체이자 평생을 함께할 사람입니다. 반대에 부딪혔다고 원망하거나 포기해버리지 말고, 설득할 방법을 찾아내길 바랍니다. 배우자가 투자를 이해해주고 지지해준다면, 평소 따뜻한 말과 행동으로 고마움을 표현하는 것도 잊지 마세요. 결국 투자도 서로가 평생 행복하게 살기 위해 하는 것이니까요.

투자하기 전에
반드시 확인해야 할 지표들

투자의 성공 가능성은 최대한 높이고 실패할 가능성은 낮추려면 어떻게 해야 할까요? 객관적인 지표를 수시로 확인하고 투자에 접근한다면 성공 가능성을 조금이라도 높일 수 있습니다.

'사람'을 확인하는 것은 투자의 기본

집을 사는 것은 '사람'입니다. 그러므로 부동산 투자를 할 때는 관심 지역의 인구와 가구 수를 따져보는 것이 필요합니다. 그래야 해당 지역에 수요가 충분한지, 그 수요가 늘고 있는지를 가늠할 수 있으니까요.

① 인구

인구 증감은 '부동산지인'(aptgin.com)을 통해 쉽게 확인할 수 있습니다. 메인 화면 상단의 '빅데이터 지도'를 누르고, 우측 탭에서 '인구'를 선택합니다. 이때 설정값을 '인구 증감률'에 놓고 원하는 기간을 선택하면 해당 기간 동안의 인구 증감률을 파악할 수 있습니다.

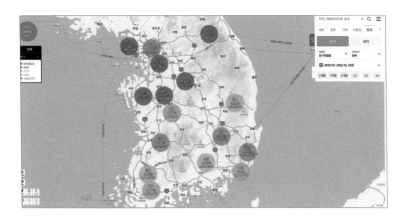

② 가구 수

부동산 투자에 있어 수요를 살필 때는 인구보다 가구 수를 확인하는 것이 더욱 중요합니다. 4명이 한 가족이라 해도 각자 따로 살면 4가구이니 집도 4채가 필요하지만, 모두 같이 살면 1가구여서 집도 1채면 되기 때문입니다. 내가 투자할 지역의 가구 수 변화 또한 부동산지인에서 확인할 수 있습니다. 먼저 부동산지인 메인 화면의 '빅데이터 지도'를 클릭하고, 우측 탭에서 '세대'를 클릭합니다. 이때 설정값은 세대 증감률에 두고, 기간은 원하는 대로 선택하면 됩니다.

공급과 시장 상황 파악

주택 투자를 할 때는 해당 지역에 신규 주택이 얼마나 공급되는지 '공급량'도 체크해야 합니다. 수요보다 공급이 많고 그 추세가 지속된다면 매매가격이 하락할 수도 있습니다. 반대로 공급은 적은데 수요가 많다면 해당 지역의 주택 매매가격이 상승할 수도 있죠. 수요, 공급과 관련된 다양한 지표를 확인하는 방법을 소개합니다.

① 향후 3년간 입주 물량

'아실'(asil.kr)과 '부동산지인'이라는 부동산 정보 사이트에서 해당 지역의 향후 3년간 신규 아파트 입주 물량을 확인할 수 있습니다. 아실은 '아파트 실거래가'의 줄임말로 다양한 기준에 따라 원하는 아파트 가격을 확인할 수 있습니다. 아실을 활용하는 방법을 소개합니다.

먼저 메인 화면 상단의 '입주 물량'을 클릭한 후, 관심 지역을 설정하

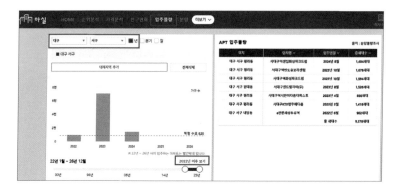

고 하단의 '2022년 이후 보기'를 선택합니다. 그럼 향후 3년간의 입주 예정량과 적정 수요가 함께 나타납니다. 144페이지 그림은 대전시 서구의 입주 물량을 검색한 결과입니다(2022년 2월 기준). 이처럼 궁금한 지역의 향후 3년간 공급량을 간단하게 알아볼 수 있습니다.

다음으로 부동산지인에서 알아보는 방법입니다. 부동산지인의 메인 화면 상단에서 '수요/입주'를 클릭한 후, 지역을 설정하고 '검색'하면 간단하게 확인할 수 있습니다. 다음은 아실에서와 마찬가지로 대구시 서구의 아파트 수요/입주 물량을 부동산지인에서 찾아본 결과입니다.

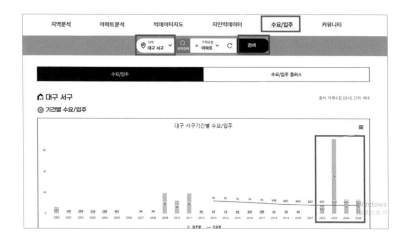

② 아파트 미분양률

그 지역의 수요와 공급을 알아보는 또 하나의 지표가 아파트 미분양률입니다. 미분양률은 '국토교통부 통계누리'(stat.molit.go.kr)에서 확인할 수 있습니다. 국토교통부 통계 누리에 접속하여 상단 '통계 마당'의 '명칭별 통계' 중 '마'를 선택하면 아래 '주택〉주택〉미분양주택현황보고' 항목이 나타납니다. 여기 '관련 파일' 탭에서 미분양주택현황보고 파일을 내려받을 수 있습니다. 개략적인 데이터만 필요할 때는 간단하게 네이버에서 '미분양 주택 수'를 검색해보아도 쉽게 자료를 얻을 수 있습니다.

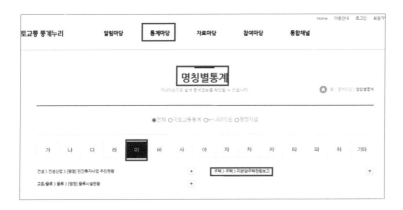

③ 경매 낙찰가율

경매 낙찰가율의 변화를 파악하면 현재 사람들의 투자 심리를 아는 데 도움이 됩니다. 경매는 일반 매매에 비하면 실수요보다 투자 수요가 많기 때문입니다. 경매 낙찰가율 변화는 '대법원경매정보'(courtauction.go.kr)에서 확인 가능합니다. 우선 대법원경매정보 메인 화면에서 상단의 '매각 통계' 중 '지역별 매각 통계'를 클릭합니다. 그런 다음 원하는 지역을 선택하고 '검색'을 누르면 됩니다.

운명을 바꾸는 부동산 투자 수업

아래 그림은 대법원경매정보에서 2021년 2월부터 2022년 1월까지 12개월간 서울시 용산구의 경매 매각 통계를 검색해본 결과입니다. 하단의 '매각가율'이 낙찰가율입니다. 참고로 낙찰가율은 현재 시세가 아닌 '감정가', 즉 감정평가액을 기준으로 합니다. 감정평가는 경매 개시 6개월 전에 실시하므로, 낙찰가율이 높다면 '최근 6개월간 매매 수요가 많았다' 또는 '그 기간 동안 시세가 급등했다'라는 의미로 해석할 수도 있습니다.

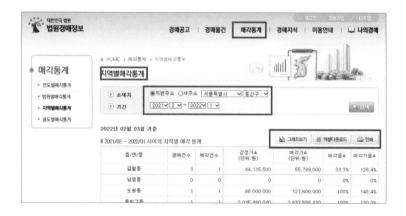

4부

'투자 수익 = 투자금 × 수익률' 투자자라면 늘 마음에 새겨야 하는 공식이죠.

투자의 출발선에서 제일 먼저 할 일은 투자금을 최대한 많이 모으는 것입니다.

수익률을 높이려면 많은 공부가 필요하지만, 투자금을 키우는 일은 지금 당장 시작할 수 있습니다.

이번에는 예비 투자자인 당신이 반드시 알아야 할 종잣돈 마련에 대해 말씀드리려고 합니다.

투자금 모으기
불변의 법칙

13 내 '진짜 연봉'을 알아야 종잣돈이 모인다

　세상에는 돈을 못 벌어서가 아니라 돈을 못 모아서 부자가 되지 못하는 사람이 더 많습니다. 부자가 되려면 투자를 해서 소유권을 가져야 하는데, 투자금이 많을수록 소유권을 더 많이 가질 수 있고, 더 빨리 부자가 될 수 있죠. 이때 저축이야말로 투자금을 만드는 가장 확실한 방법입니다. 빨리 부자가 되고 싶으면 소득은 늘리고 지출은 줄여서 저축을 하면 됩니다.

　너무 뻔한 답변이지만 저축을 잘하는 팁은 없습니다. 의지와 행동만 있을 뿐이죠. 저는 이번 장에서 소득과 지출에 대한 기초부터 이해하고 넘어가고자 합니다. 이것이 투자금을 모으는 첫걸음입니다.

버는 돈의 총액보다 '시급'이 중요하다

소득은 쉽게 말해 '일하고 번 돈'을 말합니다. 안타까운 현실이지만 회사원이 소득을 늘리기란 쉽지 않습니다. 만족할 만큼 연봉이 오르는 일은 거의 없죠. 연봉이 1천만 원씩 뛰어도 그만큼 세금을 더 떼어가니 유리지갑은 절망스러울 따름입니다.

그래서 저는 회사원 분들에게 연봉에 집착하지 말고 자신의 '시급'을 따져보라고 조언합니다. 내 월급을 실제 일하는 시간으로 나눠보면 대략적인 시급이 나오죠. 예전에 제가 대기업에 근무할 때 꽤 많은 월급을 받았다고 생각했지만, 근무 시간을 따져보니 중소기업에 다니던 친구보다도 시급이 적었습니다. 제가 당시 야근을 엄청나게 많이 했기 때문입니다.

'소득'에 관해서라면 저는 이렇게 조언을 드리고 싶습니다. 당장의 월급에 너무 집착하지 말고, 상대적으로 시급이 높은 곳에 다니면서 시간적 여유를 갖는 것도 좋다고 말입니다. 여유 시간에 부업을 하면서 소득을 늘리거나 투자 공부를 하며 미래를 준비할 수 있으니까요. 다만 연봉도 적고 시급도 낮아서 절대소득이 낮은 상태라면, 직업 자체를 바꾸어 내 시급을 높일 방법을 적극적으로 찾아보는 것이 좋습니다.

소득: 얼마를 버는지 정확히 파악하라

무엇보다 중요한 것은 나의 소득을 정확히 파악하는 일입니다. 보통은 연봉을 소득이라 생각하지만, 소득에는 항상 세금이 붙게 마련입니다. 세금을 제한 후 들어오는 돈, '세후 소득'이 곧 내 진짜 소득입니다. 세후 소득은 인터넷에 '임금계산기'를 검색하고 몇 가지만 입력하면 대략적으로 알아볼 수 있습니다.

만약 결혼한 부부라면 아내와 남편의 '합산 소득'을 정확히 알아야 합니다. 부부가 재산을 별도로 관리하는 것은 바람직하지 않습니다. 부자가 되겠다는 공통의 목표를 갖고 있다면 공동 계좌를 만들어 관리할 것을 강력히 추천합니다.

이렇게 부부의 소득이 하나의 계좌에 모여서 지출이 처리되어야 합니다. 그래야만 버는 돈과 쓰는 돈이 얼마인지 명확히 알 수

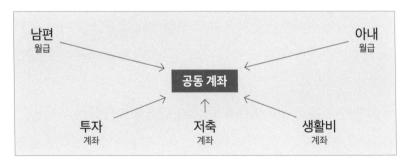

이상적인 소득 관리

있죠. 자신들의 투자 여력이 어느 정도인지도 알지 못한다면 투자를 시작하기도 전에 실패한 것과 같습니다.

한편 자영업자 중에는 자신의 소득을 제대로 알지 못하는 분들이 많습니다. 수입이 들쭉날쭉한 탓도 있지만 그보다는 매출과 순이익의 차이도 모르고, 비용과 개인 지출도 구분하지 못하는 탓이 큽니다. 들어오는 돈과 나가는 돈을 전부 계좌 하나로 처리하기도 합니다. 그러니 수입과 지출을 알기가 힘들고, 쓸데없는 낭비가 일어나기 쉽습니다. 자영업자라면 최소한 계좌 3개는 있어야 합니다.

> · **사업용 계좌** : 매출, 인건비, 재료비, 임대료 등
> · **부가세 계좌** : 매출의 10% 자동 이체
> · **월급 계좌** : 스스로 매월 일정액을 월급처럼 지급

사업용 계좌에는 사업을 하는 데 필요한 돈만 들고나게 해야 합니다. 그래야 사업으로 얼마를 쓰고 벌었는지 알 수 있습니다. 부가세 계좌에는 해마다 내야 하는 부가가치세를 미리 빼둡니다. 많은 사업자가 착각하는데, 부가세는 나라에 내야 할 세금을 잠시 맡아둔 것뿐이지 내 돈이 아닙니다. 이 점을 간과하고 '통장에 들어온 돈은 다 내 것'이라고 생각하며 펑펑 쓰다가 부가세 납부 기간에 당황할 수 있습니다. 월급 계좌는 개인의 소비를 통제하기 위해 필요합

운명을 바꾸는 부동산 투자 수업

니다. 이를 통해 계획적으로 지출할 수 있게 됩니다. 대신 6개월이나 1년에 한 번씩 사업 계좌를 정산하고, 소득이 충분했다면 상여금 명목으로 자신의 월급 계좌에 추가 입금하는 방식이 좋습니다. 자영업자도 회사원처럼 스스로 연봉 계약을 하라는 의미입니다.

어떤 경우든 버는 돈과 쓰는 돈의 이동이 한눈에 보여야 합니다. 투자금을 관리하려면 소득 관리가 그 시작입니다.

지출: 목적 없는 지출은 낭비다

지출이란 어떤 목적을 위해 돈을 지불하는 것을 뜻합니다. 소득을 늘리기란 보통 힘든 일이 아니지만 지출을 줄이는 것은 누구나 할 수 있습니다. 목표를 세워서 이성적으로 지출한다면 분명 소득을 늘리는 것보다는 쉽습니다. 지금부터 지출에는 어떤 항목들이 있는지 살펴보고, '지출을 관리하는 법'을 알아보겠습니다. 지출의 세부 항목을 크게 나눠보면 다음과 같습니다.

지출 관리란 쉽게 말해 소득을 지출 항목에 따라 분배하는 것을 말합니다. 어떤 항목의 지출을 늘리고 싶다면 다른 항목들을 줄이는 수밖에 없습니다. 우선순위를 어디에 둘지에 따라 지출 관리의 방향이 달라집니다. 투자자의 관점에서는 당연히 저축에 우선순위를 두어야 합니다. 저축을 먼저 하고 남은 돈을 지출 항목들에 분배

지출 구분(세부 항목)
• 주거비 · 생필품비 · 양육비
• 의류비 · 외식비 · 통신비 · 여가비 · 개인 용돈 · 보험료
• 경조사비 · 저축

하는 거죠. 예를 들어, 소득의 70%를 저축하기로 했다면 다른 모든 지출은 남은 30% 안에서 해결하면 됩니다.

그렇다면 적절한 저축 금액은 얼마일까요? 많으면 많을수록 좋지만, 미혼·신혼부부 기준으로 적어도 소득의 50% 이상 저축할 것을 권합니다. 저는 빨리 부자가 되고 싶어서 투자 초기에 월급의 90%를 극단적으로 저축했던 적이 있습니다. 먹고 싶어도 참고, 몇 개의 옷으로 버텨야 하니 삶의 질은 떨어졌습니다. 하지만 그렇게 모았기에 투자할 기회를 놓치지 않았다고 생각합니다. 결국 투자를 하려면 필요한 때에 투자금이 충분히 있어야 합니다.

지출을 줄이려면 지금 당장 SNS부터 끊어라

수많은 자수성가형 부자들의 인생을 보면 지출을 극단적으로 줄이던 시기가 있었습니다. 성공한 투자자의 길을 걸으려면 당신도 지출을 줄여야 한다고 강조하고 싶습니다. 물론 쉽지 않은 일이죠. 지출을 줄이려면 2가지 결심이 필요합니다.

첫째, SNS를 끊어야 합니다. 인스타그램 같은 곳에는 온갖 화려한 삶이 가득합니다. 보다 보면 자꾸 남들과 비교하게 되고, 왠지 나만 힘들게 사는 것 같아 우울해지죠. 하지만 SNS에는 누구나 정제된 삶, 자신이 누린 가장 멋진 순간을 올립니다. 인생에서 가장 멋진 순간만을 모아놓았으니 그럴싸해 보일 수밖에요. 그러니 괜히 남들과 비교하며 우울해하지 말고, 애초에 그런 것들을 볼 일이 없게 한동안 SNS를 탈퇴하고 애플리케이션을 지우기를 추천합니다.

둘째, 매일 잠들기 전에 '나는 남들과 다른 길을 간다'라고 다짐하십시오. 그리고 글을 써서 집 안에 자주 눈길이 가는 곳에 붙여두세요. 생각은 쉽게 잊히게 마련이기 때문이죠. 특히 마음먹은 날짜와 이유를 메모지에 적어두면 힘들 때 다시 의지가 생겨날 겁니다. 남들처럼 살면 남들과 같은 결과가 나옵니다. 5년 후, 10년 후의 내 삶을 바꾸고 싶다면 현재가 고통스러워야 합니다. 반대로 현재가 고통스럽지 않고 살 만하다면 나의 삶은 아무것도 바뀌지 않는다고 생각해야 합니다. 부자가 되고, 미래를 바꾸는 것은 고통 없이는 불가능한 일입니다.

14 부자가 되려면 보험부터 해지하라

"부자가 되고 싶으면 보험을 해지하세요."

'절대로 전세 살지 마라'는 유튜브 영상 못지않게 논란이 일었던 저의 주장입니다. 유튜브 게시판에는 비난의 댓글과 도움이 되었다는 댓글이 팽팽히 맞섰죠. 물론 저는 모든 사람에게 그 어떤 보험도 가입하지 말라고 말하지는 않습니다. 상황에 따라 보험을 드는게 유리한 분도 있습니다. 저렴한 실손 보험 정도는 가입해도 괜찮습니다. 암 등의 질환에 가족력이 있을 때도 보험은 필수겠죠. 혹은 부자가 되기 위해 투자하는 것이 두려운 분들은 보험을 들어도 좋습니다.

운명을 바꾸는 부동산 투자 수업

하지만 이 같은 경우가 아니라면 저는 보험 해지에 더 무게를 둡니다. 특히 종신보험이나 연금보험 같은 노년을 위한 보험 상품이 그렇습니다. 이 책을 읽고 있는 분이라면 지금보다 부자가 되고 싶은 열망이 클 텐데, 그럴수록 과도한 보험은 정리하는 게 좋습니다. 보험을 모두 해지한다고 바로 부자가 되는 것은 아니지만, 부자로 가는 길에 조금 더 가속도가 붙을 수 있기 때문입니다.

과도한 보험료는 내 투자금을 줄인다

"부읽남 님, 보험이 뭐 어때서요? 적은 돈으로 위험을 피할 수 있는 상품이잖아요."

보험을 해지하라는 저의 말에 이렇게 반문하시는 분들이 정말 많습니다. 사람 일은 한 치 앞도 모르니 안전장치가 있어야 한다는 거죠. 오늘 나에게 무슨 일이 생긴다면 남겨진 가족은 어떡하지? 사고가 나서 일하지 못하게 된다면? 그러면 당장 돈을 못 버는데 보험이라도 들어서 대비해야 하는 것 아닐까? 생각하면 아찔하고 겁도 납니다. 이런 생각의 회로로 보험에 몇 개씩 가입하게 되죠. 보험회사는 이런 사람들의 심리를 이용합니다. 일어나지 않을지도 모르는 '위험'을 강조하며 미리 대비하라는 식으로 말이죠.

우리가 보험에 드는 이유는 이와 같은데, 그렇다면 보험회사는 왜 보험을 만들어 팔까요? 당연히 당신이 낸 보험료로 수익을 내기 위해서입니다. 보험회사 입장에서 보험 가입자는 수십 년간 현금을 가져다주는 존재입니다. 보험회사가 어떻게 수익을 내는지 따져봅시다. 우선 회사는 직원들을 뽑아 보험을 유치하고 보험 가입자를 모집합니다. 보험에 가입한 사람들은 회사에 보험료를 내죠. 보험회사는 이 돈으로 직원 월급을 주고 기타 운영비를 충당합니다. 여기까지만 보더라도 보험 가입자가 납입한 보험료 이상을 받기란 사실상 불가능해 보입니다. 내가 낸 돈으로 기업 운영비를 충당하고 수익도 남겨야 하니까요. 실제로 보험 가입자가 내는 보험료에는 '사업비'라는 항목이 따로 책정되어 있습니다. 사업비는 보험회사가 보험 영업에 쓰는 돈으로, 보험설계사 수당, 판매 촉진비, 직원 급여 등을 포함하죠. 매달 내가 내는 보험료에서 5~30%에 해당하는 사업비가 빠져나가고, 나머지 금액이 보험금으로 적립되는 식입니다.

그래서 보험은 중도에 해지하면 원금 회수가 어렵습니다. 사업비를 뺀 해지 적립금을 받게 되니 생각보다 적은 돈을 돌려받을 때가 대부분입니다. 보험을 해지해본 분이라면 아실 겁니다. 1천만 원 내고도 6백만 원만 돌려받는 일이 빈번하다는 것을요.

우리는 보험금을 받을 확률이 매우 낮은데도, '위험 대비'라는 명목으로 적게는 몇만 원, 크게는 몇십만 원씩 매달 보험료를 내고 있습니다. 이 때문에 가정 경제에 무리가 가기도 합니다. 보험료를 내느라 생활비가 부족하고 돈을 모을 수 없습니다.

부자는 보험에 가입하지 않는다

보험은 가난한 사람의 심리를 파고듭니다. 하루 벌어 하루 먹고 사는 사람은 며칠만 일을 못 해도 큰일이 납니다. 당장 나에게 무슨 일이 생기면 우리 가족은, 어린아이는 무슨 돈으로 살아갈지 걱정이 되죠. 그러니 보험에 가입하려고 합니다. 하지만 부자들은 그런 걱정을 하지 않습니다. 애초에 보험이 필요하지도 않죠. 집에 일이 생기면 그냥 자기 돈으로 해결하면 그만이라고 생각합니다. 제가 보험을 들지 않았다고 말하면 사람들이 묻습니다. 그러다가 집에 갑자기 큰일이라도 생기면 어떻게 할 거냐고요. 그럼 저는 이렇게 대답합니다.

"번 돈으로 치료비를 낼 겁니다."

잘난 척하려는 게 아닙니다. 다른 부자들을 만나봐도 비슷한 말을 많이 합니다. 물론 보험을 많이 든 부자도 있겠지요. 투자가 아닌 다른 방법으로 부자가 된 분들 중에서는 놀라울 정도로 금융 지식이 없는 경우도 많으니까요. 그런데 한번 생각해봅시다. 이 책 서두에 언급했듯이 당신은 사업을 통해 부자가 되거나 스포츠 스타, 연예인처럼 고소득을 얻을 방법이 있나요? 그런 게 없다면 투자금을 늘려 투자하는 수밖에 없습니다. 보험은 그 투자금을 매달 가져가는 상품입니다. 몇만 원인데 뭐 어떠냐고요? 지금의 몇만 원이 모여 미래의 투자 기회를 놓칠 수도 있다는 점을 간과해서는 안 됩니다.

부자들은 보험 대신 자산을 산다

앞서 부자들이 보험을 들지 않는 이유가 필요성이 적기 때문이라고 했는데, 이유가 하나 더 있습니다. 부자들은 보험 들 돈으로 그 이상의 수익을 낼 수 있다는 사실을 알기 때문입니다. 부자가 되려면 소유권을 가져야 한다고 여러 번 이야기했습니다. 부자들은 보험에 가입할 돈으로 자산을 사들입니다.

'내가 일을 못 하게 되면 아이들은 어떡하지?' 하는 걱정 때문에 30~40만 원에 달하는 종신보험에 가입하는 분들도 있습니다. 만약 저에게 월 30만 원으로 자녀의 미래를 위해 무언가를 해보라고 한다면, 저는 우선 1억 원의 대출을 받겠습니다. 갑자기 웬 대출 이야기인가 싶겠지만, 1억 원을 대출받으면 월 이자가 30만 원 정도 됩니다. 그다음 저는 이 1억 원을 자녀에게 증여하고 미래에 가치가 크게 오를 땅이나 미국 주식을 사겠습니다. 20~30년 이후를 바라보는 장기적인 안목으로 말입니다. 예를 들어 서울 인근의 땅이라거나, 인천이나 수원 같은 오래된 도심지의 낡은 반지하 빌라 같은 것들 말이죠. 아니면 세계적인 미국 IT 기업의 주식을 사놓는 거죠. 무엇을 매매했느냐에 따라 다르지만 종신보험료를 수십 년간 납부하는 것보다는 훨씬 나은 결과가 될 겁니다.

투자 수익 = 투자금 × 수익률

여러 번 언급한 공식입니다. 부자가 되려면 투자 수익을 올려야 하고, 투자 수익을 올리려면 당연히 투자금과 수익률을 높여야 합니다. 아껴 써라, 종잣돈을 모아라, 3천만 원을 모아라 등등 계속해서 저축을 강조한 것도 다 투자금을 늘리라는 말이었죠. 그런데 과도한 보험 가입은 이 투자금을 모을 수 없도록 내 계좌에 구멍을 뚫어놓는 행위나 다름없습니다.

미래를 대비하고 싶은 마음은 이해합니다. 보험을 들어두면 심리적 안정감이 생긴다는 것도 알고 있습니다. 하지만 하루빨리 부자가 되고 싶다면, 과도한 보험 가입이 투자금을 모으지 못하도록 발목을 잡는 건 아닌지 생각해보면 좋겠습니다. 혹시라도 이미 가입한 보험이 있다면 천천히 따져보십시오. 보험금을 수령할 시기의 물가를 고려했을 때, 내가 넣는 돈보다 나중에 받을 돈이 적다는 계산이 나온다면 그 보험을 해지하는 것도 고려해야 합니다. 지금까지 납입한 금액을 아까워하는 대신, 앞으로 내야 할 금액을 생각해보세요. 그러면 한결 결정하기 쉬울 것입니다.

15

부자는 대출을
투자금으로 활용할 줄 안다

제가 운영하는 온라인 카페 '부읽남의 부트캠프(cafe.naver.com/takeschool)'에는 다양한 질문이 올라옵니다. 그런데 유독 자주 올라오는 질문이 있습니다.

"대출금부터 빨리 갚는 게 맞나요?"

최근에 주택담보대출을 받아서 집을 산 분들이 특히 이런 글을 자주 올립니다. 이런 글이 올라오면 댓글로 갑론을박이 벌어집니다. 이게 맞다, 아니다, 저게 맞다 하면서요. 2021년을 기준으로 주택담보대출이 대부분 원금과 함께 상환하게 되었습니다. 매달 갚는 비용이 만만치 않으니 더욱 이런 질문을 하는 분들이 많은 것 같습

　　　　　　　　　운명을 바꾸는 부동산 투자 수업

니다. 사실 인플레이션을 고려하면 대출 상환 기간을 길게 잡아서, 이자를 더 내더라도 최대한 매달 적은 돈을 갚는 게 유리합니다. 예를 들어 6억 원짜리 집을 사는데 30년 만기 대출을 3억 원 받았다고 해봅시다. 대략 매달 120만 원 정도의 원금과 이자를 갚아야 한다고 했을 때, 2022년의 120만 원과 2052년의 120만 원은 그 가치가 같을까요? 그렇지 않습니다. 화폐 가치의 하락과 내 연봉 상승 등을 고려하면 120만 원을 내는 부담은 점차 줄어들 것입니다. 인플레이션으로 인해 그사이 집값도 오른다면 시간이 지날수록 대출금은 덜 부담스러워집니다. 그래서 자본주의 사회에서는 인플레이션에 대해 꼭 알아야 합니다.

원리는 알아도 선택을 힘들어하는 분들이 있습니다. 왠지 대출은 내 인생에서 빨리 없애버려야 할 것만 같지요. 이번 장에서는 많은 분들이 궁금해하는 '대출'에 대해 투자자의 관점에서 짚어 보겠습니다.

엑셀을 밟을 것인가, 브레이크를 밟을 것인가

대출을 빨리 갚아야 할지, 아니면 미뤄야 할지에 대한 정답은 없습니다. 모든 투자가 그렇지만 대출 상환을 언제 얼마나 하는지도 각자가 처한 상황에 따라 다르니까요. 대출을 레버리지 삼아 최대한 빨리 앞서 나가야 하는 분도 있고, 가능한 한 대출을 빨리 갚아 버려야 하는 분도 있습니다.

저는 종종 투자를 운전에 비유하곤 합니다. 운전을 하다 보면 엑셀과 브레이크를 적절히 밟아야 하죠. 목적지에 빨리 가고 싶으면 엑셀을 밟아야겠지만, 그렇다고 무턱대고 속도를 높일 수는 없습니다. 초보 운전자가 속도만 높이다 보면 큰 사고를 낼 수도 있거든요. 또한 기본적으로 신호를 지켜야 하고, 제한 속도 등 교통 법규를 준수해야 하죠. 그래서 가끔은 브레이크를 밟아줘야 합니다. 목적지까지 최대한 빠르게 가되 안전 운전을 하는 것, 그것이 관건입니다. 투자도 마찬가지입니다. 부자의 길이라는 목적지에 이르기 위해 속도를 더 높여야 할 때가 있고, 조금 늦추거나 잠시 멈춰야 할 때도 있습니다. 그럼 투자에 있어서 엑셀과 브레이크는 무엇을 뜻할까요? 엑셀을 밟는다는 말은 곧 대출을 일으켜 투자금을 키워 보다 많은 곳에, 더 큰 금액을 투자한다는 의미입니다. 브레이크를 밟는다는 말은 원금을 상환한다는 의미입니다. 원금을 상환하면 투자금이 줄어들 수밖에 없죠.

자, 그래서 어떻게 해야 하냐고요? 앞서 밝혔듯이 대출에 대한 정답은 없습니다. 대출은 각자의 투자 실력과 성향, 현재의 상황 등을 종합적으로 고려해야 하는 복잡한 문제이기 때문입니다. 이번 장에서는 정답을 말씀드린다기보다 투자자로서 대출을 바라보는 관점에 대해 살펴보고자 합니다.

　　　　　　　　　　　　　운명을 바꾸는 부동산 투자 수업

대출은 막아야 할 질병이 아니다

주택담보대출을 받아 이제 막 한 채의 집을 장만한 분들에게 묻습니다. 집 사서 축하한다는 주변의 말에 어떻게 대답하나요?

"딱 안방까지만 내 집이에요. 이제 몇억 빚쟁이라고요."

이렇게 농담 반 진담 반으로 한탄을 내뱉는 분들이 있습니다. 게다가 집을 샀다고 하면 주위의 어르신이나 부모님께서는 바로 이런 조언을 하곤 합니다.

"이제 책임감을 갖고 착실히 벌어서 빚을 갚아라."

이게 대출금 상환에 대한 일반적인 생각입니다. 주택담보대출을 받음과 동시에 중도상환수수료가 사라지는 날만 기다리는 사람들이 있죠. 대출을 받았다는 것만으로도 불안해서 버는 족족 대출금을 갚아버리고 싶은 겁니다. 대출을 많이 받으면 왠지 잘못한 것 같고, 내 어깨를 짓누르는 무거운 빚에서 얼른 벗어나고 싶어지죠. 그런데 저는 내 집 마련을 넘어서 더욱 부자가 되고 싶은 분이라면 원금 상환을 최대한 늦추기를 추천합니다.

대출은 어떻게든 피하거나 최대한 빨리 벗어나야 할 질병 같은 것이 아닙니다. 스스로 감당할 수 있는 수준으로 받는다면 재정에 악영향을 끼치지도 않습니다. 반대로 돈을 빌려주는 입장에서 생각해보면 답이 나옵니다. 대출이 정말 위험해서 빨리 갚아야만 하는 거라면, 은행도 고객이 빨리빨리 원금을 상환해주길 바랄 겁니다.

그런데 과연 그럴까요? 아닙니다.

은행업은 말하자면 정수기 렌탈 사업과 비슷합니다. 정수기를 빌려주고 일정한 이용료를 받는 것처럼, 상품(대출)을 빌려주고 그 이용료(이자)를 받는 것이 은행업이죠. 정수기 대여 업체는 고객이 정수기를 돌려주기를 바라지 않습니다. 그저 정수기 이용료만을 원할 뿐이죠. 은행도 마찬가지입니다. 이자만 꼬박꼬박 잘 내면 됐지, 원금 상환은 오히려 반기지 않습니다. 그래서 중도상환수수료도 받는 것이고요. 그러니까 내가 돈을 빌려서 잘 사용하고 이자만 잘 낸다면 대출을 받은 나도, 돈을 빌려준 은행도 모두 좋은 거죠. 도의적으로 아무런 문제 될 것이 없습니다. 핵심은 '잘 사용하는 것'과 '이자를 잘 내는 것'입니다. 이를 기본으로 원금 상환을 최소화하고, 여유 자금을 투자금으로 이용하면 됩니다. 그럼 은행은 투자자에게 가장 좋은 친구가 될 수 있습니다.

핵심은 나의 투자 실력입니다. '부자 마인드'를 가진 사람은 이자로 나가는 돈보다 큰 수익을 만들어낼 수 있는 실력을 갖추려고 노력합니다. 대출이 문제가 아니라 그것을 다루는 '나 자신'이 문제의 본질이라는 말입니다.

언젠가는 브레이크를 밟아야 할 시기가 온다

그렇다고 무조건 엑셀만 밟아서는 안 됩니다. 감당할 수 없을 정도의 속도로 달리는 것은 매우 위험합니다. 신호고 교통 법규고 무시하고 달리다가 정말 큰 사고가 날 수도 있습니다. 길을 잘못 들어섰는데도 계속 엑셀을 밟는 사람들이 있는데, 그건 망하는 지름길입니다. 그럼 브레이크를 언제 밟아야 할까요? 투자 속도를 의도적으로 늦춰야 할 때는 언제인지 알아봅시다.

먼저 이자가 감당하기 힘들 만큼 커졌을 때를 들 수 있습니다. 이런 때는 절대 대출을 늘려서는 안 됩니다. 또한 가능하다면 이자를 줄일 수 있는 방법을 모색해봐야겠죠. 공든 탑이 무너지듯 그간의 투자 성과가 물거품이 되지 않도록 조심해야 합니다. 실거주로 내 집에 살고 있지만 이자와 원금 상환 때문에 생활비가 부족하다면, 집을 매각하거나 전세를 줘서 대출을 상환하고 우리 가족은 더 저렴한 집에 월세를 사는 편이 낫죠.

또한 대출을 받았다는 것 자체로 크게 스트레스를 받는 사람이라면 브레이크를 밟는 편이 나을 수도 있습니다. 원금 상환을 늦춰야 한다고 아무리 강조해도 두려워하는 분들이 많습니다. 머리로는 이해가 되는데 가슴으로는 받아들이지 못하는 거죠.

"부읽남 님 말이 무슨 말인지는 알겠어요. 그런데 전 대출금 때문에 불안하고 소화가 안 됩니다. 밤에 잠도 잘 오지 않고요. 대출을 갚아버리기 전까지는 계속 그럴 것 같아요."

이런 성향의 분이라면 굳이 공격적인 투자에 나설 이유는 없습니다. 투자도 다 행복하자고 하는 거니까요.

또 다른 면에서 생각해보면, 생애 주기에 따른 속도 조절도 필요할 수 있습니다. 젊고 아직 결혼 전인 분이라면 투자금은 적지만 활동이 자유롭죠. 그럴 때는 최대한 대출이라는 엑셀을 밟아서 투자 속도를 높이는 것이 좋습니다. 그런데 결혼을 하고 자녀가 초등학교 갈 나이가 되었다면 속도를 높이기보다는 우선은 엑셀에서 살짝 발을 떼고 실거주할 내 집 마련을 고려하는 편이 좋습니다. 그 시기를 놓쳤다면 자녀가 최소한 중학교에 들어가기 전까지는 정착할 집을 찾아볼 것을 권합니다. 이 시기에 내가 실거주할 집을 마련하지 않으면 월세나 전세를 살아야 하기 때문에 자녀가 안정적인 환경에서 학교를 다니기 힘들 수 있습니다. 아이의 전학 문제로 이사가 어렵기 때문에 전월세가 급등하면 재무적으로 최악의 상황에 빠질 수도 있습니다.

그러니 빨리 부자가 되려면 대출 원금 상환을 최대한 늦추고 그 돈으로 투자를 해야 합니다. 그러나 속도가 너무 빨라지면 운전이 어려워지듯, 통제 불가능한 대출은 자제해야 합니다. 중요한 것은 자신의 결정입니다. 나는 빨리 부자가 되고 싶은가? 그러기 위해 어느 정도의 부담감과 위험을 감수할 각오가 되어 있는가? 나의 투자 실력에 자신이 있는가? 내가 감당할 수 있는 대출금과 이자는

운명을 바꾸는 부동산 투자 수업

어느 정도인가? 이런 요소들을 고려하여 엑셀을 밟을 것인지 브레이크를 밟을 것인지를 잘 결정해야 합니다.

16

투자자는
외로움이라는
세금을 낸다

"안녕하세요, 부읽남 님. 저는 지난해 결혼한 서른한 살의 평범한 직장인입니다. 아내와는 결혼 전부터 돈 관리와 투자에 대한 이야기를 나누며 결혼식 비용을 최소화했고, 보증금 1천만 원에 60만 원짜리 원룸에서 월세로 신혼 생활을 시작했습니다.

지금은 악착같이 아끼고 돈 모으는 데 집중하고 있습니다. 당연히 자동차도 없고, 꼭 필요할 때면 '쏘카' 같은 공유 자동차를 이용합니다. 배달 음식은 일주일에 한 번만 시켜 먹기로 했습니다. 저희는 아이가 없을 때 주거에 드는 비용을 최소화해서 투자금 5천만 원을 우선 모으려고 해요. 부읽남 님 유튜브 강의를 들으면서 많이

운명을 바꾸는 부동산 투자 수업

생각해봤는데, 앞으로 부동산 경매에 뛰어들거나 아니면 돈을 더 모아서 나중에 실거주할 집을 전세를 끼고 사두려 합니다.

그런데 친구들은 저와 생각이 다른 것 같아요. 결혼식에 돈을 꽤 쓰고, 미국이나 유럽으로 신혼여행을 가고요. 신혼집은 대체로 신축 아파트 전세로 마련하더라고요. 주말마다 좋은 차 끌고 파인다이닝 식당에 가서는 사진을 찍어서 인스타그램에 올리죠. 아무리 봐도 아닌 것 같아서 진짜 친한 친구에게는 진지하게 조언한 적도 있습니다. 신혼일 때에 돈을 많이 모으고 투자금을 마련해놔야 한다고 말이죠. 그런데 '네가 너무 악착같이 사는 거야'라거나 '그렇게 살면 무슨 재미냐'라는 말만 돌아왔습니다. 제가 궁색하고 재미없게 사는 것 같다고 놀리는 친구도 있습니다. 그 말을 들으니 정말 답답하더라고요.

저는 스스로 잘하고 있다고 생각합니다. 조금도 부끄럽지 않습니다. 하지만 왠지 서로 감정만 상하는 것 같아 모임을 피하다 보니 친구들과 멀어지게 됐습니다. 시간이 지날수록 점점 외로워지네요. 내가 틀린 걸까? 친구들 말대로 젊을 때 좀 더 즐기면서 사는 게 맞는 걸까? 그런 의문이 듭니다. 어떻게 해야 좋을까요?"

제가 운영하는 온라인 카페 '부읽남의 부트캠프'에 올라온 사연을 각색한 것입니다. 이 글을 읽고 어떤 생각이 드나요? 사연을 올린 분이 팍팍하고 재미없게 사는 것 같아서 말리고 싶은가요? 아니면 잘하고 있으니 기운 내라고 격려하고 싶은가요?

많은 사람이 부자가 되지 못하는 의외의 이유, 외로움

사람들이 부자가 되지 못하는 의외의 이유가 앞쪽 사연에 담겨 있습니다. 바로 '외로움'입니다. 부자가 되기로 결심하고 독하게 달려가다 보면 사연의 주인공처럼 혼자가 되는 느낌을 받습니다. 시간이 지날수록 사람들과 거리가 멀어지게 돼 있거든요. 휴대전화에 저장된 번호는 많은데 막상 만나서 속 깊은 이야기를 나눌 사람이 없습니다. 그럴 때면 심리적으로 크게 흔들리고 자신을 의심하게 됩니다. 제대로 된 옷 한 벌도 없이 이렇게 사는 게 과연 맞는 걸까? 한 살이라도 젊을 때 더 즐기면서 사는 게 좋을까? 월 저축액을 30만 원만 줄여도 외식도 하고 여행도 다닐 수 있을 텐데, 그렇게 할까? 이런 유혹에 수시로 흔들리죠.

하지만 이럴 때 마음을 다잡아야 합니다. 외로움과 인내의 시간이 혹독할수록 당신은 더 빨리, 더 큰 부자가 될 수 있습니다. 부자가 된 뒤에 돌이켜보면 그 선택을 절대 후회하지 않을 겁니다.

외로워야 부자가 된다

이 사연을 읽으면서 저는 감탄했고, 또 공감하기도 했습니다. 이분은 '틀린' 선택을 한 게 아닙니다. 그저 남과 '다른' 선택을 한 것

운명을 바꾸는 부동산 투자 수업

뿐이죠. 그리고 바로 이 점이 이분을 부자로 만들어줄 겁니다. 보통은 남과 똑같이 살기 때문에 부자가 되기 힘드니까요.

저도 사람인지라 투자 초기 시절 외로움이 컸습니다. 부동산 투자를 시작하면서 '분수를 알라'라는 말은 수십 번 들은 것 같습니다. 그 '분수'라는 건 대체 누가 정해놓은 건지. 그럼 저는 분수대로 회사에서 16시간씩 일하면서 승진에 목매다가 50대 중반에 정년퇴직하고 얼마 되지 않는 연금에 기대어 살아가야 하는 걸까요? 전 그렇게 생각하지 않았습니다. 남들과 다른 길을 선택한 뒤로 저는 기존에 알던 사람들과 점점 멀어졌습니다. 우선은 관심사가 완전히 달랐고, 돈 때문에라도 저 스스로 만남 자체를 줄일 수밖에 없었으니까요.

많은 사람들이 항상 돈을 어떻게 쓸지에 대해서만 이야기합니다. 이번 여름휴가는 어느 나라에 갈지, 무슨 차를 살지, 어떤 옷을 입을지…. 지출 목록은 끝도 없습니다. 반면 저는 돈을 모으고 불리는 데에만 관심이 있었습니다. 그러니 대화가 통할 리가 없었죠. 그때 저는 모든 소비를 줄였습니다. 그 무렵에는 사람들을 만나지도 않았습니다. '지독하다'는 말도 자주 들었습니다.

'친구들이 나보고 독하다고 해서 상처받았다'며 고민 상담을 해오는 분이 정말 많습니다. 그 말에 충격을 받고 투자를 포기하는 사람도 있죠. 그런데 사실 '독하다'는 말은 칭찬입니다. 부자가 되려면 남과는 달라야 하는데, 독하다는 말은 곧 남들과 다르다는 말이니까요. 그러니까 독하다는 말은 '상종도 하기 싫은 인간'이라는 뜻이 아니라, '난 절대 너처럼은 못 하겠다'라는 뜻입니다. 당신이 투자금을 모으는 과정에서 누군가에게 독하다는 말을 들었다면 기뻐하십시오. '난 부자가 될 수 있겠구나'라고 생각해도 좋습니다.

투자 초기에 저는 나를 이해해주는 사람이 없다는 사실에 외로웠습니다. 아내를 만나기 전까지는 홀로 버텨내야 했죠. 말 그대로 인내의 시간이었습니다. 이 시간을 견뎌내는 게 중요합니다. 투자를 제대로, 독하게 하다 보면 어느 순간 외로움이 찾아옵니다. 그때 흔들려서는 안 됩니다. 부자가 되는 길에서 외로움은 일종의 세금이라 생각하세요. 피할 수 없는 겁니다. 세금을 많이 낸다는 것은 돈을 많이 번다는 뜻이죠. 그러니 외로울수록 잘하고 있다는 증거입니다. 그 순간을 견디지 못하고 포기하면 부자가 되는 길은 까마득하게 멀어집니다.

내가 성공하면 사람들은 다시 나를 찾는다

"부자가 되면 뭐 합니까? 그렇게 독하게 살다가 인간관계 다 틀어지면 무슨 재미로 살아요?"

"놀 때는 좀 놀아야죠. 나이 들면 돈이 아무리 많아봐야 놀지도 못합니다."

독하게 살아야 한다는 저의 말에 이렇게 반박하는 사람도 많습니다. 과연 그럴까요? 이분들은 크게 착각하는 게 있습니다. 부자가 되는 데 사오십 년은 걸릴 거라고 생각하는 것입니다. 그건 투자자의 마인드를 갖추지 못한 분들의 생각입니다. 투자금을 키우고 투자 실력을 쌓아서 수익을 내면 분명 그 기간을 눈에 띄게 단축할 수 있습니다.

앞의 사연을 다시 읽으면서 이런 생각이 들었습니다. '왜 주변 친구들에게 투자에 대해 조언하려고 했을까.' 친구들이 부동산 투자에 대한 설명을 듣는 둥 마는 둥 하는 이유가 무엇일까요? 내가 투자에 대해 잘 모르는 것 같아서? 원래 사람은 잘 바뀌지 않으니까? 다 맞는 말입니다만 진짜 이유는 '내가 지금 부자가 아니기 때문'입니다. 친구들이 보기에 나는 낡고 허름한 빌라에 월세를 살고, 차도 없고, 외식도 못 하고, 늘 똑같은 옷만 입는 사람일 뿐입니다. 원래 사람은 보이는 대로 판단합니다. 이분은 친구들 사이에서 제일 낮은 경제 수준의 사람으로 평가받고 있을 확률이 높습니다. 그런 분이 충고를 하니 귓등으로 들을 수밖에요. 하지만 속상해할 필요는 없습니다. 나중에 투자에 성공하면 알아서 친구들이 찾아옵니다. "저기, 투자하는 법 좀 알려주라" 하면서요. 이건 저의 생생한 경험담입니다. 30채가 넘는 아파트와 상가를 갖고 있다는 사실을 몰랐던 친구들은 제가 회사를 그만두고 사업을 한다니까 다들 말렸습니다. 말은 안 했지만 '네가 무슨 사업이야'라고 생각했을지도 모르죠. 그런데 막상 사업이 잘되고 사무실을 강남의 번듯한 곳으로 옮기니 그때부터 저에게 부동산 관련 조언을 구하는 사람들이 부쩍 늘기 시작했습니다. 사람들은 본인 스스로 인정하기 전까지는 상대의 말에 큰 관심이 없습니다.

부자의 길을 포기할 생각이 없다면, 앞서 고민을 털어놓은 분에 대한 저의 답은 이렇습니다.

"투자자의 외로움은 너무나도 당연하다. 비교는 남과 하는 것이 아니라, 과거의 나와 하는 것이다."

투자 마인드를 이해하는 사람을 만나라

투자자에게 외로움이 필연적이라고는 해도, 조금이라도 줄일 수 있다면 좋겠죠. 그러려면 부정적인 사람을 피하고, 나를 이해해줄 사람을 찾아야 합니다. 어느 날 갑자기 당신이 부동산 투자를 하겠다고 하면 기존에 알던 사람들은 대체로 만류하거나 조언을 하려고 듭니다. 당연합니다. 변한 건 나 자신이고 투자에 대한 상대방의 관점은 그대로이니까요. 그런데 그들이 하는 말 대부분은 도움이 되지 않을 때가 많습니다. 그중에서도 특히 부정적인 말만 하는 사람이 있다면 피하는 게 상책입니다. 그런 이야기를 듣고 넘기는 것도 한두 번이지, 쌓이고 쌓이면 내 확신마저 흔들릴지 모릅니다. 그러니 부정적인 사람은 피하고, 단 한 명이라도 나를 믿고 지지해줄 사람을 찾아야 합니다. 그런 사람이 마냥 기다린다고 해서 찾아오지는 않으니 적극적으로 찾아 나서야 하죠. 저 역시 수많은 노력 끝에 유일한 지지자가 되어준 아내를 만날 수 있었습니다. 아내가 아니었다면 저 역시 지쳐서 포기했을지도 모르고, 그렇지 않았더라도 목표를 이루는 데 최소한 10년은 더 걸렸을 겁니다.

진짜 부자의 길을 가고 싶다면, 자기 자신에게 집중하세요. 주변 사람들의 말에 휩쓸려서도 안 되고, 다른 사람을 바꾸려고 해서도 안 됩니다. 오롯이 나에게 집중하며 내 삶부터 바꾸세요. 그래야 조금이라도 빨리 부자가 될 수 있고, 그래야만 투자자로서의 외로움도 끝납니다.

시세차익 보는 아파트 투자

우리나라의 주택 중 가장 안정적인 투자는 '아파트'라 할 수 있습니다. 기본 수요가 많고, 가격이 오를 때는 크게 오르면서 하락기에는 그 폭이 적은 편입니다. 세입자를 구하기도 편하고 매도도 수월합니다. 물론 그만큼 가격이 비싸지만 기준을 조금만 낮추면 생각보다 적은 돈으로 상당한 차익을 남길 수도 있습니다.

전세 레버리지를 활용한 수도권 주택 매수 사례

① 투자처 기준 선정

2021년 초 수도권 아파트 투자 사례를 소개합니다. 2~3년 뒤 결혼 예정인 30대 초반 A씨는 출퇴근하기 편리한 거리에 실거주 가능한 집을 매수하기를 원했습니다. A씨의 주택 매수 기준은 다음과 같습니다.

첫째, 서울 강서구에 있는 직장과 가까운 주택이어야 한다. 둘째, 깔끔한 신축 아파트여야 한다. 셋째, 실거주할 수 있어야 한다.

② 현실에 맞춰 투자 계획 변경

문제는 투자 금액이 1억 원 정도로 많지 않다는 점이었습니다. 서울 강서구에는 1억 원으로 위의 조건을 만족할 만한 주택이 없었습니다. 투자를 위해서는 몇 가지 조건을 변경해야 할 필요가 있었죠. 첫째, 서울이 아니더라도 출퇴근 가능한 지역이면 된다. 둘째, 신축은 아니더라도 외관과 내부 모두 양호한 곳을 찾는다. 셋째, 결혼까지 2~3년 남았으므로 2~3년 뒤 실거주 가능한 곳으로 찾는다.

③ 투자처 재선정

이러한 기준에 따라 선택한 곳이 경기도 김포시 장기역 인근의 '고창마을케이씨씨스위첸아파트' 81제곱미터(24평형)입니다. 2011년 준공된 아파트라 신축은 아니지만 내·외부 모두 깔끔하며, 1,090세대의 대단지라는 장점이 있었죠. 김포골드라인 장기역이 도보 10분 내에 있는 역세권 아파트였으며, 주위에 초·중·고등학교가 모두 있어 아이를 키우는 학부모의 선호도가 큰 만큼 전세가도 높았습니다. 당시 매매 시세는 4억 3천만 원에 형성되어 있었고, 전세가가 3억 원이었으므로 A씨는 신용 대출을 조금만 받으면 충분히 매수할 수 있었습니다.

네이버 위성지도를 통해 확인한 고창마을케이씨씨스위첸아파트의 위치와 아파트 전경

④ 투자 결과

이곳은 1년이 조금 지난 2022년 2월 기준, 매매가격 5억 1천만 원, 전세는 3억 3천만 원 안팎에 거래되고 있습니다. 대출금을 제하더라도 5~6천만 원 정도의 시세차익을 본 셈입니다. 또한 김포골드라인 장기역은 GTX-D 노선의 정차역으로 지정되었고, 5호선 연장 계획안의 정차역으로도 검토되고 있어서 교통 호재에 따른 추가적인 집값 상승을 기대해볼 수도 있습니다.

가파르게 오른 집값과 규제 강화로 '이제는 집 사기 힘들다'라고 생각하며 자포자기하는 마음으로 청약을 기다리는 분들이 많습니다. 그러나 A씨의 사례에서 볼 수 있듯이 기준을 조금 낮추면 나에게 알맞은 주택을 매수할 수 있습니다. 지금 우리에게 필요한 것은 '현재 내가 매수할 수 있는 가장 좋은 집이 어디인지 입지를 분석하고, 이를 실제로 매수할 수 있는 용기'입니다.

5부

이제 막 3천만 원 정도의 종잣돈을 모은 예비 부동산 투자자는 고민이 많습니다.

아파트를 사야 할지, 오피스텔 투자는 괜찮을지 어디에 어떻게 투자해야 하는지 고민입니다.

또한 괜히 집을 샀다가 엄청난 세금 폭탄을 맞는 것은 아닐까 걱정도 되고요.

뭐든 알고 나면 두렵지 않습니다.

이번 장에서는 부동산 투자의 개념을 잡아보겠습니다.

부동산 투자
개념 잡기

17

유독 아파트값이
오르는 이유

  대다수 사람들이 아파트를 좋아합니다. 조금 과장하면 우리나라 사람들의 99%는 아파트를 선호합니다. 한번 아파트에 살아본 사람은 어지간해서는 빌라나 단독주택으로 이사하지 않으려 합니다. 아파트에 살지 않는 사람들도 아파트로 이사하고 싶어 하고요. 통계청 자료에 따르면, 아파트와 빌라, 단독주택 등을 모두 포함한 전체 주택 1812.7만 호 중 1128.7만 호가 아파트입니다. 우리나라 주택의 62.3%가 아파트라는 것입니다. 그런 높은 수요를 등에 업고 꾸준히 매매가격도 상승하고 있습니다. 물론 모든 아파트의 가격이 다 오르는 것은 아니지만 입지와 평수, 연식 등이 비슷하다면 빌라나 단독주택에 비해서는 오를 가능성이 훨씬 높습니다.

당신이 내 집 마련을 하려고 한다면 무엇을 사야 할지는 명확합니다. 예비 투자자가 무엇을 먼저 공부해야 하는지도 명확합니다. 바로 '아파트'입니다.

사람들이 아파트를 좋아하는 5가지 이유

투자자라면 현상 이면의 원리에도 집중해야 투자 실력을 쌓을 수 있습니다. 사람들이 아파트를 좋아한다는 사실에만 집중하지 말고 아파트의 어떤 요소를 좋아하는지 알아야 하죠. 사람들은 왜 아파트를 좋아할까요? 그냥 '아파트라서'가 아닙니다. 아파트가 다른 형태의 주택이 줄 수 없는 가치를 제공해주기 때문입니다. 대표적인 5가지가 주차장, 경비실과 관리사무소, 안전성, 놀이터, 커뮤니티 시설입니다. 하나씩 짚어보겠습니다.

첫째, 아파트는 주차 문제가 적습니다

대도시에서는 늘 주차 문제로 골머리를 앓습니다. 빌라나 다세대 주택에 사는 사람들의 고민 1순위는 '주차'입니다. 주차할 곳을 찾으려고 동네를 몇 바퀴나 돌고, 어쩔 수 없이 주차 금지 구역에 댔다가 딱지를 떼는 일도 있죠. 주차 때문에 주민들 간에 분쟁이 일

　　　　　　　　　　　운명을 바꾸는 부동산 투자 수업

어나기도 하고요. 아파트는 입주민을 위한 주차장을 따로 마련해놓아서 그럴 일이 거의 없습니다. 주차 하나만으로도 삶의 질이 높아지죠.

둘째, 경비실과 관리사무소가 있습니다

10세대 남짓인 빌라에서는 경비를 고용하거나 관리사무소를 운영하기 힘들지만, 100세대가 넘는 아파트라면 가능합니다. '규모의 경제'에서 나오는 차이죠. 관리사무소가 있어서 좋은 점은 아파트 전체를 관리하기가 수월하다는 것입니다. 어떤 종류의 주택이든 정기적으로 관리하지 않으면 건물이 상하게 마련입니다. 지은 지 10년이 지나 옥상 방수에 문제가 생긴 빌라가 있다고 가정해봅시다. 이때는 모든 세대가 수리에 동의하고 돈을 걷어서 고쳐야 하는데 합의에 이르기가 쉽지 않습니다. 관리사무소가 있는 아파트에서는 미리 관리비를 걷어서 수리에 대비하니 이런 문제가 없습니다. 시간이 지나도 아파트의 가치가 유지되는 이유입니다.

셋째, 아파트가 훨씬 안전합니다

건축법상 5층 이상이어야 아파트가 될 수 있습니다. 고층일수록 도둑이 들 가능성은 당연히 줄어들죠. 그리고 많은 세대가 모여서 살면 안전할 확률이 높아집니다. 공동으로 관리비를 부담해서 경비원을 배치하고 방범 설비를 설치 및 유지할 수 있죠. 아파트는 안전이라는 주택의 가장 기본이자 핵심 요소를 더욱 많이 제공합니다.

넷째, 놀이터와 조경 등이 잘되어 있습니다

요즘 지어진 아파트 단지 내부에는 놀이터와 조경을 갖춘 공원이 있습니다. 창밖으로 바로 놀이터가 보이니 부모 입장에서는 아이가 혼자 나가서 놀더라도 크게 불안하지 않습니다. 놀이터에 있는 사람들 대부분이 같은 주민이고 바로 옆에 경비실도 있으니 더욱 안심이 되죠. 그런데 빌라 중에서는 이런 시설을 갖춘 곳이 거의 없습니다. 어린아이를 키우는 부모라면 이 차이가 더욱 크게 와 닿겠죠.

마지막으로, 커뮤니티 시설의 존재입니다

독서실, 헬스장, 노인정 같은 커뮤니티 시설은 '우리 아파트 사람들만 이용하는 곳'이라는 점에서 주민에게 소속감을 줄 수 있습니다. 이런 소속감과 일종의 우월감 역시 아파트를 선호하는 이유가 됩니다. 어떤 브랜드의 아파트에 산다는 사실 하나만으로도 자부심을 느끼는 사람들이 많죠.

이처럼 사람들이 아파트를 선호하는 이유를 잘 알아야 합니다. 무조건 아파트라서 사람들이 선호하는 것이 아닙니다. 한 동짜리 아파트처럼 위의 요소들이 거의 없는 아파트도 있고, 청담동 고급 빌라처럼 아파트가 아니어도 이 모두를 잘 갖춘 곳들은 선호도가

운명을 바꾸는 부동산 투자 수업

높기 때문입니다.

아파트라고 다 같은 아파트가 아니다

"○○역에서 도보 3분 거리, 25평형 아파트 3억 원 분양!"

이런 문구가 적힌 홍보 전단지를 본 적이 있을 겁니다. 주변 아파트 시세보다 낮은 가격이 어떻게 가능한지 의문이 들 텐데 실상을 보면 '나 홀로 아파트', 그것도 5층짜리 빌라처럼 생긴 건물이거나 작은 원룸형 도시형생활주택 같은 것들입니다.

아파트는 '5층 이상의 건물을 층마다 여러 집으로 구획하여 각각의 독립된 가구가 생활할 수 있도록 만든 주거 형태'를 뜻합니다. 이 정의대로라면 5층짜리 건물도 아파트는 아파트입니다. 하지만 우리에게 법적 기준은 별 의미가 없습니다. 사람들이 어떻게 받아들이느냐가 중요하죠. 무턱대고 '아파트'라는 말만 믿고 분양받거나 투자하면 손해를 볼 수 있습니다. 주택에는 아파트를 비롯한 다양한 종류가 있습니다.

① 나 홀로 아파트

법적 용어는 아니지만 '나 홀로 아파트'가 있습니다. 흔히 빌라나 상가 건물들 사이에 한두 동만 덩그러니 서 있는 아파트를 말합니다. 단지 규모가 작기 때문에 층수만 높은 빌라처럼 보이기도 합니다. 다만 세대수가 많고, 주차장이 있으며, 경비실이 따로 있어서 빌라보다는 상태가 양호한 편입니다. 그러나 단지형 아파트에 비하면 부지가 협소하고 동과 동 사이의 간격이 좁으며, 놀이터나 어린이집, 관리사무소, 노인정 같은 커뮤니티 시설이 부족합니다. 빌라보다는 선호도가 높지만 단지형 아파트에 비해서는 선호도가 떨어질 수밖에 없죠.

② 단지형 아파트

흔히 '아파트'라고 하면 떠올리는 곳입니다. 단지의 규모에 따라 소형, 중형, 대형으로 나누는데, 정확한 기준이 있는 것은 아니지만 저는 각각을 500세대 미만, 500~1,000세대 미만, 1,000세대 이상으로 구분합니다. 단지가 클수록 아파트값이 비싸고 사람들이 선호하는데, 이유는 크게 2가지입니다. 부지 면적과 관리비죠. 대단지일수록 공유할 수 있는 땅이 넓어져 공원이나 학교 등을 만들기 좋고, 관리비가 많이 걷히니 다양한 커뮤니티 시설이 들어설 수 있습니다.

③ 주상복합 아파트

주상복합 아파트(이하 주상복합)란, 이름 그대로 주거와 상업 용도가 복합되어 다세대가 공동 주거하는 건물입니다. 저층에는 상가, 위에는 집이 있는 건물을 생각하면 됩니다. 저는 주상복합이라는 단어가 오히려 헷갈리게 만든다고 생각합니다. 주상복합은 '상업지역에 있는 고층 아파트'라고 기억하는 편이 훨씬 좋습니다. 핵심은 '아파트'입니다. 주상복합을 오피스텔과 헷갈리면 안 됩니다. 상업지역의 고층 아파트라면 일반 단지형 아파트와 장단점이 다를 수밖에 없습니다만, 아파트처럼 부지 면적과 세대수가 중요하긴 합니다. 정해진 기준은 없지만 저는 각각을 300세대 미만, 300~700세대 미만, 700세대 이상으로 구분합니다.

주상복합은 상업지역에 있다는 것이 가장 큰 특징입니다. 상업지역에 지어진 주상복합은 지하철과 직접 연결된 곳이 있을 정도로 교통편이 좋고 주변 인프라가 잘 갖춰져 있습니다. 또한 땅값이 비싼 상업지역에 지었기 때문에 사업성을 갖추고자 대형 평수 위주와 고급스러운 자재로 지어진 경우가 많고, 주차장이 더 넉넉하며 보안도 철저합니다. 높게 지어지니 조망권도 좋고요.

물론 단점도 있습니다. 상업지역에 지어지기 때문에 소음과 매연으로 인한 불편함을 느낄 수 있습니다. 높은 용적률♥과 건폐율♥로 인해 재건축이나 리모델링 가능성이 떨어진다는 점도 단점으로 꼽힙니다. 다만 최근에 지어지는 주상복합은 내부 구조를 보완하고 커뮤니티 시설, 조경과 놀이터 등을 잘 갖추어 기존 주상복합의 단점을 모두 없앤 단지들이 많고, 아예 상가 동과 주거 동을 분리해서

용적률

대지 면적에 대한 지상 건축물의 연면적 비율. 여기서 연면적이란 지하나 1층 주차장의 면적은 제외하고 각 층의 바닥 면적을 합친 면적을 말한다. 용적률은 '층수'와 관련이 있다. 용적률이 높을수록 고층, 낮을수록 저층이라고 생각하면 된다.

건폐율

대지 면적에 대한 건축 면적의 비율. 대지 면적 중에 1층 바닥이 차지하는 비율이라고 생각하면 편하다. 건폐율은 건물의 밀도와 관계가 있다. 건폐율이 높은 아파트의 경우 동간 거리가 좁고 조경 면적 또한 줄어들 수 있다.

짓기도 합니다. 그렇다 보니 상업지역의 인프라와 고층 아파트의 조망권이 합쳐져 그 지역의 '대장 아파트' 역할을 하는 신축 주상복합이 늘어나는 추세입니다.

④ 오피스텔

오피스텔은 오피스(office)와 호텔(hotel)의 합성어로, 목적에 따라 주거 시설과 상업용 모두로 사용 가능한 건물을 말합니다. 일반 오피스빌딩은 사무실로만 사용하도록 설계되어 있지만, 오피스텔은 사무용과 주거용으로 모두 활용 가능합니다. 어떤 오피스텔은 설계부터 주거를 목적으로 건축한 경우도 있습니다. 특히 오피스텔과 주상복합 아파트의 구분이 헷갈리는데, 엄연히 적용하는 법이 다르고 설계 기준도 다릅니다. 주상복합은 어디까지나 아파트 기준에 맞춰 지어진다는 점을 잊지 마세요.

보통 오피스텔은 상업지역 내에 1~2인 가구의 직장인 수요를 충족하기 위해 업무지구나 교통 중심지 근처에 전용면적 20제곱미터 정도의 원룸형으로 많이 지어집니다. 그런데 이런 소형 오피스텔은 시세차익보다는 임대 수익을 목적으로 접근해야 합니다. 또한

1~2인 가구가 주요 대상이다 보니 수요가 한정적이고 세입자 이동이 잦다는 점도 주의해야 합니다. 1~2인 가구 특성상 단기 거주자들이 많아 임차 수요의 변동도 큰 편이죠. 또한 이런 소형 오피스텔은 공급이 상대적으로 쉬운 편이라 시세 상승도 제한적입니다. 수요가 높고 공급이 부족해야 가치가 상승하는데, 소형 오피스텔은 수요는 한정적이고 공급이 쉽기 때문에 수요가 상승해도 가격이 그만큼 오르지 못할 때가 많습니다.

반면 소위 '아파텔'이라고 불리는 오피스텔은 소형 오피스텔과 다른 양상을 보입니다. 2020년에 비해 2021년 아파텔 거래가 16% 이상 상승했다는 한 부동산 리서치업체의 분석도 있었죠. 요즘 인기 있는 아파텔은 전용면적 59~85제곱미터 정도 크기로, 외관과 내부 구조가 일반 아파트와 흡사합니다. 내부를 보면 방이 두세 개 있고 부엌과 거실이 구분되어 일반 아파트처럼 생겼습니다. 최근 몇 년 사이 아파트 가격이 치솟다 보니 대안으로 아파텔을 찾는 사람이 많아졌습니다. 아파텔이 아파트의 기능을 어느 정도 대체할 수 있기 때문이죠. 아파트만큼은 아니지만 아파텔도 부동산 상승기라면 시세 상승을 기대해볼 수 있습니다. 여기에 더해 아파트와 달리 청약에서는 주택 수에 포함되지 않아 무주택 자격을 유지하면서 청약에 도전해볼 수도 있습니다.

현실을 외면하면 투자는 불가능하다

아파트를 사고 싶다며 저한테 상담을 요청하는 분들의 이야기를 듣다 보면 답답할 때가 종종 생깁니다. 아파트 좋은 건 누구나 압니다. 그러나 수요가 많으면 가격은 비쌀 수밖에 없습니다. 돈이 부족하면 '지역'과 '주거 환경' 둘 중 하나는 포기해야 합니다. 한정된 예산에 맞춰 상대적으로 저렴한 지역의 아파트를 사거나, 비싼 지역에서 아파트가 아닌 다른 것을 사야 하는 거죠.

돈이 부족한데 꼭 선호 지역의 아파트에 살고 싶다면 일단은 시간을 두고 투자를 통해 단계적으로 올라가야 합니다. 한 번에 목표를 달성하겠다는 마음에 현실을 외면했다가는 투자는커녕 내 집 마련도 제대로 할 수 없음을 명심해야 합니다. 특히 내 돈으로는 매수할 수 없는 '아파트'에 전세를 살면서 마치 그 집이 '내 집'인 양 착각해선 안 됩니다. 소유권 없는 집은 언젠가는 떠나야 할 '남의 집'일 뿐입니다.

부자 되는 꿀팁

'주상복합 아파트'와 '아파텔'은 둘 다 상업지역에 지어지고 외관도 비슷하기 때문에 눈으로 구분하기 어려울 수도 있습니다. '네이버부동산' 같은 사이트에서 간단히 건물의 용도를 확인할 수도 있습니다만, '정부24(www.gov.kr)'에서 건물

운명을 바꾸는 부동산 투자 수업

동·호수까지 입력해 건축물대장을 열람해보면 건물 종류가 적혀 있으므로 정확히 확인할 수 있습니다.

주상복합 아파트는 말 그대로 '아파트'이고, 아파텔은 '오피스텔'이기에 건축법상 큰 차이가 있습니다. 오피스텔은 발코니를 지을 수 없고, 아파트는 세대수에 따라 놀이터, 노인정, 어린이집, 도서관 같은 커뮤니티 시설을 의무적으로 확보해야 합니다. 따라서 주상복합 아파트가 오피스텔 대비 전용면적도 넓고 주거환경도 좋다고 이해하면 쉽습니다.

18

세상에
저평가된 집은 없다

"제가 사는 아파트는 저평가되어 있는 것 같아요."

"여기 저평가된 지역이니까 당장 사세요!"

이런 말을 들어본 적이 있나요? 어딘가 '저평가된 집'이 있을
거라는 환상에서 나온 말입니다. 그러나 세상에 저평가된 집은 없
습니다. 가격이 낮은 집은 낮은 이유가 있고, 비싼 집은 비싼 이유
가 있습니다. 부동산 가격은 수많은 사람이 시장에서 경쟁하고 비
교해서 결정되기 때문입니다. 세상에 일부러 집을 비싸게 구하는
사람은 없습니다. 사는 사람은 어떻게든 깎으려 합니다. 반면에 주
인은 어떻게든 조금이라도 높은 가격을 받으려고 합니다. 어디까

운명을 바꾸는 부동산 투자 수업

지나 매수자와 매도자의 이해관계가 맞아떨어져야만 계약이 성사되는 거죠.

이런 계약이 쌓여 그 지역의 전반적인 집값이 형성됩니다. 그러니 현재 거래되는 가격이 제값인 셈입니다. 단순히 가격이 낮으니 저평가되었다고 오해하면 안 됩니다.

당신이 모르는, 그 집이 비싼 이유

내가 보기에 좋은 지역이고 괜찮은 집인 것 같은데 이상하게 저렴하게 느껴지는 곳이 있습니다. 반대로 내 생각에는 별론데 비싼 집도 있고요. 그건 그 지역이나 집이 저평가 혹은 고평가된 게 아니라, 내가 모르는 이유가 있는 겁니다. 내 눈에 보이지 않는 어떤 요소가 이미 가격에 반영되어 있는 거죠. 핵심은 현재의 가격 그 자체가 아니라, 가격에 영향을 주는 요소가 무엇인지를 알고 그것이 미래에 바뀔 여지가 있는지 살펴보는 것입니다. 단순히 싼 가격을 저평가라고 판단하면 안 됩니다. 시간이 지나도 여전히 싼 가격을 유지하는 동네도 많기 때문입니다.

시장에서 물건 가격이 상승하는 가장 큰 이유는 뭘까요? 대체할 수 있는 무언가가 있느냐 없느냐, 즉 '대안의 유무'입니다. 대체할 무언가가 없으면 가격이 오르죠. 장마가 길어지면 상추 가격이 오릅니다. 상추는 햇빛을 받아야 잘 자라는 식물이라 장마 때는 수확이 줄어들거든요. 사람들의 입맛, 즉 수요는 일정한데 공급이 줄어드니 상추 가격이 올라갑니다. 만약 쌈 채소로 양배추도 괜찮다는 사람들이 늘어나면 상추의 부재에 대한 강력한 대안이 생기는 셈이니 상추 가격이 올라가기는 힘들겠지만, 삼겹살을 양배추에 싸 먹는 사람은 거의 없죠. 부동산 가격도 마찬가지입니다. 대체재가 있다면 수요가 분산되기 때문에 가격이 상승하기 어렵습니다만, 대체재가 없는데 수요만 늘어난다면 가격은 급등하게 되죠. 가격 상승은 결국 수요가 늘어나는데도 공급이 부족한 상태가 지속되어야 일어날 수 있습니다.

그렇다면 주택의 경우 꾸준한 수요를 만드는 요소는 무엇일까요? 저는 크게 4가지를 꼽습니다. 위치, 편리함, 관심, 우월감입니다. 이 4가지 요소는 유기적으로 연결되어 부동산 가격에 영향을 미칩니다.

① 위치

부동산은 말 그대로 움직이지 않는, 움직일 수 없는 자산입니다. 그러므로 '어디에 있는지'가 너무나도 중요합니다. 수도권이라면 해당 지역이 서울 주요 업무지구(강남, 광화문, 여의도)와 가까운지, 교통이 좋은 위치에 있는지 등을 따져봐야겠죠.

운명을 바꾸는 부동산 투자 수업

② 편리함

'편리함'도 주택의 수요를 결정합니다. 먼저 아파트냐, 빌라냐, 단독주택이냐에 따라 수요가 달라지죠. 또한 아파트라도 집의 구조에 따라 다릅니다. 요즘 지어지는 아파트들은 '방3·화2(방 3개에 화장실 2개)' 구조를 갖추고 있는데, 화장실이 1개인 집보다 더욱 선호됩니다. 그런가 하면 주변 인프라가 얼마나 갖춰져 있는지도 중요합니다. 교통은 편리한지, 주위에 어떤 상업시설이 있는지, 초등학교나 중학교는 얼마나 가까운지, 언덕인지 평지인지 등을 따져봐야 하죠. 같은 구의 같은 동이라도 주택마다 차이가 날 수 있으므로 잘 파악해야 합니다.

③ 관심

현재 사람들의 관심을 가장 많이 끄는 주택 형태는 무엇일까요? 두말할 것 없이 '아파트'겠죠. 주택에 대한 관심은 사람들의 고정관념과도 연관이 있습니다. 아파트를 사야겠다는 사람들의 생각도 이런 고정관념의 영향에서 비롯됩니다. 빌라나 오피스텔은 값이 잘 오르지 않는다고 생각하기 때문에 아파트에 관심을 갖는 사람들이 대부분이죠. 아파트라고 해서 무작정 오르는 것도, 빌라나 오피스텔이라고 해서 절대 안 오르는 것도 아닙니다. 그럼에도 많은 사람들의 관심이 아파트에 쏠려 있고, 이런 경향은 더욱 강화되고 있습니다. 그럴수록 빌라나 오피스텔 등은 대안이 되지 못하니 아파트

가격이 상승합니다. 재건축, 재개발도 마찬가지입니다. 시대에 따른 투자 트렌드는 분명 있습니다. 또한 지하철 같은 교통 호재가 생기면 그 지역에 대한 사람들의 관심도가 증가합니다. 이런 요소들도 가격에 반영됩니다.

④ 우월감

앞의 3가지 요소에 비해 간과하는 사람이 많은데, '우월감' 역시 매우 중요한 요소입니다. 어떤 지역에 사는지, 어떤 집에 사는지가 곧 나를 대표하는 명함이 된 시대니까요. 누가 '반포'나 '압구정'에 산다고 하면 아무래도 부러운 눈으로 바라볼 수밖에 없습니다. 그 지역이 다른 지역에 비해 우월감을 갖게 하는 곳이기 때문입니다. 강남이라는 좋은 입지, 생활의 편리함과 함께 '부자는 강남에 산다'는 고정관념이 더해져 해당 지역에 대한 견고한 우월감을 형성합니다. 꼭 강남이 아니더라도 각각의 도시에는 그곳의 1등 지역이 있습니다. 그런 곳에 산다는 것만으로도 사람들은 일종의 우월감을 느낍니다.

또한 어떤 브랜드의 아파트인지도 중요해졌습니다. 좋은 입지에 소위 말하는 '브랜드 아파트(래미안, 자이, 힐스테이트 등 유명 건설사가 지은 집)'에 사는 사람들은 부러움의 대상이 됩니다. 이런 우월감은 꾸준한 수요를 형성하게 합니다.

4가지 요소가 바뀌면 집값도 달라진다

앞서 말씀드렸듯 저평가된 집이란 없습니다. 모든 집은 모두 제값을 받고 있죠. 단, 위에서 설명한 4가지 요소에 변동이 생긴다면, 집에 대한 평가와 집값도 달라질 수 있습니다. 예를 들어 교통이 불편한 A라는 집 앞에 강남까지 단시간에 갈 수 있는 지하철이 생긴다고 해봅시다. 교통이 개선되면서 이 집에 대한 수요가 높아지고 당연히 가격도 오르리라 예상해볼 수 있습니다. 부동산 상승기에도 좀처럼 오르지 않은 지역과 집의 공통점은 바로 이 변화 요소가 없다는 점입니다. 단순히 가격이 싸다고 '저평가'되었다고 판단하지 말고, 이 4가지 요소 중 무엇 하나라도 개선될 여지가 있어야 저평가되었다고 생각할 수 있습니다.

이때 주의할 점은 4가지 요소에 변동이 생기더라도 그것이 집값에 한 번에 반영되는 것은 아니라는 사실입니다. 호재를 보고 집을 사려는 분은 계획과 과정, 현실화 중 어느 단계에서 집을 사야 더욱 이득을 볼 수 있을지를 따져봐야 합니다. 계획은 거창한데 현실화되지 않는 경우도 자주 일어나기 때문입니다. 정말로 그 계획이 실현될지, 언제쯤 현실화될지, 그럼 내가 어느 시기에 투자해야 더욱 이득을 볼지는 과거 유사 사례와 시장의 분위기 등 공부를 통해 알아내야 합니다.

한편 4가지 요소에 딱히 변화가 없더라도 집값이 급격히 요동칠 때가 있습니다. 세계 경제 상황이나 정부 정책의 변화에 따라 전국적으로 집값이 급등하거나 급락하기도 하죠. 그러니 투자를 할 때는 큰 틀에서 시장의 변화를 민감하게 살피고 개별 물건을 철저히 분석하면서, 사람들의 가치관과 트렌드가 어떻게 변화하는지에 주목해야 합니다.

19

강남 아파트가 평당 1억이 넘는 진짜 이유

　부동산 공부를 하다 보면 서울의 '강남'이라는 곳에 자연스레 관심을 갖게 됩니다. 미디어에서는 종종 '강남불패', 그러니까 강남 부동산은 절대 망하지 않는다는 표현까지 쓰며 강남의 높은 집값을 강조합니다. 반포의 대장 아파트로 불리는 '아리팍(반포 아크로리버파크)'은 2022년 현재 전용면적 84제곱미터가 40억 원이 넘는다고 하죠. 1987년에 지어진 압구정 현대아파트의 매매가도 40억 원 가까이 됩니다.

　가격 장벽이 높아 투자할 수 없는데 강남에 대해 알아서 뭐 하냐고 생각할 수도 있습니다. 하지만 투자자라면 우리나라 1등 지역에 대해 알아야 합니다. 강남이 왜 비싼지 확실히 알고 나면 내가 어디에 투자해야 하는지 눈에 들어오기 때문입니다. 이번 장에서는 강남이라는 지역을 심층적으로 들여다보고자 합니다.

대한민국 최고의 입지, 강남

앞 장에서 '집값을 결정하는 4가지 요소'에 대해 알아봤는데, 강남 아파트는 이들 요소를 두루 갖춘 곳입니다. 쉽게 말해 '살기 좋은 곳'이죠. 살기 좋은 곳으로 사람들은 점점 몰리고, 그러니 더 살기 좋아지는 선순환이 일어납니다. 그런 선순환을 이루는 요소는 무엇이고 서로 어떻게 영향을 미치는지 살펴봅시다.

① 직주근접: 조선 시대에도 사대문 안은 비쌌다

놀랍게도 조선 시대에도 집값이 문제였다는 기록이 있습니다. 한양 경복궁과의 거리가 가까운 곳은 떨어져 있는 곳보다 10배 이상 비쌌다고 합니다. 대신들이 걸어서 궁까지 출퇴근을 해야 하는데, 왕이 찾기라도 하면 급히 가야 하니 궁에서 가까운 곳에 살아야 했기 때문입니다. 예나 지금이나 직주근접, 즉 직장과 집의 거리는 집값에 매우 큰 영향을 미칩니다. 경기도에서 서울로 출퇴근을 해본 분들은 직주근접이 얼마나 중요한지 아실 겁니다. 출퇴근만 편

3도심의 사업체와 종사자 수, 인구

	사업체 수 / 종사자 수(2019년)	
	전체	1,000명 이상
광화문 도심	99,806 / 653,014	51 / 112,355
여의도 도심	79,660 / 615,754	54 / 88,788
강남 도심	117,769 / 1,137,825	72 / 141,141

(단위: 명)

해져도 삶의 질이 완전히 달라지니 사람들은 서울에 살고 싶어 할 수밖에 없습니다.

서울을 기준으로 직장이 몰려 있는 3곳, 광화문(종로구/중구), 여의도(영등포/마포), 강남(강남/서초)을 '3도심'이라 부릅니다. 그런데 엄밀히 따져 '1강 2약'으로 분류하는 게 더 정확합니다. 강남이 1강이고, 다른 두 곳이 2약입니다. 위의 표는 3도심의 사업체와 종사자 수를 정리한 것입니다.

이 표를 보면 전체 사업체 수와 종사자 1천 명 이상의 사업체 수, 종사자 수 모두 강남이 압도적으로 많습니다. 그러니 강남은 물론이고 강남과 물리적 거리가 가까운 곳, 교통이 편리해 이동 시간이 짧은 곳은 덩달아 집값이 오를 수밖에 없죠.

여기서 나머지 두 도심과 강남과의 결정적인 차이가 있습니다. 광화문과 여의도 도심은 업무지구와 주거지역의 거리가 먼 편입니다. 반면 강남은 처음부터 대규모 택지지구로 지정되어 발달한 곳이라, 테헤란로 등의 업무지구 인근에 대규모 아파트가 들어설 수 있었죠.

즉, 다른 두 도심과 달리 시작점부터 업무지구와 선호 주거지역이 가까울 수 있었습니다. 말하자면 태생적으로 직주근접이 이루어진 도심인 셈입니다. 이렇듯 사람들이 많이 모여 살면서 인프라와 학군이 발달하고, 그럴수록 더 많은 사람이 몰리는 선순환이 일어나게 된 것입니다.

② 인프라와 여가 생활: 1년에 52번 찾아오는 주말을 누린다

어떤 지역에 기업뿐만이 아니라 실제로 사는 거주자가 많으면, 자연스레 그 지역의 상권과 문화시설, 여가시설 등이 발달합니다. 강남이 바로 그렇습니다. 광화문이나 여의도 도심은 업무 시간에는 사람들이 몰려들었다가 퇴근 이후에는 뿔뿔이 흩어지지만, 강남은 회사 업무가 끝나고도 그 지역에 거주하는 사람들이 많습니다. 장사하는 사람들 입장에서는 항시 손님이 많다는 뜻이니, 당연히 상권이 발달할 수밖에 없습니다. 문화나 여가시설 역시 마찬가지고요.

더욱이 주 5일 근무제가 자리를 잡으면서 직장인들은 1년에 52번의 주말이라는 짧은 휴가를 누리게 됐습니다. 매번 멀리 여행을 갈 수는 없으니 가까운 곳에서 즐길 거리를 찾게 되고, 이런 수요는 곧 여가를 즐길 수 있는 시설의 공급으로 이어지죠. 서울 안에서 영화관, 공연장, 스포츠, 쇼핑 인프라가 3도심 중 어디에 가장 많은지 생각해보면 됩니다. 강남 거주 수요가 점점 커지면서 당연히 집값도 덩달아 오르게 됩니다. 또한 기업체, 종사자, 유동인구가 많은 곳이라 교통 인프라도 지속적으로 생겨납니다. 직주근접에 양질의 배후 주거지로 상권까지 발달한 결과가 수십 년간 누적되어 뛰어난 인프라를 갖추게 되었고, 그럴수록 기업체와 종사자가 몰렸습니다. 그리고 이제는 그들을 실어 나를 교통이 발달하는 선순환이 반복되고 있습니다.

강남이라는 지역은 인프라가 지속적으로 발달할 수밖에 없는 환경이었던 겁니다.

③ 학군과 학원: 식을 줄 모르는 교육열

강남, 서초의 '8학군'은 매우 유명합니다. 교육열이 높은 나라인 만큼 학군이 좋은 지역일수록 선호되기 마련입니다. 그런데 여기서도 잊지 말아야 할 점이 있습니다. 단순히 학군이 발달하여 집값이 비싸진 게 아니라는 것이죠.

흔히 '대치동 학원가가 유명하니 근처 집값이 비싸다'고 오해하는데, 이는 선후 관계를 잘못 이해한 것입니다. 학원가가 생겨서 수요가 늘어난 것이 아니라, 강남에 대한 수요가 많고 집값이 오르면서 그 지역에 고소득자들이 많이 살기 시작한 결과로 근처에 학원가가 생겨난 것이죠. 강남에 기업체가 늘고 고소득자들이 거주하면서 자연스레 그 자녀들이 다닐 학원에 대한 수요도 높아졌겠죠. 초기 강남에선 그나마 임대료가 낮은 편이었던 대치동에 학원이 하나둘 생겨났고, 때마침 쌓여가던 수요가 그곳으로 몰리기 시작했습니다. 점차 다른 학원들도 대치동으로 모여들면서 지금과 같은 학원가가 형성되었습니다.

이는 다른 두 도심지에서도 일어나고 있는 현상인데, 최근 두 도심 인근에 대규모 주거 지역들이 개발되면서 근처에 학원가도 발달하고 있습니다. 예를 들어, 여의도와 광화문 도심지의 중간에 위치한 마포구에 소위 '마래푸'라고 불리는 마포래미안푸르지오를 비롯한 신축 대단지 아파트가 들어서면서 수천 세대의 고소득자들이 대거 유입됐고, 이에 따라 공덕, 대흥역 주변으로 학원가가 확장되고 있습니다. 정리하면, '학군이 좋으면 집에 대한 수요가 몰리면서 집값이 오른다'가 아니라, '고소득 거주자가 많아지면 학원에 대한 수요가 생겨나고, 이에 따라 학원들이 모이면서 학군이 발달한다'고 보는 편이 타당합니다. 이런 학원가, 학군지가 발달할수록 그곳을 떠나지 않으려는 수요를 만들기 때문에 가격 상승 요소로 작용합니다.

④ 편리함 : 편리함은 누적된다

앞서 이야기한 요소들이 더해져 강남은 무척 살기 편한 지역이

운명을 바꾸는 부동산 투자 수업

됐고, 점점 더 그렇게 되어가고 있습니다. 직장과의 거리가 가까우니 출퇴근이 편하고, 교통이 발달했으니 이동이 편리합니다. 백화점이나 공연장, 대형 쇼핑몰 등이 많으니 문화생활을 누리고 여가를 즐기기에도 편하죠. 가까운 곳에 우리나라에서 가장 발달한 학원가가 있으니 아이들에게 수준 높은 교육을 시키기에도 이보다 편할 수가 없습니다. 강남의 편리함을 한번 경험해본 사람들은 가능한 한 다른 곳으로는 가지 않으려 하죠.

더욱이 교통과 인프라, 여러 시설과 학군 등이 더 발달하면서 거주자들의 삶도 점점 편해지고 있습니다. 심지어 강남을 벗어나지 않고도 거의 모든 생활을 하는 데 불편함이 없죠. 이런 점 또한 강남의 집값을 올리는 요소 중 하나입니다.

⑤ 우월감: 내가 사는 곳이 내 명함이다

누구나 선망하는 지역에 살 때 사람들은 우월감을 느끼게 됩니다. 현재 우리나라에서는 강남이 바로 그런 곳입니다. 강남이 살기 좋은 곳인 이유는 바로 앞에서 4가지 요소를 통해 설명했습니다. 이런 요소들이 수십 년간 누적되면서 강남은 살기 좋은 곳, 많은 사람이 살고 싶어 하는 지역이 됐습니다. 그러나 강남은 집값이 비싸기 때문에 쉽게 들어갈 수 없는 지역이기도 하죠.

모두가 살고 싶어 하지만 아무나 살 수는 없는 곳이기에 강남에서 살아가는 사람들은 알게 모르게 우월감을 느끼게 됩니다. 이런 점은 일종의 프리미엄이 되어 집값에도 영향을 미칩니다.

투자자로서 강남을 바라보는 올바른 자세

이제 당신은 강남이 부동산 투자처로 더없이 매력적인 이유를 설명할 수 있게 되었습니다. 그런데 우리는 왜 지금껏 이렇게 '강남'을 공부한 걸까요? 강남처럼 모든 요소를 다 갖추지는 못했더라도, 분명 기업체가 많고 주거지가 함께 형성되어 있는 곳, 교통과 인프라가 좋고 상업과 문화시설이 발달한 곳, 학군이 잘 갖춰진 곳, 살아가기에 편리한 곳은 분명 있습니다. 맞습니다. 투자자에게는 그런 지역을 가려낼 수 있는 눈이 필요합니다.

또한, 수도권 쪽에 관심 있는 투자자라면 늘 '강남 접근성'을 염두에 둬야 합니다. 강남 근처에 있거나 강남으로 가는 교통이 획기적으로 개선되는 지역은 그 자체로 호재이며, 집값이 오를 가능성이 높습니다. 2021년에 삼성역으로 연결되는 GTX-C의 우선 협상자가 선정되면서 정차역으로 거론된 의왕시의 집값이 급등하는 일도 있었죠.

투자자는 늘 강남과 관련해 어떤 이슈가 있는지 눈과 귀를 열어두어야 합니다. 시간이 되면 강남 지역을 임장하며 사람들이 어떤 곳을 살기 좋다고 하는지 분위기를 느껴보기를 권합니다. 글이나 말보다 직접 눈으로 보고 몸소 느낄 때 가장 많은 것을 깨달을 수 있습니다.

20

신축 오피스텔,
분양받아도 될까

"출퇴근 때문에 수도권에 살 집을 구하는데, 아파트는 너무 비쌉니다. 좀 알아봤더니 30년 된 아파트 살 돈이면 근처 신축 오피스텔 분양도 받겠더라고요. 구축 아파트를 살 바에는 신축 오피스텔을 분양받는 게 낫지 않을까요?"

분명 현실적인 고민입니다. 요즘은 방이 2개 이상인 중형 오피스텔(아파텔)도 있으니, 실거주하기에 괜찮아 보이죠. 그런데 꼭 알아야 할 것이 있습니다. 가능한 한 신축 오피스텔을 분양받는 것은 신중해야 한다는 사실입니다.

운명을 바꾸는 부동산 투자 수업

신축 오피스텔 분양을 조심해야 하는 이유

사람들은 대부분 새 건물을 선호합니다. 그런데 아파트와 달리 오피스텔은 신축이 아니라 어느 정도 연식이 지난 물건에 투자하는 것이 좋습니다. 이유는 간단합니다. 아파트에 비해 신축 오피스텔은 적정 시세를 알기 어렵고, 분양가도 비싸게 책정되는 경우가 많기 때문입니다. 사실 분양가는 시세가 아닙니다. 정확하게는 판매자가 정한 가격일 뿐입니다. 그리고 아파트와 달리 오피스텔, 빌라는 분양가에 대한 제약이 없어 판매자가 높은 분양가를 책정하기도 상대적으로 쉽습니다.

또한 오피스텔 자체의 취약성도 분명 존재합니다. 먼저 공급이 상대적으로 쉽기 때문에 근처에 다른 오피스텔이나 빌라가 생기기 쉽습니다. 그렇게 경쟁 상대가 늘어나면 기존의 오피스텔은 타격을 받기가 쉽죠. 또한 아파트는 구축이라도 재건축, 리모델링의 가능성이 있는 반면, 대지 지분이 적은 오피스텔은 그럴 가능성도 떨어집니다. 아파트는 발코니를 둘 수 있고 오피스텔은 불가능하다는 구조적인 차이도 있습니다. 그래서 오피스텔은 같은 면적이라도 아파트보다 더욱 작게 느껴집니다. 이런 이유로 인해 부동산 침체기에는 오피스텔의 매매가 원활하지 않을 수도 있습니다. 그러니 신축이라고 해서 무작정 분양받았다가는 손해를 보기가 쉽습니다.

같은 값이면 구축 아파트가 낫다

같은 지역의 신축 오피스텔과 구축 아파트에 비슷한 비용으로 투자했을 때 어떤 차이가 있는지 실제 물건을 통해 살펴보겠습니다. A씨와 B씨가 각각 인천 간석동의 신축 오피스텔과 구축 아파트를 매수했다고 가정해봅시다. A씨와 B씨는 2017년 상반기에 비슷한 가격으로 오피스텔과 아파트를 각각 샀지만 이후 수익률에서는 큰 차이를 보였죠. (참고로 다음 표에 담긴 실거래 내역은 국토교통부의 실거래가 공개시스템을 참고했습니다.)

A씨와 B씨는 각각 비슷한 위치의 신축 20평형 오피스텔과 구축 26평형 아파트에 투자했습니다. 초기 매수가격은 비슷한데 결과는 크게 다릅니다. 4년 동안 A씨는 대출 이자를 겨우 내는 수준의 수익을 얻었고, 오피스텔 매매가가 지속적으로 하락해 결과적으로 손해를 보았습니다. 반면 B씨가 매수한 아파트는 1억 원이 넘는 매매차익을 실현했죠. A씨의 경우, 차라리 같은 오피스텔을 준공 후 3~4년이 지난 뒤 샀다면 수익률이 훨씬 높았을 겁니다.

그런데 구축 아파트와 신축 오피스텔, 선택의 기로에서 간과해서는 안 되는 한 가지 분명한 사실이 있습니다. 구축 아파트와 신축 오피스텔의 가격이 같다면, 둘의 가격 차이는 '건물값'에서 나온다는 것입니다. 구축 아파트는 이미 낡은 건물이기 때문에 감가상각이 될 대로 된 상태입니다. 신축 오피스텔은 새것이므로 건물의 값

운명을 바꾸는 부동산 투자 수업

세부 항목 \ 구분	A씨(오피스텔 투자)	B씨(아파트 투자)
물건 정보	인천시 남동구 간석동 20평형 오피스텔(2017년 준공)	인천시 남동구 간석동 26평형 아파트(1990년 준공)
투자 시기	2017년 4월 1억 9,100만 원 매매	2017년 1월 2억 2,700만 원 매매
대출금/대출 이자	대출: 1.34억 원(약 70%) 이자: 매월 약 39만 원 (2017년 기준 담보대출이자 약 3.5%)	대출 없음
보증금 및 월세	2017년 6월 3,000만 원+ 월세 45만 원 2019년 4월 3,000만 원+ 월세 40만 원 2021년 5월 2,500만 원 + 45만 원 2021년 10월 1,000만 원 + 60만 원	2017년 1월 2억 원(전세) 2019년 1월 1억 9,000만 원(전세) 2021년 2월 2억 원(전세) 2021년 11월 2억 5,000만 원(전세)
매매가격 변화	2017년 4월 1억 9,100만 원 2021년 4월 1억 2,300만 원 2021년 6월 1억 3,500만 원 2021년 11월 1억 3,500만 원	2017년 1월 2억 2,700만 원 2019년 1월 2억 4,000만 원 2021년 1월 2억 6,500만 원 2021년 10월 3억 5,400만 원
투자 성과 (취득세, 중개수수료, 수리비 등 제외)	실투자금: 2,700만 원 (1억 9,100만 원 - 대출 1억 3,400만 원 - 보증금 3,000만 원) 순수익: 4년간 약 240만 원 (월세 - 대출 이자) 매매차익: -5,600만 원 최종 수익: -5,360만 원 ∵이자를 뺀 월세 수익은 4년간 총 240만 원에 불과하고, 매매가격이 5,600만 원 하락함으로써 5,360만 원 손해	실투자금 2,700만 원 (2억 2,700만 원 - 전세 2억 원) 매매차익: 1억 2,700만 원 ∵2021년 10월 기준 전세 가격이 2억 5,000만 원으로, 2017년 당시의 매수가격을 초과해 투자금을 모두 회수했고, 남은 돈으로 다른 투자를 통해 복리 효과 발생

이 최고치인 상황입니다. 그런데도 가격이 같습니다. 시간이 지나서 신축 오피스텔이 낡으면 매매가격도 떨어질 확률이 높겠죠. 만약 구축 아파트가 추후 재건축이라도 되어서 새것이 될 가능성이 있다면 어떨까요? 오피스텔보다 더욱 비싸지지 않을까요? 같은 논리로 입지 좋은 곳의 구축 아파트를 살 것인지, 교통이 불편하고 입지가 떨어지는 곳의 신축 아파트를 살 것인지에 대해서도 어떤 결정을 해야 할지 알 수 있습니다.

오피스텔 투자가 나쁜 것만은 아니다

오피스텔 투자를 무조건 반대하는 것은 아닙니다. 분양받는 것이 아니라면, 오피스텔 투자로도 분명 괜찮은 수익을 얻을 수 있습니다. 특히 외관과 내부 구조가 아파트와 매우 흡사한 중형 오피스텔, '아파텔'은 태생적으로 아파트의 대체 상품이라 할 수 있습니다. 아파트에 들어가고 싶지만 사정이 되지 않는 사람들에게 아파텔은 하나의 선택지가 됩니다.

저도 아파텔을 매수하여 수익을 낸 적이 있습니다. 서울 강서구의 강변샤르망이라는 전형적인 아파텔을 매수한 사례입니다. 376세대로 단지 규모가 크고, 9호선 가양역까지 도보로 3분밖에 걸리지 않는 초역세권이며, 도보 10분 안쪽 거리에 초·중·고등학교가 모두

서울 강서구 강변샤르망 전경

있습니다. 인근의 아파트와 주변 인프라를 공유하지만 아파트보다
훨씬 가격이 저렴했죠. 2019년 2월 공매를 통해 3억 1,700만 원에
낙찰받았는데, 3년이 지난 2022년 1월 현재 매매 시세는 5억 2천만
원 정도입니다. 현재는 전세를 매수가보다 높게 맞춘 상태로, 투자
금이 전혀 들어가지 않은, 결과적으로 매우 좋은 투자가 되었죠.

또 하나, 소형 원룸 오피스텔이라고 해도 처음부터 시세보다 싸
게 살 수만 있다면 괜찮은 투자일 수 있습니다. 바로 경매나 공매
를 통한 매수입니다. 살 때부터 손해를 보고 시작하는 일반 매매라
면 추천하지 않겠지만, 시세보다 싸게 사서 제값에 팔아 이득을 볼
수 있는 경매라면 임대 수익을 얻으면서 시세차익도 가능하기 때문

입니다. 물론 경매가 쉬운 투자 방식은 아닙니다. 부동산에 대한 이해가 있어야 하고, 용어나 절차를 제대로 익혀야 하죠. 일반 매매에 비해 시간과 노력도 훨씬 더 많이 투입되고 어느 정도의 위험도 감수해야 합니다. 무엇보다 투자 마인드가 제대로 자리 잡지 않은 사람은 섣불리 시도하기 어려운 방식이기도 합니다.

운명을 바꾸는 부동산 투자 수업

21

재개발 빌라 투자,
만만하지 않다

　"부읽남 님, 안녕하세요? 평범한 스물아홉 살 직장인입니다. 강의를 잘 듣고 있습니다. 부읽남 님께서 부자가 되기 위한 첫 단계로 3천만 원을 모아보라고 하셨잖아요. 그래서 저는 지난 2년 동안 취미 활동도 관두고 친구들 모임도 줄여가면서 정말 악착같이 돈을 모았습니다. 얼마 전에 겨우겨우 3천만 원을 모아서 이제 투자를 시작해보고 싶은데, 마땅히 투자할 만한 곳이 보이지 않네요. 주변에 물어보니 그 금액이면 재개발을 노리고 빌라 투자를 하는 게 최선이라고들 합니다. 오래된 빌라는 소액으로도 매수할 수 있고, 재개발만 되면 큰 수익률을 올릴 수 있을 거라고 하더라고요.

저도 나름 조사를 해봤는데, 인천에는 3천만 원으로 투자를 해볼 만한 낡은 빌라들이 좀 있긴 합니다. 그중 하나를 알아보러 갈까 하는데, 부읽남 님이 보시기에는 어떤가요? 3천만 원으로 빌라를 사두고 재개발을 기다리는 게 좋을까요? 아니면 3천만 원으로 할 만한 다른 투자가 또 있을까요?"

일확천금을 기대하지 마라

제가 여러 영상과 칼럼에서 '3천만 원을 모아볼 것'을 강조해서인지 이와 비슷한 질문을 자주 받습니다. 그런데 3천만 원만 모으면 마치 부자의 길이 열리는 것으로 오해해서는 안 됩니다. 3천만 원은 투자를 꿈꿔볼 최소한의 자격 같은 겁니다. 그 돈을 악착같이 모으는 과정에서 자신의 소비 습관을 되돌아보고 부자가 되기 위해 필요한 습관을 몸에 배게 만들 수 있죠. 그러니까 3천만 원을 모으는 건 '부의 그릇'을 더 키우기 위해 지금의 조그만 그릇에 균열을 내서 깨뜨리는 과정이지, 그릇을 채우는 과정은 아닙니다. 이 점을 영상과 칼럼을 통해 항상 강조해도 사람들은 '3천만 원'이라는 액수에만 집중하느라 그 점을 간과하곤 합니다.

물론 3천만 원으로 할 수 있는 투자가 없는 것은 아닙니다. 3천만 원은 부동산 투자를 시작해볼 수 있는 최소한의 금액이기도 합

운명을 바꾸는 부동산 투자 수업

니다.

"3천만 원으로 무슨 부동산 투자를 해요?"

이런 의심을 하는 분들도 있는데, 이해합니다. 부동산 투자를 멀게만 느끼는 분들에게는 얼토당토않은 이야기처럼 들리겠죠. 하지만 앞서 사연자 분이 언급한 빌라 투자 등 3천만 원으로 가능한 투자처도 찾아보면 꽤 있습니다. 빌라는 아파트처럼 매매가를 정확히 알기는 어렵습니다만, 한번 네이버부동산을 켜고 아는 지역의 빌라 매물을 찾아보세요. 저는 사연자가 이야기한 인천 남동구 만수동 지역에서 '빌라/주택', '매매', '1억 원 미만'으로 필터링을 걸어보았습니다. 그랬더니 5천만 원 미만의 반지하 매물이 종종 눈에 띄네요. 이런 집을 사두고 전세를 2천만 원에만 놓아도 3천만 원이면 충분히 투자가 가능하겠죠. 자, 그럼 사연자는 바로 인천으로 달려가

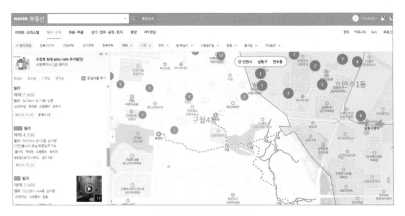

네이버부동산 검색 화면

서 빌라를 매수하면 될까요?

　그런데 저는 사연자 분께 재개발 빌라 투자는 추천하고 싶지 않습니다. 빌라 투자가 무조건 안 좋다는 말이 아닙니다. 단지 사연을 보낸 분의 상황을 고려했을 때는 적당한 투자가 아닐 수도 있다는 의미입니다. 그 이유를 설명하겠습니다.

수십 년이 걸릴 수도 있는 재개발 빌라 투자

　재개발을 염두에 둔 빌라 투자는 분명 적은 돈으로도 시도해볼 수 있고, 잘되면 큰 수익을 낼 수도 있습니다. 하지만 세상에 싸고 좋은 물건은 없습니다. 싼 금액으로 하는 투자는 그만큼 리스크가 큰 투자입니다. 적은 돈으로 투자해야 한다면 그만큼 안고 가야 할 리스크가 커질 수밖에 없습니다. 소액으로 하는 빌라 투자도 마찬가지입니다. 어떤 리스크가 있을까요?

① 불확실성

　재개발 절차는 그리 간단하지 않습니다. 참고로 재개발이란 낙후된 지역에 도로·상하수도 등의 기반시설을 새로 정비하고 주택을 신축함으로써 주거 환경 및 도시 경관을 재정비하는 사업을 말합니다. 도로와 상하수도를 정비한다는 점에서 알 수 있듯이 재개

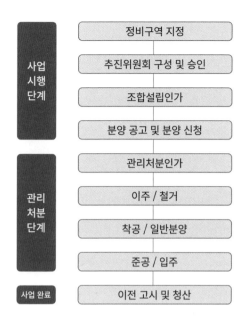

사업 시행 단계	정비구역 지정
	추진위원회 구성 및 승인
	조합설립인가
	분양 공고 및 분양 신청
관리 처분 단계	관리처분인가
	이주 / 철거
	착공 / 일반분양
	준공 / 입주
사업 완료	이전 고시 및 청산

재개발 진행 단계

발은 공공사업의 성격을 띱니다. 재개발 구역은 지자체에서 지정합니다. 내 마음대로 하고 싶다고 할 수 있는 게 아닙니다. 재개발은 몇 단계를 거쳐 결정되고 진행되는데, 대략적인 단계는 위의 표와 같습니다.

이렇게 단계적으로 투자가 진행될 때마다 가격이 점진적으로 오릅니다. 문제는 3천만 원 정도의 소액으로는 재개발 계획이 제대로 추진될지 전혀 확신할 수 없는 지역에 투자할 수밖에 없다는 사실입니다. 구역 지정조차 되지 않은, 재개발이 언제 될지도 모르는

'재개발 0단계'의 물건을 살 수밖에 없다는 거죠. 그러다 정비구역으로 지정조차 되지 않고 막연히 시간만 흐르는 경우도 부지기수입니다. 지인 중에서 20년 전쯤 대전에 빌라 한 채를 매수한 분이 있습니다. 당시에도 20년 된 빌라여서 재개발을 염두에 두고 매수했지만 지금도 재개발은 진행되지 않고 있습니다. 이제는 40년 가까이 된 건물이라 언제 쓰러져도 이상하지 않을 정도인데 말이죠.

노후한 건물이 밀집된 지역인데도 재개발되지 않는 이유는 뭘까요? 일단 구역 지정이 되기도 어렵지만, 지정이 된다고 해도 주민 동의를 얻기가 그리 쉽지 않습니다. 주민의 75% 이상이 동의해야 조합을 설립할 수 있는데, 사람마다 처한 상황과 이해관계가 다릅니다. 지금 살던 곳에 계속 살고 싶어서, 이주할 돈이 마땅치 않아서, 월세를 계속 받고 싶어서 등 재개발을 거부하는 이유는 제각기 다양합니다. 주민의 74%가 찬성해도 1%를 채우지 못하면 재개발은 불가능합니다.

단계를 하나씩 통과할수록 불확실성은 줄어들지만, 이는 다시 말하면 그만큼 큰 투자금이 필요해진다는 의미입니다. 3천만 원으로는 어림도 없죠. 3천만 원 정도로 시작하려면 재개발 0단계에서 시작할 수밖에 없는데, 이때는 정말 각오를 해야 합니다. 저의 지인처럼 수십 년간 돈이 묶일 수도 있다는 각오 말입니다.

② 시간 레버리지가 필요한 투자

앞서 강조했듯이 재개발 투자는 오랜 시간이 필요합니다. 운 좋게도 내가 0단계에서 구매한 곳이 곧바로 재개발 구역 지정이 되었다고 해도 각 단계에 도달하기까지 적지 않은 시간이 걸린다는 사실을 반드시 기억해야 합니다. 특히 사연자처럼 지금껏 모은 전 재산을 쏟아부어야 한다면 시간이라는 기회비용을 들일 가치가 있는지, 그리고 그렇게 할 수 있는지 신중하게 고민해봐야 합니다.

③ 실거주의 어려움

재개발 투자는 철저히 투자의 관점에서 접근해야 합니다. 워낙 낡고 오래된 집이라 '정 안 되면 내가 들어가서 살겠다'라고 마음먹기가 쉽지 않다는 말입니다. '몸테크'하면 된다고들 하지만 적은 돈으로 구입한 빌라의 주거 환경이 좋기는 어렵습니다.

사연자 분은 20대의 젊은 나이이므로 장차 결혼을 하고 가정을 꾸릴 수도 있습니다. 그때 잘못 사둔 빌라 한 채가 내 발목을 두고두고 잡을지도 모릅니다. 낡은 빌라를 신혼집으로 삼기도 힘들고, 괜히 유주택자가 되어 규제 대상이 될 수도 있고, 팔고 싶어도 사줄 사람이 없어 난감한 상황에 빠질 수도 있습니다. 제가 늘 드리는 말씀이지만, 집은 살 때 잘 사야 합니다. 잘못 사고 나서 안 팔린다고 난감해해도 그땐 할 수 있는 게 별로 없습니다. 팔고 싶어도 매수자 자체가 없을 수도 있습니다.

재개발 빌라 투자를 해도 괜찮은 사람들

그럼 재개발 빌라 투자는 누구에게 적합한 투자 방법일까요? 앞서 말한 리스크를 감안해도 해볼 만한 상황과 조건인 사람의 경우 재개발을 기대하며 빌라 투자를 해도 괜찮습니다. 성공하기만 한다면 확실히 큰 수익을 올릴 수 있기 때문이죠. 어떤 분들에게 빌라 투자가 적합한지 한번 체크해보겠습니다.

① 투자금이 충분한 경우

재개발 투자의 불확실성을 해소하는 가장 좋은 방법은 뭘까요? 이미 3~4단계까지 진행된 상품에 투자하는 겁니다. 이런 경우는 '시간 레버리지'가 적게 들어가므로 경쟁이 높고 가격도 비쌀 수밖에 없습니다. 이때는 서울 기준 최소 5억 원 이상의 비교적 큰 투자금이 마련되어 있어야 합니다.

② 동시에 여러 군데 투자할 수 있는 경우

재개발 투자의 불확실성을 줄이는 또 하나의 방법은 '여러 곳에 투자'하는 겁니다. 로또 당첨 확률을 2배로 높이는 방법은 뭘까요? 바로 '2장을 사는 것'입니다. 우스갯소리 같지만, 생각해보면 가장 확실한 방법이기도 하죠. 재개발 투자도 마찬가지입니다. 낡은 빌라 1군데에 투자했다가 안 되면 그걸로 끝이지만, 3곳, 5곳, 10곳을

운명을 바꾸는 부동산 투자 수업

사둘 수 있다면 그중 하나쯤은 될 가능성이 훨씬 높아지겠죠. 그러니 하나 사두고 말 게 아니라 2호, 3호, 4호… 10호까지 사두고 기다리겠다는 각오라면, 그리고 그렇게 해도 상관이 없는 상황이라면 재개발 투자도 시도해볼 만합니다.

③ 향후 10년 이상 실거주 집 마련 계획이 없는 경우

거듭 말하지만, 저는 결혼 후 첫째 아이가 초등학교 입학하기 전, 그게 어렵다면 중학교 입학 전에는 실거주할 집을 마련하는 것이 좋다고 생각하는 사람입니다. 가족의 행복을 위해서 그때는 잠시 투자의 '브레이크'를 밟을 것을 권하기도 하죠. 그러니 매수 후에 10년 이상 묻어두어야 할지도 모르는 빌라에 투자하려면 본인의 실거주 집 마련 계획을 반드시 따져봐야 합니다. 이미 실거주하는 집이 있거나, 지금부터 최소 10년 이상은 실거주할 집을 마련할 필요가 없는 사람이라면 재개발 빌라 투자를 고민해볼 수 있겠죠.

④ 경매로 싸게 매수하는 경우

경매로 재개발이 '될 수도' 있을 만한 물건을 사는 것은 고려해볼 수 있습니다. 시세보다 싸게 샀기 때문에 재개발이 되지 않을 것 같다고 하더라도 급매로 싸게 팔고 나오면 손해가 적기 때문입니다. 이는 일반 매매에서는 쓰기 어려운 전략입니다. 시세대로 사는 데다 세금에 중개수수료까지, 시작부터 손해를 보기 때문입니다.

다만 계속 강조했듯이 경매 자체의 두려움을 극복하기가 쉽지는 않습니다.

3천만 원으로 하는 빌라 투자가 소액 투자라 할지라도 누군가에게는 전 재산이고 큰돈입니다. 투자의 세계에서는 수익을 얻는 것도 중요하지만 '잃지 않는 투자'를 하는 것도 매우 중요합니다. 위의 3가지 요소를 찬찬히 따져보고 투자를 결정하길 바랍니다.

사연자와 비슷한 상황인 분들에게 또 하나 드리고 싶은 말씀이 있습니다. 단기간에 3천만 원을 모은 것은 정말 대단한 일입니다. 그런데 돈은 있지만 아는 것이 없을 때가 정말 위험합니다. 돈은 모았는데 마땅한 투자처가 보이지 않는다면 지금은 투자를 해야 할 때가 아니라 공부를 해야 할 때라는 사실도 꼭 명심하면 좋겠습니다.

운명을 바꾸는 부동산 투자 수업

22

부동산 세금,
알고 나면 두렵지 않다

부동산 투자를 두려워하는 분들의 이야기를 들어보면 이유가 다양합니다. 돈이 없어서, 왠지 위험할 것 같아서, 잘할 자신이 없어서…. 심지어 '세금이 무서워서'라고 이야기하는 분들도 정말 많습니다. 저는 그런 분들에게 이렇게 묻고 싶습니다.

"집 한 채를 사고 보유하다 팔 때까지 어떤 세금을 내야 하는지 설명해주실 수 있나요?"

현재 다주택자인 데다 자산이 20억 원이 넘는 분이라면 모를까, 무주택자나 1주택자라면 세금에 대한 걱정은 막연한 두려움이라고 할 수 있습니다. 결론부터 말씀드리면, 1주택자도 세금을 내기는 하지만 그리 부담스러운 금액은 아닙니다. 세금을 낸다고 무조건 겁부터 내는 것은 투자자의 올바른 자세도 아닙니다.

이번 장에서는 부동산 투자를 할 때 발생할 수 있는 주요 세금과 비용에 대해 알아보겠습니다.

취득세, 보유세, 양도세를 기억하자

부동산 세금은 크게 3가지로 나뉩니다. 매수할 때 내는 '취득세', 보유하는 동안 내는 '보유세', 매도할 때 내는 '양도세'가 있습니다. 이들 세율이 몇 %인지 하나하나 기억할 필요는 전혀 없습니다. 각각 언제 내는 세금인지, 내가 실제로 부동산을 사면 얼마의 세금을 낼지 파악할 수 있으면 됩니다.

① 취득세: 살 때 내는 세금

♀ **취득세**
상속세와 증여세도 상속 및 증여를 받는 입장에서는 부동산을 취득한 것이므로 넓게는 취득세에 포함되지만, 여기서는 실제 '투자'에 필요한 '취득세' 위주로 설명한다.

부동산을 '취득할 때' 내는 세금을 취득세♀라고 합니다. 취득세에는 기본적으로 지방교육세와 농어촌특별세가 따라붙는데 이를 통틀어 '취득세'로 이해하면 됩니다. 내가 집을 매수할 때 가격을 기준으로 취득세가 부과되죠.

운명을 바꾸는 부동산 투자 수업

과세표준		취득세	지방교육세	농어촌특별세
6억 이하		1.0%	0.1%	전용면적 85㎡ 초과 시 0.2% 과세
6억 초과 ~9억 미만	6.5억	1.33%	0.133%	
	7.0억	1.67%	0.167%	
	7.5억	2.0%	0.2%	
	8.0억	2.33%	0.233%	
	8.5억	2.67%	0.267%	
9억 이상		3.0%	0.3%	
상속		2.80%	0.16%	0.2%
증여		3.5%	0.3%	0.2%
오피스텔		4.0%	0.4%	0.2%

*6~9억 원 사이의 주택은 구간별 세금 부과가 아니라 집값에 비례해 선형적으로 부과됨

　도대체 집을 사면 취득세를 얼마나 내는 걸까요? 무주택자가 전용면적 85제곱미터 이하의 아파트를 6억 원에 구매할 때를 예로 들어보겠습니다. 취득세 1.0%와 지방교육세 0.1%을 더해 총 1.1%의 세금을 납부하게 됩니다. 계산해보면 660만 원이 나오네요. 이번에는 무주택자가 전용면적 85제곱미터를 초과하는 7억 원의 아파트를 매수하는 상황을 가정해보겠습니다. 위 표에 따르면 1.67%의 취득세와 0.167%의 지방교육세, 전용면적 85제곱미터 초과 시의 세

금 0.2%가 더해져서 총 2.037%의 세금을 내게 되네요. 이때는 총 14,259,000원의 세금을 내야 합니다. 세금이 너무 과하다고 생각할 수도 있습니다만, 자동차 한 대를 사도 7%의 취·등록세를 내야 합니다. 필수재이자 자산으로서의 역할을 해낼 집을 사는 데 내는 취득세라고 생각하면 마음이 편합니다.

물론 취득세가 큰 부담이 되는 경우도 있습니다. 다주택자가 그렇습니다. 지역이나 금액에 따라 차이는 있지만, 2주택자는 약 9%, 3주택자 이상이면 13.4%까지 취득세가 부과되기도 합니다.

② 보유세: 갖고 있을 때 내는 세금

집을 소유하고 있는 동안에도 세금을 내야 하는데, 이것이 바로 '보유세'입니다. 보유세에는 '재산세'와 '종합부동산세'가 있습니다. 두 세금 모두 6월 1일을 기준으로 부과됩니다. 이날을 기준으로 단 하루만 보유해도 1년 치의 세금을 다 내야 합니다. 만약 5월 31일에 잔금을 치러서 부동산 소유권 이전까지 받았다면 6월 1일을 기준으로 내 소유가 되므로 내가 1년 치 보유세를 내야 합니다. 이처럼 부동산을 매수하거나 매도할 때는 보유세의 과세 기준일을 따져보는 것이 절세에 도움이 됩니다.

또한 2가지 세금 모두 실제 시세가 아닌 '공시가격'을 기준으로 세금을 부과한다는 점도 같습니다. 취득세나 양도세는 실제 거래 가격을 기준으로 과세할 수 있지만, 보유하고 있는 동안에는 거래가 이뤄지지 않았으므로 기준으로 삼을 거래가가 없죠. 이런 이유로 국토교통부에서 매년 과세의 기준이 되는 공시가격을 발표합니다. 해마다 공시가격이 바뀌므로 부동산 거래 전에 반드시 확인해야 하는데, '부동산공시가격알리미(realtyprice.kr)' 사이트에서 쉽게 알아볼 수 있습니다. 자, 이제 각각의 세금에 대해 구체적으로 살펴보겠습니다.

▶ 재산세

무주택자가 주택 한 채를 매수하면 집 하나를 갖게 되죠. 드디어 재산이 생기는 겁니다. 재산세는 쉽게 말해 재산을 갖고 있으니 내야 하는 세금입니다. 재산세에는 할인과 할증도 많고, 정부 특례에 따라 달라지는 경우가 많으므로 외울 필요는 없습니다. 중요한 점은, 세율 자체가 그리 높지 않기 때문에 적어도 1주택자에게는 큰 부담이 되는 금액이 전혀 아니라는 것입니다. 행정안전부에서 운영하는 위택스(wetax.go.kr)에서 현재 공시가격을 기준으로 재산세가 얼마나 나올지 미리 계산해볼 수 있습니다. 참고로 공시가격 4억 원 정도의 주택을 보유하고 있다면 1년에 84만 원 정도의 세금이 부과됩니다. 이 금액을 1년에 두 번 나누어 내게 됩니다.

▶ 종합부동산세

종합부동산세(이하 종부세)는 '재산을 많이 가졌으니 세금을 더 내라'는 취지에서 부과되는 일종의 '부자세'라고 할 수 있습니다. 종부세는 공시가격 11억 원을 초과하는 주택을 보유한 경우에만 부과됩니다. 공시가격은 실거래가에 비해 낮게 매겨지는 것이 일반적이므로, 실제로 종부세를 내려면 생각보다 재산이 많아야 합니다. 또한 공시가격 11억 원부터 세금 부과가 '시작'되는 것일 뿐이라, 시세 20억 원 이상의 주택을 보유하는 것이 아니라면 종부세가 부담스러울 정도로 나오지 않는다고 생각하면 됩니다.

참고로 종부세는 개인당 부과되는 세금입니다. 자신의 명의로 된 재산 가격의 합을 기준으로 각자에게 부과됩니다. 부부 사이라고 해도 각자 별도로 계산하고, 자녀에게 부동산이 있다면 자녀 앞으로도 종부세가 부과됩니다. 만약 공시가격 14억 원의 집 한 채를 부부 공동명의로 소유하고 있다면 1인당 6억 원씩을 공제받아 인당 1억 원에 대한 종부세가 부과되며, 단독 명의로 보유하고 있다면 14억 원에서 11억 원을 제한 3억 원에 대한 종부세를 내게 되죠. 가족 합산이 아닌 개인별로 공시가격의 합을 따진다는 점을 기억해둬야 합니다.♀

📍 **종부세**
종부세 공제는 1세대 1주택의 경우 11억 원, 1세대 다주택인 경우이거나 부부 공동명의로 1주택 보유 시 인당 6억 원씩 공제된다.
2022년 8월 현재 정부가 발표한 세제 개편안의 국회 논의 중이다(1주택자 기준 공시가격 12억원부터 종부세 부과, 부부 공동명의 시 인별 9억 원 공제, 주택 수 상관없이 종부세율 단일화).

③ 양도소득세

부동산을 매도할 때도 세금이 부과되

는데, 이것이 양도소득세(이하 양도세)입니다. 양도세는 기본적으로 산 가격과 판 가격의 차이, 그러니까 내가 집을 통해 얻은 시세차익에 대해 부과합니다. 사실 1주택자의 경우 양도세를 지나치게 걱정할 필요는 없습니다. 1세대 1주택자는 주택의 실거래가가 12억 원 미만이라면 양도세 비과세 혜택을 받기 때문이죠. 예를 들어, 1세대 1주택자로 집을 12억 원 이하에 매각했다면, 시세차익이 얼마가 되든지 세금을 내지 않습니다. (이때 양도세 비과세 혜택을 받으려면 기본적으로 주택을 2년간 보유해야 하고, '조정대상지역'의 경우에는 2년간 실거주도 해야 한다는 사실을 잊지 말아야 합니다.) 1주택자가 다음 집으로 이사를 가기 위해 일시적으로 2주택이 되는 경우에도 일정 조건을 갖추면 종전 주택을 비과세 받을 수 있죠.

다만 다주택자는 기본 세율에 추가 세율까지 붙어서 무거운 세금이 부과되니, 2주택 이상의 적극적인 투자를 고려하는 분이라면 양도세에 대해서도 반드시 미리 고려해봐야 합니다.

종전 주택	신규 주택	일시적 2주택 기간
조정대상지역	조정대상지역	종전 주택 2년 내 매도
비규제지역	조정대상지역	종전 주택 3년 내 매도
조정대상지역	비규제지역	
비규제지역	비규제지역	

일시적 2주택자의 양도세 비과세 요건

취득세와 보유세를 쉽게 확인하는 법

거듭 말하지만 부동산과 관련된 세금의 계산법이나 세율 등을 모두 외울 필요는 없습니다. 요즘은 굳이 직접 계산할 필요 없이 인터넷 사이트나 모바일 애플리케이션을 이용해 세금을 쉽게 알아볼 수 있습니다.

① 취득세 확인

취득세는 국가에서 운영하는 '위택스(wetax.go.kr)'를 이용하면 됩니다. 위택스 홈페이지의 오른쪽 상단에 '지방세 정보'란을 클릭하면 '지방세 미리 계산' 항목이 나옵니다. 여기서 취등록 원인과 매매가 등의 정보를 입력하고 '세액 미리 계산하기'를 클릭하면 취득세를 대략적으로 알아볼 수 있죠.

이때 중요한 것은 '거래 유형'의 면적입니다. 85제곱미터를 초과할 경우 0.2%의 농어촌특별세가 부과되기 때문이죠. 전용면적은 주택 매매계약서를 보면 쉽게 확인할 수 있습니다. 조정대상지역 여부는 미리 검색해보거나 중개사에게 물어보면 알 수 있습니다.

② 보유세 확인

보유세를 편리하게 계산해볼 수 있는 곳을 소개합니다. 우선 인터넷 주소창에 'ezb.co.kr'을 치고 들어가면 부동산 관련 세금을 계산해볼 수 있습니다. 그다음으로 인터넷 검색창에 '부동산계산기'를 검색하면 나오는 '부동산계산기.com'에서도 여러 세금을 알아볼 수 있습니다. 또한, '부동산114(r114.com)' 홈페이지에 접속해 우측 상단의 '더보기'에서 '부동산계산기'를 활용해도 좋습니다.

중요한 것은 이 3군데를 모두 확인해야 한다는 겁니다. 부동산 세법은 매우 자주 바뀝니다. 심지어 세무사도 헷갈릴 정도로 변동이 심합니다. 그러니 필요할 때는 3군데 모두 비교해봐야 하며 세법이 수시로 바뀌니 사이트 내용도 참고용으로만 써야 합니다.

고가 주택을 매입하거나 다주택자가 될 때는 미리 세금을 철저하게 분석해야 합니다. 인터넷에서 제공하는 세금 계산기로도 정확한 사실 확인이 어려울 때가 있으니, 그때는 전문적인 세무 서비스를 받는 것이 좋습니다. 그 외에 무주택자나 1주택자의 경우, 특별히 고가의 주택이 아니라면 세금을 크게 걱정할 필요는 없다는 사실을 다시 한번 강조합니다. 부자는 세금을 많이 냅니다. 세금은 연구하고 활용해야 할 대상이지, 피하기만 해서는 투자를 할 수 없습니다. 또한 잘 몰라서 생기는 '막연한 두려움'은 공부를 통해 충분히 극복할 수 있으니 항상 배우려는 자세를 가져야 합니다.

시세차익 보는 오피스텔 투자

아파트를 매수하기에는 자금이 부족한데 실거주할 집이 필요하면 어떻게 해야 할까요? 이때는 전용면적 60~85제곱미터 크기에 방 2개 이상의 아파트 구조를 가진 '아파텔' 매수가 차선책이 될 수 있습니다. 이번에는 실투자금 1억 원 미만의 오피스텔 투자로 큰 시세차익을 남긴 경매 강의 수강생의 사례를 소개하겠습니다.

'아파트'의 대안이 될 오피스텔을 찾아라

수강생 A씨는 수도권에서 실거주 가능한 투자처를 찾고 있었습니다. 실제 투자 가능한 금액이 1억 원 미만이었고, 2020년 8월 당시 기준으로 경락잔금대출(경매에서 보증금을 제하고 남은 잔금을 치르기 위해 받는 대출)을 80%로 받아 최대한으로 활용할 경우 3억 원대 중반의 주택까지는 매수할 수 있었죠. 그렇게 찾은 곳이 인천 서구의 청라풍림엑슬루타

위 오피스텔이었습니다. (참고로 총 3개 동 중 서측 101동은 오피스텔, 나머지 102동과 103동은 아파트에 해당합니다.)

해당 오피스텔 인근에는 대규모 아파트 단지가 들어서 있었으며, 학군을 비롯해 인프라는 나쁘지 않았습니다. 경매를 통해 확인한 매물은 전용면적 34평에 내부 상태가 매우 양호했고, 47층 건물의 30층으로 전망도 괜찮았습니다. 저렴하게 살 수만 있다면 실거주를 겸하기에 적합해 보였죠. 사실 당시만 해도 교통이 불편하고 개발 호재가 없었던 시절이라 그 지역의 매수 분위기가 좋은 편은 아니었습니다. 그러나 인근 아파트 입주가 어느 정도 마무리된 상태이고, 2020년부터 아파트 시세가 조금씩 상승하고 있었죠. 실거주를 감안하고 장기적인 관점으로 본다면 해당 아파텔의 투자 가치가 있을 것이라는 판단이 들었습니다.

시세를 조사해보니 매매가 3억 6천만 원에 전세는 2억 2천만 원 정

도였는데, 경매가 1회 유찰되면서 최저 입찰가가 2억 7,440만 원까지 떨어진 상황이었습니다. 무리하지 않는 선에서 입찰을 결정하게 됐죠.

수강생 A씨는 3억 770만 원에 입찰해 낙찰을 받았습니다. 지금도 오피스텔은 최대 70%까지 대출을 받을 수 있지만, 당시에는 경락잔금 대출을 이용하면 낙찰가의 80%까지 대출이 가능했죠. A씨는 최대한의 금액인 2억 4,600만 원을 대출받기로 결정했습니다. 취득세 1,415만 원과 수리 및 기타 제반 비용으로 들어간 549만 원을 더하면 실제 투자금은 8,134만 원이 들었습니다. 2022년 3월, 이곳의 시세는 약 5억 5천만 원까지 상승했죠. 투자 결과를 정리하면 다음과 같습니다.

운명을 바꾸는 부동산 투자 수업

비용 및 수익			
① 낙찰가	30,770	④ 실투자금(①+②-③)	8,134
② 취득세 및 기타 비용	1,964(1415+549)	⑤ 현재 시세	55,000
③ 대출	24,600	⑥ 시세차익(⑤-①-②)	22,266

(단위: 만 원)

실투자금 8,134만 원으로 1년 6개월 만에 시세차익 2.2억 원의 이득이 발생했습니다. 이것이 가능했던 이유는 크게 3가지입니다. 첫째, 아파트의 대안 역할을 충분히 할 수 있는 아파텔이었기에 아파트 상승기에 오피스텔 가격이 동반 상승했다는 점. 둘째, 경매를 활용해 시세보다 훨씬 싼 가격에 매수했다는 점. 셋째, 실거주를 겸하면서 시간 레버리지를 활용하며 비과세 조건까지 만족시켰다는 점이죠. 이렇듯 아파트 투자를 하기 어려운 상황이라면, 대안 역할을 할 수 있는 오피스텔 투자로 눈을 돌려보는 것도 방법이 될 수 있습니다.

6부

부동산 투자를 막 시작하는 분들은 여러 가지 고민의 벽에 부딪힙니다.

우리나라 부동산이 일본 따라간다는데 정말인지, 앞으로 인구가 감소한다는데 집을 사도 되는지,

이렇게 부동산 규제가 심한데 투자를 해도 되는지 등 주로 거시적인 관점에서의 의문들입니다.

이번에는 커다란 틀에서 부동산 투자의 환경에 대해 알아보고

투자자가 어떻게 대응해야 하는지 살펴보겠습니다.

질문에 대한 답을 찾아가는 과정을 통해

분명 투자에 대한 확신과 자신감을 얻게 될 것입니다.

부동산 시장
환경의 이해

23 한국 부동산은 일본을 따라갈 것인가

"우리나라도 곧 일본 집값을 따라갈 것이다!"

부동산 관련 기사나 유튜브에는 꼭 이런 댓글이 달립니다. 경제에 조금만 관심이 있다면 일본의 부동산 이야기를 들어본 적이 있을 겁니다. '부동산 버블'이라는 표현과 함께 언론에 자주 등장했죠. 일본은 1985년부터 약 5년간 부동산 가격이 어마어마하게 올랐다가 거품이 꺼지면서 폭락을 겪은 역사가 있습니다. 장차 같은 일이 우리나라에서도 일어날 가능성이 높다고 우려하는 사람들이 많습니다. 소위 '버블'이 꺼지기 전의 일본처럼 최근 우리나라도 부동산 가격이 단기간에 폭등했다는 겁니다.

결론부터 말하면, 우리나라 부동산 시장은 일본과는 다른 모습을 보일 가능성이 큽니다. 그 이유를 지금부터 설명하겠습니다.

일본의 부동산 버블, 스케일이 다르다

애초에 일본의 부동산 가격이 왜 폭등했는지 역사적인 배경을 알아보겠습니다. 이는 '플라자 합의'가 쏘아 올린 공에서 비롯되었죠. 플라자 합의란 1985년 G5라 불리던 미국, 일본, 프랑스, 독일, 영국의 재무장관들이 모여서 미국의 달러 가치를 약화시키기로 한 것을 말하는데, 이런 합의가 성사된 결정적인 이유는 미국 입장에서 일본이란 존재가 자신들에게 큰 위협이 된다고 판단했기 때문입니다. 1970년대 후반부터 일본은 '엔저(엔/달러 환율이 오르는 엔화 약세)'를 등에 업고 세계적인 제조업 대국으로 성장합니다. 이때 기존의 제조업 강자였던 미국은 일본에 밀려 제조업이 붕괴하고, 대일 무역 적자도 눈덩이처럼 불어나게 됩니다. 일본 경제가 나날이 성장하고 조만간 미국을 역전한다는 말도 심심치 않게 나오던 상황이었죠. 이에 미국은 일본의 수출 경쟁력을 무너트리려는 결심을 하게 됩니다. 그에 대한 조치로 달러 가치를 인위적으로 하락시키기로 한 것(=다른 화폐 가치의 상승)이 플라자 합의입니다.

이 합의안이 통과되자 일본은 수출에 큰 타격을 입습니다. 쉽게

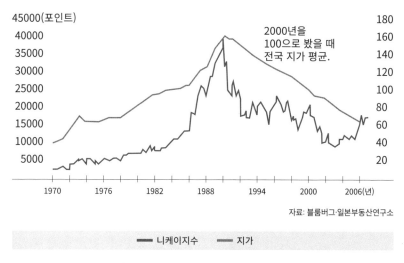

자료: 블룸버그·일본부동산연구소

■■■ 니케이지수　■■■ 지가

일본 닛케이지수(좌축)와 부동산 가격(우축)

이해하기 위해 예를 들면, 원/달러 환율이 지금의 절반인 600원이 되었다고 가정해봅시다. 그럼 같은 값을 받으려면 미국에서는 갤럭시 휴대전화를 지금보다 2배 비싼 값에 팔아야만 합니다. 그렇게 되면 미국인들 입장에서는 같은 물건을 2배 비싼 값에 사야 하니 한국 제품을 살 이유가 없고, 우리나라는 수출이 매우 어려워지게 될 겁니다. 일본이 바로 이와 같은 일을 겪은 것입니다.

　어떤 변화든 천천히 일어나면 대응할 시간이 있습니다. 그러나 플라자 합의라는 갑작스러운 외부 충격으로 급변하는 경제 상황 속에서 일본은 적절히 대응할 시간이 없었죠. 해외 수출이 어려워지자 일본은 경제를 살리기 위해 황급히 내수를 키우는 정책을 펼칩니다. 금리를 절반 수준으로 내리고 대출 규제도 완화하면서 국내에 많은 돈이 풀리도록 유도했죠. 이렇게 대출받은 돈은 주식과 부동산 시장으로 몰려갔고요. 당시 LTV가 120% 정도였다고 하는데, 이는 1억 원짜리 집을 사는 데 1억 2천만 원을 대출해줬다는 뜻입니다. 그러니 기업, 개인 할 것 없이 부동산과 주식을 사들이게 된 것이죠. 금리는 낮고 대출은 잘 나오고 집을 사는 사람도 많았으니 해마다 수십만 채가 주택 시장에 공급됐습니다. 상업용 건물도 폭발적으로 늘어났죠. 그렇게 일본의 버블은 5년 만에 극에 달했습니다. 시장에 돈은 넘쳐 났습니다. 자고 일어나면 집값이 2배가 돼 있고, 주식도 매년 2배씩 치솟았죠.

사태의 심각성을 깨달은 일본 정부는 부랴부랴 자산 버블을 막기 위해 금리를 인상했지만, 시기를 놓쳤습니다. 심지어 버블을 잡으려고 금리를 급격히 인상하다 보니 이번에는 '디플레이션(물가의 장기간 하락 현상)'이 닥쳐왔죠. 디플레이션이 찾아오면 경제 자체가 위기를 맞게 됩니다. 기업은 공장 문을 닫거나 노동자를 대량 해고하고, 일자리를 잃어 소득이 끊긴 사람들은 소비를 줄이고, 소비가 줄면 기업은 다시 공장 문을 닫고 노동자를 해고하는 악순환에 빠졌습니다. 이제 사람들은 부동산을 비롯한 자산을 너도 나도 팔기 시작했습니다. 산이 높으면 골이 깊다는 말이 있죠. 많이 오른 만큼 떨어지는 폭도 컸습니다. 매매 수요가 위축되어 가격은 계속해서 떨어졌죠. 1990년부터 20년간 그야말로 자산 시장의 암흑기가 시

운명을 바꾸는 부동산 투자 수업

작 되었습니다. 일본의 '잃어버린 20년'이라는 말에는 이런 배경이 있었습니다.

정말로 일본과 한국이 비슷한가

우리나라가 일본의 부동산을 따라간다면 시장 상황이 매우 유사해야 할 겁니다. 그런데 당시 일본과 지금 우리나라의 상황은 많이 다릅니다. 사실 플라자 합의를 한 데는 수출을 독식하는 일본을 견제하겠다는 미국의 속셈이 있었죠. 그 정도로 일본은 경제 대국이었습니다. 이에 비하면 우리나라는 세계 정상 국가가 찍어 눌러야겠다고 느낄 정도로 위협적인 존재가 결코 아닙니다. 더구나 당시 일본의 부동산 시장은 그야말로 엄청난 과열 상태였습니다. 버블이 정점에 달했을 때는 도쿄 시내의 땅을 팔면 미국 본토를 다 살 수 있을 정도였다고 합니다. 지금 한국 부동산 시장이 폭등했다고는 하지만 그에 비할 수는 없습니다.

또한, 현재 우리나라는 정부의 강력한 대출 규제가 있어, 버블 당시의 일본과는 상황이 다릅니다. 버블 당시 일본과 달리 현재 우리나라는 규제지역의 경우 집값의 40%까지 대출을 받을 수 있죠. 15억 원을 초과하는 아파트는 대출 자체가 불가능합니다. 거기에 재건축, 재개발 모두 막혀 공급이 지지부진한 상황도 1980~90년대

약 270만 호의 주택이 공급된 일본과는 전혀 다른 부분입니다. 그런가 하면 사람들의 소득 수준도 당시 일본과는 차이가 큽니다. 40여 년 전 일본의 신입사원 연봉이 우리 돈으로 약 1억 원에 달한 것으로 알려져 있습니다. 같은 시기 우리나라 대기업 직장인들의 연봉은 4백만 원 안팎이었죠. 40년 전 일본 회사원은 한국 회사원의 25년 치를 연봉으로 벌었습니다. 그 당시 일본의 버블이 어느 정도였는지 짐작이 될 겁니다.

여러 가지를 따져봤을 때 우리나라는 당시의 일본처럼 심한 버블 현상과는 거리가 멀고, 버블이라고 하더라도 그 규모가 현저히 작다고 말할 수 있습니다.

일본 따라간다고 부동산 투자를 포기해야 할까

부동산의 미래를 두고 말들이 많습니다. 그러나 사실 앞날을 정확하게 예측하기란 거의 불가능한 일입니다. 그럼 앞날이 어찌 될지 모르니 부동산 투자는 일단 미뤄야 할까요? 저는 이런 자세는 어떻게든 투자를 하지 않으려는 핑계를 찾는 것에 불과하다고 봅니다. 투자자는 언제, 어떤 상황에서든 투자를 고민합니다. 투자자는 문제가 생기면 어떻게 돌파해야 할지 고민하고 답을 찾는 사람, 즉 '문제를 스스로 해결하는 사람'입니다.

운명을 바꾸는 부동산 투자 수업

한 가지 예를 들어보겠습니다. 1997년 우리나라에 닥쳐온 IMF 외환위기 때도 투자로 돈을 번 사람이 많습니다. 그들은 경제가 호황이라 투자를 했을까요? 아니면 원래 돈이 많아서 거침없이 투자했던 걸까요? 그렇지 않습니다. 기회는 언제든 있게 마련입니다. 설사 우리나라의 부동산 시장이 일본처럼 변한다고 해도 마찬가지입니다. 하락장에도 오르는 지역이 있고 상승장에도 하락하는 지역이 있게 마련입니다. 투자자는 어떤 상황에서든 돈 벌 방법을 고민해야 합니다.

24

인구 감소가
집값 폭락을 야기할 것인가

"인구도 줄어드는데 20년쯤 뒤면 집이 넘쳐 나고 집값이 폭락하지 않을까요?"

20대 사회 초년생이나 서른 전후의 젊은 사람들이 이런 질문을 자주 합니다. 실제로 한국은 인구 감소가 시작됐습니다. 출생률이 낮아지면서 2020년에 처음으로 인구가 약 2만 1천여 명 감소한 것으로 나타났죠. 그런데 정말 인구가 감소하면 20년 뒤에는 집을 구하기 수월해질까요?

인구가 줄어들면 대한민국은 망할까

인구가 줄어들면 인구밀도가 낮아지니 사람들이 전국 곳곳에 적당히 퍼져서 살아가게 될까요? 아니겠죠. 전국 모든 지역의 인구가 균등하게 감소하지는 않을 것입니다. 오히려 서울, 수도권과 같이 인프라가 좋은, 살기 좋은 지역으로 사람들이 몰릴 수 있습니다. 전체 인구 수는 감소한다고 해도 지역별로는 오히려 인구가 증가하고 밀집되는 곳들이 나타납니다. 왜 이런 일이 일어나며 이후 어떤 일이 벌어질지 한번 예상해보겠습니다.

① 인구가 감소되는 지역의 인프라는 멈추기 시작한다

인구가 감소되는 지역으로 가보겠습니다. 점점 사람이 줄어드니 가게와 학교, 병원 등이 문을 닫습니다. 최소한의 매출도 나오지 않으면 가게는 문을 닫고 사람들은 떠나게 되죠. 인프라가 작동하지 않게 됩니다. 사람이 적은 곳의 교통이 유지될 리도 없겠죠. 하루에 버스 몇 대 오가는 것이 전부인 불편한 지역이 되어버립니다. 학교도, 마트도, 병원도 없는 곳에서 살 수 있을까요? 당신은 학교가 없는 지역에서 아이를 키울 수 있나요? 젊은 세대는 일자리가 많고 살기 좋은 곳을 찾아 아직 인프라가 작동하는 대도시로 떠날 것입니다. 그러면 그 지역의 인프라가 더욱 마비되는 악순환이 일어납니다. 따라서 인구 감소는 오히려 수도권, 대도시의 인구 밀집을 초래해, 수도권 주택 가격 상승의 요인이 될 것입니다.

② 좋은 집에 전월세로 살기도 힘들어진다

인구가 감소하면 집값이 떨어질 테니 전세나 월세를 살겠다는
분들이 있습니다. 정말 그런 일이 일어나면 원하는 지역에서 전월
세를 살기는 더욱 힘들어질 가능성이 큽니다. 전세와 월세를 공급
하는 다주택자의 입장에서 생각해봅시다. 인구가 감소하면 수도권
과 지방 소도시에 여러 채를 갖고 있는 다주택자가 어떤 선택을 할
까요? 가지고 있는 주택 수를 줄이려고 할 겁니다. 이때 수요가 적
은 지방의 집을 팔고 서울이나 수도권 같은 대도시 지역의 '똘똘한
한 채'는 끝까지 가져갈 가능성이 크죠. 그리고 그 지역에서 본인들
도 실거주하려고 할 겁니다. 타 지역들의 인프라가 작동하지 않으
니까요. 그럼 인구가 줄어들어도 인기 지역은 오히려 수요가 증가
하고 전월세 물량 자체도 감소할 것입니다. 인구 감소가 진정으로
걱정된다면 오히려 대도시 중심지에 사람들이 선호하는 주택을 빨
리 마련하려고 노력해야 합니다.

③ 전체 인구는 줄어들어도 도심의 가구 수는 늘어난다

11장에서 '집값에 영향을 미치는 요소'를 짚으면서 '인구수보
다는 가구 수가 중요하다'고 했습니다. 5명이 같이 살아가는 대가
족 시대에는 집 한 채면 되지만, 각자 따로 살아간다면 5채가 필요

하죠. 최근에는 1인 가구가 폭발적으로 늘어나고 있습니다. 통계청 자료에 따르면 2020년 약 2,035만 개였던 가구 수가 2030년에는 약 2,204만 가구, 2040년에는 약 2,265만 가구로 늘어날 것이라고 합니다. 이렇게 늘어난 가구들이 살기 좋은 지역으로 향하면, 시골은 빈집이 늘어나는데 대도시는 오히려 주택이 부족해집니다. 주택의 양극화가 더욱 심해지는 것이죠.

인구 감소는 오히려 더 빨리 투자해야 할 이유다

저는 인구 감소 때문에 집값이 떨어진다는 분들에게 이렇게 묻고 싶습니다. '인구 절벽'을 맞게 되면 우리나라는 망할까요? 인구 감소로 인해 집값이 폭락한다면 비단 부동산만 문제는 아닐 겁니다. 기업은 문을 닫고 경제는 무너지겠죠. 우리나라가 망할 것이라고 확신한다면 집 걱정을 할 게 아니라, 다른 나라로 이민을 준비해야 합니다. 그렇지 않다면, 계속해서 인구는 줄어들고 집값은 떨어진다고 하는데 어떻게 대응해야 할까요? 집값이 폭락해서 내가 살수 있는 가격이 되기를 기다렸던 분들도 선뜻 집을 살 수 없을 겁니다. 다음 해에도 인구는 줄어들 예정이므로 병원, 학교가 없어지고 집값은 더 떨어질 것이 분명할 테니까요. 결국 본인도 살던 동네를 떠나 좀 더 큰 도시로 이사를 가게 될 겁니다. 대도시로 많은 사람들이 몰려드니 전월세를 구하기는 더 힘들 테지요. 결국 인구가 감소해도 평생 내 집 없이 살기는 힘겨울 겁니다.

인구 감소는 부동산 시장의 양극화를 불러옵니다. 떨어지는 곳은 떨어지고, 오를 곳은 더 오르겠죠. 그러니 인구 감소라는 사실이 마냥 집값이 내려가는 이유가 되지는 않습니다. 어떤 상황에도 오르는 곳은 오르고, 그런 곳은 경쟁이 심합니다. 조금이라도 빨리 더 좋은 곳을 선점해야 하는 이유입니다. 그러려면 투자를 하루라도 일찍 시작해야 합니다.

25 부동산 규제에 대처하는 현명한 투자자의 자세

　대선이 다가오면 각 후보마다 공약을 내세우는데, 부동산 정책은 필수입니다. 국민의 삶과 국가 전체에 큰 영향을 미치기 때문이죠. 공약의 방향은 크게 '규제 강화'와 '규제 완화'로 나뉩니다. 아시다시피 지난 문재인 정부에서는 강력한 부동산 규제 정책을 펼쳤죠. 최근 몇 년간 "규제가 심한데 언제 집을 사는 게 좋을까요?"라는 질문을 수없이 받은 것 같습니다. "보수 정권이 들어서면 부동산 규제가 완화되나요?" 이런 질문도 많이 받았습니다.

　그런데 이런 질문을 하는 분들이 부동산 규제에 대해 오해하고 있는 것이 있습니다. 이번 장에서는 정부의 부동산 규제에 관한 이야기를 나눠볼까 합니다.

진보냐 보수냐가 중요한 게 아니다

진보 정권은 부동산을 규제하고 보수 정권은 완화한다는 생각은 부동산 정책을 잘못 이해한 데서 생겨난 오해입니다. 규제의 방향은 전적으로 부동산 시장 상황에 따라 결정되기 때문입니다. 어떤 정부든 부동산 시장이 상승장이면 규제하고, 하락장이면 완화합니다. 역사를 살펴보면 부동산 침체기였던 김대중 정부에서는 규제 완화 정책을, 이후 상승기인 노무현 정부 때는 강화 정책을 폈습니다. 다시 이명박 정부에서는 규제가 완화됐고, 이 기조는 다음 박근혜 정부까지 이어졌습니다. 하지만 박근혜 정부 막바지에 부동산 가격이 오르기 시작하면서 일부 규제로 돌아서기도 했습니다. 대체로 진보 정권은 규제를 강화하고 보수 정권은 완화했지만, 그냥 시기적인 우연이라고 보는 게 맞습니다. 진보 정권인지 보수 정권인지를 따지는 것은 큰 의미가 없습니다. 우리가 할 일은 규제의 방향을 가늠해보고 적절한 대응법을 찾는 것이죠.

그렇다면 규제는 어떤 식으로 이뤄지는지 살펴보겠습니다.

① 대출 규제

대출 규제는 '부자'를 겨냥합니다. 대출을 규제하면 서민이 힘들어진다고 생각하기 쉬운데, 사실은 부자들이 더 큰 타격을 받습니다. 보통 부자들이 더 쉽게, 더 많은 돈을 대출받을 수 있는데 이를 제한하는 것이니까요. 대출을 규제하면 다주택자들이 집을 더 늘리기가 힘들어지면서 집값 상승 속도가 늦춰집니다. 무주택자들의 불만도 조금 줄어드는 효과가 있죠. 대출 규제가 강화되면 LTV가 40% 이하, 때로는 20%까지도 떨어집니다.

② 거래 규제

거래 규제는 말 그대로 거래 자체를 막아버림으로써 수요를 줄이거나 가격 상승의 속도를 늦추는 방법입니다. 분양권·조합원 전매 제한, 전방위 세무 조사 등의 방법이 있죠. 여기서 '전매'라는 것은 집이 지어지기 전에 사고파는 것을 뜻합니다. '분양권 전매 제한'은 아파트 분양권이라는 일종의 티켓을 해당 아파트가 지어지기 전에 사고파는 행위를 제한하는 것을 말합니다. 거래 자체가 제한되니 가격 상승이 늦춰지고 청약 경쟁률이 낮아질 수밖에 없습니다. '조합원 전매 제한'은 재건축이나 재개발 시장에서의 전매 제한을 말합니다. 재개발 또는 재건축을 위해 설립된 조합원들의 입주권 전매를 틀어막으면, 집값이 올라갈 것으로 기대되는 곳의 거래를 막게 되므로 가격 상승 속도를 늦출 수 있습니다. 그런가 하면 신규 주택을 아무나 분양받을 수 없도록 청약 기준을 강화하는 것도 거래 규제의 한 방법입니다.

마지막으로 전방위적인 세무 조사를 하게 되면 거래량 자체가 줄어듭니다. 부동산은 워낙 덩치가 큰 자금이 오가는 곳이라, 세무 조사가 강화되면 부담을 느끼는 사람들이 생길 수 있습니다. 이들은 집을 사려다가도 세무 조사 때문에 겁을 먹고 매수를 포기하기도 합니다.

③ 가격 규제

대출과 거래 규제로도 집값이 잡히지 않으면 사회적인 불만이 쌓이게 되어 있습니다. 그럴 때 정부는 가격 규제를 통해 국민의 분노를 잠재우려고 합니다. 이미 있는 집의 가격은 잡지 못하지만 새로 짓는 집이라도 싼 가격에 공급하겠다는 거죠. 새로 짓는 집을 일정 금액 이상으로 팔지 못하게 하는 '분양가상한제'가 가격 규제에 속합니다.

재개발이나 재건축을 규제하는 경우도 있습니다. 개발이 되고 새 아파트가 세워지면 가격이 올라가게 마련인데, 이 과정에서 차익을 많이 남길 수 없도록 규제로 묶어두는 것이죠. 서울 강남이나 목동의 아파트가 재건축이 원활히 이뤄지지 않는 것은 강력한 재건축 규제 때문이기도 합니다.

④ 세금 규제

여러 규제 중 정부가 가장 좋아하는 방법이 바로 세금 규제입니다. 집값을 잡으면서도 세수까지 확보할 수 있는 방법이라고 여기기 때문입니다. 문재인 정부에서는 유례없이 강력한 세금 규제를 통해 다주택자들의 새로운 주택 매수를 막았습니다. 규제 지역에 세 번째 집을 사면 취득세만 최대 13.4%를 내야 합니다. 3억 원의 집을 사면 4천만 원을 세금으로 내야 하니 다주택자에게 부담으로 다가올 수밖에 없죠. 또한 집을 팔 때 생기는 양도 차익에 매기는 양도세를 중과하는 정책을 펼쳐, 최대 82.5%의 양도세를 부과했죠.

규제는 한순간이다

규제는 만병통치약이 아닙니다. 시장은 그렇게 단순하지 않습니다. 규제만으로는 문제를 해결할 수 없고 잘못된 규제는 엄청난 부작용만 초래합니다. 집값을 잡으려다가 오히려 집값을 올리는 경우가 많죠. 그래서 오랜 시간 규제 정책을 쓰기는 쉽지 않습니다. 대출만 해도 그렇습니다. 대출 규제는 국가의 경제를 침체시킬 수 있죠. 꼭 다주택자가 되려고 대출을 받는 것은 아닙니다. 새로운 사업을 확장하거나 융통할 때 집이나 개인 신용을 담보로 대출을 받습니다. 그런데 대출을 막아버리면 서민 경제에 돈이 돌지 않아, 경제 활력이 떨어지는 결과를 불러올 수 있습니다. 그런가 하면 세금 규제가 오히려 집값을 올리는 정책이라고 우려하는 목소리도 높습니다. 부동산 세금을 올리면 집주인의 세 부담이 커지는데, 집주인이 이를 임차인에게 전가할 수 있다는 겁니다. 그럼 전월세 가격이 올라가고 다주택자를 막으면 시장에 신축 공급도 줄어들게 됩니다. 이런 이유들로 인해 규제는 오래 가지 못합니다. 실제로 대부분 부동산 정책이 5년을 가지 못했죠. 그럼 규제는 언제 없어질까요? 상승세가 확연히 멈추어야 규제도 풀립니다.

흔히 세계적인 경제 불황이 오면 집값이 하락하면서 정부의 규제가 풀린다고 하는데, 꼭 그렇지도 않습니다. 당장 코로나19로 세계적 경제 위기가 닥쳤을 때, 우리나라 집값이 하락했던가요? 잠깐 주춤하다가 오히려 폭등했죠. 규제가 풀리기는커녕 오히려 강화됐습니다.

정부가 꼭 부동산 규제 정책만 펼치는 것은 아니라는 점도 알아두면 좋겠습니다. 부동산 하락기에는 규제를 완화하고 다주택자에게 혜택을 주기도 합니다. 실제로 김대중 정부 때는 IMF로 건설 경기가 위축되고 경기가 어려워지자 취득세와 양도세를 감면해줬고, 전매 제한을 폐지했습니다. 이명박 정부 때도 취득세와 양도세 감면, 대출 규제 완화 등의 혜택을 줬죠.

정부는 집값의 폭락을 바라지 않는다

"지금은 집을 살 때가 아니다. 부동산 정책이 먹혀들어가서 집값이 폭락하면, 그때 집을 사겠다!"

이렇게 이야기하는 분들이 참 많습니다. 그런데 우리가 부동산 규제의 역사를 통해 꼭 알아야 할 점이 있습니다. 늘 정부의 의도대로 부동산 시장이 움직이지는 않는다는 겁니다. 집값 잡겠다고 규제를 강화했는데 오히려 집값이 폭등하는 역효과가 날 수도 있죠. 정부 정책에 나의 미래를 걸어도 될까요? 그게 정말 최선일까요?

부동산 시장에서 소유자와 정부는 공동 운명체입니다. 정부는 절대로 부동산 시장의 급격한 하락을 원하지 않습니다. 집주인으로부터 세금을 걷어서 세수를 확보하는 정부의 입장에서는 집값이 완만하게 오르기를 바라죠. 정부가 집값을 반토막 내줄 거라는 환상은 버려야 합니다. 규제를 지나치게 두려워하는 것도, 기대하는 것도 문제입니다. 현명한 투자자라면 시장 상황과 흐름을 잘 파악하여 대응할 방법을 찾아내야 한다는 점을 명심하세요.

26

'똑똑한 한 채',
여전히 유효하다

다주택자에 대한 규제가 강화되면서 '똑똑한 한 채'를 선호하는 현상이 몇 년 전부터 이어지고 있습니다. 사람마다 똑똑한 한 채에 대한 정의가 다를 텐데요. 누군가는 '내가 살 수 있는 최선의 한 채'라고 말하고, 또 다른 누군가는 '부동산 하락기에도 영향을 크게 받지 않는 한 채'라고 정의하죠. 저는 여기에 '내가 실거주 가능한 집'이라는 개념을 더하고 싶습니다. 꼭 실거주를 할 집을 사야 한다는 뜻은 아닙니다. 실거주를 하든 투자를 하든 반드시 그 지역에서 선호도가 높은, 거주 가능한 곳을 사야 한다는 의미입니다.

최근 다주택자들은 세금 부담을 줄이기 위해 비교적 저렴하고

운명을 바꾸는 부동산 투자 수업

투자 가치가 떨어지는 집들을 정리하고, 보다 확실한 소수의 물건으로 '갈아타기'하는 추세입니다. 그렇다면 무주택자나 1주택자는 어떻게 해야 할까요? 지금 무리를 해서라도 서울에 똑똑한 한 채를 마련해야 할까요?

똑똑한 한 채, 여전히 유효한 선택

'똑똑한 한 채'를 가져가려는 전략은 부동산 규제의 흐름에 따라 자연스럽게 형성되었습니다. 다주택자에 대한 규제가 점차 강화되니 저렴한 집 여러 채를 사놓기보다 제대로 된 집 한 채를 마련하려는 거죠. 2022년 1월 기준으로 보면, 여전히 똑똑한 한 채 전략은 유효할 가능성이 매우 높습니다. 그 이유는 크게 3가지입니다.

① 집값에도 부익부 빈익빈이 있다

같은 돈으로 여러 채에 투자하면 더 빨리 돈을 벌 수 있다고 생각하기 쉽습니다. 하지만 언제나 이런 전략이 맞아떨어지는 것은 아닙니다. 특히 지금처럼 서울·수도권 쏠림 현상이 심할 때는 더욱 그렇습니다. 지방 소도시의 저렴한 집 여러 채가 입지 좋은 곳의 똑똑한 한 채 수익률을 따라가지 못하는 경우가 있죠. 실제로 문재인 정부 때 부동산 평균 거래량과 2021년 1월부터 8월까지의 거래량을 비교해보면, 지방은 17%가 늘었지만, 수도권은 2%가 줄어들었습니다. 그러나 같은 기간 가격 상승률은 수도권이 지방의 2배였습니다. 결과적으로 지금은 무리하게 여러 채를 사서 큰 수익을 노리기보다는 할 수만 있다면 서울·수도권의 똘똘한 한 채로 집중하는 편이 더 나은 결과를 만들 수 있습니다.

② 각종 세금 부담으로 한 채에 집중하는 것이 낫다

같은 돈으로 저렴한 여러 채에 나누어 투자하는 게 낫다는 주장도 완전히 틀린 말은 아닙니다. 전세 레버리지를 더욱 많이 일으켜서 큰 수익을 낼 수도 있으니까요. 문제는 다주택자에 대한 정부의 규제입니다. 지금은 다주택자에 대한 취득세와 보유세 중과, 대출 금지 등 각종 규제로 세금 부담은 커지고 레버리지를 일으키기는 더욱 어려워졌습니다. 이런 때는 똘똘한 한 채를 가져가는 편이 낫습니다. 어느 시대, 어느 정권이든 무주택자나 1주택자를 규제하지는 않습니다. 지금도 무주택자가 주택을 매수할 때는 대출이 그나마 잘 나오고 세금 규제도 덜한 편이죠. 항상 규제나 정책에 따라 투자 방식은 바뀝니다. 언젠가는 다시 다주택자가 유리한 날이 오겠지만 지금 당장은 규제로 촘촘히 막혀 있는 상황입니다.

③ 누구나 '좋은 집'을 선호한다

여러 곳에 투자하겠다고 투자금을 분산하다 보면, 선호도가 떨어지는 저렴한 주택을 살 수밖에 없습니다. 입지가 좋지 않고 인프라가 부족한 낡은 집을 여러 채 사게 되는 겁니다. 개발 호재가 확실하지 않다면 이런 주택의 가격이 급격하게 오르기가 쉽지 않습니다. 그러나 여러 채를 매수할 돈으로 딱 한 채를 마련하면, 내가 살 수 있는 가장 좋은 집을 살 확률이 높습니다. 상대적으로 거주하기 좋고 사람들이 선호하는 곳은 앞으로도 더 가격이 오를 수 있습니다. 입지와 인프라는 단시간에 바뀌지 않는다는 사실을 기억해야 합니다.

무리한 투자는 언제나 위험하다

앞서 말씀드렸듯 똑똑한 한 채를 마련하는 전략은 지금도 좋은 선택입니다. 규제나 상황이 여전히 동일하기 때문입니다. 내가 봐도 좋은 집은 남이 봐도 좋고, 그런 집의 가격은 비싼 것이 문제죠. 그래서 어떻게든 똑똑한 집을 사겠다고 무리하게 '영끌'을 하는 경우가 있는데 이는 주의가 필요합니다. 감당할 수 없는 리스크는 나와 가족의 행복을 무너트릴 테니까요.

'무리한 투자'의 기준은 무엇일까요? 저는 '연소득의 10배'를 기준으로 삼기를 추천합니다. 부부의 연간 소득이 7천만 원이라면 그 10배인 7억 원 정도의 집이 투자의 한계라는 이야기입니다. 조금 더 적극적으로 투자하고 싶은 분들은 연간 소득의 15배까지도 시도해볼 수 있겠지만, 분명 리스크를 안고 가야 하는 투자입니다. 연간 소득이 1억 원 정도인 젊은 부부가 분양권을 사고 법인을 세워 30억 원에 가까운 투자를 하는 사례를 본 적이 있는데, 이는 아주 위험한 투자라는 것을 인지해야 합니다.

부동산 상승기에는 투자 규모를 늘리고 싶을 수도 있습니다. 내가 산 가격보다 오르기만 하면 문제는 없습니다. 규모가 큰 만큼 수익도 늘어나고요. 그러나 현명한 투자자라면 부동산 시장의 흐름이 하락으로 돌아설 때도 대비해야 합니다. 부동산 시장이 소위 말하는 '조정'을 받으면, 평균적으로 집값은 5~6% 정도 하락합니다. 부동산 폭락이라는 말이 나올 정도면 10~15% 떨어지기도 합니다. 너무 작아 보이나요? 부동산은 레버리지를 활용하기 때문에 실질 손해는 훨씬 큽니다. 만약 내 연간 소득의 10배에 해당하는 자산을 소유했을 경우, 자산 가치가 10% 정도 하락한다면 거의 원금을 잃는 수준이 될 겁니다. 그래도 버틸 수는 있겠죠. 1년 치의 소득을 날리는 정도니까요. 무리한 투자를 한 경우는 어떨까요?

앞서 이야기한 연간 소득 1억 원에 분양권 30억 원어치를 운용하는 부부를 봅시다. 집값이 3%만 흔들려도 1년 치의 연간 소득이 사라지게 됩니다. 5~6%면 2년 치 연간 소득이 날아가고, 10%가 하락하면 3년 치 연소득이 없어집니다. 위의 수치는 평균치입니다. 특정 지역, 특정 종목은 훨씬 더 큰 하락이 있을 수 있고 이는 잘못하

운명을 바꾸는 부동산 투자 수업

투자금(이상~미만)	투자 가능한 물건 예시
6억 5천만~	서울 상위 40% 아파트
3억 5천만~6억 5천만	인천과 경기권의 상위 20% 아파트
2억~3억 5천만	인천을 제외한 5대 광역시(대구, 부산, 광주, 울산, 대전)의 상위 20% 아파트
~2억	오피스텔, 빌라 혹은 경매 투자

(단위: 원)

면 인생이 망가질 수도 있다는 의미입니다.

부자가 되겠다고 서두르다가 파산이라도 하게 되면 내 가족의 삶은 얼마나 힘들어질지 생각해보세요. 내가 감당할 수 없는 투자는 그만큼 위험하니 잘 판단해야 합니다.

지금 내가 살 수 있는 똘똘한 한 채

자금만 충분하면 강남의 수십억 원 하는 아파트를 사면 되겠죠. 우리나라에서 강남의 입지가 가장 좋고 집값 상승 폭이 크니까요. 그럼 20억 원을 모을 때까지 기다려야 할까요? 절대 그렇지 않습니다. 지금 나의 상황에 맞는 똘똘한 한 채, 그러니까 '내가 살 수 있는 집들 중 최고'를 고르면 됩니다. 저는 투자금에 따른 대략적인

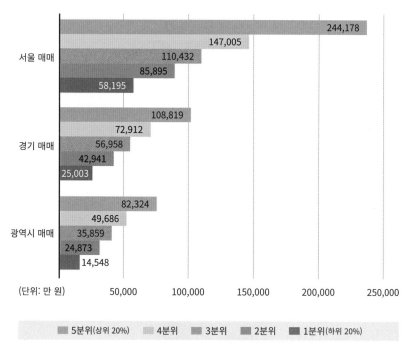

서울 매매
- 244,178
- 147,005
- 110,432
- 85,895
- 58,195

경기 매매
- 108,819
- 72,912
- 56,958
- 42,941
- 25,003

광역시 매매
- 82,324
- 49,686
- 35,859
- 24,873
- 14,548

(단위: 만 원)   50,000   100,000   150,000   200,000   250,000

■ 5분위(상위 20%)   ■ 4분위   ■ 3분위   ■ 2분위   ■ 1분위(하위 20%)

지역별 아파트 5분위 평균 시세

기준을 271쪽 표와 같이 잡습니다. 2022년 8월의 전국 아파트 평균 시세를 기준으로 삼았으므로 언제든 변동될 수 있음을 미리 말씀드립니다.

제가 정리한 투자 기준을 이해하려면 전국 아파트 평균 시세를 알아야 합니다. 서울과 경기, 5대 광역시의 아파트 평균 시세를 5분위로 나누어 정리한 그래프를 살펴보겠습니다.

운명을 바꾸는 부동산 투자 수업

투자 가치와 선호도 등을 고려했을 때 서울은 4분위(상위 40%), 경기권과 5대 광역시는 5분위(상위 20%) 정도를 똘똘한 한 채로 구분하겠습니다. 각각은 약 14억 7천만 원과 10억 8천만 원, 8억 2천만 원입니다. 대출 규제가 심한 현재 상황에서는 전세 레버리지를 가장 크게 일으킬 수 있습니다. 2021년 11월 기준 통계청에 따르면 평균 전세가율은 서울 약 57%, 경기 약 66%, 5대 광역시 약 73%입니다. 세입자의 전세금을 레버리지로 활용할 경우 실제 필요한 돈은 각각 약 6억 3천만 원, 3억 4천만 원, 2억 2천만원 정도죠(이는 대략적인 금액으로, 취득세와 중개수수료 등을 감안해야 합니다). 물론 특정 지역마다, 매물마다 아파트 가격은 달라지니 제가 드린 표는 투자의 대략적인 기준을 잡는 정도로만 생각하기 바랍니다. 참고로 인천은 경기권과 비슷한 흐름이라고 봐도 무방합니다.

투자금이 2억 원 미만이라면 아파트 투자가 쉽지 않습니다. 지방 소도시로 가면 가능합니다만 그에 따른 리스크를 감당해야 합니다. 수요 자체가 작으니 공급 물량의 영향을 크게 받고, 사람들의 선호도가 상대적으로 떨어지니 매수 시기가 아주 중요합니다. 정확한 타이밍에 매수하고 매도해야 합니다. 그런 타이밍을 맞출 자신이 없다면 아파트가 아닌 오피스텔이나 빌라에서 답을 찾아야 합니다. 아니면 경매로 눈을 돌리는 것도 한 가지 방법입니다. '똘똘한 한 채'가 비싼 물건을 사서 더 비싸지기를 기대하는 투자라면, '경매'는 시세보다 싸게 사서 시세대로 파는 투자라 할 수 있죠. 결국 현재 내가 가진 자산으로 가장 큰 수익을 낼 수 있는 투자를 시작해 돈을 불려가고, 그렇게 불린 돈으로 다음 기회를 만들어야 합니다. 내 능력 안에서 최선의 결과를 내고 그것을 반복하는 것, 이 원칙을 잊지 않고 투자를 이어가는 것이 가장 중요합니다.

27 서울 외곽 vs. 경기도 중심지, 어디가 좋을까

"몇 달 뒤에 결혼을 앞둔 예비 신랑입니다. 신혼집을 구하려고 하는데 고민이에요. 여자 친구와 저는 둘 다 직장이 강남이라 그 부근으로 알아보고 싶지만 저희 예산으로 강남에 집을 사기는 어렵습니다. 서울 외곽 지역의 아파트를 사야 하는데, 강남으로 출퇴근하려면 시간이 꽤 걸리더라고요. 주변 환경도 썩 마음에 들지 않고요. 그곳보다 강남과 조금 더 가까운 경기도 지역도 알아보긴 했습니다. 살기 편할 것 같고 교통도 나쁘지 않은데 경기도라는 점이 걸립니다. 한번 서울을 떠나면 서울에 집 사기 힘들다고 해서요. 어떻게 해야 할까요?"

서울이라는 행정구역의 경계는 더 이상 중요하지 않다

이런 고민을 하는 분이 적지 않습니다. 결론부터 말씀드리면, 저는 회사와 조금이라도 더 가까운 경기도 지역으로 집을 알아보는 것도 괜찮다고 말씀드립니다. 서울인지 경기도인지 그 이름을 따지는 것은 크게 의미가 없다고도 덧붙이고요.

집을 살 때 서울이라는 행정구역에 지나치게 집착할 필요는 없습니다. 집의 가치를 결정하는 핵심은 '집의 기능에 얼마나 충실한 곳인가' 하는 점이기 때문이죠. 그 첫 번째가 바로 '직주근접'입니다. 집과 직장의 거리가 가까우면 출퇴근 시간을 아낄 수 있고, 그것만으로도 삶의 만족도가 달라질 수 있습니다. 매일같이 '지옥철'에 시달리거나 꽉 막힌 도로 위에서 몇 시간을 보낸 경험이 있다면 공감할 겁니다. 또한 인프라가 잘 갖춰져 있어 여가 생활을 누릴 만한 곳인지, 학군과 학원이 잘 형성되어 있는지 등을 따져보아야겠죠. 이 모든 것이 집값을 형성합니다. 단순히 '서울'이라고 해서 모든 것이 좋지는 않습니다.

서울의 '마천동'과 경기도의 '분당'을 예로 들어보겠습니다. 마천동에서 강남까지는 지하철로 두 번을 환승해서 40분가량 걸립니다. 반면 분당에서는 신분당선으로 20~30분이면 강남에 갈 수 있습니다. 두 지역을 비교하면 경기도인 분당이 강남 접근성에서 오히려 나은 편이죠. 상대적으로 분당은 서울 마천동에 비해 주거 환

운명을 바꾸는 부동산 투자 수업

경도 괜찮은 편입니다. 주변 인프라가 잘 갖춰져 있고, 학군이 좋아서 살기 좋은 곳이라는 평을 듣죠. 실제로 연식과 평수, 세대수가 모두 비슷한 아파트를 비교해보면 마천동보다 분당 쪽이 더 비싸다는 사실을 확인할 수 있습니다. 1992년에 지어진 5호선 거여역 앞 현대1차는 497세대의 아파트입니다. 이 아파트의 31평형(103제곱미터)이 2021년 6월 약 13억에 거래됐습니다. 같은 해에 지어진 분당선 이매역 앞 이매동신3단지도 460세대의 아파트입니다. 이 아파트의 32평형(106제곱미터)이 2021년 9월 15억 원에 거래됐죠. 2017년부터 약 4년 동안 2곳의 매매가격 상승 폭을 비교해봐도 큰 차이 없이 두 단지 모두 2.5배가량 상승하였습니다. 그래서 오히려 역설적으로 서울이어야만 가격이 오르는 것도 아니라는 사실을 알 수 있죠. 이제 서울과 경기도는 하나의 생활권으로 봐야 합니다.

그렇다고 해서 서울 외곽 지역이 투자나 내 집 마련을 하기에 나쁜 지역이라는 말은 아닙니다. 지역 그 자체를 두고 따져봐야지, 단순히 서울이면 더 좋다는 식으로 분석하는 것은 곤란합니다. 앞서 예로 들었던 거여·마천동도 대규모 재개발과 3호선 연장 등 호재가 많은 지역이죠. 그러니 무엇보다도 사람들이 선호하는 요소를 더욱 많이 갖춘 곳은 어디인지 잘 고려해서 판단하면 됩니다.

집의 가치를 결정하는 요소

여전히 '부동산은 무조건 서울'이라고 고집하는 사람들이 많습니다. 이쯤에서 집의 가치를 결정하는 요소를 다시 떠올려봅시다. '서울 외곽'과 '경기도 중심지' 중 어느 곳이 더 좋겠느냐는 질문에 저는 이렇게 답하겠습니다.

"집의 가치를 결정하는 요소를 따져보세요. 그 가치가 높은 곳이 더 좋은 곳입니다."

복습 차원에서 이 요소들을 다시 한번 간략하게 살펴보겠습니다. 아래의 요소들이 서로 긴밀하게 영향을 주고받으며 집값을 형성합니다.

① 직주근접

물리적 거리보다는 집과 직장 간의 시간적 거리가 더욱 중요합니다. 경기도는 서울과 같은 생활권이라고 할 수 있을 정도로 주요 업무지와의 접근성이 좋은 곳이 많습니다.

② 인프라와 여가 생활

누구나 대형 마트, 병원, 관공서 등이 집에서 가까운 곳을 선호합니다. 교통이 편리할수록 좋다는 것은 두말할 필요도 없죠. 여기에 주말에 문화생활을 즐길 만한 곳이 가까이 있다면 집의 가치도 덩달아 올라갑니다.

③ 학군과 학원

우리나라의 교육열은 식을 줄을 모릅니다. 아이를 한 명만 낳는 가정이 늘어나면서 더욱 그렇죠. 많은 부모들이 집을 고르는 1순위 기준으로 학군과 학원가를 꼽기도 합니다.

④ 안전과 편리함

경비원이 상주하는 곳, 공동 출입문에 잠금 장치가 되어 있고 곳곳에 CCTV가 설치되어 있는 집은 안전하다는 평가를 받습니다. 또한 저층보다는 고층이 외부인의 침입 가능성이 낮아 더욱 좋겠죠. 이런 요소들을 고루 갖춘 아파트의 인기가 높은 이유입니다. 또한, 교통이 편리해 집 바로 앞까지 버스나 지하철이 다닌다면 늦은 시각에 돌아다녀도 좀 더 안심할 수 있을 겁니다. 누구나 이런 집을 선호합니다.

⑤ 우월감

내가 사는 집이 곧 명함이 되기도 하는 시대입니다. 이름만 말해도 사람들이 다 아는 아파트에 산다는 것은 그 자체로 우월감을 느끼게 하는 요소가 되기도 합니다.

유독 서울에 집착하는 사람들은 위의 요소들 중 '우월감'에 집중

하는 경향이 있습니다. 서울에 산다는 것만으로도 은근한 자부심을 느끼는 거죠. 하지만 수도권에는 꼭 서울이 아니더라도 이런 우월감을 주는 곳들이 많습니다. 핵심은 그 집의 위치와 주변 환경, 사람들의 선호도와 앞으로의 아파트 공급량이라는 사실을 명심하기 바랍니다.

운명을 바꾸는 부동산 투자 수업

3천만 원으로 소액 투자하는 방법

　　주식, 채권, 가상자산 등 다양한 투자 수단 중 부동산 투자를 고려한다면 일단 3천만 원을 할 수 있는 한 최단 기간에 모아보라고 조언합니다. 절박한 마음으로 저축하며 '부의 그릇'을 키워보라는 의미가 크지만, 실제로 3천만 원이 부동산 투자를 해볼 수 있는 최소한의 금액에 가깝기 때문이기도 합니다. 다만 절대 금액 자체가 작은 편이므로 경매로 접근할 때 가능합니다. 2022년 기준 일반 매매로 투자한다면 가장 투자금이 적게 드는 지방 소도시 아파트일지라도 최소 5천만 원 정도는 보유한 뒤 시작하기를 권합니다.

투자금이 적을수록 남들이 기피하는 물건을 사야 한다

　　2021년, 저의 경매 수강생 중 한 분은 실제로 3천만 원으로 할 수 있는 투자처를 찾기 시작했습니다. 부동산에서는 소액 투자인 만큼 다음의 3가지 요소를 만족하는 곳에 투자하기로 했죠. 첫째, 남들이 기피하는 곳이라 수요가 적지만 경쟁도 적은 곳이어야 한다. 둘째, 시세보다 싸게 살 수 있어야 한다. 셋째, 시세는 오르지 않더라도 임차인을 들여 빌려줄 수는 있어야 한다. 이러한 모든 조건을 고려하여 지방의 빌라를 경매로 매수한다는 결론을 내렸습니다. 가장 싸게 매수할 수 있으며 경쟁이 적은 물건이 지방 빌라였기 때문입니다. 그중에서 임차를 놓을 수 있는 물건을 찾는 데 주력했습니다. 시세보다 저렴하게 살 수만 있다면 물건의 매매가격이 오르지 않아도 괜찮겠다는 판단이 들었기 때문입니다.

이러한 기준을 세워 경매 사이트에서 매물을 검색했으며, 여러 번 알아본 끝에 경상북도 포항시 남구의 32년 된 빌라를 찾아냈습니다. 입찰 전 시세 조사를 통해 매매가격이 4천만 원에 전세 가격이 3,500만 원

정도라는 사실을 알 수 있었고, 임차 수요가 많지는 않아도 임차인을 구하는 데 무리는 없을 것이라는 판단을 내렸습니다. 당시 이 물건은 1회 유찰되면서 최저 입찰액이 2,380만 원까지 떨어져 있던 상황이라 3천만 원 안에서 충분히 투자가 가능해 보였죠. 실제로 수강생은 약 2,720만 원에 낙찰을 받았습니다.

2,720만 원은 당시 전세 시세인 3,500만 원의 80% 수준이었으니 아주 저렴한 가격에 낙찰받은 셈입니다. 더욱이 워낙 소액이라 별도의 대출 없이 잔금을 치를 수 있었죠. 원래는 간단한 내부 수리를 한 뒤 임차인을 받을 예정이었으나, 운이 좋게도 마침 매수를 원하는 사람이 나타나 낙찰받은 상태 그대로 수리 없이 4천만 원에 즉시 매도했습니다. 보유 기간이 1년 미만이므로 양도소득세가 77%(지방소득세 포함)에 달했지만, 이를 제하고도 두 달 만에 473만 원이라는 수익을 올릴 수 있었습니다.

비용 및 수익			
① 낙찰가	2,720	④ 매도 가격	4,000
② 취득세 및 기타 비용	60	⑤ 매매차익(④-③)	1,220
③ 실투자금(①+②)	2,780	⑥ 양도소득세*	747
⑦ 세후수익(⑤-⑥)	473		

* 양도소득세: 250만 원이 기본 공제되므로, '매매 차익-250만 원'의 70%. 즉, (1,220만-250만)×0.7+지방소득세(양도세의 10%)

(단위: 만 원)

혹시 473만 원이라는 수익이 그다지 크지 않다고 느껴지나요? 이것이 2,780만 원의 실투자금으로 두 달 만에 올린 수익이라는 점을 잊어서는 안 됩니다. 두 달 만에 17%, 한 달에 약 9%가량의 수익을 낸 셈이니 매우 성공적인 투자라고 할 수 있습니다.

부동산 투자를 하기에 돈이 부족하여 좌절하는 분들이 많습니다. 저는 항상 '투자자는 문제를 스스로 해결해야 한다'라고 강조하는데, 그런 분들에게 이런 말씀을 드리고 싶습니다. '내가 사고 싶은 물건'을 사기 위해 오랜 시간 돈만 모을 것이 아니라, '내가 지금 살 수 있는 물건'을 사서 돈을 버는 방법도 있다고 말입니다. 그럼 '투자금' 문제가 해결됩니다. 만약 가진 돈이 너무 적어 지금 당장 투자를 시작할 수 없는 상황이라면 최소한의 투자금이 얼마인지 가늠해보고, 그 돈을 모으는 동안 해당 투자처에 대한 공부를 시작해야 합니다. 투자 공부를 하지 않으면 막상 투자금을 모은 뒤에 무엇을 해야 할지 몰라 막막합니다. 그러니 지금 당장 투자금이 없다고 좌절할 필요는 없습니다. 돈을 모으면서 열심히 공부하다 보면 분명 기회가 보일 테니까요.

운명을 바꾸는 부동산 투자 수업

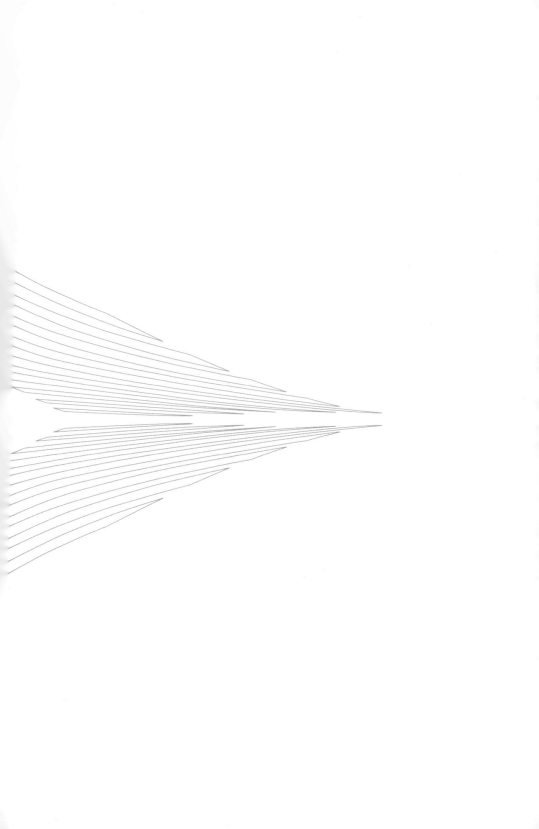

투자는 마인드가 95%,
기술이 5%다

"왜 기술은 안 가르쳐주고 마인드 이야기만 하죠?"

"항상 당연한 이야기만 하시는 것 같아요."

제가 운영 중인 유튜브에 종종 이런 댓글이 달립니다. 맞습니다. 저는 기술적인 이야기보다는 마인드를 강조합니다. 이유는 단 하나입니다. 마인드가 훨씬 중요하기 때문입니다. 아무리 뛰어난 기술도 단단한 마인드가 뒷받침되지 않으면 무의미합니다. 그게 바로 제가 책을 한 권이나 할애해 투자 마인드를 강조한 이유입니다. 기술을 가르쳐주는 것은 쉽습니다. 어떤 집이 좋은 집인지, 어디에 투자하면 수익을 낼 수 있는지는 20분 안에 설명할 수 있습니다. 하지만 아무리 좋은 물건도 투자자로서의 마인드가 없으면 절대로 살 수 없습니다.

몇 년 전, 재무 컨설팅을 하는데 한 고객이 '우리 부부는 수입은 적지 않은데 이상하게 돈을 못 모았다'라며 찾아왔습니다. 그런데 잘 살펴보니 돈이 없는 게 아니었습니다. 좋은 아파트에 전세로 거주 중이었으므로 더 저렴한 집에서 월세로 살아가면 수억 원의 투자금을 마련할 수 있었습니다. 보험과 연금 등에 들어가던 과도한 지출만 정리하면 생활비도 해결될 상황이었죠. 저는 재건축 소식이 들려오던 서울의 한 아파트를 추천했습니다. 그분은 매우 만족해하며 집에 가서 남편과 상의해보겠다고 했죠. 며칠 후 연락이 왔습니다. 고민해봤는데 너무 금액이 크고 위험한 것 같다며 더 작고 안정적인 투자는 없겠느냐고요. 당시 그 재건축 아파트는 제가 가장 자신 있게 추천한, 매우 안전한 투자처였습니다. 결과를 말씀드리면 그분은 끝내 아무런 투자도 하지 않았고, 몇 년이 지난 지금 그곳은 당시보다 몇억 원이 올랐습니다.

결국 뛰어난 기술로 좋은 투자처를 찾아내도 투자 마인드가 없으면 의미가 없는 법입니다.

투자 앞에서 머뭇거리는 이유

누구나 부자가 되고 싶어 합니다. 많은 사람들이 부자가 되려면 투자를 해야 한다는 사실을 알면서도 머뭇거립니다. 왜 그럴까요? 첫 번째 이유는 '시장을 믿지 못해서'입니다. 아직도 부동산 투자로 돈을 벌 수 있느냐고 묻는 분들이 많습니다. 물론 그렇습니다. 투자자는 상승기에는 상승기 투자를, 하락기에는 하락기 투자를 합니다.

두 번째는 '위험하다'는 생각 때문입니다. 그래서 조금이라도 성공 확률을 높이겠다며 열심히 투자 공부를 합니다. 물론 투자 공부는 매우 중요하지만, 수년째 '공부만' 한다면 문제입니다. 투자 기술만 배운다고 아무것도 달라지지 않습니다. 인생을 바꿔주는 것은 결국 투자이고, 투자에는 기술보다도 의지와 마인드가 중요합니다.

투자를 하려고 마음먹은 후에도 머뭇거리고 망설이는 경우가 있습니다. 지금 사려는 물건보다 더 좋은 투자처가 있지 않을까 하는 의구심이 생길 때입니다. 물론 더 좋은 물건이 분명 있을 겁니다. 하지만 투자에서는 '상대 평가'가 아닌 '절대 평가'를 해야 합니다. 내가 3억 원을 투자해 2년 만에 1억 원을 벌었으면 된 겁니다. 누가 1억 원을 투자해 재개발 호재로 1년 만에 2억 원을 벌었다는 것은 나와 상관없는 이야기입니다. 온전히 내 투자의 결과에만 집중할 수 있어야 부자가 될 수 있습니다.

내가 나를 포기하면 누구도 나를 구원해주지 않는다

최근 몇 년간 부동산 가격이 급등하면서 내 집 장만조차 쉽지 않은 일이 되었습니다. '이번 생은 망한 것 같다'라며 한탄하는 분들도 많았죠. 하지만 내가 나를 포기하면 누구도 나를 구원해주지 못합니다. 그냥 눈 감고 귀 닫고 포기하기엔 삶은 길고, 세상에는 생각지도 못한 기회가 많습니다. 그러니 부디 자기 자신을, 나아가 가족의 미래를 포기하지 마십시오. 강한 투자 마인드를 갖출 수 있다면 당신의 미래와 아이의 삶은 지금보다 훨씬 나아질 겁니다. 당신의 성공적인 투자를 기원합니다.

운명을 바꾸는

내 집 마련부터
실전 아파트 투자까지,
결국 돈 버는
부동산 투자 트레이닝

실 전 편

부동산 투자 수업

부자로 가는 길에 선
당신을 환영합니다

"부자가 되는 방법은 무엇일까요?"

이 질문에 대한 답은 간단합니다. 부자처럼 생각하고, 부자처럼 행동하면 됩니다. 내 생각이 바뀌면 행동이 바뀌고, 행동이 바뀌면 인생이 바뀌는 법이니까요. 그러니 부자가 되려면 내가 어떻게 행동해야 하는지 스스로 고민해보는 것이야말로 부자가 되는 길의 출발점이라 할 수 있습니다. 결국 '마인드'가 가장 중요합니다. 앞서 기초편을 오롯이 투자 마인드를 다지는 데 할애한 이유도 여기에 있습니다. 그렇다면 '투자 마인드'란 무엇일까요? 저는 오랫동안 제 마음에 새겨둔 명언에 그 답이 있다고 생각합니다.

"다수가 성공하는 경우는 없다. 군중과 다른 길을 가야 한다."

부의 개념은 상대적인 것이므로 모두가 부자 되는 세상이란 없습니다. 어디를 가든 부자는 소수에 불과합니다. 그중에서도 스스로 부를 이루어낸 사람들에게서 찾아볼 수 있는 유일한 공통점은 '남들과 다른 선택을 해왔다'라는 것입니다. 대부분이 택한 길, 내가 옳다고 배워온 길이 사실은 잘못됐음을 인정하고 보다 험난한 길을 택할 수 있는 결단력, 그 힘든 길을 끝내 걸어가는 의지야말로 단단한 투자 마인드라 할 수 있죠. 이런 마인드를 갖추지 못한다면 그 어떤 지식과 정보, 기술도 소용없습니다. 투자를 시작조차 할 수 없을 테니까요. 부디 '기초편'이 투자에 대한 당신의 생각을 완전히 바꾸는 시작점이 되었기를 바랍니다.

나에게 맞는 '부동산 전공과목'을 찾자

하지만 마인드만으로 성공하는 투자란 없습니다. 결국은 지식과 경험, 기술이 투자를 완성합니다. 실전편은 기초편에서 쌓은 탄탄한 마인드에 기술을 더해주는 책입니다.

실전편을 집필하기에 앞서 많은 고민을 했습니다. 일단 다양한 부동산 투자 분야 중 무엇을 다룰지가 관건이었죠. 아파트, 오피스텔, 빌라, 재개발·재건축, 경매 등 부동산 투자에도 다양한 종목이 있고 각각의 접근법이 모두 다르기 때문입니다. 무엇을 어디까지 설명해야 하는지가 매우 중요한 문제였죠. 그리고 이렇게 결론 내렸습니다. '초보 투자자가 자신에게 맞는 투자의 길을 찾을 수 있도록 다양한 종목을 소개해서 스스로 선택할 수 있게 하자', 즉 '각자가 자신에게 맞는 투자의 방향을 설정할 수 있게 하자'라고 말입니다.

'자신에게 맞는' 투자가 중요하다고 했는데 당연한 이야기입니다. 부동산만 해도 수많은 투자 방법과 분야, 상품이 있는데 모든 것을 다 잘하려다 보면 하나도 제대로 하지 못하기 때문입니다. 그래서 나에게 맞는 투자법을 찾는 것이 중요하죠. 저 역시 그런 투자 방법을 찾기까지 꽤 오랜 시간이 걸렸습니다. 주식으로 시작해 아파트 투자 등을 거쳐 빌라, 오피스텔, 상가 그리고 경매까지 다양한 투자를 경험해보았습니다. 그러다 보면 자연스럽게 본인에게 잘 맞는 투자처와 방식을 찾게 됩니다. 특히 경매를 배워놓으면 상승장뿐만 아니라 하락장에서도 돈을 벌 수 있는 기술을 얻을 수 있죠. 상승장에서는 일반 매매를 통해 수익을 극대화하고, 하락장에서는 경매를 통해 시세보다 싸게 사서 시세차익을 얻는 것입니다. 또한 다양한 종목을 경험해보면 본인에게 맞는 것이 무엇인지 조금씩 알게 될 것입니다. 결국 경험을 해야 알게 된다는 점, 그것이 가장 중요합니다. '기초편'을 통해 마인드를 갖췄다면 이제 자신에게 맞는 투자 방법을 찾아내고 기술을 쌓아 올릴 시간입니다.

먼저 7부에서는 마인드를 다시 한번 다잡고 나의 투자 플랜을 점검해볼 예정입니다. 8부에서는 모든 부동산 투자의 기초가 되는 '입지 분석'을 알려드리겠습니다. 여기서는 '주택 투자'에 한해 서울과 수도권, 지방으로 나누어 설명했습니다. 9부는 '첫 집 마련을 위한 매수의 기술'을 소개합니다. 그다음부터는 본격적으로 투자 종목과 그에 맞는 기술을 소개합니다. 10부는 '아파트 투자'를, 11부는 '초보 투자자가 해볼 만한 비(非)아파트 투자'를 이야기합니다. 12부는 '경매'의 기술을 다룰 예정입니다.

'어떻게 하면 부자가 되고 싶은 분들을 도울 수 있을까' 하는 마음으로 두 권의 책에 담을 내용을 열심히 선별하고, 고민하고, 집필했습니다. 10여 년에 걸친 투자자로서의 철학, 처음 투자를 시작하는 분들께 드리고 싶은 당부, '이것만은 알고 시작하라'라는 최소한의 주의사항을 알린다는 소기의 목적이 이루어지길 간절히 바랍니다. 이 책을 통해 자신에게 맞는 부동산 전공과목을 찾아내어 부자로 가는 길에 서기를 기원합니다. 부자로 가는 문을 활짝 열어젖힌 여러분을 진심으로 환영합니다.

7부

부동산 투자를 할 때는 내가 가진 돈과 레버리지를 최대한 활용하게 됩니다.

이때 투자자는 자신의 상황을 점검하고, 시장 흐름을 제대로 파악해야 리스크를 피할 수 있습니다.

7부에서는 투자하기 전에 점검해봐야 하는 것들에 대해 이야기합니다.

성공하는 인생을 위한
투자 플랜

28 전 재산 1억, 내 집 마련과 투자 중 무엇이 정답인가

"저는 30대 초반의 무주택자입니다. 아내와 3년 넘게 열심히 노력해서 드디어 1억 원을 모았습니다. 이 돈으로 부동산 투자를 하려고 합니다. 그런데 내 집 마련부터 해야 할지, 투자를 해야 할지 고민입니다. 집에 돈이 묶여 있으면 빨리 부자가 되기 힘들다던데…. 내 집 마련은 포기하고 돈이 될 만한 지역에 투자를 해야 할까요?"

이런 질문을 많이 받습니다. 3년 만에 1억이나 모은 것은 정말 대단한 일입니다. 이 부부는 앞으로 어떻게 해야 자산을 빨리 늘릴 수 있을까요?

투자 vs. 실거주, 나의 상황부터 점검하라

일단 각자 처한 상황이 다른 만큼 본인의 상황을 면밀히 파악해야 합니다. 설사 나이와 연봉, 모은 돈이 비슷하다고 해도 사람마다 목표가 다릅니다. 누구는 당장 들어가 살 집이 필요하고, 누구는 한동안 '몸테크'를 하더라도 투자부터 고려하니까요. '이 돈이면 어디에 투자해야 할까요?'라는 질문에 쉽게 답할 수 없는 이유입니다.

사연자의 경우, 아이가 초등학교 들어가기까지 5년 정도 남은 시점이라 실거주 가능한 집을 매수하고, 남은 기간 월세를 살면서 돈을 모아 5년 뒤에는 입주하는 것을 목표로 설정하라는 의견을 주었습니다. 이렇듯 부동산 투자를 시작할 때는 내가 처한 상황을 제대로 점검하고 목표를 세워야 합니다.

현명한 레버리지 전략: 투자와 실거주를 동시에 잡자

제가 사연자에게 내 집 마련을 추천한 또 다른 이유가 있습니다. 사실 지금과 같이 다주택자 규제가 강한 상황에서는 투자와 실거주를 구분하는 것이 무의미합니다. 향후 다주택자 규제가 없어지기 전까지는 내가 들어가 살 만한 똘똘한 한 채를 매수하는 것은 여전히 유효한 전략입니다. 직접 실거주할 수 있는 집을 사서 주거 안정성을 찾고, 집값 상승도 기대하는 거죠. 1주택자는 각종 규제에서 비교적 자유롭기에 가능한 일입니다.

이 전략의 핵심은 '레버리지'에 있습니다. 부자가 되려면 내가 할 수 있는 한 최대의 레버리지를 일으켜야 한다는 사실을 앞서 기초편에서 말씀드렸죠. 대출은 두려워해야 할 대상이 아니라 제대로 활용해야 할 레버리지라고 강조했습니다. 지금 다주택자에 대한 대출 규제는 매우 철저하지만 실수요자인 무주택자의 대출은 조금 더 수월합니다. 6억 원 이하 저가 주택의 경우 더욱 그렇습니다. 1억 원대의 투자금으로 보금자리론♀ 같은 주택담보대출을 이용하고 신용대출을 더하면 4~5억 원대의 아파트를 매수할 수 있죠. 또한 2022년 8월 1일부터 생애 최초로 주택을 구매하는 경우, LTV를 80%까지 적용받게 되었습니다(최대 6억 원까지).

♀ **보금자리론**
2022년 8월 기준 보금자리론은 무주택자 또는 1주택자(처분 조건 있음)로서 연소득 7천만 원 이하인 개인, 또는 연소득 8,500만 원 이하의 신혼부부가 주택을 매수할 때 실거주 1년 조건을 갖추면 집값의 최대 70%까지(지역에 따라 상이) 대출을 받을 수 있다. 이때 담보주택의 평가액이 6억 원 이하여야 한다. 한국주택금융공사 홈페이지(hf.go.kr)에서 예상 대출 가능 금액을 조회해볼 수 있다.

참고로 지금 내 상황에서 얼마까지 대출 레버리지를 활용할 수 있는지, 그리고 현재 대출 규제에 무엇이 있는지에 대해서는 뒤에서 자세히 설명하겠습니다.

레버리지를 최대로 끌어올리는 또 다른 방법

사연을 보낸 분이 할 수 있는 또 다른 선택은 전세 레버리지를 활용하여 나중에 실거주할 주택을 미리 사놓는 것입니다. '전세 레버리지'란 전세가와 매매가의 차액으로 집을 매수하여, 전세금을 레버리지로 삼는 것을 말합니다. 예를 들어, 7억 원의 아파트에 전세가 5억 5천만 원이라면 내 돈 1억 5천만 원으로 전세를 끼고 주택을 매수할 수 있습니다. 1억 원을 모은 사연자는 5천만 원의 추가 대출만으로도 7억 원의 아파트를 살 수 있는 거죠. 그 뒤 실거주할 때까지 저축을 통해 자금을 모으면 됩니다. 실거주 시점이 되면 그동안 모은 자금에 전세퇴거자금 대출을 받아서 임차인에게 전세금을 돌려주면 되고요.

이러한 방식으로 전세 레버리지를 활용하여 집을 매수했을 때의 장점은 분명합니다. 현재 내가 가진 자금으로 매수할 수 있는 주택보다 더 비싼 금액의 주택을 살 수 있다는 것이죠. 높은 가격의 집을 살 수 있다는 말은 '더 좋은 입지의 똘똘한 한 채'를 매수할 수 있다는 뜻입니다. 이는 세입자의 전세 자금을 활용했기에 가능한 일이죠. 이런 방식으로도 내 집 마련을 할 수 있습니다. 나의 능력 안에서 레버리지를 최대한으로 활용해야 더 빠르게 자산을 늘릴 수 있다는 것, 이것이 바로 투자의 핵심입니다.

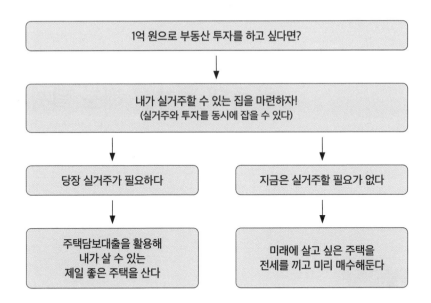

29

지금 전세금 빼서
다주택 투자를 해도 될까

"저도 이제 절대로 전세 살지 않으려고요. 지금 당장 전세금 빼서 최대한 여러 채를 사려고 하는데 괜찮을까요?"

저는 전세 살 바에 월세 살며 투자하라는 말을 자주 하기 때문에 이런 질문을 종종 받습니다. 그런데 모든 일에는 때가 있습니다. 다주택자에게 유리한 시기가 분명 있지만 반대로 불리한 시기도 있죠. 이번 장에서는 각종 규제가 많은 부동산 상승기에는 다주택 투자를 왜 지양해야 하는지 설명하겠습니다.

상승기에는 다주택 투자를 피하라

기본적으로 다주택 투자는 하락기 또는 침체기에 하는 것이 유리합니다. 가장 큰 이유는 정부의 부동산 규제 때문입니다. 부동산 상승기에는 집값을 안정시키라는 국민의 요구가 높아집니다. 이에 따라 정부는 여러 규제를 통해 가격 안정을 꾀하는데, 다주택자 규제도 그중 하나입니다. 정권이 바뀔 때마다 부동산 정책은 변하지만 그 기저에 깔린 핵심은 같습니다. 대부분의 규제는 다주택자를 대상으로 하며, 무주택자나 1주택자는 크게 규제하지 않는다는 것입니다.

다주택자를 대상으로 하는 규제에는 대출, 거래, 가격, 세금 관련이 있습니다. 2022년 8월 기준 다주택자에 대한 대출 및 세금 규제는 306쪽 표와 같습니다.

현재 시행되는 규제에 따르면 세 번째 주택을 매수할 경우 내야 하는 취득세가 집값의 12%가 넘습니다. 4억 원의 집을 사는 데 세금만 5천만 원 가까이 내야 하니 부담이 될 수밖에 없죠. 집을 팔 때 부과되는 양도소득세(이하 양도세)도 매우 무겁습니다. 양도차익이 커도 세금을 내면 남는 것이 없다는 말이 나오는 이유입니다.

부동산 상승기가 다주택 투자자에게 불리한 것은 규제 때문만은 아닙니다. 당연한 이야기지만 입지가 뛰어난 곳의 좋은 집은 비쌉니다. 상승기일수록 누구나 갖고 싶은 '똘똘한 한 채'의 가격은

규제의 종류		규제(매매가격 기준)
대출 규제		9억 원 이하 40% 9억 원 초과 20% 15억 초과 아파트는 대출 불가
세금 규제	취득세 중과	2주택 8.4~9% 3주택 12.4~13.4%
	종부세 중과	최대 7.2%(정부 세제 개편안 통과 시 최대 2.7%)
	양도세 중과	최대 82.5%(양도세 75% + 지방소득세 7.5%) *지방소득세: 양도세의 10%

다주택자 규제(투기과열지구 기준)

빨리, 더 많이 오릅니다. 반면 싼 집은 상대적으로 수요가 적은 집일 가능성이 있습니다. 이런 집들은 가격의 오름폭이 낮죠. 부동산 시장의 양극화가 일어나는 겁니다. 이런 때에는 단순히 저렴한 집을 여러 채 갖고 있다고 해서 무조건 좋은 결과가 나오지는 않습니다.

다주택을 가져도 좋은 때는 따로 있다

물론 정부의 규제가 영원하지는 않다는 사실을 기억해야 합니

운명을 바꾸는 부동산 투자 수업

다. 시장의 변화에 따라 규제가 풀리기도
하고 없던 규제가 생겨나기도 합니다. 지
난 2000년 이후 서울시 아파트 지수♀와
정부 규제를 정리해보았습니다. 308쪽의
그래프를 보면 집값이 오르는 시기에 다
주택자를 규제하는 다양한 정책이 시행

♀ **아파트 지수**
전국 아파트 실거래가 및 가격 변동률을 지수화한 것이다. 2006년 1월을 기준으로 하는데 이때의 값을 지수 100으로 삼는다. 국토부가 조사해 매달 하순에 발표한다.

되었음을 알 수 있습니다. 집값이 보합이거나 하락할 때는 오히려
정부에서 규제를 풀어주거나 다주택자에게 혜택을 주기도 합니다.
이명박 정부 시기에는 금융 위기와 대규모 아파트 공급 물량의 여
파로 미분양이 심각한 수준으로 늘어나자, 정부에서 미분양 아파트
를 매입하기도 했습니다. 또한 이때 대부분의 규제지역이 해제되었
죠. 박근혜 정부 때는 취득세를 인하하거나, 유주택자도 청약을 할
수 있게 하거나, 양도세를 100% 면제해주는 정책까지도 시행되었
습니다. 시장에 공포와 불안이 극에 달하고, 정부에서조차 다주택
자를 권장할 때가 주택 수를 늘리기 가장 좋은 시절입니다.

제가 부동산 투자를 시작한 시기는 2010년으로, 다주택자에 대
한 규제가 거의 없던 시절이었습니다. 이때 다주택자 양도세 중과
가 해제되고, 종합부동산세(이하 종부세)가 유명무실해졌으며, 보금
자리주택 같은 부동산 공급 계획이 쏟아져 나왔죠. 이후 한동안 집
값은 떨어지거나 보합 상태에 머물렀습니다. 이때 저는 지방 아파
트 여러 채를 전세 끼고 매수하여 큰 수익을 냈습니다.

서울 아파트 가격과 정부 규제

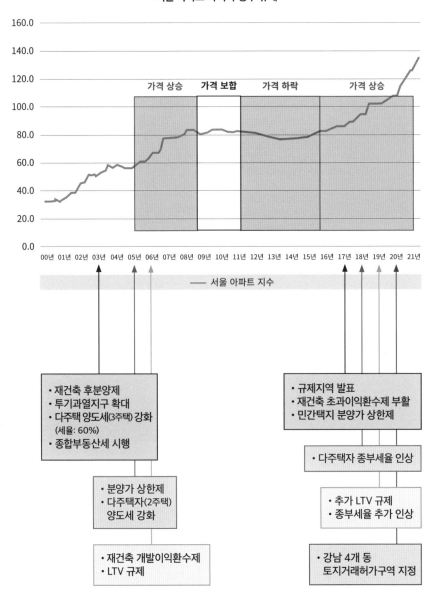

서울 아파트 지수

• 재건축 후분양제
• 투기과열지구 확대
• 다주택 양도세(3주택) 강화
  (세율: 60%)
• 종합부동산세 시행

• 분양가 상한제
• 다주택자(2주택)
  양도세 강화

• 재건축 개발이익환수제
• LTV 규제

• 규제지역 발표
• 재건축 초과이익환수제 부활
• 민간택지 분양가 상한제

• 다주택자 종부세율 인상

• 추가 LTV 규제
• 종부세율 추가 인상

• 강남 4개 동
  토지거래허가구역 지정

운명을 바꾸는 부동산 투자 수업

문제는 집값이 하락세인데 과연 다주택자라는 리스크를 짊어질 수 있느냐 하는 것이죠. 집값이 오르는 시기에는 누구나 여러 채를 사서 부자가 되고 싶어 하지만, 막상 다주택을 하기 좋은 시기에는 모두가 집 사기를 꺼린다는 사실이 참 아이러니합니다.

핵심은 '레버리지'에 있다

지금까지 설명한 내용을 정리하면, 각종 규제가 많은 부동산 상승기에 가진 돈을 전부 털어서 다주택자가 될 필요는 없다는 것입니다. 반면, 집값이 하락해 각종 규제로부터 자유로운 시기에는 다주택자가 되어도 좋습니다. 그런데 이 말을 '언젠가 기회를 잘 봐서 무조건 개수를 늘려야 부자가 된다'라는 식으로 오해하면 안 됩니다. 핵심은 다주택자가 될 수 있느냐 하는 문제보다는 '내가 지금 어떤 포지션을 취해야 최대한의 레버리지를 쓸 수 있느냐'에 있습니다.

앞서 강조했듯이 투자자는 레버리지를 최대한 활용해야 부자가 됩니다. 레버리지를 많이 일으켜 투자해서 자신이 가진 자본 대비 많은 자산을 소유할 수 있어야 부자가 됩니다. 부동산 규제가 완화되었을 때는 전세를 끼고 집을 여러 채 사두면, 대출을 받아서 한 채를 매수하는 것보다 훨씬 더 큰 자산을 살 수 있습니다. 반면 규제가 강화되었을 때는 오히려 1주택자, 혹은 더 좋은 주택으로 갈아타기를 시도하는 2주택자가 더 많은 레버리지를 쓸 수 있습니다. 다주택자보다 대출이 더 잘 나오고, 양도세와 취득세 등 각종 세금으로부터 비교적 자유롭기 때문입니다.

2017년을 기점으로 아파트 가격은 크게 상승하였고 이에 따라 정부도 계속해서 규제책을 내놓고 있죠. 이런 시기에 무주택자는 레버리지를 최대한으로 활용하여 똑똑한 한 채를 매수하고, 1주택자 또한 '갈아탈' 수 있는 가장 좋은 집을 알아보는 것이 좋습니다. 다주택자라면 주택 수를 점차 줄여가면서 똑똑한 한 채를 찾아가는 전략이 유리합니다. 앞으로도 규제는 계속 바뀔 것입니다. 결국 정책이 바뀔 때마다 어떤 방식을 통해 '레버리지'를 가장 많이 쓸 수 있는가를 항상 생각해야 한다는 말입니다.

똑똑한 1주택 vs. 다주택, 최종 승자는?

현재의 세금과 대출 규제 아래에서 주택 한 채를 샀을 때와 여러 채를 샀을 때의 투자 수익은 각각 어떨까요? 복잡한 설명 대신 직관적으로 이해할 수 있도록 예시를 들어보겠습니다.

A, B, C 세 사람은 각각 12억 원을 가지고 있습니다. 세 사람 모두 서울에 집을 살 예정으로, A는 12억 원짜리 아파트 한 채를, B는

	A	B	C
매매가격	12억×1채	6억×2채	4억×3채
취득세 (2022년)	3,960만 (3.3%)	660만+5,040만= 5,700만 (1번째 1.1% / 2번 째 8.4%)	440+3,360+4,960 = 8,760만 (1번째 1.1% / 2번 째 8.4% / 3번째 12.4%)
양도차익 2억 원-취득세	16,040만	14,300만	11,240만
양도세 (2022년)	4,060만 ※계산식 {양도차익-250만 (기본공제)}×38% (기본세율) -1,940만(누진 공제)	6,237만 ※계산식 {양도차익-250만 (기본공제)}×55% (기본세율35%+ 20%가산)-1,490만 (누진 공제)	5,653만 ※계산식 {양도차익-250만 (기본공제)}×65% (기본세율35%+ 30%가산)-1,490만 (누진 공제)
세금 합계 (취득세+양도세)	3,960+4,060 =8,020만	5,700+6,237 =11,937만	8,760+5,653 =14,413만
순이익	11,980만	8,063만	5,587만

※ 취득세는 양도세 계산 시 양도차익에서 공제한다. (단위: 원)

6억 원짜리 2채를, C는 4억 원짜리 3채를 전세 끼고 사기로 했다고 가정해보겠습니다. 이들이 2022년에 집을 매수하고 2년 뒤 동일한 시기에 팔며, 집값은 똑같이 2억 원이 올랐다고 가정해봅시다. 이 경우 세 사람이 내야 하는 취득세와 양도세를 비교하면 위 표와 같습니다. 이해를 돕기 위한 사례로, 비용 공제 및 매도 시기 등의 변수를 고려하지 않은 단순 계산임을 미리 밝힙니다.

표를 보면 주택 수가 늘어남에 따라 세금 부담도 같이 늘어나는 것을 볼 수 있습니다. 앞의 표에서는 취득세와 양도세만을 따졌지만 다주택자에 대한 규제는 이뿐만이 아닙니다. B와 C는 대출을 받을 때도 제한이 있습니다. 또한 보유세도 더 많이 내야 하죠.

여전히 다주택자 규제는 강력하고, 세금 규제가 언제 완화될 것인지 예측하기 힘든 상황이므로 이런 기조가 단기간에 바뀌기 쉽지 않을 수도 있습니다. 따라서 당분간은 시장의 흐름을 주시하면서 다주택 투자를 자제하는 편이 좋겠습니다.

30 적은 돈으로 투자 수익률을 높이는 방법

"연봉 3천만 원, 부자가 되고 싶어서 돈을 악착같이 모았습니다. 2년 만에 3천만 원의 투자금을 만들었어요. 그런데 투자하기도 전에 절망하고 말았습니다. 막상 투자를 하려니 집을 사기에는 제 투자금이 너무 작다는 사실을 알게 됐거든요. 이대로 부동산 투자를 포기해야 할까요?"

돈이 부족해서 투자하기 어렵다는 말은 틀린 말입니다. 정확히는 내가 '사고 싶은' 물건을 살 돈이 부족하다는 뜻입니다. 돈이 부족하면 '내가 살 수 있는' 물건에 투자하면 됩니다. 점차 돈을 불려나가면서 투자의 규모를 키워가는 거죠. 지금 해야 할 것은 포기가 아니라, 내가 가진 돈으로 살 수 있는 투자처가 무엇인지 알아보는 것입니다. 적은 돈으로도 수익을 얻을 수 있는 투자처는 항상 존재하니까요. 이번 장에서는 적은 돈으로 수익을 얻는 방법을 알아보려고 합니다.

적은 돈으로 할 수 있는 투자 방식

3천만 원으로 살 수 있는 아파트는 여전히 있습니다. 서울, 수도권과 달리 지방 소도시에는 전세가율이 90%에 달하는 아파트도 있습니다. 매매가격이 3억 원인 아파트에 2억 7천만 원으로 전세를 놓으면 3천만 원에도 매수할 수 있죠. 그런데 저렴하다고 해서 무조건 좋은 투자처인 것은 아닙니다. 내가 산 매물이 정말 좋은 매물인지가 중요합니다. 그 지역과 해당 매물에 투자할 가치가 있는지 면밀히 따져봐야 합니다.

사실 적은 돈으로 시작하기에 가장 적합한 투자 방식은 부동산 경매입니다. 부동산 경매는 쉽게 말해 법원이 특정 부동산을 여러 사람에게 경쟁을 붙여, 가장 비싼 값을 부른 사람에게 파는 것입니다. 해당 부동산이 경매 매물로 나온 이유는 원래 주인이 빌린 돈을 갚지 못해서입니다. 법원은 돈을 받아야 할 사람(채권자)이 경매를 신청하면 돈을 빌린 사람(채무자)의 부동산을 압류해 경매 시장에 내놓습니다. 이렇게 판 돈으로 채무자의 빚을 갚게 하는 제도죠.

물론 초보 투자자가 경매에 뛰어들기로 마음먹기는 쉽지 않습니다. 막연한 두려움 때문입니다. 일반 매매와 다른 특수한 경매 절차를 익혀야 하고, 경매 용어도 매우 생소합니다. 적정 낙찰가를 고민하며 계속 임장을 다녀야 하고, 물건에 문제가 없는지도 따져봐야 합니다. 가장 큰 벽으로 점유자를 내보내는 '명도'도 있죠. 그러나 이 모든 번거로움을 감수하고 투자자들이 경매를 선택하는 이유가 있습니다. 일반 매매는 살 때부터 취득세, 중개수수료 등 손해를 보고 시작합니다. 그러나 경매는 입찰자가 직접 가격을 정하기 때문에 대부분 물건을 시세보다 저렴하게 낙찰받습니다. 일반 매매 대비 손해가 없거나 적죠.

경매의 가장 큰 매력은 빌라, 반지하, 원룸 오피스텔 같은 '매력 없는 물건'에 투자해 수익을 낸다는 점입니다. 이게 어떻게 가능할까요? 이들을 시세보다 저렴하게 사서 시장가에 파는 것만으로도 수익을 얻을 수 있기 때문입니다. 투자금이 적은 경우 경매를 추천하는 이유가 바로 이것입니다.

경매: 부동산을 도매가로 사는 방법

사실 경매 용어와 절차를 단기간에 익히기는 어렵습니다. 경매에 대해서는 12부에서 조금 더 자세히 다룰 예정입니다. 이번 장에서는 경매의 장단점과 최소한의 용어를 짚고 넘어가겠습니다.

경매는 물건을 시세보다 싸게 살 수 있다는 강점 때문에 '부동산 도매 시장'이라고 불리기도 합니다. 또한 레버리지 활용에도 유리한 면이 있습니다. 입찰 시 해당 물건 최저 입찰가의 10%만 있으면 되고, 추후 낙찰을 받으면 낙찰 금액의 90%까지 경락잔금대출♀을 받는 경우도 있습니다. 실투자금이 크지 않아도 진행해볼 수 있고, 심지어 실투자금이 마이너스인 경우도 있습니다.

간략한 경매 용어	
경매	누군가가 돈을 못 갚았을 때, 법원이 그의 부동산을 공개적으로 판매하여 그 돈으로 빚을 갚게 하는 것.
감정가	감정평가사가 해당 물건에 대해 책정하는 가격. 시세가 아닌 경매 절차를 시작하기 위한 기준 가격.
최저 입찰가	이 가격 미만을 적어 입찰하면 무효가 되는 기준 가격. 매수자가 없을 경우 앞선 최저 입찰가의 70%(지방법원에 따라 80%인 곳도 있음) 가격이 새로운 최저 입찰가가 된다(이를 유찰이라고 부른다). 최초 10억 원의 감정가로 시작된 경매가 유찰되면 70%인 7억 원으로 재입찰을 하고, 거기에서도 유찰이 되면 다음 입찰일에는 7억 원의 70%인 4억 9천만 원으로 최저 입찰가가 낮아진다.
입찰 보증금	입찰할 때, 즉 경매에 나설 때 내는 일종의 계약금. 보통 최저 입찰가의 10%.
경락잔금대출	낙찰자는 낙찰일로부터 약 6주 안에 나머지 잔금을 완납해야 한다. 경매에서 잔금을 치르는 용도로 빌려주는 대출을 '경락잔금대출'이라고 한다.

실제로 제 수강생 중에도 그런 분이
꽤 있습니다. 한 분은 2018년 인천 부평
의 11평짜리 빌라를 5,920만 원에 낙찰받
았습니다. 당시 시세는 6,600만 원 정도였
죠. 이분은 낙찰가의 90%인 5,300만 원의
경락잔금대출을 받았습니다. 그런 뒤 세
입자에게서 보증금으로 1천만 원을 받았
죠. 집을 샀는데, 오히려 현금이 더 생기
게 된 것입니다. 여기에 경락잔금대출 이
자를 제하고 다달이 15만 원 정도의 월세

♀ 경락잔금대출
경락잔금대출은 주로 2금융
권에서 취급하며, 보통 낙찰
가가 시세보다 낮은 경우가
많아 일반 담보대출보다 대
출을 많이 받는 경우가 많다.
그러나 대출 규제가 강한 시
기에는 경락잔금대출도 일반
담보대출과 같은 규제를 받
기도 하니 사전에 대출 가능
여부를 따져봐야 한다. 22년
2월 현재, 일반 주택담보대
출과 동일한 수준으로 대출
규제가 적용되고 있다.

가 들어왔습니다. 나중에 시세대로만 매도해도 약 550만 원의 시세
차익까지 생기는 겁니다. 만약 집값이 오른다면 시세차익은 더 커
질 수 있겠죠. 내 돈을 전혀 들이지 않고 매우 성공적으로 투자한
사례입니다.

고생한 것에 비하면 550만 원의 시세차익이나 월 15만 원의 수
익이 크지 않다고 생각할 수도 있습니다. 하지만 실투자금을 기준
으로 수익률을 따져보면 굉장하다는 사실을 알 수 있습니다. 자기
돈은 한 푼도 쓰지 않고 발품과 노력만으로 이 정도의 수익을 올렸
으니까요. 여전히 비규제지역에서는 이와 비슷한 투자가 가능하니,
최소한 "돈이 없어서 투자를 못 하겠어요" 같은 말은 투자의 세계에
서 통하지 않습니다.

시세	6,600만
낙찰가	5,920만
경락잔금대출	5,300만
월세 보증금	1,000만
실투자금	-250만 ※계산식 {5,920만+130만(기타 비용)-(5,300만+1,000만)}
월 수익	약 15만(월세-경락잔금대출 이자)
실현 가능한 시세차익	550만

(단위: 원)

나는 '경매형 인간'인가

경매는 시세보다 싸게 살 수 있다는 말만 듣고 무조건 시도하기에는 배워야 할 것이 많은 투자법입니다. 절차와 용어를 정확히 익혀야 하는 것은 물론, 물건의 시세 분석을 제대로 할 줄 알아야 하죠. 또한 해당 물건을 낙찰받았을 때 권리상으로 큰 문제는 없는지 권리분석도 해야 합니다. 여기에 '명도'까지 절대 만만한 과정이 아닙니다. 누구나 쉽게 경매를 할 수 있다면 모두가 뛰어들었겠죠. 이 모든 과정을 헤쳐나가려면 적극적인 투자 마인드가 필수입니다.

당신은 경매 투자에 뛰어들 만큼 강력한 투자 마인드를 갖추었

운명을 바꾸는 부동산 투자 수업

나요? 제가 간단한 체크리스트를 준비했습니다. 나의 상황에 맞는 항목에 체크해보고 경매 투자자로 거듭날 수 있을지 가늠해보세요.

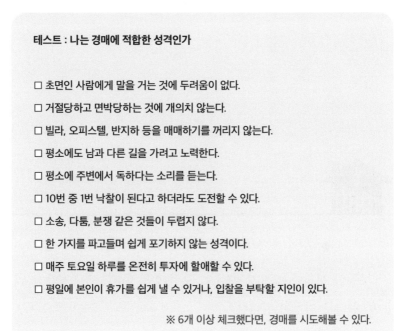

테스트 : 나는 경매에 적합한 성격인가

☐ 초면인 사람에게 말을 거는 것에 두려움이 없다.

☐ 거절당하고 면박당하는 것에 개의치 않는다.

☐ 빌라, 오피스텔, 반지하 등을 매매하기를 꺼리지 않는다.

☐ 평소에도 남과 다른 길을 가려고 노력한다.

☐ 평소에 주변에서 독하다는 소리를 듣는다.

☐ 10번 중 1번 낙찰이 된다고 하더라도 도전할 수 있다.

☐ 소송, 다툼, 분쟁 같은 것들이 두렵지 않다.

☐ 한 가지를 파고들며 쉽게 포기하지 않는 성격이다.

☐ 매주 토요일 하루를 온전히 투자에 할애할 수 있다.

☐ 평일에 본인이 휴가를 쉽게 낼 수 있거나, 입찰을 부탁할 지인이 있다.

※ 6개 이상 체크했다면, 경매를 시도해볼 수 있다.

31 손해 보지 않는
부동산 투자법은?

"부동산 투자를 해보고 싶어요. 그런데 투자했다가 종잣돈을 잃을까 봐 너무 걱정이 됩니다."

처음으로 투자를 해보려고 할 때의 두려움을 이해합니다. 하지만 아무것도 하지 않으면서 언제까지 지금의 평범한 삶을 유지할 수 있을까요? 평범한 직장인의 연봉 상승액과 은행 이자로는 인플레이션을 절대로 감당하지 못합니다. 인플레이션의 벽을 넘지 못하면 지금 누리는 평범한 삶을 지키기 힘들지도 모릅니다. 그럼 이제 이런 질문이 나올 차례입니다.

"손해 안 보는 투자 방법이 있나요?"

실망하실 수도 있지만, 저는 그런 투자 방법은 없다고 말합니다. 투자는 필연적으로 리스크를 짊어지는 행위입니다. 우리 시대 가장 위대한 투자자로 불리는 워런 버핏도 손해를 볼 때가 있죠. 리스크를 짊어질 각오가 없다면 투자를 시작할 수 없습니다. 단 그런 피해를 최소화하는 방법, 그러니까 리스크를 줄이는 방법은 있죠. 잃을 때는 적게 잃고 벌 때는 많이 버는 방법 말입니다. 자, 이제 그런 방법을 알아볼까요?

투자 원칙 ①: '글자'에 기대지 말고 현장을 가라

당연한 이야기지만 어떤 투자를 하든 공부를 철저히 해야 합니다. 그런데 부동산 공부에 대해 오해해서는 안 됩니다. 부동산 커뮤니티에 올라온 게시글을 빠짐없이 읽는다거나, 부동산 관련 기사를 매일같이 본다거나, 유튜브를 열심히 챙겨보는 것은 엄밀히 말해 '진짜 부동산 공부'가 아닙니다. 진짜 공부는 '글자'가 아닌 현장의 '말'에 있습니다.

투자를 하기 전에 직접 해당 지역을 찾아가 임장을 하십시오. 글 속에 갇혀 있지 말고, 세상 바깥으로 나와 현장에서 경험을 쌓아야 합니다. 내가 살고 싶은 지역이나 관심 있는 곳에 직접 가서 내 눈으로 확인하는 겁니다. 이 지역은 다른 곳에 비해 어떤 점이 좋은

지, 인프라는 잘 갖춰져 있는지, 안전한 동네인지, 어떤 아파트가 이 지역의 '대장 아파트'일지 내 발로 걸어 다니며 치열하게 조사해야 합니다.

초보자에게는 쉽지 않을 수도 있지만, 근처 중개사무소에 들러 중개사와 이야기도 많이 나눠보아야 합니다. "요즘 이 지역의 분위기가 어때요?", "투자를 하고 싶은데 괜찮은 매물이 있나요?", "이 아파트는 왜 바로 옆 동의 아파트에 비해 저렴하죠?" 하는 식으로 질문을 해보는 겁니다. 내 집 마련의 경험이 없는 초보자에게 중개사무소 문을 열고 들어가는 일이 얼마나 어려운지 잘 압니다. 하지만 투자자라면 앞으로 문턱이 닳도록 들어가야 할 곳이 중개사무소이니, 연습을 통해 현장 방문에 익숙해져야만 합니다.

현장에서 느끼고 배울수록 부동산 투자의 성공 가능성을 높일 수 있습니다. 이론 공부만으로는 투자의 절반도 채 이해하지 못한다고 단언할 수 있습니다. 직접 현장을 찾아 정보를 취합하고, 여러 지역을 다니면서 다양한 물건을 비교 검토하는 과정이 필요합니다. 그리고 꼭 비싼 물건이 아니더라도 적은 금액으로 할 수 있는 투자를 해봐야 합니다. 실거주용 물건을 사거나 적은 돈이 들어가는 투자용 물건 둘 중 하나로 시작해야 첫발을 뗄 수 있습니다. 경험해보지 않으면 절대 알 수 없는 것이 바로 부동산 투자입니다.

운명을 바꾸는 부동산 투자 수업

투자 원칙 ②: 남들이 싫어하는 것을 대신하라

투자에는 크게 2가지 방법이 있습니다. 하나는 남들이 좋아할 것을 한발 앞서서 하는 투자고, 또 다른 하나는 남들이 싫어하는 것을 대신하는 투자입니다. 전자는 필히 날카로운 감각을 갖추고 있어야 합니다. 미래에 남들이 무엇을 좋아할지 간파하려면 트렌드와 시대의 변화를 읽을 줄 알아야 하죠. 초보자에게는 조금 벅찬 일입니다.

그렇다면 남들이 싫어하는 것을 대신하는 투자는 어떨까요? 앞 장에서 이야기한 경매 투자도 그 예가 될 수 있습니다. 대부분이 꺼리는 물건들이 있는 시장에서 복잡한 경매라는 절차를 거쳐야 하는 투자니 말이죠. 낡은 빌라, 구축 아파트 투자도 마찬가지입니다. 재개발 또는 재건축이 기약 없는 곳이라면 사람들의 관심이 적을 수밖에 없습니다. 게다가 실거주하기도 어려운 곳이면 더더욱 투자를 꺼리게 됩니다. 매수를 꺼린다는 말은 가격이 상대적으로 싸다는 말과 같죠. 이런 곳에 투자하여 개발 호재가 생길 때까지 기다리는 것도 손해를 덜 보는 방법일 수 있습니다. 돈을 잃기 싫으면 시간에 투자하면 됩니다.

사실 아무것도 하지 않는 것보다 큰 리스크는 없습니다. 아직 젊다면 한동안은 소득이 늘어날 가능성이 크지만, 머지않아 그보다 지출이 더 크게 늘어나는 시기가 오게 마련입니다. 또한 어느 시점이 지나면 소득이 줄어들다가 직장을 그만두며 끊기게 됩니다.

"배는 항구에 정박해 있을 때 가장 안전하다. 하지만 그것이 배의 존재 이유는 아니다."

19세기 미국의 신학자이자 교수인 윌리엄 G. 쉐드의 말을 전하고 싶습니다. 아무것도 하지 않으면 얻는 것도 없습니다. 가만히만 있으면서 "들어갈 타이밍을 보고 있다"라고 말하는 사람들이 너무 많습니다. 마냥 시간을 흘려보내는 것도 큰 손해라는 것을 명심하시기 바랍니다.

부자 되는 꿀팁

앞서 남들이 싫어하는 일을 대신하는 것으로 오래된 빌라나 아파트 투자를 말씀드렸죠. 이때 조금이라도 '시간 리스크'를 줄이려면 매수 전에 철저히 입지를 분석해보아야 합니다.

한 가지 팁을 드리자면, 오래된 도시의 중심부에 관심을 가져보는 것도 좋습니다. '시청' 같은 관공서 주변을 살펴보는 거죠. 시청이 있는 곳은 대부분 오래된 도시의 중심부이며, 당연히 세월이 흘러 낙후되어 있습니다. 그러나 입지가 좋고 교통이 발달된 경우가 많습니다. 이렇듯 이미 인프라를 갖춘 지역은 개발 가능성이 상대적으로 높죠. 낡은 빌라가 많은 인천 시청 일대를 예로 들 수 있습니다. 이곳은 이미 몇천 세대의 신축 대단지 아파트가 들어서 있어 개발 압력이 높아지고 있습니다. 실제로 간석래미안자이아파트 우측 블록은 재개발 추진 중이며, 간석초등학교 인근은 지구 지정이 취소되었으나, 언제고 다시 추진될 가능성이 있습니다. 또한 인천 시청 주변으로 GTX(수도권 광역급행철도)-B가 들어선다는 교통 호재가 생기면서 전체적으로 재개발에 대한 기대감이 커지고 있습니다.

낮은 빌라가 많은 인천 시청 일대 예시

다른 예로, 서울 동작구 흑석동을 들 수 있습니다. 이곳은 10년 전만 해도 다세대 주택이 많은 매우 낙후된 곳이었습니다. 하지만 서초구와 맞닿아 있어 강남 접근성이 뛰어나고, 다리를 건너면 서울의 중심 용산이어서 입지가 좋은 곳입니다. 이러한 조건 때문에 흑석동은 뉴타운으로 지정되어 대규모 재개발이 지속적으로 진행되고 있습니다. 흑석뉴타운은 좋은 입지의 낡은 주거지는 결국 개발된다는 사실을 보여주는 좋은 사례라고 할 수 있습니다.

결국 입지가 좋다면 오래된 것은 항상 새것이 될 가능성이 있다는 사실을 꼭 기억해야 합니다.

연령별, 상황별 투자 플랜 세우기

투자 계획을 세울 때는 어떤 레버리지를 활용할 것인지 결정해야 합니다. 먼저 금융기관에서 돈을 빌리는 '대출 레버리지'를 활용할 수 있습니다. 그다음으로 '전세 레버리지'를 활용할 수도 있습니다. 세입자의 전세 자금을 떠안는 대신에 매매가격과 전세금의 차액만큼만 집주인에게 지불하고 소유권을 가져오는 방식이죠. 마지막으로 '시간 레버리지'를 쓸 수도 있습니다. 장기 호재가 있는 곳이나 재개발·재건축이 진행될 가능성이 있어서 나중에 가격이 오를 곳을 미리 매수하고 기다리는 투자입니다. 이때 자신의 나이와 상황을 고려하여 어떤 레버리지를 활용할지 결정해야 합니다.

이번에는 두 부부의 사례를 통해 앞으로의 투자 계획을 어떻게 세워야 하는지 알아보겠습니다. 참고로 다주택 투자는 변수가 너무 다양하므로 주택 한 채를 마련하는 경우로 가정합니다.

사례 1. 신혼 또는 영유아 자녀를 둔 젊은 부부

우리 가족의 주택 구매 능력을 따져보자

젊은 부부는 당장 소득이 적더라도 미래의 기대 소득이 많기 때문에 다양한 레버리지를 사용할 수 있습니다. 젊은 나이에 레버리지가 두려워 보수적으로 투자하다 보면, 부동산 상승기가 왔을 때 레버리지를 활용한 사람과의 자산 격차가 급격히 벌어질 수 있습니다. 그래서 적절한 레버리지를 활용해야 합니다. 젊은 부부들은 당장 모아놓은 자산은 적지만, 미래 소득이 늘어날 것으로 예상되므로 이를 간과해서는 안 됩니다. 따라서 지금 가지고 있는 자산만 따지지 말고, 미래 소득을 감안해서 대출 레버리지를 쓰는 방향을 적극적으로 고려해야 합니다.

일단 저축률을 높이는 것이 관건입니다. 저축은 매년 현금성 자산을 빠르게 늘릴 수 있는 가장 확실한 방법이기 때문입니다. 또한 높은 저축률은 이자를 더 많이 감당할 수 있다는 의미이기도 합니다. 그다음으로 전세 레버리지도 활용 가능합니다. 당장 아이가 없거나 자녀의 나이가 어리다면, 무리하게 실거주를 시도하기보다는 전세 레버리지를 활용해 이자 부담을 낮추면서 미래에 살고 싶은 집을 먼저 매수할 수도 있습니다. 열심히 저축하고 자산을 불려 몇 년 뒤 그곳에서 실거주하겠다는 전략이죠. 그럼 상대적으로 저렴한 가격에 내 집을 마련하면서 집값 상승으로 인한 자산 증식까지 기대해볼 수 있습니다. 이해를 돕기 위해 30대 A씨 부부의 사례를 살펴보겠습니다.

가족 구성	3인(맞벌이 부부, 3세 자녀)
연령	30대 중반
목표	아이가 초등학생이 되는 5년 뒤에는 내 집에서 거주하고 싶어서 지금 미리 집을 마련해두려고 함
대출	현재 없음
활용 가능 레버리지	전세 / 대출 / 시간
연소득 (부부 합산)	세전 6,000만 원 / 세후 5,400만 원
저축 가능액	소득의 50%, 약 2,700만 원
현재 자산	현금성 자산 2억 원(전세 보증금, 예적금 포함)

투자를 하려면 먼저 투자의 적정 규모에 대한 기준을 세워야 합니다. 특히 부동산 투자는 대출이나 전세 레버리지처럼 남의 돈을 이용하는 투자이니 더욱 신중해야 합니다. 무리한 투자를 했다가 하락기가 오거나 예측할 수 없는 외부 충격 등으로 자산 가치가 급락하면 큰 손해를 입을 수 있죠.

그럼 우리 가족의 주택 구매 능력은 어느 정도일까요? 이해하기 쉽도록 매우 단순화한 식을 제시하겠습니다.

주택 구매 능력 = 대출 감당 가능액 + 기존 보유 자산

위의 간단한 식에 A씨 부부의 사례를 대입하겠습니다. 먼저 대출을 얼마까지 받아도 감당할 수 있을지 계산해보아야 하는데, 대출 가능 금액을 계산하는 식은 아래와 같습니다. 1년 저축액의 40%를 원금과 이자를 상환한다는 가정하에 만든 간단한 공식입니다.

(저축액 × 40% / 대출이자) = 대출 감당 가능액

이제 1년 저축액이 2,700만 원인 A씨 부부가 4%로 주택담보대출을 받을 때의 대출 가능 금액을 알아보겠습니다. 계산해보니(2,700만 원 × 40% / 0.04) 2억 7천만 원이 A씨 부부의 대출 가능 금액이라는 계산이 나옵니다. 여기에 갖고 있는 현금성 자산 2억 원을 더하면 A씨 부부는 4억 7천만 원 정도의 집을 사도 괜찮다는 계산이 나옵니다.

물론 대출 규제에 따라 더 저렴한 집을 매수할 수도 있고, 정부 지원 서민 대출을 이용하거나 전세가가 높은 주택을 매수하면 오히려 능력보다 비싼 집을 살 수도 있습니다. 그러나 실거주를 고려하면 4억 7천만 원 정도의 주택을 매수하기를 권합니다. 나의 저축 가능 금액보다 과한 투자를 하면 매수한 집에 실거주하기가 생각보다 힘들어질 수도 있기 때문입니다.

가족 간 대화와 상의는 필수다

부동산 투자를 할 때는 부부가 대화를 많이 나눠야 합니다. 향후 집값이 상승할 것으로 예상되면 일단 구매 능력을 뛰어넘는 집을 매수하고 실거주할 시기를 뒤로 미루는 것도 좋은 전략 중 하나입니다. 상승기에는 집값 상승세가 워낙 가파르므로 돈을 모아 집을 사기가 거의 불가능하기 때문이죠. 예를 들어, 7억 원의 집에 전세 시세가 5억 원인 곳이 있다면 매매가격과 전세금의 차액인 2억 원으로 매수하고, 본인은 월세로 거주하는 식입니다. A씨 부부는 아이가 아직 어리므로 '중학생이 되기 전에는 매수한 집에 실거주하겠다'라고 생각해도 괜찮습니다.

혹시 지금 내 능력보다 비싼 집을 매수해도 좋을지 걱정되나요? 대부분 신혼부부의 경우 시간이 지날수록 구매 능력이 커진다는 점을 꼭 기억하세요. 부부가 열심히 저축하고 차근차근 자산을 늘리면 어느 순간 무리해보였던 투자도 수월해지는 순간이 옵니다.

다만 이런 전략을 선택할 경우 A씨 부부는 오랜 기간 월세로 살아야 합니다. 따라서 상대적으로 저렴한 빌라나 오피스텔에서 수년간 거주할 각오를 해야 합니다. 이렇게 오랫동안 월세 살기가 부담스럽다면 도시 외곽의 호재가 있는 지역을 찾아서 당장 실거주가 가능한 금액대의 아파트를 매수하는 것도 괜찮습니다. 통근 시간과 주거 인프라를 조금 포기하더라도 일단 단기적인 시세 상승을 꾀하는 투자를 하고, 2년 뒤 더 나은 지역으로 갈아타기를 시도해볼 수도 있습니다. 2년 뒤에 해당 아파트의 시세 상승분과 추가 저축액을 합치면 A씨 부부의 구매 능력은 더욱 커져 있을 테니까요. 만약 현재 살고 있는 지역을 벗어나기가 불가능하다면 해당 지역의 조금 저렴한 비(非)아파트에 투자해도 됩니다. 아파텔 투자를 하거나 재개발 빌라를 매수하는 방식인데, 입지 좋은 지역에 위치해 있으면서도 가격이 아파트보다 저렴하다는 장점이 있습니다.

이렇듯 A씨 부부처럼 연령대가 젊고 미래 소득이 높아질 것으로 기대되는 경우에는 선택지가 매우 다양합니다. 이때 가족 간에 미래 계획에 대해 충분히 이야기를 나누고, 어디까지 감당할 각오가 되어 있는지 논의해보아야 합니다.

사례 2. 초등학생, 중학생 자녀를 둔 중년 부부

40대 중년 부부라면 소득이 가장 많으면서 한동안은 그 소득이 유지될 시기입니다. 번 돈도, 벌 돈도 적지 않지만 곧 지출이 늘어날 시기이기도 하므로 레버리지를 과하게 사용하기보다는 적정 수준에서 투자해야 합니다. 또한 자녀의 학교 등을 생각해 정착해야 할 시기이므로 당장의 실거주를 염두에 두고 집을 매수해야 하죠. 40대 B씨 부부의 사례를 살펴보겠습니다.

가족 구성	4인(맞벌이 부부 / 15세, 12세 자녀)
연령	40대 중반
목표	자녀가 성장하여 지금 집보다 조금 더 좋은 곳으로 갈아타기를 하고자 함
대출	1억 5,000만 원(현재 거주지의 주택담보대출)
활용 가능 레버리지	대출 / 시간
연소득 (부부 합산)	세전 8,000만 원 / 세후 7,000만 원
저축 가능액	소득의 30%, 약 2,100만 원
현재 자산	총 6억 5,000만 원 -현금성 자산 1억(주식 5,000만 원, 예금 5,000만 원) -부동산 자산 5억 5,000만 원(실거주 중인 아파트 1채)

40대 중반의 B씨 부부는 맞벌이를 하여 현재 소득이 높은 편이며 앞으로 10년 이상 추가 근로소득을 얻을 수 있는 상황입니다. 하지만 자녀가 성장함에 따라 교육비 및 생활비가 급격히 증가할 것으로 예상됩니다. 이 부부의 주택 구매 능력을 계산해보면 8억 6천만 원이 나옵니다. A씨 부부보다 자산은 많지만 1년 저축액은 오히려 낮기 때문에 대출 감당 금액은 2억 1천만원으로 줄어듭니다. 향후 자녀들에게 교육비가 많이 들어갈 수 있으므로 무리한 투자를 할 수도 없습니다.

이런 상황에서 전세 레버리지를 이용해 집의 규모를 늘리기는 부담스러울 수밖에 없습니다. B씨 부부의 경우는 현재 거주하는 집을 매도

한 뒤 대출을 좀 더 일으켜서 8억 중후반의 집을 매수해 실거주하는 것이 가장 안전한 선택일 수 있습니다. 이때 B씨 부부는 초등학생, 중학생 자녀가 있으므로 교육 환경을 우선적으로 고려해야 합니다. 예를 들어, 집값이 비싼 서울에서 낙후된 주거 환경의 집을 구하는 것보다 경기권의 괜찮은 주거 환경의 집을 구하는 것이 나을 수 있죠. 아니면 오래된 구축 아파트로 이동하면서 평수를 넓힐 수도 있습니다. 같은 돈으로 무언가를 얻으려면 다른 하나는 포기할 수밖에 없습니다.

한편 중년 부부 중에서는 재건축·재개발에 투자해서 소위 '몸테크'를 선택하려는 분들도 있습니다. 이때는 개발에 10년 이상 소요될 수도 있으며 실거주가 매우 불편할 수 있다는 점을 명심하고, 가족 모두의 동의를 구해야 합니다. 다만 자녀가 초등학생 이상이라면 무리한 몸테크보다는 실거주성을 우선적으로 고려하는 편이 좋다고 생각합니다.

8 부

'부동산은 입지가 중요하다!'

이런 말을 정말 많이 들어보았을 것입니다.

이번에는 입지 분석의 기술을 이야기합니다.

입지를 구성하는 요소에는 무엇이 있는지, 어떤 기준을 통해 입지를 분석해야 하는지,

지방과 수도권의 입지 분석은 어떻게 다른지 등 입지 분석에 대해 알려드리겠습니다.

반드시 알아야 하는
입지 분석의 기술

32 강남의 40년 된 아파트로 알아보는 입지 분석의 기술

"그렇게 낡은 아파트를 그 가격 주고 사다니, 진짜 말이 안 된다."

서울 강남의 높은 아파트값을 논하는 기사가 뜨면, 인터넷 댓글 창에 꼭 이런 댓글이 달립니다. 특히 외관상으로도 매우 낡은 '압구정 현대아파트' 같은 곳을 두고 이런 말들을 많이 합니다. 너무나도 낡았는데 그 어느 곳보다도 비싸니 이해할 수 없다는 것입니다.

누구나 구축 아파트보다 신축 아파트를 더 선호하는 것은 사실입니다. 그러니 40년 된 아파트가 40억 원을 넘나드는 상황을 이해하기 힘듭니다. 그런데 집값을 결정하는 요소가 단순히 '신축' 여부에만 있는 것은 아닙니다. 이번 장에서는 집값을 결정하는 여러 요소가 실제로 어떻게 작용하고 있고, 어떤 결과로 이어지는지를 실제 예시를 통해 알아보고자 합니다.

40년 된 아파트가 40억이 넘는 이유

집의 가격은 '대안의 부재'가 만듭니다. 즉 더 나은 곳이 없으면 없을수록 수요가 몰리면서 집의 가치가 상승하죠. 대안의 부재는 여러 요인에서 기인합니다. 다른 곳에 비해 위치가 매우 좋고 편리하거나, 사람들의 많은 관심이 집중된 지역 혹은 상품이거나, 이곳에 산다는 것만으로도 우월감을 느낄 수 있다면 가격이 상승할 수 있습니다.

이런 요소들을 모두 갖춘 곳이 강남입니다. 기초편에서 설명했듯이, 강남 도심은 처음부터 택지지구로 개발되었다는 특징이 있습니다. 다른 업무지구(광화문, 여의도)와 달리 기업체와 주거지역이 함께 들어설 수 있었죠. 주중에도, 주말에도 사람이 많으니 교통이나 상업 시설, 문화 시설 및 기타 인프라가 발달하게 되었습니다. 살기 좋은 곳이 사람들을 끌어들이고, 사람들이 모이니 더욱 살기 좋아지는 선순환이 일어납니다. 이것이 바로 부동산에서 말하는 '입지가 좋은 곳'의 특징이죠.

그럼 입지가 좋다고 여겨지는 압구정 현대아파트를 예로 들어,

역으로 입지를 분석하는 방법을 설명하겠습니다.

① 직주근접

사람들이 집을 구할 때 가장 중요하게 보는 요소 중 하나가 직장과의 거리입니다. 기업체와 종사자가 많은 곳 혹은 지역으로 이동이 편리한 곳에 주택이 많이 생겨나는 이유입니다. 다음 표를 통해 서울의 기업체 수를 살펴봅시다.

구	기업체 수 (단위: 개)			총 종사자 수 (단위: 명)
	종사자 500~999명	종사자 1,000명 이상	합계	
강남구	71	38	109	698,840
서초구	55	34	89	438,985
중구	49	28	77	392,568
종로구	37	23	60	260,446
영등포구	44	40	84	373,478
마포구	23	14	37	247,276
송파구	31	16	47	341,201
금천구	13	11	24	242,686
동작구	9	7	16	106,159
구로구	11	6	17	225,668
⋮	⋮	⋮	⋮	⋮

출처: 국가통계포털 KOSIS(2019년 기준)

표를 보면 종사자 500명 이상의 기업이 강남구와 서초구에 몰려 있음을 확인할 수 있습니다. '강남 도심'으로 본다면 198개로, 광화문 도심(중구/종로구)과 여의도 도심(영등포구/마포구)을 합친 것과 맞먹습니다.

강남구에 위치한 압구정 현대아파트는 강남 도심의 수많은 사업체와 직주거리가 매우 가깝죠. 집값이 오를 첫 번째 요소를 갖춘 셈입니다.

② 편리함

주택의 여러 조건 중 실거주 측면에서 사람들이 가장 중요하게 생각하는 것이 '교통의 편리함'입니다. 강남은 어디에서나 지하철역이 가깝고, 버스가 자주 다니고, 도로가 잘 뚫려 있습니다. 하지만 그냥 강남이라서, 혹은 부자가 많으니까 교통이 편리해졌다고 오해해서는 안 됩니다. 앞서 이야기했듯 강남은 기업체가 많은 데다가 거주 인구가 많기 때문에 교통의 필요성이 점점 커지게 되었습니다. 강남이라서 교통이 발달한 게 아니라, 그럴 수밖에 없는 환경이었던 것입니다. 교통의 편리함 또한 집값을 끌어올리는 요소가 되었습니다.

압구정 현대아파트의 경우 걸어갈 수 있는 거리에 3호선과 수인분당선이 있고, 바로 앞에 올림픽대로가 있으며, 동호대교와 성수대교가 연결되어 있어 어디로든 이동하기에 편리합니다.

③ 인프라와 여가 생활

여러 상업 시설과 문화 시설을 비롯해 여가를 즐길 만한 시설이 두루 갖춰지면 사람들이 몰려들 수밖에 없습니다.

압구정 현대아파트 바로 앞에는 한강공원이 있고, 현대백화점과 갤러리아백화점이 걸어서 갈 수 있는 거리에 있으며, 신사동 가로수길, 압구정 로데오거리나 청담동 명품거리도 가깝습니다.

④ 학군과 학원

우리나라는 교육열이 높기로 유명합니다. 집을 구할 때도 학군이 좋은 곳으로 수요가 몰리는 현상이 일어나는데, 압구정 현대아파트는 단지 내에 초등학교와 중학교, 고등학교가 모두 있어서 학생들이 편하게 통학할 수 있으며, 학업성취도평가 역시 최상위 지역 중 하나입니다. 학원가로 유명한 대치동과도 충분히 접근 가능한 거리에 있는 것도 장점이죠.

⑤ 우월감

내가 사는 집이 곧 나의 명함이자 사회적 지위를 보여주는 시대입니다. 이런 우월감은 앞서 이야기한 여러 요소가 더해지고 시너지를 일으켜, 많은 사람들이 선망하는 집이 되었을 때 비로소 생겨납니다. 좋은 기업체가 많은 곳 가까이에 주거 단지가 있어서 고소득자인 사람들이 모여 살게 되었고, 이로 인해 교통과 상업 시설 및 인프라가 발달하며, 자연스레 학군도 발달하면서 누구나 살고 싶어 하는 곳이 되었습니다. 이 모든 요소가 수십 년간 쌓이면서 강남은 부촌이 되었습니다. 그중에서도 대표적 부촌인 강남 압구정에 산다는 것만으로도 우월감을 느낄 수밖에 없는 이유입니다.

⑥ 가치 상승에 대한 기대감

집값은 현재 가치만으로 결정되지 않습니다. 미래에 이곳의 집값이 오를 거라는 기대감이 현재의 가치 이상으로 집값을 높이기도 합니다. 재건축이나 재개발 또한 커다란 호재로 작용합니다. 오래된 것이 새것이 되면 가격이 오를 수밖에 없기 때문입니다.

압구정 현대아파트 또한 그렇습니다. 특히 압구정 현대아파트 1차와 2차는 무려 1976년에 지어졌고, 이후 14차까지 순차적으로 지어졌지만 대부분은 40년을 훌쩍 넘겼죠. 앞서 말한 여러 요소가 더없이 뛰어난데 오직 하나, 집이 낡았다는 것만이 유일한 단점입니다. 만약 재건축을 통해 이러한 단점마저 보완된다면 그야말로 대안이 없는 곳으로서 명실상부한 강남의 '대장 아파트'가 될 수 있습니다. 이것이 바로 40년이 훌쩍 넘은 구축 아파트가 평당 1억 원이 넘는 가격에 거래되는 이유입니다.

입지를 분석할 때 꼭 알아야 하는 것들

투자자라면 단순히 아파트의 연식이 집값을 결정하지 않는다는 사실을 알아야 합니다. 입지를 분석하는 기준은 매우 여러 가지입니다. 집을 사기 전에 최소한 다음의 몇 가지를 확인하고, 다른 지역의 집과 비교 분석한 뒤에 결정하기 바랍니다.

□ 이 지역의 (종사자 수에 따른) 기업체 수는 얼마인가?

□ 이 지역의 아파트 공급 상황은 어떠하며 앞으로의 공급 계획은 어떠한가?

□ 교통은 편리한가? 지하철역 개통 계획이 있는가?

□ 학군은 잘 갖춰져 있는가? 가까운 곳에 학원가가 있는가?

□ 상업 시설은 충분한가?

□ 여가 시간을 보낼 만한 시설이 잘 갖춰져 있는가?

□ 이 집 또는 이 지역에서만 누릴 수 있는, 다른 사람들이 부러워할 만한 무언가가 있는가?

□ 그 밖에 다른 호재들이 있는가?

33

5년 된 신축과
20년 된 구축,
같은 값이면 어디를 살까

"결혼을 앞두고 경기도에 집을 구하는데 비슷한 가격대의 아파트를 두고 고민 중입니다. A아파트는 역세권이라 교통이 좋은 편이지만, B아파트는 버스를 타고 지하철을 타러 가야 해서 불편해요. 문제는 A아파트가 20년 된 구축이고, B아파트는 5년이 채 안 된 신축이라는 점입니다. 교통을 비롯한 주거 인프라는 A아파트가 좋긴하지만 사실 저희 부부는 이왕이면 새 아파트에 살고 싶거든요. 교통의 불편함을 감수하고 B아파트를 사는 게 맞을까요?"

아마 비슷한 고민을 해본 적이 있을 겁니다. 한정된 예산으로 완벽히 내 마음에 드는 물건을 구하기는 쉽지 않으니까요. 특히 '인프

운명을 바꾸는 부동산 투자 수업

라는 좋은데 구축인 아파트'와 '인프라는 별로지만 신축인 아파트'
사이에서 고민하는 분들이 많습니다. 당신은 어느 쪽에 더욱 무게
를 두나요?

모든 가격에는 이유가 있다

사람마다 처한 상황이 다르고 물건마다 가치가 다르니 쉽게 답
하기 어려운 질문입니다. 또한 앞으로 일어날 변수도 고려해야 합
니다. 예를 들어 지금은 B아파트의 교통이 불편하지만 몇 년 뒤 인
근에 지하철이 들어설 수도 있죠. 그러면 신축이면서 교통이 개선
될 가능성이 있는 B아파트의 매수를 조금 더 적극적으로 고려할 수
도 있습니다.

그런데 앞으로 몇 년간 물건의 가치에 미칠 변수가 딱히 없을
때는 어떨까요? 구축 아파트가 신축 아파트와 가격이 같은 게 의
아하게 느껴진다면, 저는 '왜 지금의 가격이 형성되었는가'를 생각
해보라고 권합니다. 대부분이 신축 아파트를 선호하는데도 신축과
구축의 가격이 같다면 거기에는 분명히 이유가 있습니다.

아파트의 현재 시세는 집값을 결정하는 거의 모든 요소가 합쳐
진 결과입니다. 시세란 매수자와 매도자가 그 가격에 서로 동의할
때에만 의미가 있습니다. 이것이 바로 제가 세상에 저평가된 집은

없다고 말한 이유입니다. 모든 집은 제 가치대로 평가받고 있는 셈이죠. 그러니 '신축인데도 이 가격인 이유', '구축인데도 이 가격인 이유'를 생각해볼 필요가 있습니다. 지금부터 그 이유를 한번 생각해봅시다.

① 오래된 것은 새것이, 새것은 오래된 것이 된다

B의 가장 큰 장점은 신축이라는 것입니다. 그런데 세상 모든 것은 시간이 지나면 낡게 마련입니다. B도 언젠가 구축이 된다는 뜻입니다. 시간이 지나면 B아파트도 구축이 되고, 건물의 감가상각이 발생합니다. 그런데 오히려 20년 된 A아파트는 시간이 지날수록 재건축이나 리모델링 등 변화의 가능성이 생깁니다. 물론 그렇게 쉽게 진행되지는 않겠지만, 적어도 가능성은 있습니다. 이는 하나의 호재가 됩니다. 꼭 현실화되지 않아도 됩니다. 단순히 재건축이나 리모델링에 대한 기대감만 생겨도 집값은 오를 수 있으니까요. 부동산을 볼 때는 늘 오래된 것은 새것이, 새것은 오래된 것이 된다는 사실을 기억해야 합니다.

② 입지는 단기간에 변화하기 어렵다

부동산은 말 그대로 풀이하면 '옮길 수 없는 자산'입니다. 위치가 고정되어 있는 자산이므로 입지가 단시간에 변화하기는 어렵습니다. 두 아파트를 비교해봤을 때, '편리한 교통 환경'이라는 A아파

운명을 바꾸는 부동산 투자 수업

트가 가진 입지의 장점은 매우 강력합니다. 반면 B아파트의 교통이 개선되려면 상당히 오랜 시간이 걸릴지도 모릅니다. 입지의 차이가 지금의 아파트 가격을 형성한 큰 요인이라고 할 수 있습니다.

핵심은 변화하기 쉬운 가치와 그렇지 않은 가치를 파악해 종합적으로 판단하는 것입니다. '신축'이라는 B의 장점은 시간이 지나면 사라지지만 '교통이 편리하다'는 A의 장점은 몇 년 뒤에도 그대로입니다. 단순하게 생각해보면, '어느 쪽이 시간이 흘러도 유지되는 가치를 더 가지고 있는가'를 따져봐야 합니다.

교통, 입지를 결정하는 매우 중요한 요소

비슷한 연식이고, 비슷한 가격으로 출발했는데 시간이 지나 부동산 가격이 달라지는 경우가 있습니다. 결국 입지로 인해 생겨나는 차이인데, 입지에서 결코 빼놓을 수 없는 요소가 바로 교통입니다. 직주근접은 집을 매수할 때 매우 중요하게 고려하는 요소 중 하나죠. 이는 집값의 차이를 만들어냅니다. 예를 들어, 경기도에 위치한 1기 신도시(성남시 분당, 안양시 평촌, 고양시 일산, 부천시 중동, 군포시 산본)는 모두 비슷한 시기에 건설되었습니다. 이 중 30년간 집값의 상승 폭이 가장 큰 도시는 분당이었죠. 우리나라에서 가장 큰 업무지구인 강남과의 접근성이 좋다는 점이 가장 큰 차이였습니다. 강남이 발전할수록 가장 접근성이 좋았던 분당이 그 혜택을 본 것이죠. 최근 교통 이슈의 핵심은 수도권 광역급행철도 GTX(Great Train Express)입니다. GTX가 어떻게 진행되는지에 따라서 또다시 시장의 평가가 바뀔 수도 있습니다.

요컨대 집을 살 때는 신축, 구축 같은 어떤 한 가지 요소만 고려해서는 안 됩니다. 시간의 흐름에 따라 가치가 변하는 것이 무엇인지를 알고, 그 변화가 어떤 영향을 끼칠 것인지를 비교해보고 접근해야 합니다.

5년 차 신축 아파트 A와 20년 된 구축 아파트 B의 가격이 같은데,
어디를 사야 할까?

↓

몇 년 안에 A와 B 아파트의 가치가 변하는
구체적인 호재가 있는지 알아본다

↓

변하는 요소(연식) 외에 쉽게 변하지 않는 요소
(교통, 인프라, 학군, 우월감) 등을 따져본다

↓

위의 요소들을 점검하여 미래 가치가 높아질 곳을 사되
자신의 상황을 고려하여 종합적으로 결정한다

34

호재 하나만 보고
움직이지 마라

"어디 호재 있는 지역 없나요?"

이렇게 묻는 분들이 많습니다. 부동산에서 '호재'란 쉽게 말해 없던 것이 생겨남으로써 인프라를 획기적으로 개선해주고, 사람들로 하여금 그 지역에 살고 싶게 만들어주는 무언가를 말합니다. 대표적으로는 지하철, 도로 개통 등의 교통 호재가 있습니다. 주로 지하철로 출퇴근을 하는 수도권에서는 지하철 개발 계획에 민감하게 반응하는 편이고, 땅이 넓은 지방에서는 도로 개통이 호재가 되죠. 사람들이 좋아하는 복합 쇼핑몰이나 백화점, 문화 시설이 들어서는 것도 호재입니다. 그런가 하면 일자리를 창출하는 기업의 입주도 지역에서 크게 반기는 일입니다. '오래된 것'이 '새것'으로 탈바꿈하는 재개발이나 재건축은 두말할 것도 없죠.

이번 장에서는 지역에 어떤 호재가 있는지를 어떻게 알아봐야 하는지, 또 주의해야 할 점은 무엇인지 살펴보겠습니다.

호재가 판단의 첫 번째 기준은 아니다

먼저 분명히 할 점이 있습니다. 투자할 때 호재를 첫 번째 기준으로 삼을 수는 없다는 것입니다. 특히 내 집 마련을 할 때 호재는 중요한 참고 지표이지, 첫 번째 결정 기준이 될 수는 없습니다. 내가 가진 자산, 직장과의 거리, 주변 인프라 등을 고려하여 집을 마련해야 합니다.

사실 호재가 현실화되기까지는 굉장히 오랜 시간이 걸릴 수 있습니다. 오늘날 많은 사람이 관심을 갖는 GTX만 봐도 그렇습니다. GTX-A 노선은 애초에 2023년 말에 개통 예정이었으나 지연이 불가피한 상황이고, B나 C 노선은 아직 착공도 하지 않았죠. 교통 호재를 보고 집을 매수했는데 실제로 지하철을 이용하기까지는 십수년 이상이 걸릴 수도 있습니다. 심지어 호재라고 생각했던 계획이 취소되는 일도 빈번합니다. 호재 하나로 집값이 오를 것을 기대하며 내가 실거주하기 어려운 집을 매수하거나, 감당하지 못할 만큼 비싼 집을 사는 것은 바람직하지 않습니다. 모든 면을 따져보았을 때 적합할뿐더러 호재까지 있어서 미래 가치가 크게 오를 만한 곳을 매수하겠다는 전략적 접근이 필요합니다.

호재를 찾는 가장 간단한 방법

지금처럼 인터넷이 발달하기 이전에는 호재를 알아보는 창구가 '지인'일 때가 많았습니다. '누가 그러던데 여기 재개발된다더라' 하는 식의 정보가 떠도는 것이죠. 그런데 사람들의 입에서 입으로 이어지는 정보는 불확실합니다. 투자자라면 절대 검증되지 않은 호재를 믿고 덜컥 투자해선 안 됩니다. 정보의 시대를 사는 오늘날에도 마찬가지입니다. 인터넷 카페나 블로그의 정보를 너무 신뢰하지 않기를 바랍니다.

저는 초보자가 가장 쉽게 호재를 찾을 수 있는 방법으로 '네이버부동산(land.naver.com)'을 추천합니다. 지역별로 호재를 찾아보기 쉽고, 진행 상황까지 알아볼 수 있습니다. 이제 방법을 안내하겠습니다. 하나하나 따라가며 지금 살고 있는 지역이나 관심 있는 지역의 호재를 한번 찾아보세요.

① 세부 지역 설정 및 개발 정보 확인

네이버부동산 메인 화면에서 내가 원하는 지역을 검색해보세요. 세부 지도가 나오는데, 이 지도에서 자신이 원하는 구나 군 등에 마우스 커서를 올려놓으면 빨갛게 변하고, 그 안에서도 특정 동을 선택할 수 있습니다. 이렇게 알아보고 싶은 지역을 구체적으로 정했다면 다음은 화면 오른쪽에 세로로 길게 나타난 바의 가장 위 항목 '개발'을 클릭하세요.(그림 1)

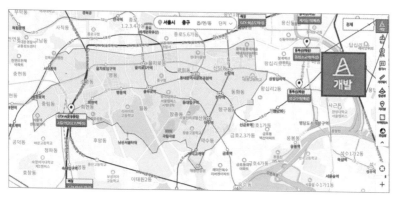

(그림 1)

그러면 화면에 여러 정보가 나타납니다. 지도에 나타난 정보를 통해 택지지구가 어느 지역에 계획되어 있는지, 지하철이 들어서는 곳은 어디인지 등 각종 호재를 확인할 수 있습니다. 화면 오른쪽 아래의 +와 −로 지도의 축적을 조절할 수 있는데, 특히 +로 배율을 확대하면 더 자세한 정보를 알 수 있습니다.

(그림 2)

배율을 확대하면 화면에 파랗게 표시되는 부분들이 있는데, 정비구역 내지는 계획구역입니다. 참고로 화면 상단 오른쪽 위의 '단지'를 클릭하면 실제 매물의 가격 정보를 확인할 수 있습니다.(그림 2)

② 진행 상황 확인

호재는 기본적으로 시간 레버리지를 활용하는 방법입니다. 지하철 개통이나 정비구역, 재개발 등은 계획 발표부터 완료까지 짧게는 2~3년에서 길게는 15년 이상 소요되죠. 그러니 실제로 호재가 어느 정도 진행되어 있고 언제 완료될 예정인지 확인하는 과정은 필수입니다. 방법은 간단합니다. 예를 들어 그림 3의 화면 왼쪽 상단을 보면 GTX-A(운정-동탄)가 '공사 중'으로 표시되어 있는데 언제 개통되는지 알고 싶다면 마우스로 클릭해보면 됩니다.

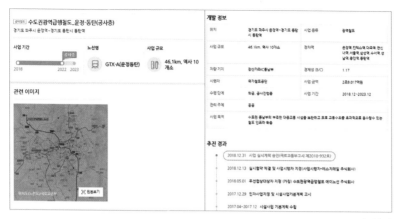

(그림 3)

화면 왼쪽에 사업 기간이 표시되는데, 2023년 완공 예정이라고 적혀 있습니다. 조금 더 아래로 내려보면 그림 3의 오른쪽과 같이 개발 정보가 자세히 표시됩니다. 사업 기간이 2023년 12월까지라고 적혀 있죠. 단순히 생각하면 2023년 12월 또는 2024년 상반기 중에 GTX-A 개통을 목표로 공사가 진행 중이라고 이해할 수 있습니다. 다만 지하철 개통은 애초의 계획보다 훨씬 지연될 때가 많으니 별도 검색을 통해 진행 사항을 체크해봐야 합니다.

물론 여기에 모든 호재가 등록되는 것은 아닙니다. 개발 계획 표시가 없어도 실제 추진되고 있는 교통 등의 개발 호재들이 많습니다. 그러나 초보자들이 어디서 어떻게 시작해야 할지도 모를 때 네이버부동산은 큰 도움이 됩니다.

③ 구체적인 정보 추가 조사

네이버부동산으로 알 수 없는 정보라면 추가 조사가 필요한데, 간단히 인터넷에 검색해보는 것만으로도 많은 정보를 알 수 있습니다. 예를 들어, 그림 2에 표시된 '남대문 정비구역'에 대한 정보를 알고 싶다면 인터넷에 '남대문 정비구역'이라고 검색을 하는 거죠. 그럼 신문기사를 비롯해 블로그나 인터넷 커뮤니티에 올라온 각종 정보를 찾을 수 있습니다. 100% 신뢰할 수는 없으나, 최대한 많은 기사나 글을 읽어보면 어느 정도 필요한 정보를 얻을 수 있습니다.

또한 네이버부동산에서는 백화점이나 쇼핑몰 호재는 찾을 수 없는데, 인터넷 검색으로 어느 정도 해결할 수 있습니다. 내가 알아보는 지역에 백화점이 들어설 계획이 있는지, 언제 들어서는지 등을 알고 싶다면 지역 이름과 함께 '백화점 착공'이라고 검색해보세요. 이것만으로도 기사나 블로그 글을 통해 정보를 찾을 수 있습니다. 착공 시기가 확인되면 개점 시기도 대략적으로 파악할 수 있죠.

④ 현장 방문은 필수

이제 클릭 몇 번으로 호재를 파악할 수 있게 되었습니다. 그런데 마지막으로 꼭 해야 할 일이 남았습니다. 반드시 현장에 직접 가보는 것입니다. 지도나 글로는 볼 수 없는, 현장에 가야만 알 수 있는 것들이 분명히 존재하기 때문이죠. 또한, 인근 주민들이나 공인중개사들을 통해 그곳에 살아본 사람만이 알 수 있는 정보를 직접 들을 수 있습니다. 투자할 곳에서 무엇을 보고 임장은 어떻게 해야 하는지에 대해서는 이 책의 9부에서 보다 자세히 설명하겠습니다.

35

학군불패의
신화를 믿지 마라

　부동산 투자를 처음 하는 분들이 자주 하는 실수가 있습니다. 어떤 한 가지 요소만 따져서 매수를 결정하는 것입니다. 예를 들어, '요즘엔 신축이 대세'라며 신축 아파트만을 고집하거나 '교통이 좋으면 모든 것이 해결된다'라며 초역세권 아파트만 살펴보는 식입니다. 그러나 어떤 한 가지 요소가 집값을 크게 끌어올려줄 것이라는 믿음은 위험합니다. 그 굳건한 믿음 중에는 학군불패, 즉 '학군 좋은 지역은 집값이 무조건 오른다'라는 선입견도 있습니다. 하지만 학군이 집값을 높여준다는 말은 선후 관계가 바뀐 것입니다. 학군은 수요를 어느 정도 끌어당기고 지탱해주는 요소 중 하나일 뿐이지, 절대적으로 집값을 올려주는 요소가 아님을 명심할 필요가 있습니다.

학군 때문에 비싸지는 게 아니라
비싸지면 학군이 좋아진다

'학군'이 뭘까요? '학군 좋은 지역'이라고 하면 사람들은 대부분 대규모 학원가가 형성되어 있는 몇몇 지역을 떠올립니다. 서울에서는 대치동, 목동, 중계동을 예로 들 수 있습니다. 이런 지역들은 좋은 상급학교(중학생이라면 특수목적고등학교나 명문 고등학교, 고등학생이라면 명문 대학교)로의 진학률이 높은 편입니다.

그런데 이를 두고 '학군이 형성되면 집값이 비싸진다'고 착각을 해서는 안 됩니다. 집값이 비싼 곳의 학군이 좋아지는 것입니다.

① 직장이 많은 지역 인근에 아파트가 대규모로 들어선다.

② 그 지역에서 일하는 고소득자들이 해당 아파트에 대거 입주한다.

③ 이들의 자녀들을 수요로 삼아 인근의 비교적 저렴한 지역에 학원이 생기기 시작한다.

④ 학원이 하나둘 늘어나면서 입소문을 타기 시작하면 주위의 학원들도 몰려든다.

⑤ 학원가가 형성된다.

운명을 바꾸는 부동산 투자 수업

현재 학원가로 유명한 곳들은 대체로 이러한 순서로 형성되었다는 사실을 알 수 있습니다.

학원가는 주변에 어느 정도 '임대료가 저렴한 지역'이 있어야 생겨납니다. 강남 테헤란로 근처에서 학원을 찾아보기 힘든 이유는 땅값이 너무 비싸서 학원이 임대료를 감당할 수 없기 때문입니다. 보통 고소득자들이 다수 모여 있는 대단지 아파트를 배후지로 삼아 학원가가 형성됩니다. 아이들 학원을 직장인처럼 무작정 멀리 보낼 수는 없기 때문입니다. 예를 들어, 강남에 고소득자들이 모여 살기 시작했고(배후지 형성), 그 일대에서 비교적 상가 임대료가 저렴한 동네(대치동)에 학원이 하나둘 생겨나 자리 잡는 식입니다. 개발 초기 여의도의 배후지 역할을 했던 목동에 학원가가 형성된 것도 마찬가지입니다.

경기도나 지방 광역시, 소도시도 같은 원리입니다. 어떤 택지지구에 신축 아파트가 대규모로 들어서면, 그 지역은 신흥 부촌이 됩니다. 그럼 그 근처에 학원이 들어서기 시작하고 새로운 학군지가 형성되죠. 수도권에서는 일산, 분당, 평촌을, 지방에서는 대구 범어동이나 울산 신정동, 광주 봉선동 등을 꼽을 수 있습니다.

한편 학원가가 새롭게 형성되는 과정을 알고 싶다면 마포 쪽을 주목해보면 됩니다. '마포래미안푸르지오'로 대표되는 대단지 아파트가 아현, 공덕동 일대에 들어서면서 광화문과 여의도 일대의 고소득자들이 마포에 거주하기 시작했습니다. 자연스레 학원에 대한 수요가 늘어났고, 인근에 그나마 임대료가 저렴한 대흥역 주변으로 학원들이 계속 늘어나는 추세입니다. 대치동 유명 학원들의 분점이 계속해서 이곳에 자리를 잡는 이유가 바로 이 때문입니다.

학군 좋은 지역을 찾는 간단한 방법

앞서 이야기했듯이 학군을 주택 매수를 결정하는 절대적인 요소로 삼는 것은 옳지 않습니다. 하지만 무시할 만한 요소도 아닙니다. 기존 수요가 떠나지 않고 계속 머물게 하는 역할을 하기 때문에, 해당 지역에 지속적인 공급 부족 현상을 만들 가능성이 있기 때문입니다. 무엇보다 학생을 둔 학부모라면 집값을 떠나 아이 교육을 위해서라도 학군을 따질 수밖에 없죠. 그럼 학군이 좋은 곳을 어떻게 찾아볼 수 있을까요? 여기서는 2가지 방법을 소개합니다.

① 호갱노노: 학원가 많은 지역을 찾자

자녀 교육에 관심이 많은 학부모들은 학원가 가까운 곳을 찾을 확률이 높습니다. 학원의 숫자가 많은 곳을 찾아보면 어느 정도 학군을 판단할 수 있죠. 학원가가 크게 형성된 곳에서는 학원끼리의 경쟁이 더욱 치열하니 좋은 학원이 많습니다.

'호갱노노(hogangnono.com)' 사이트 또는 모바일 앱을 이용하면

어느 지역에 학원이 몇 개나 있는지를 쉽게 알아볼 수 있죠. 여기서는 모바일 앱을 중심으로 설명하겠습니다. 앱을 열고 상단 검색창에 지역을 검색한 다음, 왼쪽 바에서 '분석' 탭을 엽니다. 그중 '학원가'를 선택하면 지도에 학원이 모여 있는 지역과 개수가 표시됩니다.

위 지도에서 보라색으로 표시된 부분이 바로 중계동 학원가입니다. 225개의 학원 개수와 '서울 2위'가 함께 표시되어 있습니다.

② 아파트실거래가: 학업성취도평가 점수를 비교해보자

'아파트실거래가(아실)'라는 모바일 앱을 통해 각 지역 학교의 학업성취도평가 점수를 확인할 수 있습니다. 먼저 메인 화면에서 '학군 비교'를 누르고, 검색하고 싶은 지역을 체크합니다.

학원가가 형성되어 있다고 알려진 일산 서구와 안양 동안구를 검색해봅니다. 일산 후곡 학원가 근처의 오마중학교, 평촌 학원가의 귀인중학교, 범계중학교 등이 눈에 띕니다. 이곳의 학업성취도평가 점수는 90%가 넘을 정도로 높습니다. 학업성취도평가가 학군의 우열을 나타내는 것은 아니지만, 수치가 높다면 기본적으로 해당 지역의 학구열 또한 높으리라고 유추해볼 수 있습니다.

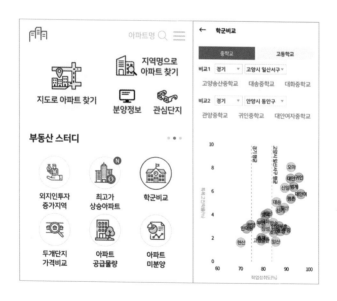

운명을 바꾸는 부동산 투자 수업

어디에 새로운 학원가가 만들어질 것인가

이번 장을 통해 우리는 좋은 학군이 형성되는 과정과 학군이 좋은 지역을 찾는 방법을 알아보았습니다. 또한 앞으로 새로운 부촌이 생겨나는 곳에는 학원가가 함께 발전하고, 학군 또한 좋아질 수 있다는 가능성도 알 수 있었습니다.

경기도 수원 광교신도시 또한 학군이 새롭게 만들어지고 있는 지역입니다. 신도시로 형성된 광교는 수원 내에서 가장 비싼 지역이 되었으며 이곳 주위에 지속적으로 학원이 밀집되고 있습니다. 그에 따라 광교 내 학교들의 학업성취도가 높아지는 추세죠. 시간이 갈수록 수원 내 최고 학군으로 발전할 가능성이 높으리라 유추해볼 수 있습니다. 그러면 이곳에 대한 수요가 계속해서 쌓이는 효과가 나타날 것입니다.

내가 살고 있는 지역과 그 주변의 학군은 어떤가요? 내가 투자할 지역의 학군은 좋아질 가능성이 있을까요? 그 이유는 무엇일까요? 마지막으로 학군을 어느 정도로 비중으로 두고 투자하면 좋을까요? 스스로 질문을 던지며 정답을 찾아가면 좋겠습니다.

36

수도권과
지방의 입지 분석,
달라야 하는 이유

"입지를 볼 때 교통이 중요하다는 말을 많이 하는데, 제가 투자하려는 지방 아파트 근처에는 지하철역이 없어요. 그럼 여긴 입지가 나쁜 곳인가요?"

부동산은 '입지'가 중요하고, 입지를 판단하는 요소 중 직장과의 거리(직주근접)는 매우 중요하다고 재차 강조했습니다. 하지만 수도권 입지를 판단하는 방식으로 지방 중소도시를 파악하면 잘못된 결정을 내리기 쉽습니다.

위의 질문에 답하면, 투자하려는 지방 아파트 근처에 지하철이 없다고 해서 입지가 나쁘다고 보기는 어렵습니다. 왜 그럴까요? 이번 장에서는 수도권과 지방에서 입지를 보는 기준이 어떻게 달라야 하는지 알아보겠습니다.

도시보다는 권역을 중심으로 보라

먼저 알아두어야 할 것이 있습니다. 입지를 파악할 때 지역보다는 '권역' 중심으로 살펴보아야 한다는 점입니다. 대부분 입지를 볼 때 특정 도시를 중심으로 파악하는 경향이 있습니다. 서울, 수원, 대구, 부산 등 지역으로 구분하는 식이죠. 저는 지역이 아닌 '권역'을 중심으로 살펴보기를 권합니다.

'권역(圈域)'의 사전적인 의미는 어떤 특정한 범위 안의 지역입니다. 부동산에서는 생활권과 직장 등을 공유하고 출퇴근이 현실적으로 가능한 지역을 한데 아울러 '권역'이라고 합니다. 예를 들어, 경기도와 인천은 서울과 함께 '수도권'이라는 하나의 권역으로 묶여 있습니다. 교통이 발달하면서 물리적 거리와 관계없이 시간적 거리가 매우 가까워졌기 때문입니다. 예를 들어 성남 판교에서 서울 강남역까지는 지하철로 20분이 채 걸리지 않습니다. 인천에서 서울로 출퇴근하는 사람도 매우 많고요. 서울 집값이 비싸서, 또는 각자의 사정으로 경기도나 인천에 집을 구했을 뿐, 직장은 서울인 경우가 많습니다. 이런 분들은 하루의 3분의 1 이상을 서울에서 보내는 셈입니다. 이처럼 서울과 경기도, 인천은 하나의 생활권이 된 시대입니다. 칼로 자르듯 도시를 구분하여 들여다보는 것보다 '권역'을 중심으로 파악하는 것이 입지를 제대로 분석하는 방법입니다.

그럼 지방의 권역은 어떻게 나눌까요? 그 지역의 대표 도시를 중심으로 차량 출퇴근이 가능한 도시를 묶어보면 됩니다. 예를 들어 천안-아산, 평택-안성, 구미-대구-경산, 나주-광주, 대전-세종-청주, 창원-김해-양산-부산, 울산-경주-포항 등으로 권역을 나눌 수 있습니다.

같은 권역 내에 '살기 좋은 집'을 찾아라

수도권이든 지방이든 가치 있는 집은 '살기 좋은 집', 특히 '우리 가족이 살기 좋은 집'입니다. 이런 곳은 수요가 꾸준할 수밖에 없습니다. 앞서 32장에서 말씀드렸던 요소들을 따져본다면 조금 더 가치가 높은 집을 매수할 수 있습니다.

집의 가치를 판단할 때는 여러 항목을 따져봐야 합니다. 이때 교통, 자녀 교육 환경, 안전성 항목은 매우 중요합니다. 대부분의 사람들이 교통(직장과의 접근성)과 인프라(삶의 편의성)가 뛰어나며 살기에 안전한 곳을 선호하니까요. 이러한 필수 요소를 충족하면서

운명을 바꾸는 부동산 투자 수업

구분	요건	세부 사항
필수 항목	① 교통이 좋아서 출퇴근이 수월한가?	지하철, 버스, 도로
	② 자녀를 키우기에 좋은 환경인가?	학군, 초품아, 학원가
	③ 범죄, 사고 걱정 없는 안전한 구조의 집인가?	(고층)아파트, 단지 규모
부가 항목	④ 쇼핑 등의 활동을 하기에 편리한가?	상권 형성, 마트, 대형 쇼핑몰
	⑤ 여가 시간을 효율적으로 누릴 수 있는가?	문화시설, 공원, 강, 호수, 단지 내 커뮤니티
	⑥ 다른 사람들이 부러워하는 곳인가?	우월감(그 동네 대장 아파트 혹은 선호 지역)
	⑦ 기타 호재가 있는가?	지하철역이나 백화점 신설 등

부가 항목까지 갖추고 있다면 금상첨화입니다. 즉, 필수 항목에 가점을 두고 전체 점수를 매겨 투자를 결정하면 됩니다.

지방과 수도권, 입지 기준을 세부적으로 다르게 적용하라

그런데 지방과 수도권의 입지를 분석할 때 세부적인 면에서는 조금 다르게 적용해야 할 필요가 있습니다. 대표적인 2가지를 살펴보겠습니다.

① 교통: 지방은 지하철보다 도로망이 더 중요하다

수도권에서는 대중교통 특히 지하철 유무를 매우 중요하게 여깁니다. 걸어서 몇 분 거리에 지하철이 있는지, 몇 호선이 지나가는지, 근처에 새로운 지하철역이 생길 가능성이 있는지 등을 중요하게 체크해야 하죠. 이는 출퇴근 시 꽉 막히는 도로 특성상 자동차보다는 지하철을 주로 이용하기 때문입니다. 총 6개 노선이 운행하는 부산도 지하철 이용률이 높다고 볼 수 있습니다.

그러나 수도권과 부산을 제외한 다른 권역에서는 상대적으로 지하철의 영향이 적은데, 노선 자체도 적거니와 지하철역이 바로 근처에 없어도 도시 규모가 작아 대부분 자동차로 쉽게 이동할 수 있기 때문입니다. 대구에서 구미로, 울산에서 경주로 출퇴근하는 일이 그리 어렵지 않다는 의미입니다. 이런 권역에서는 지하철 같은 대중교통보다 도로망이 잘 갖춰져 있는지를 더 중요하게 따져봐야 합니다.

② 공급 물량: 지방에서는 '대장 지역'이 바뀌기도 한다

지방의 입지를 분석할 때 반드시 따져봐야 하는 것이 바로 '공급 물량'입니다. 같은 권역 내에 몇 년 안에 신축 아파트가 공급될 가능성은 없는지 꼭 살펴봐야 합니다. 이미 과밀 개발이 이루어진 데다가 땅값이 비싼 수도권에 비하면 지방은 개발의 여지가 많은 편입니다. 넓게 펼쳐진 빈 땅에 새 아파트를 지으면 되니까요. 그러

운명을 바꾸는 부동산 투자 수업

면 입지 좋은 곳에 있던 기존 아파트의 전세가가 흔들리고 심지어 매매가까지 하락할 수 있으니 주의해야 합니다. 아파트실거래가(아실) 등의 모바일 애플리케이션을 통해 공급 물량을 간단히 알아볼 수 있습니다. 메인 화면에서 '아파트 공급 물량'을 누르고, 지역과 기간을 선택하면 바로 확인할 수 있죠.

지방 도시에 신도시 급의 대규모 아파트가 들어서면, 기존의 선호 지역을 제치고 그곳이 아예 '대장 지역'으로 자리 잡는 경우가 있습니다. 충북 청주의 '신영지웰시티'가 좋은 예입니다. 처음에 신영이라는 회사가 섬유공장 부지를 매입해 주상복합아파트를 짓는다고 발표했을 때 사람들의 반응은 시큰둥했습니다. 심지어 초기에는 미분양이 나기도 했습니다. 신영지웰시티는 청주의 고소득자가 많이 다니는 기업인 하이닉스와 가깝다는 점에서 분명한 장점이 있었지만, 그 외의 입지 요소에서는 뛰어날 것이 없었습니다. 그러나 점차 입주가 시작되고 고소득자들이 고급 주상복합아파트인 신영지웰시티로 하나둘 옮겨오면서, 이곳의 위상이 바뀌기 시작했습니다. 현대백화점과 멀티플렉스 상영관, 복합 쇼핑몰 등이 들어섰고, 인근에 학원가도 형성되면서 지금 이곳은 가히 '청주의 강남'이라고 할 정도로 그 지역에서는 가장 살기 좋은 곳이 되었습니다.

몇 년 안에 내가 매수하려는 집 주변에 대규모 신축 아파트 단지가 들어설 가능성이 있는가? 이 때문에 전세가나 매매가가 큰 영향을 받으며 흔들릴 가능성은 없는가? 지방, 특히 지방 소도시에 투자하고자 한다면 꼭 질문을 던져보기 바랍니다.

해당 권역의 '강남'으로 떠오를 곳을 선점하라

사람들이 지금도 선호하고 있고, 앞으로도 선호할 상품에 투자하는 것이 가장 안전하고 확실합니다. 그러나 그런 상품은 항상 비싸죠. 만약 최선이 무리라면 차선을 택해도 좋습니다. 부동산 시장에서 차선이란 지금은 아니더라도 미래에 사람들이 선호하게 될 지역에 투자하는 것입니다. 사람들이 선호하게 될 지역은 '지금보다

운명을 바꾸는 부동산 투자 수업

경기도 이천의 중리택지개발지구(위)와 강원도 원주의 남원주역세권개발투자선도지구(아래) 지도. 지
방 도시 중에서 역 주변에 대규모 택지지구와 상업지구가 조성되는 경우가 많은데, 해당 도시의 '대장
지역'으로 떠오를 수 있을지 눈여겨볼 만하다.

앞으로 살기 좋아질 지역'을 말합니다. 당장은 교통이 좀 불편하더라도 곧 도로망이 구축되어 출퇴근이 편해질 곳, 지금은 인프라가 부족해도 머지않아 상업 시설과 상가가 들어설 곳이죠.

지방이라면 발전 가능성이 있는 곳을 과감하게 선점하는 것도 좋은 투자가 될 수 있습니다. 아직 별다른 인프라가 갖춰지지 않았더라도 곧 그렇게 될 곳을 미리 파악하고 투자한다면, 상대적으로 적은 돈으로도 투자가 가능합니다. 지금도 지방 도시들은 역 주변에 대규모 택지를 조성하여 대단지 아파트와 상업지역을 함께 구축하고 있습니다. 이런 곳들 중 그 지역의 대장을 차지할 만한 곳을 골라보는 것이죠. 단, 주의해야 할 점이 있습니다. 지방의 어떤 지역이 급격히 떠오른다는 말은 다른 지역이 급격히 쇠퇴할 수 있다는 말이기도 합니다. 그렇기 때문에 지방 투자는 타이밍이 중요하고, 공급 물량에 예민하게 반응해야 합니다. 따라서 실거주가 아닌 단순 투자 목적이라면 너무 장기적인 안목으로 바라보기보다 언제든 매각할 준비를 해야 합니다.

내가 사는 집의 입지 분석해보기

부동산 투자에서는 입지를 파악하고 분석하는 능력이 중요합니다. 그 능력을 기르기 위해서는 8부에서 배운 기준으로 입지 분석 연습을 반복해야 하죠. 먼저 '내가 사는 집'의 입지부터 분석해보세요.

위치, 편리, 관심, 우월감으로 따져보자

앞서 주택 가치를 결정하는 요소를 직주근접, 편리함, 인프라와 여가 생활, 학군과 학원, 우월감, 가치 상승에 대한 기대감 등 6가지로 구분했습니다. 지금부터는 더욱 직관적으로 평가해볼 수 있도록 4가지 대분류로 단순화했습니다. 이때 기준은 위치, 편리, 관심, 우월감 등 4가지입니다. 다음 표를 참고해보세요.

대분류	소분류	상급	중급	하급
위치	인구	80만 명 초과	50~80만 명	50만 명 미만
	입지	해당 권역 내 도심지(업무 중심지)까지 거리로 상, 중, 하 (지역마다 편차가 크므로 상대 평가)		
편리	주거 형태	- 대단지 아파트 (1,000세대 이상) - 대단지 주상복합 (700세대 이상)	- 중단지 아파트 (301~1,000세대) - 중단지 주상복합 및 아파텔 (300~700세대)	- 300세대 미만 아파트 - 빌라, 오피스텔 및 기타
	교통 인프라	출퇴근의 편리성을 기준으로 하여 지하철과 버스 정류장, 고속도로 및 고속화도로, 도시철도 등 여러 가지를 종합하여 상, 중, 하로 평가(지역 마다 편차가 크므로 상대 평가)		
	주거 인프라	대형 공원, 백화점, 복합 쇼핑몰, 아파트 밀집지(3,000세대 이상)를 갖추고 있는지를 기준으로 상, 중, 하로 평가(이름만 들어도 알 만한 공원 혹은 타지에서 찾아올 정도로 큰 쇼핑몰 유무)		
	상업 인프라	업무지역과 초대형 상권, 대형 전시장, 공연 경기장 유무		
관심	교육 환경	관심 지역의 학원가와 초·중학교 학군이 좋은 편인지 조사하여 상, 중, 하로 평가(지역마다 편차가 크므로 상대 평가)		
	개발 가능성	-신축급 아파트 -용적률 낮은 (150% 이하) 구축 아파트 -재개발 지구 내 빌라	- 용적률 보통 (150~200%) 구축 아파트 - 역세권 낡은 빌라촌	- 재건축 가능성 낮은 연식 아파트 - 재개발 가능성 낮은 빌라 - 오피스텔, 도시형 생활주택
우월감	소득 수준	권역 내에서 소득 수준이 높은 지역인지에 따라 상, 중, 하로 평가		
	랜드 마크 유무*	도보 10분 거리	차로 10분 내외	큰맘 먹고 가야 함

* 랜드마크: 어떤 지역을 대표하는 장소나 건물, 주위 경관 중에서 전국적으로 자랑할 만한 시설, 환경을 말한다. 거주 수요를 끌어들일
    정도로 타 지역 사람들의 선망의 대상이 된다. 대형 호수 공원, 한강 공원, 대형 상업 인프라, 대형 학원가 등을 예로 들 수 있다.

운명을 바꾸는 부동산 투자 수업

이제 각각의 항목을 표의 기준에 따라 살펴보고 '상, 중, 하'로 평가해보면 됩니다. 예를 들어, 내가 사는 지역이 경기도 고양시 일산이라고 생각해봅시다. 고양시의 인구는 100만 명이 넘으므로 인구 항목에서는 '상'에 체크합니다. 다음으로 일산은 광화문 도심까지 접근하는 데 30분 이상 걸리므로 '중'에 체크합니다. 이런 식으로 하나하나 따져보는 것이죠. 이때 중요한 것은 현재만이 아니라 미래의 가치도 반영하여 따져봐야 한다는 점입니다. 지금은 쇼핑몰이나 백화점이 없어도 3년 내에 복합쇼핑몰과 백화점이 들어올 예정이라면 상업 인프라를 '상'으로 평가할 수 있죠. 각 항목마다 그렇게 평가한 이유를 기록해두면 나중에 변동 사항이나 오류를 확인하는 데 도움이 됩니다.

자, 이제 여러분이 사는 집을 실제로 평가해볼 차례입니다. 나아가 내가 매수하고 싶은 집, 이름만 들어도 알 수 있을 만큼 유명한 아파트부터 차례로 가치 평가를 해보세요. 입지를 분석하는 안목이 길러질 것입니다.

9부

큰돈이 오가는 부동산 거래 과정을 막연히 두려워하는 분들이 많습니다.

그러나 막상 알고 보면 거래 과정 자체는 간단합니다.

집을 매수하는 과정을 미리 살펴보고 주의해야 할 사항을 꼼꼼히 짚어본다면

과정이 두려워 집을 매수하지 못하는 일은 없을 것입니다.

지금부터 첫 집 매수의 기술을 소개합니다.

첫 집 마련을 위한
매수의 기술

37

나의 첫 집,
실수 없이 매수하는
완벽 프로세스

진문 투자자가 아닌 이상 평생 집을 사고파는 경험은 많아야 서너 번에 불과합니다. 그래서인지 매매 과정 자체를 막연히 두려워하는 분도 있습니다. 워낙 고가인 부동산을 사고파는 일이니 부담스럽게 느껴지겠지만, 막상 알고 보면 매매 과정 자체는 간단합니다. 지금부터 집을 매매하는 과정 전체를 살펴보고 주의해야 할 점을 짚어보겠습니다.

알고 보면 간단한 주택 매수 7단계

어떤 물건을 구매할 때 생각보다 많은 과정을 거칩니다. 가격에 맞춰 몇 가지 후보를 추려낸 뒤, 인터넷에서 여러 물건을 비교해 가장 적합한 상품을 찾아냅니다. 누군가에게 추천해줄 상품은 없는지 물어보거나, 구매 평가를 찾아보기도 하죠. 사려는 물건이 고가라면 직접 매장을 방문해 눈으로 확인해보기도 합니다.

집을 사는 과정도 이와 크게 다르지 않습니다. 나의 구매 능력을 고려해 지역과 상품(아파트, 빌라, 오피스텔 등)을 정하고, 중개사에게 연락해 각각의 매물을 직접 살펴본 뒤, 가장 좋은 집을 매수하면 되죠. 물론 가장 중요한 건 계약서를 쓰기 전 어떤 물건을 살지 결정하는 과정입니다. 프로세스는 대략 다음과 같습니다.

① 중개사 검색, 전화

주택 구매 첫 단계는 중개사에게 전화하는 것입니다. 이때 한 지역에서 최소한 5명 이상의 중개사에게 연락해보는 것이 좋습니다. 여러 중개사에게 각각 2~3개씩 매물을 추천받아 살펴보기를 권합니다. 가능한 한 여러 집을 직접 보고 비교하는 것이 유리하기 때문입니다. 참고로 중개사 연락처는 인터넷에서 쉽게 알아볼 수 있습니다. 네이버부동산에서 관심 있는 지역을 설정한 후, 화면 오른쪽 세로 메뉴 바에서 '중개사'를 클릭하면 그 지역 중개사무소가 표시

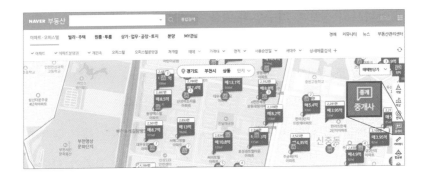

됩니다. 그 위에 마우스 커서를 올려놓으면 각 중개사무소의 이름이 뜨고, 원하는 곳을 클릭하면 연락처와 주소 등이 표시됩니다. 그중 몇 군데에 연락해보고 날짜와 시간을 정해 방문합니다.

②사전 준비

중개사와 시간 약속을 정할 차례입니다. 임장을 할 때는 하루를 온전히 비우고 오전 10시, 오후 1시와 4시 정도로 적절한 간격을 두고 서로 다른 중개사를 만나는 것이 좋습니다. 이때 하루에 한 지역만 가보기를 권합니다. 오전에 서울 금천구에 갔다가 오후에 인천에 가는 것이 아니라, 오늘은 금천구의 매물만 보고 다른 날 시간을 내서 인천을 가봐야 한다는 말입니다. 그래야 해당 지역의 장단점을 제대로 파악할 수 있습니다. 또한 임장을 가기 전에는 가능한 그 지역에 대해 많이 조사해보는 것이 좋습니다. 이 책 8부 34장을 참고하여 지역 호재를 찾아보고, '호갱노노' 같은 모바일 앱에서 해당 아파트의 정보와 거주민의 평을 찾아보면 도움이 됩니다.

③ 현장 조사(임장)

임장 단계입니다. 임장을 가서 무엇을 확인해야 하는지에 대해서는 뒤에서 자세히 설명할 예정입니다. 중요한 점은, 매수 결정을 내리기 전에 서로 다른 날에 최소한 세 번은 임장을 가봐야 한다는 것입니다.

④ 매수 물건 확정

한 번 가보고 바로 결정하는 것도 안 좋지만 반대로 결정을 못하고 계속 임장만 다니는 것도 문제입니다. 그러는 사이에 좋은 매물을 놓쳐서는 안 되니, 어느 정도 물건을 본 뒤에는 최종 결단을 내려야 합니다.

⑤ 중개수수료 협상 및 가계약금 송금

많은 분들이 부동산 중개수수료는 이미 정해진 것으로 오해합니다. 하지만 수수료의 법정상한요율이 정해져 있을 뿐, 협의가 가능합니다. 매수할 물건을 확정하고 집주인에게 가계약금♥을 입금하기 전에 수수료를 확정 지어야 합니다. 생각보다 많은 분들이 중개수수료에서 분쟁을 겪습니다. 이미 계약이 체결되고 매수 과정이 진행 중인 상황에서 중개수수료에 대해 이견이 생기면 매수자 입장에서도 곤란한 상황에 빠집니다. 따라서 가계약금을 보내기 전에 중개수수료♀를 명확히 물어보고, 그에 대한 내용을 문자나 통화 녹음으로 확보해두어야 추후 분쟁 발생을 막을 수 있습니다.

♀ **가계약금**
매수인이 정식 계약서를 작성하기 이전에 매도인이 물건을 다른 사람에게 팔지 못하도록 미리 계약금 일부를 보내는 것.

또 하나 기억해야 할 점은 가계약금 입금도 계약 성립으로 볼 수 있다는 점입니다. 많은 분들이 가계약금은 '예약금' 정도로 생각해서 언제든지 환불받을 수 있고 이후에도 충분히 협의 가능하다고 생각하지만, 그렇지 않은 경우가 훨씬 많습니다. 따라서 가계약금을 보내기 전에 기

♀ **중개수수료**
다음 QR 코드를 스캔하면 한국공인중개사협회가 정한 중개보수요율을 살펴볼 수 있다.

본적인 사항(매매 일자, 계약금 입금일, 수리 범위, 기본적인 특약 사항)을 중개사를 통해 매도자와 합의한 뒤 가계약금을 보내야 합니다. 가계약금을 보낸 후 사소한 사항은 일부 조정할 수 있지만, 계약 전체를 틀어버릴 내용을 요구하면 문제가 될 수 있습니다. 심지어 금액 자체가 큰 경우에는 소송으로 갈 수도 있으니 주의해야 합니다.

⑥ 계약서 작성 및 계약금 송금

집주인과 만나서 계약서를 작성하는 단계입니다. 가계약금을 보낼 때 합의된 사항을 정식 계약서로 남긴다고 생각하면 됩니다. 사전

에 협의된 내용이 계약서와 특약 사항에 명기되어 있는지 꼼꼼하게 확인하고, 추가로 요청할 사항이 있다면 매도자와 협의할 수 있습니다. 그런데 이 단계에서 본격적인 협상을 해보겠다고 생각하는 것은 옳지 않습니다. 아직 계약서를 쓰지 않았다고 해서 양측 모두 자기의 요구 사항을 자유롭게 추가할 수 있는 것은 아닙니다. 잘못하면 계약 자체가 파기되고 서로 소송을 하게 될 수도 있으니 주의해야 합니다.

계약서를 작성하게 되면 가계약금을 제외한 계약금(보통 전체 금액의 10%)을 매도자 계좌로 송금합니다. 계약금은 계약을 계획대로 진행하겠다는 매수인과 매도인의 약속입니다. 만약 매수인이 중도에 계약을 해지하면 지급한 계약금을 모두 포기해야 합니다. 반대로 매도인이 계약을 파기할 경우에는 배액의 계약금을 매수인에게 배상해야 합니다. 예를 들어 계약금이 5천만 원인 매매계약에서 집주인인 매도인이 계약을 파기하고 싶다면, 매도인은 5천만 원의 2배인 1억 원을 매수인에게 돌려줘야 합니다. 만약 매수인이 계약을 파기하고 싶으면, 매도인에게 준 5천만 원을 포기해야 계약을 파기할 수 있습니다.

⑦ 중도금, 잔금 납부

매수인과 매도인의 협의에 따라 계약금과 잔금 사이에 중도금을 치를 수 있습니다. 중도금을 치르는 것은 소유권 이전에 대한 확실한 약속과 같다고 생각하면 됩니다. 따라서 중도금을 계약서

운명을 바꾸는 부동산 투자 수업

에 명시하고 실제 입금까지 했다면 이후로는 계약 파기가 불가능하고, 무조건 소유권을 이전해야 합니다. 만약 혹시 모를 계약 파기가 걱정된다면 중도금을 계약서에 명시하는 편이 좋습니다.

잔금일에는 매매가격에서 계약금과 중도금을 뺀 나머지 금액을 입금합니다. 계약서를 작성하고 잔금을 치르는 일은 2~3달 안에 이루어지는 것이 보통이지만, 정확한 잔금일은 매수인과 매도인이 협의하여 결정합니다. 때로는 계약일부터 잔금일까지 6개월 이상의 시간이 벌어지기도 합니다.

집을 매수하기까지의 전체 과정을 알아보았는데, 무엇보다도 부동산 계약을 즉흥적으로 결정해서는 안 된다는 점을 명심하세요. 계약은 협상의 연속입니다. 내 마음이 급하다는 사실을 상대가 알게 된다면 손해를 볼 수 있으니 급하게 진행하지 말고 두 번 세 번 고민하고 진행해야 합니다.

38

빈틈없는
부동산 임장의 기술
(1)동네 임장

임장이 중요하다는 말을 많이 들어봤을 겁니다. 임장이란 쉽게 말해 투자할 동네와 집을 현장에 가서 확인해보는 일입니다. 직접 발품을 파는 동네 임장을 통해 무엇을 알아볼 수 있을까요?

임장, 인터넷으로 알 수 없는 것들을 확인할 기회

요즘은 많은 정보를 인터넷 검색과 지도 로드뷰를 통해 미리 확인할 수 있지만, 현장에 가야 알 수 있는 부분도 존재합니다. 임장

운명을 바꾸는 부동산 투자 수업

을 할 때는 다음 요소를 꼭 확인해보시기 바랍니다.

① 사람

인터넷 검색으로는 그곳의 '사람'을 만날 수 없습니다. 임장을 통해 동네를 잘 아는 사람을 만나 이야기하다 보면 '고급 정보'를 얻을 수 있죠. 그럼 누구에게 어떤 질문을 던져야 할까요? 먼저 지역 상인을 인터뷰하는 방법이 있습니다. 식당이라면 밥을 다 먹고 계산하면서 "저 이쪽으로 이사 올까 고민 중인데, 최근에 이 동네 거주자들이 어떤 분들로 바뀌고 있나요?" 등의 질문을 던지면 됩니다. 가게 매상을 올려주며 질문하면 아무래도 답변을 끌어내기가 수월합니다.

그 지역 공인중개사에게 물어보는 방법도 있습니다. 이때 두루뭉술하게 묻기보다는 최대한 구체적인 정보를 묻는 편이 좋습니다. "여기 살기 좋은가요?" 같은 질문보다는 "여기 현대백화점이 들어선다는 말이 있는데, 진짜인가요?"와 같은 매우 구체적인 질문이 좋습니다. 지역 정보를 꿰차고 있는 중개사는 비교적 정확한 답을 줄 가능성이 높습니다. 또한 인터넷에 올라오지 않은 최신 정보를 아는 중개사도 있죠.

동네 거주민이나 아파트 경비원, 건물 관리인을 인터뷰하는 방법도 있습니다. 이 동네로 이사 올 예정이라고 밝히고 공손하게 물어보면 됩니다. 인터뷰를 통해 어느 단지가 아이들 학교 다니기에 편한지, 어느 단지 앞의 외부 소음이 심한지 등 직접 살아본 사람들만 알 수 있는 정보를 얻을 수 있습니다.

② 경사

인터넷 지도 로드뷰만으로는 경사 여부를 알기 힘듭니다. 임장을 통해 관심 있는 매물 인근에 경사 진 길이 있는지, 있다면 경사가 어느 정도인지를 확인할 수 있습니다. 관심 매물에서 지하철역까지 가는 길, 마트를 비롯해 자주 다니게 될 시설까지 가는 길, 학교 가는 길을 걸어보면 생각보다 시간이 더 걸리는 경우도 있습니다. 이런 사항들은 현장에 가야만 알 수 있는 것들입니다.

③ 주변 환경

직접 그 지역에 갔을 때 알 수 있는 동네의 느낌이나 분위기가 있습니다. 매우 주관적인 영역이기에 임장을 통해서만 확인할 수 있죠. 또한 동네에 어떤 상가들이 있는지 자세히 확인해볼 수도 있습니다. 지도 로드뷰가 실시간 업데이트되지는 않기 때문에 임장을 통해서 살펴보면 좋습니다. 내가 해당 지역의 거주자라고 상상하면서 주변을 둘러보는 것입니다. 마트나 편의점, 학원 등 주거에 필요한 업종의 동선이 효율적으로 배치되어 있는지 확인합니다.

실패 없는 임장을 하는 3가지 노하우

바쁜 직장인이 임장을 위해 하루를 온전히 비우기란 쉽지 않습니다. 어렵게 낸 시간인 만큼 최대한 효율적으로 활용해야겠죠. 소중한 시간을 제대로 활용할 수 있는 몇 가지 노하우를 알려드리겠습니다.

① 사전에 자료 조사를 충분히 한다

아는 만큼 보이는 법입니다. 사전 조사가 부족하면 무엇을 봐야 할지도 알 수 없죠. 미리 손품을 들여 정보를 최대한 알아두면 시간과 체력을 모두 절약할 수 있습니다. 로드뷰로 동네를 익혀두고, 기본적인 정보는 블로그나 동네 인터넷 커뮤니티 등을 통해 머릿속에 입력하고 가야 합니다.

② 가족이 함께 임장을 간다

실거주할 집이라면 동네나 해당 매물에 대한 가족의 의견을 들어보는 것이 좋겠죠. 가족 단위로 임장을 가면 구성원의 다양한 의견을 들을 수 있습니다. 내가 빠뜨리는 부분을 누군가 체크해줄 수도 있지요. 또한 가족이 함께 임장을 가면, 중개사를 만날 때 더 많은 정보를 얻을 가능성이 높습니다. 가족 단위의 고객은 실수요자라는 생각에 중개사가 더 많은 정보와 매물을 보여주는 경우가 많습니다.

③ 대중교통을 이용한다

임장할 때는 대중교통을 이용해봐도 좋습니다. 해당 지역의 대중교통이 편리한지 미리 체험해볼 수 있는 기회이기 때문입니다. 지하철도 역사마다 깊이가 달라 실제로 지하철을 타는 데 생각보다 시간이 오래 걸리기도 합니다. 그럴 때는 오히려 버스 이용이 더 편리할 수도 있죠. 지하철의 매력이 떨어진다는 의미입니다. 이런 것들은 현장에 가봐야 알 수 있습니다. 또한 길의 경사나 동네 분위기, 주변 환경 등은 천천히 걸어 다니면서 보고 느껴야 확실합니다. 주차할 곳을 찾을 필요도 없으니 효율적으로 시간을 활용할 수 있습니다.

운명을 바꾸는 부동산 투자 수업

39

빈틈없는
부동산 임장의 기술
(2)매물 임장

　동네를 구석구석 돌아보며 필요한 정보를 얻었다면, 이제 내가 구입할 집을 직접 눈으로 확인할 차례입니다. 집은 인생에서 가장 비싼 쇼핑입니다. 당연히 직접 찾아가서 확인하고 여러 매물을 비교해봐야 하죠. 그런데 의외로 많은 사람이 매물을 보러 가서 어떤 점을 체크해야 하는지 알지 못합니다. 이번에는 매물을 직접 봐야만 알 수 있는 요소들에는 무엇이 있으며, 어떻게 확인해야 하는지 알려드리겠습니다.

매물 볼 때 반드시 확인해야 하는 6가지 요소

매물 임장을 하러 갈 때 초보 투자자들이 흔히 하는 실수가 내부 인테리어에 감정적으로 휘둘린다는 것입니다. 집을 살 때는 지금의 인테리어를 가지고 판단하면 절대 안 됩니다. 아무래도 낡은 집은 실제 가치보다 더 나빠 보이고, 인테리어를 잘 해놓은 집은 더 좋다고 느껴집니다. 하지만 집을 매수하면 내 취향대로 인테리어를 할 수 있으니, 현재 인테리어는 집의 가치를 판단할 때 고려하지 않는 편이 좋습니다.

그럼 대체 집을 보러 가서 무엇을 확인해야 할까요? 현장에서 꼭 살펴야 할 6가지 요소가 있습니다.

① 조망

'조망권'이라는 말이 있을 정도로 조망은 매우 중요하며, 인테리어처럼 쉽게 바꿀 수 있는 요소가 아닙니다. 같은 아파트 단지 안에서도 동과 층에 따라 창밖 풍경이 다르므로, 임장을 가서는 창밖으로 보이는 풍경을 꼭 확인합니다. 발코니와 각 방의 창문까지 꼼꼼히 확인하세요. 이때 집주인이나 기존 세입자에게 미리 양해를 구하고 사진을 찍어두는 것도 좋습니다. 시간이 지나면 기억은 흐려지게 마련이고, 여러 곳을 돌아다니다 보면 헷갈리기 때문이죠.

운명을 바꾸는 부동산 투자 수업

② 소음

매물 임장을 가서는 꼭 해당 주택 주위에 소음이 발생하는지 확인해야 합니다. 방문할 당시에는 조용하지만 소음을 유발할 요소가 숨어 있는 경우도 있습니다. 예를 들어, 바로 앞에 놀이터가 있다면 평일 오후나 주말에는 꽤 시끄러울 확률이 높습니다. 또한 큰 도로와 접해 있으면 밤에 차로 인한 소음이 더욱 크게 느껴질 것입니다. 그 밖에 주위 시설이나 건물들도 살펴보세요. 바로 건너편에 자동차 정비소나 태권도 도장 등이 있다면 평소 소음이 심할 수 있다는 사실을 염두에 둬야 합니다.

③ 냄새

소음만큼 쉽게 간과하는 요소가 바로 냄새입니다. 집 자체가 오래돼서 곰팡이 냄새가 나지 않는지, 하수구 냄새가 올라오지 않는지 확인해보세요. 간혹 쓰레기 분리수거장이 집 아래에 위치해 있어서 냄새가 나는 경우도 있습니다. 이런 요소를 제대로 확인하지 않으면 살아가는 데 큰 불편함이 따릅니다.

④ 빛

누구나 빛, 즉 채광이 좋은 집을 선호합니다. 그런데 이를 확인하지 않고 매수를 결정하는 분들도 많습니다. 기본적으로 남향은 하루 종일 햇빛이 들어옵니다. 동향은 햇빛이 오전에 잠시 들어왔다가 오후부터는 들어오지 않고, 서향은 반대로 오후에만 볕이 들죠. 북향은 하루 종일 햇빛이 들어오지 않으니 채광에 있어서는 가장 좋지 않습니다. 네이버부동산 등에서 미리 검색하거나 중개사에게 물어보면 집의 방향을 알 수 있습니다. 또한 주위에 햇빛을 가리는 건물이 없는지도 직접 확인해보세요. 조망이 유달리 뛰어나지 않는 한 일반적으로는 남향집이 동향이나 서향집에 비해서 조금 더 가격을 높게 받을 수 있습니다.

⑤ 물

집에 하자가 생기는 원인은 대부분 물 때문입니다. 크게 습기, 누수, 수압, 곰팡이 등이 문제가 되죠. 먼저 천장에 물이 샌 얼룩이 있는지 확인해봐야 합니다. 얼룩이 남아 있다면 윗집에서 물이 샜을 가능성이 있기 때문입니다. 다음으로 싱크대를 열고 내부를 확인해보세요. 세탁실과 보일러실은 습하거나 환기가 덜 되는 곳이기 때문에 곰팡이가 있는지 살펴봐야 합니다. 또한 방마다 다니면서 구석을 확인하고, 가구 뒤편을 직접 보거나 손을 넣어보는 것이 좋습니다. 습기가 느껴지거나 축축하다면 좀 더 꼼꼼히 살펴야 하죠. 만약 곰팡이가 보인다면 가구를 치웠을 때 더욱 심각할 가능성이 큽니다. 특히 구조적인 문제로 곰팡이가 생긴 것이라면 벽지를 새로 해도 다시 생겨날 수 있습니다.

운명을 바꾸는 부동산 투자 수업

⑥ 구조

집의 구조가 좋고 나쁨을 어떻게 평가할까요? 가장 간단한 방법은 지금 사는 집에 있는 가구들의 크기를 대략적으로 메모해놓고, 임장을 가서 공간에 내 가구를 배치해보는 상상을 하는 것입니다. 소파는 어떻게 놓고 식탁은 어디에 넣어야 하는지 머릿속으로 계속해서 질문해보는 거죠. 그러면 같은 평형이어도 어떤 아파트는 거실에 식탁과 소파까지 넣을 수 있고, 어떤 아파트는 둘 다 놓기가 애매하다는 사실을 알게 됩니다. 방의 가로세로 비율에 따라서도 공간 활용도가 달라집니다. 어떤 집의 작은방에는 침대만 겨우 놓을 수 있는데, 또 다른 집에서는 침대와 자녀 책상까지 충분히 넣을 수 있습니다. 한마디로 '구조가 좋다'는 표현은 가구를 넣을 공간이 잘 나오는 비율로 공간이 구성되었다는 의미입니다. 요즘은 가전제품도 점점 커지는 추세입니다. 빨래건조기도 많이 쓰죠. 이런 가전들이 들어갈 공간을 상상해보면 집을 고를 때 도움이 많이 됩니다.

임장 실수를 막아주는 5가지 마음가짐

치열한 비교와 고민 끝에 집을 매수하는 만큼 그 마음가짐도 중요합니다. 정리하면 다음과 같습니다.

① 적어도 세 번은 방문하라

집을 딱 한 번 방문하고 바로 매수를 결정하는 사람들이 있습니다. 특히 '마음에 드는데 지금 안 샀다가 다른 사람한테 팔리면 어쩌나' 하는 걱정에 덜컥 매수하는 경우가 많습니다. 옆에서 부채질이라도 하면 더 쉽게 흔들리곤 하죠. 여기서 중요한 건 불안한 마음에 급하게 결정할수록 실수할 확률이 높다는 점입니다.

저는 해당 지역에 최소한 세 번은 방문해볼 것을 권합니다. 하루에 세 번 방문하라는 것이 아니라, 서로 다른 날에 여러 번 방문해보는 게 중요합니다. 첫 방문 때는 현장의 분위기나 조급함 때문에 놓친 것들이 있을지도 모릅니다. 조금 시간이 지나면 객관화가 되기 때문에, 다음 번 방문할 때는 다른 단점이나 장점이 보일 수도 있지요.

② 오전 10시~오후 2시에 방문하는 것이 유리하다

집을 보는 데 오전 10시부터 오후 2시 사이가 유리한 이유는, 이 시간대에 세입자와 중개사 모두 상대적으로 한가할 가능성이 크기 때문이죠. 한가할 때 가야 집을 여유 있게 살필 수 있고, 집에 대한 정보를 한마디라도 더 들을 수 있습니다. 보통 이 시간은 아이를 어린이집이나 학교에 보낸 뒤 식사까지 마치고 약간의 여유가 생겼을 때입니다. 또한, 해당 물건을 중개하는 중개사 역시 이 시간대에는 비교적 방문객이 적어 매물을 더 꼼꼼히 보여주고 설명도 자세히

운명을 바꾸는 부동산 투자 수업

해줄 수 있습니다.

③ 최소한 5명 이상의 공인중개사를 만나라

중개사 한 분이 추천하는 물건 몇 개를 보고 매수를 결정하는 분들이 있습니다. 그런데 저는 최소한 중개사를 5명 이상 만날 것을 추천합니다. 한 명의 중개사가 그 인근의 모든 물건을 맡지는 않습니다. 여러 명의 중개사를 만나보면 비슷한 조건의 더 많은 매물을 볼 수 있습니다. 또한 더욱 다양한 이야기를 들을 수도 있습니다. A중개사가 아는 정보를 B중개사는 모를 때도 있으니까요.

④ 시간을 들여 내부를 충분히 살핀다

집을 보러 갈 때, 최대한 빨리 보고 도망치듯 나오게 되지 않던가요? 남의 집에 폐를 끼친다는 미안함에서 나오는 자연스러운 행동이지만, 군이 그럴 필요는 없습니다. 생각해보면 이미 '집을 보여주는 것'에 상대도 동의한 상태이니 십여 분 정도 둘러본다고 해서 그리 미안한 일이 아닙니다. 자동차를 사러 가서도 오랜 시간 시승을 해보는데, 몇십 배 비싼 집을 순식간에 보고 나온다는 것은 옳지 않습니다. 사전에 무엇을 볼지 명확하게 계획을 세우고, 임장을 가서는 해당 부분을 꼭 확인하고 나와야 합니다.

⑤ 사진과 메모를 남겨라

인간의 기억에는 한계가 있어 자신의 기억력을 너무 믿어서는 안 됩니다. 특히 여러 집을 보다 보면 서로 정보가 뒤섞여 기억이 뒤죽박죽이 되기도 합니다. 그러니 가능한 한 보고 느낀 점들을 메모지에 자세히 기록한 뒤, 집에 돌아와 정리합니다. 특히 앞서 말한 임장 시 확인해야 하는 6가지 요소에 대해 항목별로 느낀 점과 내용을 메모하세요. 창문 바깥으로 무엇이 보이고, 채광이 어떤지 모두 적어야 합니다. 구조에 대한 부분도 꼼꼼하게 기록합니다. 가능하면 사진을 찍어두는 것이 기억을 떠올리는 데 도움이 됩니다.

그저 눈으로 훑어보기 위해서가 아니라 실질적인 정보를 얻기 위해 임장을 가는 것입니다. 집에 돌아오면 내가 얻은 정보를 하나의 보고서 형식으로 정리해둡니다. 단순히 동네 구경을 하고 오면 안 됩니다. 우리는 지금 전 재산이 들어갈 물건을 사는 중입니다. 사소한 것 하나도 절대 소홀히 해서는 안 됩니다.

40

공인중개사를
찾아가기 전,
이것만은 알아두자

"부동산 투자, 너무 어려워요. 특히 공인중개사와 대화하기가 힘듭니다. 좋은 중개사는 어디서 어떻게 찾아야 할까요?"

이렇게 질문하는 분들에게 저는 '좋은 중개사'를 찾아 헤매지 말라고 합니다. 이는 사람의 좋고 나쁨을 이야기하는 게 아닙니다. 보통 내가 원하는 최적의 물건을 최대한 싼 가격에 찾아주고, 계약 이후 생길 수 있는 법적인 리스크까지 책임져주는 사람을 '좋은 중개사'라고 생각하는데, 그런 이상적인 중개사는 없다는 뜻입니다. 그러면 어떻게 해야 할까요? 우리는 거래 상대로서 좋은 중개사를 찾아야 합니다. 이번에는 그런 중개사를 찾아내는 방법과 그들을 만

나서 협상하는 방법을 알아볼 차례입니다.

중개사를 만나기 전에 알아야 할 것들

우리가 잊지 말아야 할 것이 있습니다. 공인중개사는 개인 사업자이고 사업을 통해 수익을 남겨야 한다는 사실입니다. 중개사가 자신의 수익을 최대한 높이는 방식으로 영업을 하는 것은 어찌 보면 당연합니다. 그러나 우리도 우리에게 최대한 유리하게 거래를 이끌어가야겠죠. 아래 협상의 기술을 적극적으로 참고하시길 바랍니다.

① 여러 중개사를 만나라

이는 여러 번 강조해도 지나치지 않습니다. 같은 지역의 중개사라 해도 모두 같은 매물을 가지고 있지는 않습니다. 또한, 중개사들 각자의 성격과 성향이 모두 다릅니다. 최소 5명 이상의 중개사에게 물건을 확보해야 그 지역의 객관적인 상황을 알 수가 있습니다. 그리고 여러 중개사와 대화하는 과정에서 좀 더 다양한 정보를 들을 수도 있습니다.

운명을 바꾸는 부동산 투자 수업

② 내가 원하는 물건을 최대한 명확하게 밝혀라

아파트를 매수할 때는 보통 내가 원하는 단지와 지역을 명확하게 정한 후 중개사에 전화할 때가 많지만, 빌라나 오피스텔을 구하거나 어떤 아파트든 상관없을 때는 물건을 추천받기도 합니다. 이런 방식으로 중개사로부터 내가 원하는 물건을 소개받으려면, 무엇보다 나의 조건을 명확하게 전달하는 것이 중요합니다. 최소한 다음의 조건은 중개사에게 명확히 이야기해야 합니다.

- **원하는 주택 가격과 나의 투자금**: "3억에서 4억이요"와 같이 범위를 너무 넓게 잡지 말고, "3억 4천만 원이요"와 같이 구체적으로 이야기해야 합니다. 내가 가진 투자금이 얼마이고, 얼마까지 대출을 받을 수 있는지 미리 말해놓아도 좋습니다.
- **실거주/투자 여부**: 당장 실거주할 집을 구하는지 아니면 집을 매수하여 전세를 줄 것인지 확실히 말하는 편이 좋습니다.
- **원하는 지역과 주택 종류**: "서울 어디든 좋아요. 아파트든 빌라든 상관없고요"와 같이 뭉뚱그려 말하는 방식은 좋지 않습니다. 이런 말은 "나도 모르는 내 마음을 알아서 맞혀주세요"와 크게 다를 바가 없죠. 그러니 내가 원하는 지역과 주택 종류를 명확히 이야기해야 합니다.
- **면적과 연식, 용적률**: 구하는 집의 평수와 연식을 구체적으로 전달하면 원하는 매물을 찾을 가능성이 커집니다. "30년 이상 된 구축 20평대 아파트 중 용적률이 낮아서 개발 가치가 높은 상품을 찾고 있습니다"와 같이 구체적인 목적과

요구 사항을 밝힙니다.

- **방 개수와 층수 및 방향:** 구체적인 방 개수, 층수, 방향(남향, 서향 등) 등에 따라 볼 수 있는 매물의 수가 달라집니다.

③ 방문 전날 미리 통화하라

중개사와 미리 문자로 약속을 잡았다고 해도, 중개사무소에 방문하기 전날에 전화 통화를 해보는 것이 좋습니다. 약속한 날짜에 매물 몇 개를 보는지, 추천받은 물건이 아직 남아 있는지, 그사이에 또 다른 좋은 매물이 나왔는지 등을 확인해봅니다. 생각보다 매물이 금세 거래되는 경우도 많고, 주인의 변심 등으로 보려던 물건이 취소되는 경우도 있습니다. 헛걸음하고 싶지 않다면 방문 전날 확인해보는 편이 좋습니다.

중개사와의 심리전에서 밀리지 마라

앞서 강조했듯이 중개사는 어디까지나 개인 사업자이고, 거래를 성사시키는 일에 주력할 수밖에 없습니다. 매수자인 우리는 중개사에게 휘둘리지 않으면서 원하는 매물을 보는 것이 목적입니다. 따라서 무작정 중개사를 믿어서는 곤란합니다. 매물을 보는 과정에서 중개사가 다음과 같은 말을 할 때 대처법도 미리 생각하고 방문합니다.

① "그런 물건 많으니까 일단 와서 말씀하시죠."

중개사가 방문해서 이야기를 하자고 하더라도, 정확하게 내가 원하는 조건의 물건을 가지고 있는지 확인해야 합니다. 주택 종류, 연식, 평수 등에서 내가 원하는 조건과 맞아떨어지는 매물을 볼 수 있는지 물어보아야 하죠. 그렇지 않으면 무턱대고 찾아갔다가 막상 내가 원하는 조건의 매물이 없어서 헛걸음할 수 있습니다.

② "일단 출발하시죠. 가면서 설명해드릴게요."

매수자가 찾는 적당한 물건이 없을 때, 종종 중개사로부터 이런 말을 듣게 됩니다. 중개사무소에 가면 곧바로 매물을 보러 가지 말고, 자리에 앉아서 중개사에게 궁금한 점을 미리 질문하세요. 오늘 어디에 있는 어떤 매물을 보러 가는지, 조건과 가격은 어떻게 되는지 그리고 그것이 내가 원하는 물건이 맞는지 확인부터 합니다. 만약 내가 원하는 집과 동떨어진 조건의 매물밖에 없다면 다른 중개사무소를 찾아갑니다.

③ "이거 어쩌죠? 한 시간 전에 팔렸다는데…."

통화할 때까지만 해도 딱 맞는 매물이 있다고 해서 막상 방문했더니 이렇게 말할 때가 종종 있습니다. 실제 그사이에 거래가 되는 경우도 있지만, 그런 물건이 없는데도 일단 방문하게 만드는 경우도 간혹 있습니다. 이런 일을 피하기 위해서는 같은 날 한곳이 아닌 여러 곳의 중개사무소와 미리 약속을 잡아놔야 합니다. 그래야 임장을 위해 힘들게 낸 시간을 낭비하지 않을 수 있습니다.

부동산 거래를 할 때 투자의 책임은 모두 자기 자신에게 있습니다. 그러니 우리는 매물에 대한 허위 정보를 주지 않고, 매물에 대한 객관적이고 정확한 정보를 제공하며, 소통이 원활하고 적극적인 중개사를 찾으려고 노력해야 합니다. 중개사무소에 가기 전에 미리 문자나 전화로 최대한 많은 정보를 얻고 검증하는 과정이 중요한 이유도 여기에 있습니다. 결국 부동산 매매는 사람이 하는 일이고, 남이 아닌 나 스스로 실력과 판단력을 가져야만 실수하지 않을 수 있습니다.

41 '부동산 사기'를 피하는 간단하고 확실한 방법

대부분의 사람들은 부자가 되려면 많이 벌어야 한다고만 생각하는데, 버는 것 못지않게 중요한 것이 있습니다. 바로 지킬 줄 알아야 한다는 것입니다. 특히 부동산 사기를 당해서 손해를 보는 일은 절대 없어야겠죠. 이번에는 부동산 투자에서 자주 보이는 사기 유형과 대처법을 짚어보겠습니다.

욕심과 무지가 피해자를 만든다

보통 사기는, 돈은 있는데 아는 것이 없어 속이기 쉬운 사람을 대상으로 삼습니다. 돈 벌고 싶은 욕망은 큰데 공부하기는 귀찮아서 타인에게 의지하는 사람은 위험에 빠지기 쉽죠. 욕심 때문에 객관성을 잃고, 지식이 부족해 사기를 간파해내지 못하기 때문입니다. 그래서 투자를 하려면 치열하게 공부해야 합니다. 더불어 미리 부동산 사기 유형을 파악해두면 큰 도움이 됩니다. 아래는 다양한 부동산 사기 유형입니다.

① 낮은 가치의 물건을 비싸게 팔기

부동산은 보는 관점에 따라 단점을 장점으로 포장하여 말하는 것이 가능합니다. '외지에 교통이 좋지 않은 동네'를 '조용하고 외부인의 접근이 없는 동네'라고 표현할 수도 있고, 산 중턱에 위치해 벌레가 많고 겨울에 다니기 불편한 동네도 '숲세권'이라며 살기 좋다고 말할 수도 있습니다. 사실 이런 유형은 사기라고 볼 수는 없습니다. 가치가 낮은 것을 가치가 높은 것처럼 포장하는 일은 영업 수완으로 볼 수도 있죠. 하지만 내가 그런 것을 분별할 능력이 없다면 남들이 싫어하는 물건을 좋은 물건이라 착각하고 매수할 수도 있습니다.

② 신축 물건 가격 부풀리기

기초편부터 일관되게 강조한 사항이 있습니다. 빌라, 오피스텔, 상가의 신축 분양은 신중히 접근하라는 것입니다. 투자 경험이 적은 사람의 경우, 분양업자와 중개인이 손잡고 가격을 부풀려도 그 물건이 실제 가치보다 비싸다는 사실을 알기 어렵기 때문입니다. "빌라나 오피스텔을 사면 절대 안 된다"는 말이 시중에 떠도는 것도 신축 분양가로 비싼 값에 주고 매수한 뒤 물건 가격이 내려가 피해를 본 분들이 많기에 나온 이야기입니다. 본래 가치보다 비싸게 산 물건은 시간이 지나면서 제 가치로 내려오게 마련입니다.

③ 전세에도 사기가 있다

전세는 계약이 끝날 때 보증금을 전부 돌려받는다고 생각하기 때문에 대부분 사람들이 큰 고민 없이 계약하는 경향이 있습니다. 그래서 경험 없는 사람들을 노린 전세 사기도 종종 일어납니다. 먼저 신축 빌라의 전세가를 일부러 높여 받는 유형의 사기가 있습니다. 한 신축 빌라 전세가 1억 7천만 원 정도인데 2억 원으로 전세를 맞췄다고 가정해봅시다. 매매가 대비 전세를 높게 잡으면 분양업자 입장에서는 투자금 자체가 적어지기 때문에 이득입니다. 그런데 전세입자 입장에서는 어떨까요? 2년 뒤 계약 만기가 되었을 때, 시세보다 비싸게 전세 계약을 한 상태라면 새로운 전세입자를 구하기가 어려울 수도 있습니다. 집주인에게 전세 보증금을 돌려달라고 해도 새로운 세입자를 구해야 돌려줄 수 있다는 말만 들을 수도 있습니다.

심지어 어떤 경우에는 해당 빌라가 경매로 넘어가기도 합니다. 그러면 그 집을 다른 누군가가 낙찰을 받아야 하는데, 전세입자의 보증금이 너무 높게 설정되어 있으면 하염없이 유찰될 때가 있습니다. 이때 전세입자가 눈물을 머금고 해당 물건을 낙찰받기도 합니다. 그저 전세를 살고자 했는데 어느 순간 빌라 낙찰자가 된 것입니다. 물론 이런 상황을 방지하는 '전세보증보험' 제도가 운영되고는 있지만, 모두가 가입할 수 있는 것은 아닙니다.

결국 내가 잘 알지 못하면 누군가에게 이용당할 수 있다는 사실을 기억해야 합니다.

④ 문서 위조

간혹 '몇백 채 집주인 잠적' 혹은 '수십 채 전세 사기를 친 중개사 잠적'과 같은 기사가 나오곤 합니다. 아파트보다는 빌라나 소형 오피스텔에서 많이 일어나는데, 아무래도 부동산 관련 경험과 지식이 적은 사회 초년생이나 대학생들이 이런 유형의 사기를 많이 당하기 때문입니다.

모든 중개사가 그럴 리는 없지만, 소수의 중개사가 작정하고 문서를 위조하거나 집주인을 속여서 돈을 가로채기도 합니다. 소형 오피스텔이나 빌라 같은 경우는 집주인들이 해당 물건의 인근 중개

운명을 바꾸는 부동산 투자 수업

사에게 계약을 전부 위임할 때가 많은데, 이런 물건에서 종종 사고가 발생합니다. 흔한 사기 수법 중 하나로는 중개 대리인이 전세로 계약을 진행한 뒤에 집주인에게는 월세로 계약했다고 거짓말을 하는 방식이 있습니다. 예를 들어 실제로는 세입자와 9천만 원에 전세 계약을 하고, 집주인에게는 보증금 500만 원/월세 50만 원의 월세 계약을 했다고 속이는 식이죠. 몇 달간 월세가 잘 입금되면 집주인 입장에서는 사기를 당했다는 사실을 알아차리기 힘듭니다. 사실 그 월세는 자신도 모르는 사이 계약됐던 전세금에서 나온 돈이죠. 실제 창원에서는 한 중개사가 이런 식으로 150여 채 오피스텔 전세금을 가지고 잠적한 일이 있었습니다. 이런 일을 겪는다면 어떻게 될까요? 잘 살던 집이 어느 순간 경매로 넘어가고 전세입자는 내 보증금을 찾기 위한 소송도 해야 할 겁니다. 임대인도 본인의 피해 사실과 무죄를 증명하기 위해 기나긴 소송을 해야 하지요.

사기를 피하는 간단하지만 확실한 방법

'돌다리도 두들겨보고 건너라'는 오래된 속담은 부동산 투자에서도 통합니다. 투자 공부를 철저히 하고, 다음의 원칙을 지켜 사기를 피하고 돈을 잃지 않기를 바랍니다.

① 소유자의 신분을 정확히 확인하라

부동산 거래를 할 때 계약 당사자는 임차인과 임대인, 매수자와 매도자입니다. 따라서 매수인과 매도인이 직접 만나 신분증을 확인하고 계약서에 서명을 하는 편이 가장 좋겠죠.

그러나 부득이한 사정으로 당사자가 계약서를 작성하지 못할 경우 위임장을 근거로 중개사나 제3자가 대리 서명하기도 합니다. 이때는 반드시 신분증 사본과 함께 인감증명서가 첨부된 위임장을 확인하고 거래해야 합니다. 인감증명서란 주민센터에서 관리하는 일종의 '인증도장'인데, 이 도장이 찍혀 있다면 당사자가 계약한 것과 마찬가지의 법적 효력이 있습니다. 예를 들어, 인감증명서에 찍힌 도장과 똑같이 생긴 도장이 찍힌 위임장이 있고, 해당 위임장에 '○월 ○일부터 2년간 전세 ○천만 원으로 계약하는 데 동의하고, 해당 계약 날인을 ○○중개사 홍길동에게 위임한다'라는 내용이 쓰여 있다면 그것을 믿을 수 있다는 의미입니다.

이때 인감증명서의 주민등록번호와 등기부등본의 소유자 주민번호가 같은지 꼭 확인해야 합니다. 또한, 정부24(gov.kr) 사이트에서 '인감증명발급 사실 확인(정부24-서비스→사실/진위 확인-인감증명발급 사실 확인)' 탭을 클릭하여 인감증명서의 정보를 입력해보면 위조문서 여부를 확인할 수 있습니다.

② 법적 분쟁이 있는 물건을 피하라

부동산을 매수할 때는 등기부등본과 건축물대장을 무조건 확인해야 합니다. 등기부등본은 해당 건물의 '이력서'라 할 수 있습니다. 국가기관인 등기소에서 발급하고 관리하므로 위조나 변조의 가능성이 거의 없죠. 등기부등본은 중개사에게 요청하여 받거나 대법원 인터넷등기소에서 직접 찾아볼 수 있습니다. 등기부등본을 보는 방법에 대해서는 초보 투자자로서 꼭 알아야 할 부분만 설명하겠습니다.

우선 해당 건축물의 소유권에 대한 정보가 담긴 '갑구' 부분(412쪽 참고)에서 '등기 목적'을 살펴봐야 합니다. 다른 용어들은 신경 쓰지 않아도 되지만 압류, 가압류, 경매개시결정, 가처분, 가등기 등의 용어가 있다면 초보자는 해당 물건을 거래하지 않는 것이 좋습니다.

소유권 이외의 정보가 담긴 '을구'에서도 등기 목적에 조심해야 할 용어들이 있습니다. 근저당권 설정, 전세권 설정, 주택임차권 등이죠. 413쪽 예시를 보면 '전세권 설정'에 빨간 줄이 그어져 있습니다. 이런 경우는 말소(삭제)됐다는 의미이므로 신경 쓰지 않아도 됩니다. 근저당권 설정은 이 집에 '대출'이 있다는 의미입니다. 집을 담보로 대출을 받는 것은 흔한 일이고 법적 다툼이 있는 것도 아니지만, 대출이 있는 집에 전세입자로 들어갔다가 내 보증금을 지키지 못할 수도 있으니 주의해야 합니다. 그러나 부득이하게 대출이 있는 집에 전세를 얻어야 하는 상황이라면 집주인과 계약할 때 '근

순위번호	등 기 목 적	접 수	등 기 원 인	권리자 및 기타사항
				○○동 ○○호
5	소유권이전	2015년7월31일 제154365호	2015년7월13일 매매	소유자 이○○ 750920-******* 대구광역시 북구 칠곡중앙대로58길 32, ~~107동 501호(태전동, 한일아파트)~~ 거래가액 금155,000,000원
5-1	5번등기명의인표시 변경	2015년12월25일 제310254호	2015년5월5일 전거	이○○ 의 주소 대구광역시 북구 구암로32길 14,102동202호(구암동, 서한아파트)
6	가압류	2020년2월4일 제19790호	2020년2월4일 대구지방법원의 가압류 결정(2020카단2 65)	청구금액 금12,206,750 원 채권자 하나캐피탈 주식회사 110111-0519970 서울 강남구 테헤란로 127, 20층(역삼동, 하나금융그룹강남사옥)
7	가압류	2020년3월24일 제50929호	2020년3월24일 대구지방법원의 가압류 결정(2020카단3 1446)	청구금액 금14,266,954 원 채권자 엔에이치농협캐피탈 주식회사 110111-3634425 서울 영등포구 국제금융로3길 27-8 (여의도동, 엔에이치농협캐피탈빌딩)
8	임의경매개시결정	2020년3월30일 제53954호	2020년3월30일 대구지방법원의 임의경매개시결 정(2020타경3376 5)	채권자 의성농업협동조합 171536-0000091 경북 의성군 의성읍 문정길 15 (후죽리 456-22, 의성농협)

저당 항목을 말소하는 조건으로 계약한다'라는 사실을 특약에 명시하고, 잔금 이후 근저당이 소멸되었는지 확인하는 것이 좋은 방법입니다. 보통 집주인이 전세금을 받아서 대출을 갚는 경우가 많은데, 가급적이면 전세 잔금 당일에 소유자와 은행에 함께 방문하여 대출 상환을 직접 확인하는 것이 좋습니다.

③ 위반 건축물이라는 폭탄을 피하라

다음으로는 건축물대장을 꼭 확인해봐야 합니다. 등기부등본과 마찬가지로 중개사에게 받을 수도 있고, 정부24 사이트에서 출력

운명을 바꾸는 부동산 투자 수업

【 을 구 】	(소유권 이외의 권리에 관한 사항)			
순위번호	등기목적	접 수	등기원인	권리자 및 기타사항
~~1~~ ~~(전 1)~~	~~근저당권설정~~	~~1996년4월12일~~ ~~제27007호~~	~~1996년4월4일~~ ~~계약~~	~~채권최고액 금일천오백육십만원정~~ ~~채무자 홍○○~~ ~~대구 북구 ○○동 ○○○~~ ~~근저당권자 한국주택은행 111235-0001905~~ ~~서울 성동구 역이동 36-3~~ ~~〈수성동지점〉~~
~~1-1~~	~~1번근저당권이전~~	~~2005년12월19일~~ ~~제170052호~~	~~2001년11월1일~~ ~~회사합병~~	~~근저당권자 주식회사국민은행 110111-2365321~~ ~~서울 중구 남대문로2가 9-1~~ ~~〈대구업무지원센터〉~~
순위번호	등기목적	접 수	등기원인	권리자 및 기타사항
2 (전 2)	근저당권설정	1996년4월12일 제27210호	1996년4월10일 계약	채권최고액 금구백사십사만원 채무자 홍○○ 대구 북구 구실동 658-3 근저당권자 주식회사신한은행 110111-0303183 서울 중구 태평로 2가 120 〈원대동지점〉
				부동산등기법시행규칙부칙 제3조 제1항의 규정에 의하여 1번 내지 2번 등기를 1998년 04월 13일 전산이기
3	2번근저당권설정등 기말소	1998년5월2일 제17367호	1998년4월30일 해지	
4	전세권설정	2003년12월31일 제78242호	2003년12월30일 설정계약	전세금 금오천만원 범 위 구분건물 전부 존속기간 2003년 12월 30일부터 2005년 12월 29일까지 반환기 2005년 12월 29일 전세권자 남○○ 610225 ******* 대구 북구 구실동 655-1 ○○아파트○○○동 ○○○호
~~4-1~~				~~4번 등기는 건물만에 관한 것임~~ ~~2003년12월31일 부기~~
5	4번전세권설정등기 말소	2004년10월15일 제58902호	2004년10월15일 해지	

할 수도 있죠. 건축물대장에 어려운 용어가 많아 복잡해 보일 수 있지만, 크게 2가지 정도를 확인하면 됩니다. 건축물의 용도를 확인하고, '위반 건축물'이라는 표시가 있는지 확인하면 됩니다. 건축물대장의 '용도'에는 이 건축물을 정부에서 어떤 용도로 쓰도록 허가해

쳤는지 여부가 기록됩니다. 아무리 봐도 빌라와 같은 평범한 주택으로 보이는데 근린생활시설이나 사무소, 숙박시설이라고 쓰여 있다면 일단 주의해야 합니다.

다음으로는 위반 건축물 여부를 확인해야 합니다. 위 이미지의 오른쪽 상단을 보면 '위반 건축물'이라고 쓰여 있습니다. 이는 건축물 자체가 법을 위반했다는 말입니다. 이런 물건을 매수하게 되면 위반 사항을 원상복구할 때까지 '이행강제금'이라는 일종의 과태료를 지속적으로 내야 합니다. 예를 들어, 외관은 빌라와 동일한데 저층을 상가로 허가받은 경우가 있습니다. 굳이 이렇게 하는 이유는 상가를 주택으로 취급하지 않기 때문에 주택을 한두 층 더 올려 지을 수 있기 때문입니다. 규제를 피해 더 많은 집을 짓기 위한 일종

운명을 바꾸는 부동산 투자 수업

누가 봐도 빌라인데 상가로 허가를 받은 건물의 사례

의 속임수죠. 그런데 위반 건축물임에도 불구하고 초보 투자자를 속여 상가에 전세를 들어 살게 하거나 건물 전체를 신축 분양하여 팔아버리는 일이 심심찮게 발생합니다. 이렇게 빌라처럼 생긴 상가를 매수하게 되면 원래의 용도대로 원상복구할 때까지 이행강제금을 내야 합니다. 이런 곳은 사무실이라는 원래의 용도대로 임대해서는 제값을 받기가 힘들고, 사무실을 주택으로 용도 변경하는 것도 불가능하니 애물단지가 됩니다.

또한 일조권 규제를 피해 4층 이상부터 계단식으로 면적이 좁아지는 건물이 있습니다. 여기에 가벽을 세워 확장해서 쓰는 곳도 모두 위반 건축물에 해당합니다. 이러한 건물을 잘못 매수하면 원상복구할 때까지 이행강제금을 내야 합니다. 건물 내부에서는 위반 여부를 쉽게 인식하기 어려우니 계약 전에 반드시 건물 외부를 확인해봐야 합니다.

42 일시적 2주택자의 완벽한 갈아타기 전략

더 나은 집으로 이사하고 싶은 욕망은 누구에게나 있을 것입니다. 20평대에 사는 사람은 30평에 살고 싶고, 수도권 외곽에 사는 사람은 중심부로 옮기고 싶어 하죠. 똑똑한 한 채에 투자해야겠다는 전략은 다주택자 규제가 여전한 요즘에도 유효한 방법입니다.

문제는 1주택자로서 '갈아타기'를 할 때, 내 소유의 집에 살면서 이사 갈 집을 미리 구하는, 즉 잠깐이지만 2채를 소유하는 상황이 생기는 것입니다. 이른바 '일시적 2주택자'가 되는 것이죠. 다행히 일시적 2주택자는 부득이하게 한시적으로 주택을 하나 더 갖게 된 것이므로 1주택자로 분류되어 취득세와 양도세 등 세금 혜택을

운명을 바꾸는 부동산 투자 수업

받습니다. 물론 일시적 2주택자가 갖춰야 할 조건에 대해서는 미리 알아두고 확인해야 합니다.

일시적 2주택이 생겨난 배경

지금 살고 있는 집을 팔고 새 집을 매수하면 계속 1주택자를 유지할 수 있는데, 왜 일시적으로 2주택자가 되는 상황이 생길까요? 그건 집이라는 특수성 때문에 그렇습니다.

집에는 집주인이나 세입자가 거주합니다. 그중 임차인들은 주택임대차보호법으로 계약 기간을 보호받죠. 이러한 상황에서 '갈아타기'를 하려는 사람에게 일시적으로나마 2주택을 허용하지 않는다면 어떻게 될까요? 먼저 내 집을 판 뒤에 빈 집을 매수해야 하는데 시기가 딱 맞아떨어지기가 아주 어렵겠죠. 따라서 집을 팔고 짐은 보관소에 맡긴 뒤 숙박업소에 살면서 빈 집을 구해야 하는 상황이 됩니다. 국민들이 이런 불편을 감수할 필요는 없기에 나라에서도 일시적 2주택을 허용해주는 것입니다. 추가로 집을 먼저 매수하고, 그 집의 거주자가 나가는 시기에 맞춰 이사를 가라는 취지죠. 이는 부득이하게 주택 2채를 보유하는 것에 해당하므로 취득세, 양도세 등 다주택자 규제가 중과되지 않는 혜택을 받습니다.

종전 주택	신규 주택	일시적 2주택 기간
조정지역	조정지역	2년 이내 처분
비조정지역	조정지역	3년 이내 처분
조정지역	비조정지역	취득세 중과 대상 아님
비조정지역	비조정지역	

위쪽 표를 통해 일시적 2주택자의 취득세 중과 배제 요건을 확인해봅시다.

예를 들어 내가 현재 조정지역에 살고 있고 더 좋은 집으로 이사를 가기 위해 조정지역의 주택을 매수한다고 가정해보겠습니다. 이때는 종전 주택을 2년 이내에 처분한다는 조건으로 새로운 주택의 취득세 중과를 피할 수 있습니다.

또한 종전 주택의 양도세 비과세 혜택도 받을 수 있는데, 기본적으로 비과세를 받으려면 종전 주택을 취득한 날부터 1년 이상 지난 뒤에 신규 주택을 취득해야 한다는 조건이 따릅니다. 또한 양도일에 종전 주택은 2년 이상 보유하고 있어야 합니다(조정지역이라면 취득하고 2년간 보유 및 거주 조건까지 갖춰야 합니다). 여기에 조정지역/비조정지역 여부에 따라 비과세 요건이 달라지니 오른쪽 표를 꼼꼼히 따져봐야 합니다.

여러 번 개정을 거듭하며 규제가 매우 복잡해졌기 때문에 너무

운명을 바꾸는 부동산 투자 수업

종전 주택	신규 주택	일시적 2주택 기간
조정지역	조정지역	2년 내 매도
비조정지역	조정지역	3년 내 매도
조정지역	비조정지역	
비조정지역	비조정지역	

※ 보유 기간은 잔금일과 소유권이전등기 접수일 중 빠른 날을 기준으로 한다.

어렵게 느껴질지도 모릅니다. 하지만 일시적 2주택의 혜택을 받기 위해서는 위의 사항을 모두 체크해야 합니다.

일시적 2주택자가 반드시 알아야 할 3가지

위의 표에 따라서 갈아타기를 위한 매수와 매도 계획을 점검했다면 일시적 2주택자의 혜택에 한 걸음 다가선 셈입니다. 여기에 더해, 일시적 2주택자가 되기 전에 알아두면 좋은 몇 가지 사항이 있으니 참고하면 좋겠습니다.

① 욕심 부리다가 시기를 놓친다

조정지역의 경우, 취득세 중과를 피하려면 새로운 주택을 매수한 뒤에 종전 주택을 2년 이내에 매도해야 합니다. 만약 그 기간 안에 종전 주택을 매도하지 못하면 취득세 중과는 물론이고 양도세까지 과세되므로 큰 손해를 볼 수 있습니다.

사실 부동산 상승기에는 기존 주택을 한두 달이라도 늦게 매도하고 싶은 마음이 들게 마련입니다. 한 달 사이에도 집값이 뛰고 있으니 조금이라도 더 높은 가격에 매도하고 싶죠. 그러나 미루는 사이에 집이 제때에 팔리지 않으면 세금 부과로 인해 큰 손해를 볼 수 있습니다. 시한이 다가올 때 갑작스런 규제나 시장 변화가 생긴다면 '급매'나 심지어 '급급매'로 싸게 팔아야 하는 일도 생깁니다. 그러니 아무리 늦어도 매각 기한 6개월 전에는 집을 팔기 위해 시장에 물건을 내놓아야 합니다.

② 전세 낀 매물을 매수할 때 '2+2 쿠폰'을 유의하라

새로 이사 갈 집을 먼저 매수하는 경우에 주의할 점이 또 있습니다. 전세 낀 물건을 매수하는 경우에는 세입자의 전세 계약(2년)이 종료된 뒤 입주할 수 있습니다. 그런데 최근에는 제도적으로 임차인 권리 보호가 강화되면서, 기존 임차인을 내보내는 과정에서 분쟁이 발생할 소지가 있습니다. 예를 들어, 갑자기 임차인이 '2+2 쿠폰'이라고 불리는 계약갱신청구권을 쓰겠다고 주장하는 경우가 있습니다. 집주인이 실거주할 목적이면 임차인은 이를 요구할 수 없는데도 말입니다. 막무가내로 나가지 않겠다는 임차인을 만나면 정말 당혹스러워집니다. 법적으로 권리가 없다고 말해주고 소송을

운명을 바꾸는 부동산 투자 수업

한다고 해도 무작정 버티면 단기간에 해결되지 않습니다. 승소는 둘째치고 당장 기존 집을 매각해야 하는데, 오갈 곳 없는 처지가 될 수도 있죠. 갈아타기를 할 때는 이렇듯 다양한 경우의 수를 고려하여 매수와 매도 계획을 세우기를 추천합니다.

③ 재산세와 종부세를 줄이려면 6월 1일을 기억하라

부동산 보유와 관련된 세금으로 재산세와 종부세가 있습니다. '소유권'을 가진 부동산에 대해 내는 세금인데, 그 기준일이 매년 6월 1일입니다. 예를 들어, 5월 31일에 잔금을 치르고 집을 매수하게 되면 매수인인 내가 재산세와 종부세를 내야 하지만, 6월 2일에 샀다면 이를 모두 이전 소유권자가 내게 됩니다. 갈아타기를 준비하고 있다면 6월 1일 이전에 원래 가진 집을 매각하거나, 그 이후에 새로운 집을 매수하는 것이 유리합니다.

제2의 강남은 어디가 될까

집의 가치를 결정하는 6대 요소(직주근접, 생활 인프라, 학군, 편리함, 우월감, 개발 가능성)를 모두 갖춘 곳이 강남입니다. 입지가 좋아서 사람들이 몰리고, 그러니 더욱 입지가 좋아지는 선순환이 수십 년간 이어져 미래에도 강남을 뛰어넘는 지역이 나오기는 힘들 것입니다. 그러나 일부 지역들은 향후 강남과 격차를 빠르게 줄여나갈 가능성이 있습니다. 이번 수업에서는 소위 '제2의 강남'이 될 만한 지역들을 살펴보고, 지역의 미래 가치를 어떻게 판단해야 하는지 알아보겠습니다.

▶ 직주근접이 뛰어나고 개발 가능성이 높은 용산

용산은 '직주근접'과 '개발 가능성' 면에서 향후 가장 뛰어난 지역으로 꼽힙니다. 불과 몇 년 뒤에는 '환골탈태' 수준의 많은 변화가 계획되어 있어서, 강남에 가장 근접할 수 있는 지역 중 하나입니다.

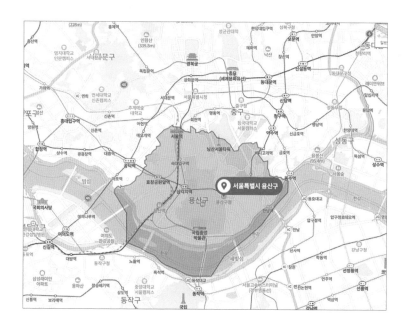

① 직주근접

용산은 강남 접근성이 뛰어난 반포의 한강 맞은편으로, 3도심(여의도, 강남, 광화문)의 중심부에 있습니다. 동부이촌동(이촌1동)과 용산역 인근의 한강로를 위시한 서울 정중앙이라는 지리적 장점이 있죠. '직주근접'만 놓고 보면 미래에는 오히려 강남보다 유리한 입지로 부상할 수도 있습니다.

② 생활 인프라

지리적 위치가 뛰어난데도 용산의 집값이 그만큼 오르지 못한 가장 큰 이유는 바로 생활 인프라의 부족입니다. 북으로는 남산, 중앙에는 미군기지, 서남쪽은 개발 중단 지역인 '용산 국제업무지구 부지' 등이 있어 좋은 입지를 제대로 활용하지 못하고 있습니다. 2021년 기준 용산구 인구는 22만 명(서울 25개 구 중 23위)으로 인구수도 적은 편입니다. 현재 용산역 인근으로 상업 인프라가 개발되는 추세지만, 타 지역에 비하면 아직 부족합니다. 용산구 내의 많은 개발 계획이 현실화되고 유동인구가 늘어나면 이러한 점은 상당 부분 개선될 것으로 보입니다.

③ 학군

동부이촌동에 오래된 아파트 단지가 모여 있긴 하지만 절대적인 인구가 적고, 타 지역에 비해 아파트 밀도도 낮습니다. 이 때문에 현재로서는 학군이 상대적으로 약한 편이지만, 추후 재건축·재개발로 인해 고가 아파트가 들어서면 학군도 자연스럽게 개선될 여지가 있습니다.

④ 편리함

자동차로 강변북로를 접근하기에는 용이한 편이지만 지하철 인프라는 상대적으로 미비합니다. 향후 GTX-B와 신분당선 연장 등이 계획되어 있어 교통 인프라가 개선될 것으로 기대됩니다.

⑤ 우월감

동부이촌동은 용산의 대표적인 부촌으로 불렸으나 현재는 주거 단지가 노후화되면서 그 이미지가 조금 퇴색했으며, 새롭게 떠오른 한남동 역시 몇 개의 고급 단지를 제외하고는 전반적인 주거 환경이 좋지 못합니다. 그러나 지역 전체가 개발되면서 이 지역에 대한 평가가 획기적으로 개선될 수 있습니다. 국제업무지구와 용산공원이 조성되고 동부이촌동 재건축·한남동 재개발을 통해 주거 여건까지 개선되면, 미래에는 모두가 부러워할 지역으로 변모할 것입니다.

⑥ 개발 가능성

용산 국제업무지구 개발과 미군기지의 용산공원화, 이촌동 재건축, 한남동 재개발 등이 예정되어 있어 거의 모든 지역이 개발될 예정입니다. 3도심과의 접근성, 국제업무지구에 생겨날 양질의 일자리를 따져보면 서울 어디로든 직주근접 면에서는 최적의 입지로 자리 잡을 것입니다. 또한 한강변 35층 규제 폐지로 초고층 아파트 등이 들어설 수 있어, 향후 10년 내 가장 변화가 많은 지역일 것으로 예상합니다.

▶ 재건축과 교통 호재, 여의도

1970년대 부촌의 상징이었던 여의도는 현재 직주근접을 제외하고는 미흡한 부분이 많습니다. 이는 아파트 재건축이 오랜 기간 중단되었기 때문이기도 합니다. 다만 최근 '더현대서울'이 입주하는 등 상업 인프라가 개선되고 있고 여기에 더해 향후 발전 가능성까지 따진다면 생각보다 빠르게 강남을 따라잡을 것으로 예상합니다.

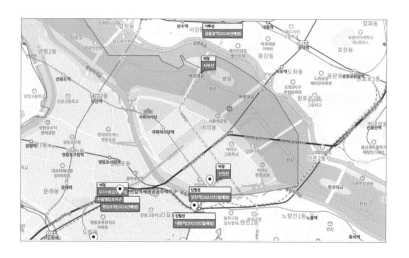

① 직주근접

서울 3도심 중 하나인 여의도는 고소득 직군인 금융업의 집합지로 직주근접에서는 최상위권이라 할 수 있습니다. 다른 2도심과도 지하철로 연결되어 있어 지금도 3도심으로의 접근성은 좋은 편입니다. 다만 강남으로의 접근은 9호선 급행에만 의지하고 있어 상대적으로 불편한 편입니다. 추후 신림선 및 서부선이 개통되면 2·7호선 접근성까지 좋아지므로 교통 인프라가 큰 폭으로 개선될 것입니다.

② 생활 인프라

여의도동은 단독주택이나 빌라 없이 아파트로만 구성된 몇 안 되는 지역 중 하나입니다. 대부분 1970~80년대에 지어져서 재건축 연한을 훨씬 넘어섰으나 정치적인 이슈로 인해 지지부진한 상황입니다. 1971년에

운명을 바꾸는 부동산 투자 수업

준공된 여의도 시범아파트만 해도 여전히 재건축 초기 단계에 머물러 있죠. 이곳의 아파트 상가들도 대부분 낙후된 상태입니다. 인근에 더현대서울, IFC몰 등이 들어서면서 상업 인프라가 개선되기는 했으나, 여전히 주거용보다는 사무용 인프라에 치중된 경향이 있습니다. 추후 재건축이 진행되면 생활 인프라도 크게 개선될 것으로 보입니다.

③ 학군

여의도동은 아파트와 오피스텔을 모두 합쳐도 1만 7천 세대가 채 안 되는 지역입니다. 또한 위로는 한강, 아래로는 샛강으로 분리되어 있는 지형이라 절대적인 인구수가 적어 학군지 형성에 어려움이 있습니다. 인근에 서울의 2위 학군지로 불리는 목동이 있다는 점도 학원가 형성에 불리하게 작용하죠. 재건축이 이루어지면서 고가 아파트가 밀집되면 자연적으로 학원가가 형성되긴 하겠지만, 상위권 학군지로 발달하기에는 다소 어려움이 있습니다.

④ 편리함

여의도는 현재 지하철 5호선과 9호선이 지나고 있어 교통이 편리한 편입니다. 여기에 추가로 GTX-B, 신림선, 신안산선, 서부선이 신설되기 때문에 교통 호재가 가장 많은 지역이죠. 또한 서울 한강변 중 유일하게 횡단보도만 건너면 한강을 누릴 수 있다는 장점도 있습니다. 장차 강남에 버금갈 정도로 이곳에 교통 인프라가 밀집되리라 예상합니다.

⑤ 우월감과 개발 가능성

앞서 말한 대로 한강공원이 단절되어 있지 않다는 점은 여의도가 가진 차별적인 이점입니다. 현재는 한강공원이 낙후된 편이고 주변에 노후화된 중층 아파트가 들어서 있어 제대로 된 평가를 받지 못하고 있지만, 앞으로 변화의 가능성이 매우 큰 지역입니다. 재건축 추진에 따라 한강공원도 리모델링할 예정이며, 한강변 층수 제한이 폐지되면서 여의도에 초고층 아파트가 들어설 수 있게 되었습니다. 고액 연봉자가 모여 있는 금융 중심지, 그것도 한강변에 초고층 아파트가 들어선다면 여의도의 '우월감'은 크게 높아질 것입니다. 그동안 지지부진했던 개발이 한꺼번에 추진되면서 주거지 전체가 동질성 있게 개발된다는 점은 오히려 이점으로 작용합니다. 향후 여의도는 우리나라 금융 중심지이자 초고층 주거 밀집지로서 특별한 위상을 가질 것입니다.

▶ 강남의 확장, 잠실

용산과 여의도가 강남과는 다른 방향으로 발전하고 있다면, 잠실은 '강남의 확장'이라는 면에서 미래가 기대되는 지역입니다.

① 직주근접

잠실은 3도심 중 광화문·여의도 접근성이 상대적으로 떨어집니다. 그러나 2호선과 직결되어 강남 접근성은 가장 좋은 편입니다. 현재도 2호선 잠실역에서 강남역까지 지하철로 12분이면 갈 수 있죠. 다만 3도

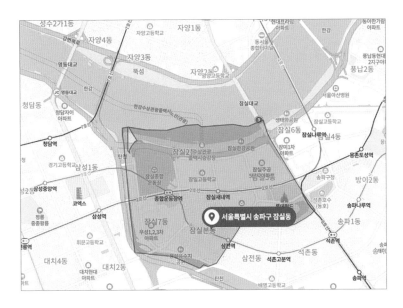

심을 잇는 3각형의 외부(용산, 반포는 내부에 위치)에 위치해 있어서 지금까지는 입지적으로 불리한 면이 있었습니다. 추후 계획된 개발을 통해 강남의 중심이 강남역에서 삼성역으로 이동하면, 사실상 잠실은 강남 업무지구에 포함됩니다. 즉, 잠실은 강남 확대의 최대 수혜지 중 하나가 되리라 예상합니다.

② 생활 인프라

잠실 지역은 3~6천 세대의 초대형 단지 아파트 위주로 구성되어 있습니다. 도보로 한강, 석촌호수 등의 녹지 인프라를 이용할 수 있는 지역이기도 하죠. 또한 '롯데 공화국'이라는 말이 어울리게 롯데월드, 롯데백화점, 롯데월드타워 등 최상급 생활 인프라가 존재합니다. 여기에 각종 경기장과 공연장, 대형 영화관, 콘서트홀까지 갖추고 있죠. 주거 환경으로만 보면 서울 최상위 지역이라고 할 수 있습니다.

③ 학군

잠실 학군은 조금 독특한 면이 있습니다. 초·중학교 학군은 상위권이지만, 인근에 대치동이라는 우리나라 최고 학군지가 있어서 고등학교 학군은 상대적으로 떨어지는 편입니다. 상위권 학생들이 특수목적고등학교나 강남구의 다른 학교를 지원하는 경향이 있기 때문입니다. 학원가도 어느 정도 형성되어 있으나 최상위권 학생은 대치동 학원가를 이용하는 경우가 많습니다. 대치동과 가깝다는 이점이 오히려 학원가 발전의 한계를 긋는 단점으로 작용합니다.

④ 편리함, 우월감, 개발 가능성

앞서 말했듯 강남 지역의 중심지가 점차 강남역에서 삼성역으로 이동할 것입니다. 삼성동 부지에 현대자동차 사옥(GBC)이 들어서고 영동대로 지하 공간이 복합 개발될 예정이죠. 이렇듯 강남의 중심이 삼성역으로 옮겨지면 '강남의 확장'이라는 측면에서 추후 잠실이 강남권에 포함될 수 있습니다. GTX-A·C·D 등의 교통 호재가 현실화되고 잠실종합운동장 MICE 복합 개발이 마무리되면, 잠실은 한국 최고 업무지구 배후 주거지로서의 역할을 맡게 될 것입니다(참고로 MICE란 회의Meeting, 포상 관광Incentives, 컨벤션Convention, 전시회Exhibition 등 네 분야의 머리글자를 딴 것으로, 부가가치가 매우 높은 서비스 산업을 말합니다). 특히 잠실 MICE 산업으로 제2코엑스가 건립되고 신축 야구장과 호텔, 복합 쇼핑몰이 추가로 들어설 예정인데, 우리나라 최고층 건물인 롯데월드타워까지 연결되어 삼성동과 잠실이 하나의 거대한 업무지구이자 관광지로 부상할 가능성이 높죠. 또한 잠실 한강공원과 탄천도 재정비 계획이 수립되어 있는데, 모두 진행될 경우 잠실의 주거 가치가 더욱 상승할 것으로 예상합니다. 정리하면, 앞으로 잠실은 강남권역에 포함되면서 우수한 생활 인프라로 우월감을 가질 수 있는 지역이 될 것입니다.

▶ 그 밖의 '제2의 강남' 후보 지역

앞서 말한 3곳에 미치지 못하더라도 판교와 마포, 마곡 역시 미래가 기대되는 지역입니다. 판교는 IT 기업들의 밀집지이자 강남의 배후 지역이라는 장점이 있고, 마포는 광화문과 여의도 중간에 위치해 두 도심의 배후지로서 기능할 것입니다. 마곡에는 양질의 일자리가 들어서며 직주근접과 생활 인프라를 갖춘 자족 도시의 역할을 할 것입니다.

여기서 중요한 점이 있죠. 이 3곳 모두 큰돈이 필요한 투자 지역이라는 겁니다. 그럼에도 제가 이 지역들을 소개한 이유는 투자자가 알아야 할 가치 변화의 요소를 이해하고, 내가 투자할 수 있는 지역 중에 비슷한 변화 요소가 있는 곳을 찾아보라는 뜻입니다. 6가지 조건을 모두 갖추지 않아도 됩니다. 2~3가지의 변화만 있어도 투자 기회를 찾을 수 있습니다.

10부

부동산 투자에서 '아파트'를 빼놓고 논할 수는 없습니다.

우리나라 사람들이 가장 선호하는 주택 유형, 즉 수요가 높은 상품이기 때문이죠.

8부에서 수도권의 입지를 분석했다면 여기서는 지방 광역시, 소도시 투자까지

아파트 실전 투자를 위한 노하우를 공개합니다.

실전 투자자를 위한
아파트 투자의 기술

43

'전세 끼고 매매', 알고 보면 복잡하지 않다

흔히 집을 살 때 '전세 끼고 산다'라는 말을 합니다. 세입자가 있는 집을 매수하거나, 주인이 사는 집을 매수하면서 동시에 전세입자를 구해 그 돈으로 매수 잔금을 치를 때 쓰는 표현이죠. 최근에는 이를 '갭투자'라고 부르는데, 사실 예전부터 있었던 거래 방식입니다. 그럼 언제 갭투자를 하게 될까요? 매매가와 전세금이 크게 차이 나지 않는 집을 여러 채 살 때가 있습니다. 그런가 하면 실거주하고 싶은 집이지만 당장 대출을 받기 힘들거나 자금이 모자랄 때 일단 전세를 끼고 갭투자를 하기도 합니다. 매수인 입장에서는 매매가격과 전세금의 차액만 있으면 되고, 대출을 받는 것 대비 이자 부담도 없으니 상대적으로 비싼 집을 살 수 있죠.

말은 간단하지만, 사실 초보 투자자라면 이런 과정 자체가 낯설게 느껴질 수도 있습니다. 그런 분들을 위해 집을 살 때 흔히 이뤄지는 '전세 끼고 매매'에 대해 자세히 설명합니다.

기존 임차인이 있는 경우: 전세 계약의 모든 것을 승계한다

이미 임차인이 살고 있는 집을 매수할 때는 매매가격에서 전세금만큼 뺀 차액만 있으면 집주인으로부터 소유권을 가져올 수 있습니다. 예를 들어 매매가격이 6억 원인 집에 4억 원의 전세로 들어온 세입자가 있다면, 투자자인 나는 2억 원만 있으면 해당 주택을 매수할 수 있습니다. 집주인은 어째서 6억 원의 집을 2억 원만 받고 파는 걸까요? 주택임대차보호법에 따라 매수자는 임차인의 계약을 무조건 승계하므로 세입자의 전세금을 돌려줄 의무도 함께 갖게 됩니다. 기존 집주인 입장에서는 매수자에게 2억 원만 받고 임차인에게 돌려주어야 할 4억 원의 전세금을 같이 넘기는 것이죠. 참고로 계약은 자동 승계되므로 특별히 세입자가 원하지 않는다면 계약서를 다시 쓸 필요는 없습니다.

운명을 바꾸는 부동산 투자 수업

집주인이 살고 있거나 공실인 경우: 세입자를 새로 구해 잔금을 치른다

이번에는 집주인, 즉 매도인이 살고 있거나 공실인 집을 매수하는 경우를 살펴보겠습니다. 이때는 중간 과정이 하나 더 추가됩니다. 내가 그 집의 새로운 세입자를 구해 세입자의 전세금으로 잔금을 치러야만 내 소유가 됩니다.

동일하게 6억 원의 집을 매수한다고 가정해보겠습니다. 이 집의 전세 시세는 현재 4억 원 정도로 형성되어 있습니다. 계약은 집값의 10%인 6천만 원만 있으면 가능하지만, 나머지 5억 4천만 원의 잔금을 해결해야 합니다. 그렇다면 잔금을 치르기 전까지 미리 이 집에 들어올 세입자를 구하는 과정이 필요합니다. 집의 매수 잔금일과 전세입자의 입주일을 같은 날로 맞추면, 전세금을 받는 즉시 매도자에게 전달하여 잔금을 납부하고 소유권을 가져올 수 있습니다. 물론 전세금 4억 원으로도 부족한 1억 4천만 원은 매수자가 미리 준비를 해둬야겠죠.

이 과정에서 세입자가 '주택의 현재 소유권자'와 전세 계약하기를 원할 수도 있습니다. 법적으로 전세입자는 매도자와 계약을 하는 것이 맞습니다. 아직 우리는 잔금을 내지 않았고 집주인도 아니기 때문입니다. 이때는 중개사를 통해 매도인과 세입자가 전세 계약을 체결하도록 진행하면 됩니다. 그럼 잔금일에 매도인의 통장으로 전세금이 모두 입금될 것이고, 나는 잔금일에 전세금을 제외한 나머지 금액을 입금하면 매매계약이 성사됩니다. 복잡해 보이지만 투자 시에 흔히 일어나는 일입니다.

계약을 지켜내는 3가지 방법

그런데 위의 사례를 읽다 보면 이런 의문이 생깁니다. 매매계약을 진행했는데, 내가 세입자를 제때 구하지 못해 잔금을 치르지 못하면 어떡하나 하는 고민이죠. 그런 때에는 내가 대출을 받아서라도 일단 잔금을 치러야겠지만, 큰돈을 갑자기 마련하기는 매우 어렵죠. 계약이 파기되어 계약금을 잃는 최악의 상황을 맞닥뜨리지 않으려면, 계약하기 전에 다음 3가지 사항을 염두에 두고 진행해야 합니다.

① 잔금일을 넉넉하게 협의하라

매매계약을 체결하고 세입자를 바로 구하면 좋겠지만 내 마음대로 되는 일은 아니지요. 세입자가 계속해서 구해지지 않는 난감한 상황을 조금이라도 피하기 위해, 매매계약을 체결할 때부터 매도인과 협의하여 잔금일을 여유 있게 정하는 편이 좋습니다. 다만 여기서 중요한 건 매도자와의 협상입니다. 잔금일을 3개월 뒤로 잡을 수 있다면 매수자 입장에서는 아무래도 한결 마음이 편합니다.

② 중도금을 내라

중도금이란 계약일과 잔금 사이에 일부 치르는 돈을 말하며, 매수인과 매도인이 협의하여 중도금을 지급하게 됩니다. 집값이 워낙 큰돈이기 때문에 매수인 입장에서는 중도금에 대한 부담이 크게 느껴질 수 있습니다. 하지만 중도금을 내면 얻을 수 있는 분명한 장점이 있습니다. 우선, 중도금을 지급하는 대가로 잔금일을 늦춰달라고 협상해볼 수 있습니다. 매도자 입장에서 중도금을 받으면 잔금일을 조금 늦춰줄 여유가 생길 수도 있으니까요. 또한 중도금 지급은 쌍방이 계약을 중도 파기할 수 없다는 의미이기도 합니다. 최악의 경우 잔금일을 맞추지 못하더라도 계약은 유지됩니다. 다만 이런 경우 법정이율 연 12%의 지체 이자를 지불해야 할 수도 있다는 점은 기억해야 합니다.

③ 전세 시세를 너무 희망적으로 보지 마라

오랜 시간 세입자가 구해지지 않는다면, 내가 받고 싶은 전세금이 '희망 전세가'로 지나치게 높지 않은지 살펴봐야 합니다. 네이버 부동산 등에 등록된 '호가(매도 희망자가 제시하는 가격)'만 믿고 전세를 내놓으면 난감한 상황에 빠질 수 있습니다. 따라서 매매계약서를 작성하기 전에 현재 전세 시세와 임차 수요에 대해 중개사무소에 들러 충분히 조사해야 합니다. 여러 중개사무소에 들르면 빠르게 알아볼 수 있죠. 그리고 전세금을 10% 이상 낮게 계약할 가능성을 염두에 두고 추가금을 융통할 각오도 해야 합니다.

갭 투자자는 항상 '역전세'에 대비해야 한다

전세 레버리지를 활용하여 주택을 매수할 때 주의해야 할 점이 있습니다. 바로 '전세가 하락'입니다. 3억 원의 주택을 2억 7천만 원의 전세를 끼고 매수했다고 가정해봅시다. 단순 계산하면 1억 5천만 원만 있어도 이런 집 5채를 살 수 있습니다. 집값이 오를 때는 주택 수를 늘려가고 싶은 마음이 듭니다. 그런데 만약 전세 만기가 도래하는 2년 뒤에 전세 가격이 2억 5천만 원으로 하락한다면 어떻게 될까요? 이것을 '역전세'라고 부르는데, 지역과 상황에 따라 충분히 일어날 수 있는 일입니다.

역전세가 발생하면 세입자의 전세금을 돌려주기 위해 한 채당 2천만 원씩, 총 1억 원의 자금을 추가로 구해야 합니다. 따라서 항상 전세가가 하락할 수도 있다는 사실을 염두에 두고 이런 일이 벌어졌을 때 어떻게 자금을 조달할지 미리 고민해야 합니다. 투자금을 모두 쓰지 않고 일부를 가지고 있을 수도 있고, 신용대출은 쓰지 않고 남겨놓는 것도 방법입니다.

운명을 바꾸는 부동산 투자 수업

부동산 투자를 할 때는 당장의 성과도 중요하지만, 항상 '리스크'를 관리해야 한다는 사실을 잊지 말아야 합니다.

핵심 요약

기존 임차인이 있는 경우

매매계약서를 쓰고, 계약금(통상적으로 집값의 10%)을 지불한다 → 잔금일에 매매가격에서 기존 전세금과 계약금을 뺀 나머지 잔금을 치른다 → 소유권이 이전되며 기존의 전세 계약도 그대로 승계된다

집주인이 살고 있거나 공실인 경우

매매계약서를 쓰고, 계약금을 지불한다 → 해당 주택의 전세를 내놓아 세입자를 구한다 → 매매 잔금일과 전세입자 입주일을 같은 날로 맞춘다 → 매매 잔금일에 세입자의 전세금에 부족분을 더해 잔금을 치른다

44

지방에 투자하기 전
반드시 알아야 하는 것들
(1)광역시

　많은 분들이 서울 및 수도권에 투자하기를 희망합니다. 그럼 반대로 지방에서는 기회가 없는 걸까요? 결론부터 말하면 그렇지 않습니다. 투자자는 비교적 적은 투자금으로 지방의 주택을 매수할 수 있다는 장점이 있죠. 투자라는 것은 결국 수요와 공급의 시차에서 기회를 보는 것이고 그런 일은 전국 어디에서나 일어날 수 있습니다. 그러니 투자자라면 서울, 수도권뿐만 아니라 지방 부동산의 흐름도 늘 지켜보아야 합니다.

운명을 바꾸는 부동산 투자 수업

광역시, 특정 권역 안에서
사람들이 가장 선호하는 지역

지방 광역시 투자 방법에 대해 알아보기 전에, 먼저 '수요'와 '공급'이라는 투자의 기본 원리를 짚어보겠습니다. 집값은 왜 오르는 걸까요? 결국 주택 가격이 오르는 근본적인 이유는 수요에 비해 공급이 부족하기 때문입니다. 대안이 존재하지 않을수록, 그리고 그 대안의 부재가 오래갈수록 가격은 더욱 오르게 되어 있습니다.

이런 관점에서 지방 투자에 성공하려면 '수요'와 관련하여 두 가지를 염두에 둬야 합니다. 첫째, 아파트에 집중해야 합니다. 인구가 적은 지역일수록 사람들이 선호하는 주택 유형을 매수하는 편이 더욱 안전하기 때문입니다. 물론 오피스텔, 빌라에서도 기회는 있습니다만 아파트에 비해 선호도가 낮기 때문에 투자의 난도가 훨씬 높아집니다.

둘째, 투자의 안전성 측면에서 보면 지방 투자 중에서도 광역시 투자가 조금 더 안전한 편입니다. 광역시는 서울만큼은 아니지만 해당 지역에서는 가장 선호되는 곳입니다. 즉 특정 권역 안에서 수요가 가장 높죠. 지금부터 광역시 투자에 대해 알아보도록 하겠습니다.

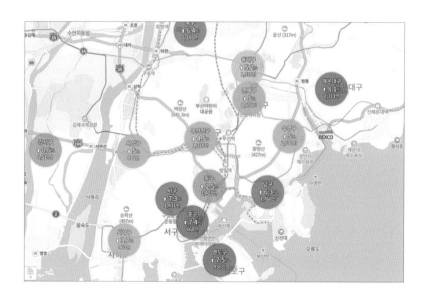

광역시 투자법 ①
그 지역의 '상급 지역'을 찾아라

광역시에 투자할 때 기억해야 할 점이 하나 더 있습니다. 해당 광역시 내에서도 선호도가 높은 지역(동)에 투자해야 더욱 안전합니다. 예를 들어 부산광역시는 경상남도에서 많은 사람이 살고 싶어 하는 '최고 선호 지역'일 가능성이 높지만, 부산 자체의 면적이 넓어서 지역 안에서도 격차가 있습니다. 투자자는 범위를 좁혀서 부산의 어느 지역이 '대장 지역'인지 알아내야 합니다.

이러한 상급 지역은 어떻게 찾을까요? 가장 간단한 방법은 가격

운명을 바꾸는 부동산 투자 수업

을 가지고 판단하는 것입니다. 가격이 비쌀수록 그 지역 사람들이 선호하는 상급 지역일 가능성이 크죠. 이를 알아보는 방법은 간단합니다. 먼저 부동산지인(aptgin.com) 홈페이지에 접속해 '빅데이터 지도'를 클릭하여 부산 지역을 확대하면, 부산 구별 평 단가(해당 지역 아파트 한 평에 해당하는 평균 가격)를 알 수 있습니다.

444쪽 지도에 따르면 부산에서는 수영구가 평당 2,670만 원으로 가장 높고, 해운대구가 2,311만 원으로 2위, 동래구가 1,935만 원으로 3위라는 사실을 확인할 수 있습니다(2022년 2월 기준).

그런데 같은 구 안에서도 동별로 가격 차이가 큽니다. 이번에는 동별로 아파트 평 단가를 찾아보겠습니다. 먼저 메인 화면에서 맨 위 '지역 분석'을 누르고, 상단 메뉴에 지역을 검색합니다. 그러면 맨 하단에 해당 시나 구의 동별 정보가 아래쪽 표와 같이 정리됩니다. 예를 들어, 하단 표를 통해 영선동4가의 평 단가는 1,333만 원이

고 동삼동은 879만 원이라는 사실을 확인할 수 있습니다.

이러한 작업을 여러 번 거쳐 평 단가가 높은 지역 순서대로 정리해보면, 사람들이 어떤 지역을 가장 선호하는지 알아볼 수 있습니다.

같은 방식으로 대구광역시를 정리해보면 수성구, 중구, 서구 순으로 평 단가가 높습니다. 또다시 3개 구 각 동의 평 단가를 조사하여 상위 10개를 정리해보면 상위 10개 지역 중 무려 8곳이 수성구이고, 다른 구에 비해 상당히 높았습니다. 이를 통해 대구의 대장 지역은 '수성구'이고, 그중에서도 현재 범어동과 수성동이 가장 수요가 큰 '선호 지역'이라는 사실을 유추해볼 수 있습니다.

물론 이런 자료만으로 투자 의사를 결정해서는 안 됩니다. 다만 내가 잘 알지 못하는 지역에 처음 접근할 때, 가장 쉽게 얻을 수 있는 자료임은 분명합니다. 평 단가가 높은 동 순서대로 정리한 뒤에는 이를 토대로 지역을 자세히 분석하고 호재를 찾아보면 됩니다. 그럼 지금 어디에 투자해야 할지 감이 잡힐 것입니다.

순위	지역	평 단가 (단위: 만 원)	순위	지역	평 단가 (단위: 만 원)
1	수영구 남천동	3,988	1	수성구 범어동	3,093
2	해운대구 우동	3,421	2	수성구 수성동3가	2,753
3	수영구 수영동	3,364	3	수성구 황금동	2,532
4	해운대구 중동	2,901	4	수성구 두산동	2,509

운명을 바꾸는 부동산 투자 수업

5	수영구 민락동	2,566	5	수성구 만촌동	2,142
6	동래구 명륜동	2,491	6	수성구 수성동4가	1,951
7	동래구 수안동	2,270	7	수성구 수성동1가	1,944
8	해운대구 재송동	2,181	8	수성구 상동	1,922
9	해운대구 좌동	2,173	9	중구 대봉동	1,797
10	동래구 사직동	2,047	10	중구 대신동	1,795

부산시 동별 아파트 평 단가 상위 10개 지역을 정리한 표(왼쪽)와 같은 방식으로 대구를 정리한 표(오른쪽). 2022년 2월 기준.

광역시 투자법 ②
수요량과 입주 물량(공급량)을 확인하라

앞서 부동산 시장에서 '수요'와 '공급'이 중요하다는 점을 강조했는데, 지방 광역시 역시 마찬가지입니다. 주변 중소도시에서 광역시로 이주하려는 수요가 꾸준한 편이지만, 현재 인구가 감소하는 광역시도 있으므로 주의해야 합니다. 또한 서울에 비하면 광역시는 주택 공급이 상대적으로 수월한 편이므로, 향후 3년간의 신축 아파트 공급 물량을 확인해야 합니다.

공급량, 즉 입주 물량을 파악하는 방법은 매우 간단합니다. 부동산지인 메인 화면의 '수요/입주' 탭에서 내가 원하는 지역을 선택한 후 '검색'을 클릭하면 여러 자료가 나옵니다. 화면을 조금 아래

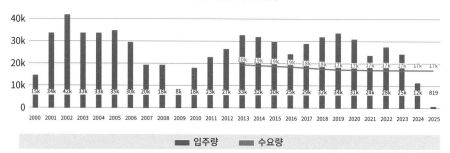

부산의 기간별 수요/입주

입주량 ■ 수요량

로 내리면 해당 지역의 과거부터 향후 3년까지의 입주량과 수요량이 막대그래프 형태로 나타납니다.

위 그래프에 따르면 부산은 2022년부터 2023년까지 총 5만 3천여 세대의 신축 아파트가 공급될 예정입니다. 수요보다 공급이 많은 상태이므로 입주가 본격적으로 시작되는 시기에 인근 기축 아파트의 전세가가 불안해질 수도 있습니다. 전세 임차인의 이주 수요가 새 아파트로 쏠리기 때문입니다. 다만 2024년부터는 공급량 부족으로 돌아서므로 단기적인 영향에 그칠 가능성이 있다는 점을 감안하여 투자를 결정하면 됩니다.

참고로 세종시는 2021년에 거의 1만 세대에 달하는 입주가 있었습니다. 수요의 5배에 달하는 입주가 동시에 이루어지면서 전세 시세가 하락하고, 따라서 매매가격도 주춤하는 추세를 보였죠. 대구광역시는 2023년 한 해만 수요량의 3배에 달하는 3만 5천여 세대

운명을 바꾸는 부동산 투자 수업

의 입주가 예정되어 있습니다. 물론 광역시는 주변 소도시 수요를 흡수하기 때문에 공급량이 많다고 해서 무조건 시세가 하락한다고 예측할 수는 없습니다. 이를 상쇄하는 개발 호재가 있거나 해당 지역에 풍선효과로 투자 심리가 몰리면 공급량이 많은 시기에 가격이 상승하기도 합니다. 다만 공급량 초과 시기가 투자에 부정적인 구간이라는 점은 분명하니, 투자를 할 때 좀 더 주의할 필요가 있습니다.

광역시 투자법 ③
해당 광역시의 상위 20% 아파트를 사라

투자할 때는 수요가 큰 상품을 고르는 것이 좋은데, '아파트'가 여기에 해당합니다. 광역시 투자를 고려한다면 해당 광역시에서 상위 20% 가격의 아파트를 찾아서 매수하는 편이 안전합니다. 상위 20%의 아파트라면 아무래도 대장 지역에 위치할 가능성이 높겠죠. 특정 권역 안에서 상위 20%의 아파트를 투자하는 방식은 지금도 충분히 해볼 만한 투자라고 생각합니다.

그런데 내가 가진 돈으로 해당 광역시의 상위 20% 아파트를 매수할 수 없는 상황이라면 어떻게 해야 할까요? 실거주가 아닌 투자 목적이라면 좀 더 가격이 저렴한 광역시를 선택하면 됩니다. 예를 들어, 같은 돈으로 부산의 상위 20% 아파트는 불가능하더라도 광주에서는 가능할 수도 있죠. 어떤 지역이든 그 지역의 '상위권'에 투자해야 안전하다는 것이 지방 투자의 기본입니다. 여기에 해당 지역의 공급량과 호재 등도 고려하여 투자처를 정하면 안전한 선택을 할 수 있습니다.

운명을 바꾸는 부동산 투자 수업

45

지방에 투자하기 전 반드시 알아야 하는 것들 (2)소도시

"부동산 투자를 하고 싶은데 투자금이 작아서 걱정입니다. 5천만 원으로 유명한 지방 소도시의 아파트를 매수하면 어떨까요?"

투자금이 상대적으로 작을 때는 지방 소도시 아파트 투자도 고려해볼 만합니다. 단, 지방 소도시의 수요는 광역시에 비해 훨씬 적으므로 매매가격이 수요와 공급에 보다 더 민감하게 반응한다는 점을 알아두어야 합니다.

지방 소도시 투자법 ①
해당 지역의 '대장 아파트'를 사라

앞서 지방 광역시에 투자할 때 해당 지역 상위 20%의 아파트를 매수하는 것이 안전하다고 했습니다. 지방 소도시에 투자할 때는 더욱 엄격하게 투자 물건을 선정해야 합니다. 투자금이 충분하다면 되도록 '그 지역에서 가장 좋은 신축 아파트' 매수를 추천합니다. 지방 광역시에 비해 소도시 인구는 20~30만 명 정도로 매우 작은 편입니다. 신축 아파트가 들어서면 기축 아파트는 크게 영향을 받는다는 말이기도 합니다. 그러므로 작은 도시일수록 신축 아파트를 매수하거나 분양권, 입주권에 투자해야 공급이 늘어도 대응이 가능합니다. 한마디로 그 도시에서 가장 좋은 아파트를 사라는 의미입니다.

지방 소도시 투자법 ②
권역 전체의 수요량과 공급량을 체크하라

지방 소도시에 투자할 때는 반드시 해당 지역과 영향을 주고받는 '권역'을 정리해봐야 합니다. 그런 다음 도시별로 3년간 수요량과 공급량을 확인한 뒤에 투자를 결정해야 하죠. 인구가 매우 작은

운명을 바꾸는 부동산 투자 수업

연도 / 항목	인구수	2020년		2021년		2022년		2023년	
도시	인구수	입주량	수요량	입주량	수요량	입주량	수요량	입주량	수요량
전주시	654,963	8,893	3,327	2,474	3,326	3,397	3,324	1,073	3,320
익산시	286,997	1,220	1,428	1,598	1,407	1,235	1,405	996	1,404
군산시	269,799	3,598	1,356	973	1,343	993	1,342	771	1,341
논산시	118,871	-	590	312	579	-	579	425	584
정읍시	110,310	260	549	404	539	-	539	386	539
보령시	100,908	699	507	1,382	498	-	497	-	500
김제시	83,803	-	417	946	409	-	410	188	409
계	1,625,541	14,670	8,174	8,089	8,101	5,625	8,096	3.839	8,097

전주-익산-군산 권역 내의 입주량과 수요　　　출처: 부동산지인

지방 소도시의 경우는 인근 도시에 신축 아파트가 공급되는 것만으로도 크게 영향을 받을 수 있기 때문입니다. 예를 들어, 전라북도 군산시에 투자를 고려한다고 가정해봅시다. 이때는 군산의 수요량과 공급량을 확인하는 것만으로는 부족합니다. 서로 영향을 주고받을 수 있는 인근 지역인 전주와 익산 등의 수요량과 공급량까지 모두 확인해야 합니다. 군산에서 출퇴근할 수 있는 지역을 인구수로 정렬하고, 수요량과 공급량을 확인해보면 위 표와 같습니다.

표를 보면, 군산은 전주에 이어서 권역 내 인구수 3위로 중상위

권 도시라는 사실을 확인할 수 있습니다. 이때 수요량과 공급량을 체크하려면 군산보다 인구가 많은 전주와 익산을 먼저 확인해봐야 합니다. 여기서 끝이 아닙니다. 해당 권역 자체가 총 인구수 160여만 명으로 적기 때문에 하위 소도시들도 모두 고려해봐야 합니다. 인구가 적을수록 권역 전체의 수요량과 공급량이 서로 유기적인 영향을 끼칩니다. 표를 보면 2020년에 전주와 군산에서 대규모 입주가 있었고, 권역 전체로 보아도 공급량(14,670)이 수요량(8,174)을 초과했음을 알 수 있습니다. 2020년 하반기에는 권역 전체의 아파트 시장이 악영향을 받았을 것이라 유추해볼 수 있습니다.

2021년부터 2023년까지 3년간은 수요량이 공급량보다 많습니다. 2020년 하반기에 전주나 군산 쪽에 최상위 아파트를 매수했다면 괜찮은 투자가 되었을 것입니다. 실제 가격 변화를 확인해볼까요?

2018년에 준공된 군산의 신축 아파트 e편한세상군산디오션시티의 전세가와 매매가를 살펴보겠습니다. 2020년 하반기를 기점으로 해당 아파트 30평대의 매매가격이 급격히 상승했다는 사실을 알 수 있습니다. 만약 2020년 말에 이 아파트에 투자했다면 매매가와 전세가의 차이인 1억 원으로 매수할 수 있었을 것입니다. 5천만 원 정도의 투자금만 있어도 신용대출을 받으면 충분히 접근 가능한 시기였죠. 2022년 8월 현재 호가가 5억 원 정도에 형성되어 있으니, 그 시기에 투자했다면 대략 5천만 원의 수익을 낼 수 있었을 것입니다.

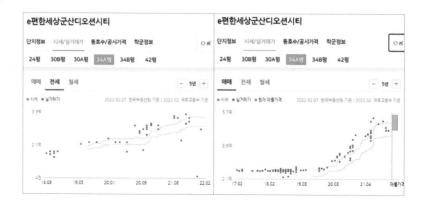

지방 소도시 투자법 ③
리스크 높은 투자, 타이밍이 관건이다!

말로만 들으면 참 쉬워 보이지만 기본적으로 지방 소도시 투자는 리스크가 높기 때문에 초보 투자자에게 추천하기는 어렵습니다. 워낙 수요가 적은 지역이므로 해당 권역의 수요량과 공급량을 따져서 매우 정확한 타이밍에 투자해야 성과를 볼 수 있습니다. 또한 최적의 타이밍을 찾아서 신축 아파트에 투자한다고 하더라도 항상 성공한다고 보장할 순 없습니다. 절대 수요가 적은 지역이므로 수요 공급 논리와 별개로 다주택 규제나 대출 규제, 규제지역 지정 등의 시장 변화에 직격탄을 맞기도 하기 때문입니다.

다시 한번 강조하지만, 지방 소도시 투자의 첫 번째는 '타이밍'입니다. 수요가 쌓이고, 인근 지역에 공급까지 비슷한 시기에 '급매'로 매수해야 리스크를 줄일 수 있습니다. 시세가 오르는 것만 보고 뒤늦게 투자하면, 먼저 진입한 투자자들이 보유 기간을 채우고 매물을 내놓으면서 해당 지역 전월세가 요동치고 매도가 어려워질 수도 있습니다. 이 점을 기억하고 지방 소도시 투자는 매우 신중하게 접근해야 합니다.

46

투자 후
제때 세입자 맞추려면
이것만은 지켜라

사업가 입장에서 물건이 팔리지 않아 재고가 쌓이게 되면 매우 난감합니다. 비용을 들여 상품을 만들었는데 수익이 나지 않고, 관리 비용만 느는 데다 감가상각으로 가치가 나날이 떨어질 테니까요. 부동산 투자에도 재고가 있습니다. 임대인 입장에서는 세입자를 구하지 못해 비어 있는 집이 '재고'라고 할 수 있죠. 특히 세입자의 전세 보증금을 받아서 잔금을 치러야 할 때 세입자를 제때 구하지 못하면 계약이 파기될 위험까지 있습니다. 세입자를 제때 구하는 노하우는 없을까요?

아무것도 하지 않으면
아무런 결과도 나오지 않는다

"전세금을 레버리지 삼아서 3억 원짜리 지방 소도시 아파트에 투자했는데 요즘 잠을 못 잘 정도입니다. 매매계약서를 쓰기 전에 부동산 모바일 앱에서 호가를 확인해보니 전세금을 2억 5천만 원은 받을 수 있겠더라고요. 그런데 두 달이 넘도록 중개사님에게 아무런 연락이 없습니다. 잔금일이 다가올수록 불안하고 초조해 죽겠습니다. 왜 세입자가 구해지지 않을까요? 대체 저는 어떻게 해야 하나요?"

투자를 하다 보면 누구나 이런 상황에 처할 수 있습니다. 지금껏 100명이 넘는 임차인을 구해보며 얻은 깨달음은 '투자자가 적극적으로 행동하는 만큼 성과가 따라온다'는 것입니다. 위 사연의 경우 현재 호가만 믿고 매매계약을 진행한 점과 두 달이 넘도록 중개사의 연락만 기다리고 있었다는 점이 아쉽습니다.

만약 생각처럼 임차인이 구해지지 않는다면 반드시 그 이유를 알아내고 해결 방법을 찾아내야 합니다. 임차인을 구하는 것이 오로지 중개사의 일이라고 생각해선 안 됩니다. 임차인을 빨리 구하는 것도 투자자의 능력입니다.

세입자를 부르는 작지만 강력한 차이

'작은 차이가 명품을 만든다'라는 광고 카피가 있습니다. 부동산 투자에서도 '디테일'이 많은 것을 결정합니다. 세입자를 빨리 들이고 싶다면 세부적인 면에도 신경을 써야 합니다. 그 사소하지만 큰 차이는 무엇일까요?

① 여러 명의 중개사에게 매물을 내놓아라

낚시를 할 때 낚싯대를 많이 드리우면 물고기를 잡을 확률이 올라갑니다. 여러 중개사에게 전세 매물을 내놓으면 당연히 세입자를 구할 확률이 높아지겠죠. 지금 거래하고 있는 중개사와의 관계를 고려하면 다른 중개사에게 전세 매물을 내놓기가 껄끄러울 수도 있습니다. 그런데 이것이 상도덕에 어긋나는 것은 아니니 너무 걱정하지 않아도 됩니다. 세입자를 빨리 찾지 못해 내가 손해를 입을 가능성을 최소화하는 방법이니까요. 먼저 중개사에게 자주 연락하여 상황을 확인하세요. 시간이 지나도 세입자가 나타나지 않는다면 그때는 다른 방법을 찾아야 합니다.

"중개사 님, 한 달이 지났는데 아직 세입자가 나타났다는 소식이 없어서 걱정이 됩니다. 2주 뒤부터는 다른 중개사무소에도 내놓으려고 합니다. 그전에 최대한 구해질 수 있도록 부탁드려요."

정중히 양해를 구하고 다른 중개사무소에도 매물을 내놓으면 됩니다. 여러 곳에 내놓는 것이 아무래도 임차인을 구할 확률을 높일 수 있습니다.

② 옆 단지 중개소에도 매물을 내놓아라

보통은 매물이 속한 단지의 중개사무소에만 연락하게 되는데, 저는 옆 단지나 인근 동네 중개사무소에도 매물을 내놓으라고 권합니다. 세입자는 무 자르듯 지역을 구분하여 집을 찾지 않습니다. 직장과의 거리나 가진 돈 등을 따져서 괜찮다 싶으면 바로 옆 동네를 볼 수도 있죠. 세입자를 들이기 어려운 시기일수록 옆 동네까지, 최대한 많은 중개사무소에 매물을 적극적으로 내놓아야 한다는 사실을 기억하세요.

③ 전세 가격을 조금 낮추어서 내놓아라

부동산 투자에서 갭투자는 흔히 쓰는 방법이라고 할 수 있습니다. 당연히 일시적으로 갭 투자자가 몰리는 지역이나 아파트 단지에서 갑자기 전세 매물이 많아지는 때가 있습니다. 분명 내가 매수를 결심할 때만 해도 전세 매물이 많지 않았는데, 어느 순간 전세가 쌓이는 경우입니다. 시장의 규모 자체가 작은 지방 소도시일수록 갭투자 수요가 갑자기 몰릴 가능성이 큽니다. 매수한 뒤에 내 예상보다 전세 매물이 많아져서 세입자를 구하기 어려워지면 어떻게 해야 할까요?

운명을 바꾸는 부동산 투자 수업

이때는 나의 매물 순위를 객관적으로 파악하는 것이 중요합니다. 전세 물건이 부족할 때는 조건이 좋지 않아도 세입자를 구하기 수월하지만, 전세 물건이 많을 때는 세입자가 선호할 만한 조건의 동·호수부터 계약됩니다. 따라서 내가 투자한 집이 다른 집에 비해서 선호하는 층이나 동인지, 인테리어가 나은지 고민해보고, 그렇지 않다면 가격을 낮추는 결단이 필요합니다. 지금 당장 전세 계약을 하지 못하면 매매계약이 파기될 위험도 있으니, 우선 세입자를 구한 후 다른 문제는 나중에 고민하는 것도 현명한 투자 자세입니다. 전세금은 추후 다시 돌려줘야 하는 금액이고, 몇 년 뒤에 시세에 맞춰 전세를 놓을 기회가 생길 수도 있기 때문입니다.

④ 중개사가 나를 기억하게 하라

중개사에게 자주 연락하는 것과 별개로 '나'라는 투자자를 중개사가 기억하게 만드는 것이 좋습니다. 나 스스로 인간적인 호감이 생기는, 도와주고 싶은 사람이 되는 것이죠. 중개사에게 지나치게 사무적으로 대하거나 '갑질'을 할 이유가 전혀 없습니다. 통화 한 번을 하더라도 친절하게, 예의를 잘 지켜야 합니다. 직접 찾아갈 때는 음료수 하나라도 드리며 웃는 얼굴로 대화를 나누고요. 원하는 조건을 분명히 이야기하면서도 예의 바른 사람, 그런 매력적인 투자자여야 하나라도 더 도와주고 싶은 마음이 생기니까요. 그런 의미에서 중개수수료를 무조건 깎기보다 합리적인 선에서 협의합니다. 중개사와 투자자는 서로 상생의 관계입니다. 결국 그 지역에 믿을 만한 중개사와 좋은 관계를 유지해야 매수, 임대, 매도 상황에서 조금이라도 도움이 되는 거래를 할 수 있습니다.

결국 임차인을 구할 때는 소유자 본인의 노력이 가장 중요합니다. 그리고 객관적으로 나의 물건을 판단하고 결단을 내려야 하죠. 노력 없이 부동산 투자로 돈을 벌 수는 없습니다. 내 행동이 모여 내 인생을 바꾸듯이, 나의 노력으로 투자 결과를 바꿀 수 있습니다.

47

인테리어,
최소 비용으로
최대 효과를 내라

코로나 팬데믹으로 집에서 머무는 시간이 길어지면서 '홈 인테리어'에 대한 관심이 급증했습니다. 재택근무, 온라인 수업 등으로 홈 오피스를 꾸미기도 하는 등 라이프스타일의 변화가 홈 인테리어 트렌드에도 영향을 미치고 있죠. 실거주 목적이 아니라 투자를 위해 집을 매수할 때도 인테리어를 해야 하는 상황이 빈번히 발생합니다. 내 집처럼 멋지게 꾸밀 필요는 없지만, 임차인을 들이기 위한 인테리어로 매물 경쟁력을 높여야 하는 경우가 있죠. 이때 핵심은 지나치게 큰돈을 들이지 않으면서 최대한 효율적으로 수리를 해야 한다는 것입니다.

내가 살 집이 아니라면 욕심을 버려라

큰돈을 들여 인테리어를 해놓으면 전세금이나 월세를 더 많이 받을 수 있을까요? 인테리어가 멋지게 되어 있으면 당연히 세입자 입장에서 나쁠 것은 없겠지만, 무조건 그런 것은 아닙니다. 입장을 바꿔 생각해보면 됩니다. 어차피 남의 집이고 계속 이 집에서 거주한다는 보장도 없습니다. 그리고 인테리어가 잘되어 있는 집이라면 조금이라도 비싸게 받으려 할 것이고요. 임차인이 이곳에 전세로 거주하려면 더 많은 비용을 지불해야 하는데, 그 돈이면 차라리 더 넓은 집이나 살기 좋은 지역을 가는 편이 낫겠다고 생각할 수도 있습니다. 임차인 입장에서는 인테리어보다 더 중요한 점들이 많기 때문이죠. 인테리어가 마음에 들지 않더라도 임차 비용이 적게 들어가는 편을 선호할 수 있습니다.

또한 인테리어에 돈을 쓰는 만큼 집값이 올라가지는 않는다는 사실도 기억해야 합니다. 내가 5천만 원을 들여서 인테리어를 했다고 집의 가치가 5천만 원 오르지는 않습니다. 매도할 때 인테리어 비용을 모두 회수할 수 없다는 뜻입니다. 매수자 입장에서는 수리한 집을 5천만 원 더 비싸게 사기보다는, 차라리 인테리어를 하지 않은 집을 싸게 사서 자신의 취향대로 꾸미는 편이 낫다고 생각하기 때문입니다. 따라서 실거주용이 아닌 임대 목적의 집이라면 수리비는 최소한으로 쓰는 것이 유리합니다.

운명을 바꾸는 부동산 투자 수업

최소한으로 최대의 효과를 내는 4가지 노하우

앞서 수리에 큰돈을 쓸 필요가 없다고 했지만, 그렇다고 아무것도 하지 말라는 뜻은 아닙니다. 전월세 물량이 극히 적은 지역이라면 집의 상태가 썩 좋지 않아도 임차인을 구할 수 있겠지만, 그렇지 않은 상황에서는 내부가 깔끔할수록 임차인을 구하는 데 유리합니다. 그래서 최소한의 인테리어로 최대의 효과를 내는 것이 중요합니다. 여기서 '최소한'이라는 말에는 여러 의미가 있습니다. 같은 지역이나 아파트 단지의 다른 매물과 비교해 '평균' 정도는 해야 한다는 뜻이기도 하고, 거주에 있어서 필수적인 부분에 대해서는 고장 난 부분을 고치고 보수해줘야 한다는 의미도 있습니다.

집을 수리해야 한다고 하면 덜컥 걱정부터 하는 분들도 많겠지만 그럴 필요는 없습니다. 지금부터 최소한의 인테리어로 최대의 효과를 내는 방법 4가지를 소개합니다.

① 인테리어의 80%는 도배와 장판이다

도배와 장판은 집에 들어왔을 때 첫인상을 결정합니다. 누렇게 변색되었거나 촌스러운 색이거나 많이 낡아 있다면 교체를 고려해봐야 합니다. 이때는 그리 큰 비용이 들지도 않습니다. 장판과 벽지 도배만 새로 해도 집의 분위기가 확 달라집니다. 바닥과 벽, 천장이 집 전체 면적의 80%를 차지하기 때문입니다. 따라서 가장 적은 돈

조명과 벽지, 장판 등을 수리한 인테리어 사례

으로 큰 효과를 볼 수 있는 수리가 바로 도배와 장판 교체입니다. 위 사진을 보면, 벽지와 장판 교체만으로도 분위기가 확연히 달라졌다는 사실을 알 수 있죠.

② 조명만 바꿔도 다른 집이 된다

도배와 장판이 면적의 80%를 차지한다면 조명은 집안 전체에 영향을 미치는 '빛'을 담당합니다. 도배와 장판을 수리해도 조명이 어두우면 그 효과가 반감되죠. 반대로 도배와 장판을 그대로 두고 조명만 바꿔도 분위기가 훨씬 좋아집니다. 과거 형광등에 비하면 최근의 LED 조명은 훨씬 밝고 디자인이 다양해졌습니다. 낡은 빌라나 오래된 구축 아파트에 투자한 분들 중 수리에 큰 비용을 들이기 곤란하다면, 먼저 조명 교체부터 고려해보기를 추천합니다. 들어간 비용 대비 큰 효과를 볼 수 있습니다.

운명을 바꾸는 부동산 투자 수업

③ 큰 공사를 최대한 줄여라

인테리어 공사에서는 설비를 바꿀 때 가장 큰 비용이 들어갑니다. 화장실 공사나 싱크대, 새시를 교체하려면 큰돈이 들기 때문에 최대한 기존의 것을 살려서 사용하는 것이 좋죠. 예를 들어, 싱크대의 경우 필름 시공과 손잡이 교체만으로도 거의 새것 같은 느낌을 낼 수 있습니다. 이처럼 최소한의 비용으로 수리할 수 있는 요소를 찾아보는 것이 먼저입니다. 그런데 부분적으로 수리하는 비용이 오히려 많이 들 때도 있습니다. 이럴 때는 일단 전·월세 비용을 조금 낮춰서 세입자를 구하고 이후에 전체 교체(올 수리)를 진행하는 편이 가격 면에서 더욱 저렴할 수 있습니다.

④ 대략적인 인테리어 비용을 알면 두렵지 않다

최소한의 인테리어를 할 때 들어가는 비용은 어느 정도일까요? 정확한 기준은 없습니다. 지역, 인테리어 업체, 자재에 따라 천차만별이기 때문입니다. 그럼에도 불구하고 최소한의 예산은 미리 생각해놓아야 집을 매수할 수 있습니다. 지금까지 저의 경험에 비추어볼 때, 평당 20만 원 정도의 예산을 잡으면 깔끔하다고 느껴지는 최소한의 수리를 할 수 있습니다. 물론 이 가격으로 화장실과 싱크대, 새시를 모두 교체하는 '올 수리'를 진행할 수는 없습니다. 다만 33평형 아파트를 최소한으로 수리할 때 약 660만 원 정도를 예산으로 잡으면, 이 비용 안에서 최소한의 수리는 해볼 수 있다는 뜻입니다.

구분		비용
기초	도배 / 장판 / 페인트	12~13만 원(평당)
개별 공정	화장실	250~300만 원
	싱크대	150~300만 원
	새시	300~700만 원

이는 말 그대로 최소한의 기준이지, 멋진 집을 기대해서는 안 되는 금액입니다.

위 표는 공정별로 대략적인 공사비 기준을 나타낸 것입니다. 지역과 업체, 면적마다 비용이 다르니 개략적인 기준을 잡는 용도로만 참고해야 합니다.

인테리어에서 가장 비싼 부분은 새시 교체인데, 다행히 새시는 자주 교체할 일이 없습니다. 단지 안에 다른 집들이 새시 교체를 했는지 여부를 따져보고 교체를 고민해보면 됩니다. 새시 교체는 건물 외부에서도 쉽게 확인할 수 있죠. 또한 지역에 따라서 요구하는 최소한의 인테리어 수준도 다릅니다. 같은 25평 아파트라도 전세시세가 3억 원인 곳과 8억 원인 곳은 세입자의 눈높이가 다를 수밖에 없으니까요.

인테리어 업체를 활용하는 5가지 노하우

보통 인테리어를 할 때는 한 업체를 선정하여 전체 시공을 맡기는 '턴키' 공사를 하는 것이 대부분입니다. 공정별로 쪼개서 직영 계약을 맺고 공사하는 경우도 있지만, 초보자에게는 권하지 않습니다. 일정 조정 및 하자 보수의 책임 소재 등 감당하기 어려운 영역이 많기 때문입니다. 그런데 한편으로는 전체 공사를 한 업체에 맡기면, 업체 측에서 비용을 너무 과하게 청구하거나 부실하게 공사하지는 않을까 걱정이 되기도 하죠. 수리 업체와 계약할 때 어떤 점을 주의해야 할까요?

① 경쟁 매물을 여러 개 확인하여 공사 범위를 정한다

어디까지 수리할지 범위를 정하는 일은 사실 매수 전에 다른 매물과 비교해 결정할 수 있는 사항입니다. 이미 해당 집을 매수하기 위해 단지 내 여러 물건을 봤을 것입니다. 그때 살펴보았던 내부 상태를 기준으로 삼아 비슷한 수준으로 고치면 됩니다. 누차 강조했듯이, 임장을 할 때 사진을 찍어두었다면 도움이 되겠죠. 사진을 찍지 못했다면 상세히 메모를 남겨놓아야 추후 수리 범위를 쉽게 정할 수 있습니다.

② 여러 업체의 견적을 받는다

인테리어를 할 때는 여러 업체의 견적을 받는 것이 중요합니다. 이때 업체에 각 항목별로 공사비를 구분해서 견적서를 달라고 요청해야 합니다. 그래야 각 업체별 견적을 제대로 비교할 수 있습니다. 예를 들어 A업체에서는 도배와 장판 비용이 250만 원이라는데 B업체는 150만 원이라고 한다면, A업체 측에 이렇게 문의해보는 겁니다. "사장님, 어떤 업체에서는 도배와 장판 시공에 150만 원이 든다고 하는데 여기는 왜 비용이 비싼가요?"라고 말이죠. 그럼 혹여나 가격 협상의 여지가 생길 수도 있고, "이 아파트는 그렇게 싼 자재를 쓰면 임대 놓기 힘들어요" 하는 식으로 가격 차이에 대한 이유를 알아낼 수도 있습니다. 한두 곳의 견적을 받아서는 충분히 비교할 수 없으니 최소 5곳 이상의 견적을 받기를 추천합니다.

③ 중개사가 추천한 곳이나 지인을 무턱대고 믿지 말라

간혹 중개사에게 추천을 받아 인테리어를 하는 경우가 있습니다. 물론 해당 업체가 좋은 곳일 가능성도 있지만, 인테리어는 시공부터 사후 관리까지 신경 써야 하며 분쟁도 많이 일어나기 때문에 무턱대고 맡기면 위험합니다. 소개를 받았더라도 다른 곳과 비교해봐야 합니다.

인테리어 전문가인 지인에게 맡기는 경우도 있는데 저는 개인적으로 추천하지 않습니다. 우선 해당 지역 아파트 인테리어의 '최소 수준'을 알지 못할 가능성이 크고, 하자가 발생해도 지인이라는 이유로 서로 얼굴을 붉히느니 그냥 넘어갈 수도 있습니다. 지인이라고 해서 꼭 나에게 유리하게 도와주리라는 보장은 어디에도 없습니다. 결국 여러 업체를 비교해보는 것이 좋습니다.

④ 업체에 '가장 싸게 해달라'고 요청해야 비교가 된다

비교의 기본은 '동일 조건'을 만드는 것입니다. 자제와 공법에 따라 가격 차이가 크게 나는 인테리어 시공에서 어떻게 동일 조건을 만들 수 있을까요? 업체 측에 견적을 요청할 때, 가장 싸게 수리할 수 있는 견적을 달라고 하면 됩니다. 최소한의 비용으로 견적을 내달라고 요청하지 않으면 업체에서는 나름의 기준으로 자재를 선정하고 공법도 바꾸게 됩니다. 그럼 자연히 업체 간 비교가 어려워지죠. 그러니 가장 저렴한 견적을 받아서 비교해본 뒤에 더 필요한 공정이 있다면 나중에 추가하는 방식으로 진행하는 편이 낫습니다.

⑤ 잘 모르겠다면 그 동네에서 오래 영업한 업체에 맡겨라

세대 규모가 큰 아파트라면 단지 가까이에 인테리어 업체가 한두 곳쯤은 있게 마련입니다. 그중 오랫동안 영업한 업체에 맡기면 몇 가지 장점이 있습니다. 첫째, 실력이 검증된 곳일 가능성이 큽니다. 둘째, 해당 아파트 주민이 원하는 인테리어 수준을 알고 있습니다. 셋째, 동네 주민을 대상으로 하는 가게이므로 평판을 신경 쓸 수밖에 없습니다. 업체를 정하기 어려울 때는 그 동네에서 오래 영업한 업체에 맡기는 것이 차선책이 될 수 있습니다.

'셀프 인테리어'는 피해라

간혹 인테리어 시공비를 아끼기 위해 '셀프 인테리어'를 시도하는데, 이것 또한 권하지 않습니다. 집수리는 전문가의 기술이 필요한 분야입니다. 비전문가인 우리가 돈을 아끼겠다고 공사를 하다가 소탐대실할 수도 있습니다. 물론 저렴하게 공사하고 싶은 마음은 이해하지만, 무턱대고 손을 댔다가 오히려 보수 비용이 더 드는 경우도 있습니다. 또한 투자자 입장에서 시간은 '돈'과 같습니다. 셀프 인테리어를 준비하는 데 들어가는 시간과 노력도 돈입니다. 결국 전체적인 비용을 고려하면 셀프 시공으로 돈을 크게 아낀다고 볼 수 없습니다.

인테리어는 전문 기술의 영역입니다. 이를 인정하고, 다소 비용이 들더라도 잘 맡아서 해줄 전문 업체를 찾는 데 노력과 시간을 들이기를 추천합니다.

48

집은
언제 팔아야 하는가

모든 사람이 궁금해하는 것이 '언제 사서 언제 팔아야 할까?'입니다. 가장 원하는 바는 바닥에서 사서 꼭지에서 파는 것이지만 쉬운 일이 아니지요. 언제 어떻게 사야 하는지는 앞에서 계속 이야기했으니 이제 파는 이야기를 해보겠습니다. 투자 목적으로 주택을 매수하고 난 뒤의 최대 고민은 '언제 팔아야 할까'입니다. 심지어 매수하자마자 매도를 걱정하는 분도 있습니다. 저는 부동산 투자에서 매도 시기는 이미 매수할 때 정해진다고 생각합니다. 그 말은 반대로 말하면 언제 팔 것인지 '출구 전략'을 세운 뒤에 매수해야 한다는 의미이기도 합니다.

안 팔아도 되는 집을 사는 것이 먼저다

집을 사고 나서 불안한 마음이 들고, 언제 팔아야 하는지 고민하는 사람들은 매수하기 전에 언제 팔 것인가를 생각해보지 않은 경우가 많습니다. 물건의 가치와 미래 가능성을 진지하게 공부하고 고민한 뒤에 결정했다면 불안할 일은 없을 것입니다. 그런데 마음이 갈대처럼 바뀌고 하루하루 불안하다면 애초에 '사지 말아야 할 집'을 산 것일 수도 있습니다.

그럼 가장 좋은 투자는 무엇일까요? '팔지 않아도 될 집', 그러니까 오래 보유해도 좋은 집을 매수하는 것이 상책입니다. 내가 거주할 집이라거나, 장기적인 호재를 보고 계속 보유해야 할 물건을 샀다면 매도 타이밍에 대해 고민할 필요가 없죠. 예를 들어, 재건축 예정인 아파트에 투자했다고 가정해봅시다. 실제로 재건축이 조금씩 추진되고 있고 주변 환경이 계속 발전하고 있다면 이보다 편안한 투자가 없습니다. 시간을 두고 기다리면 미래 가치는 지금보다 훨씬 좋아질 것이기에 크게 걱정할 일이 없죠. 또한 내가 실거주할 수 있는 집을 매수했을 때도 마찬가지입니다. 실거주가 가능하고 살기에 만족스럽기까지 하다면 더욱 오래 집을 보유하고 싶을 것입니다.

문제는 이런 집만 살 수는 없을 때가 훨씬 많다는 겁니다. 가진 돈은 한정되어 있고 투자는 해야 하니 어느 정도 보유한 뒤에 매도

운명을 바꾸는 부동산 투자 수업

를 고려하는 물건일 때가 훨씬 많습니다. 이런 물건에 투자하면 어떤 생각을 하게 될까요? 고점에 팔아서 최대의 이익을 얻어야겠다는 마음으로 가득 차 불안해지기 시작합니다.

'고점'과 '저점'을 맞히려고 하지 마라

가장 싼값에 사고 가장 비싼 값에 판다. 이런 소망은 소망일 뿐 '불가능하다'고 보는 편이 더욱 맞습니다. 부동산 전문가들조차 저점과 고점을 정확히 맞히지 못합니다. 그런 사람은 전문가가 아니라 예언가에 가깝죠.

결국 투자를 잘하는 사람은 고점과 저점을 잘 맞히는 사람이 아니라, 전체적인 방향성과 변곡점을 빠르게 알아채는 사람입니다. 그러니 초보 투자자일수록 더더욱 집값의 저점과 고점 같은 것을 예측하려고 해서는 안 됩니다. 그보다 전체적인 방향성을 믿고 투자해야 하죠. 집값이 상승하는 상황이라면 나도 같이 투자를 해야합니다. 저점을 잡으려다가 상승기 전체를 놓쳐버릴 수도 있기 때문입니다.

그럼 어떻게 변화의 방향성을 꿰뚫어볼 수 있을까요? 투자자라면 다음의 사항들을 항상 체크해야 합니다.

① 내가 매수한 지역의 상황을 예의주시하라

기본적으로 부동산 시장은 주식 시장에 비하면 변화가 매우 천천히 일어납니다. 하지만 투자자는 부동산 시장의 흐름을 늘 주시해야겠죠. 특히 내가 매수한 지역의 변화를 꾸준히 파악해야 합니다.

체크리스트를 만들어서 작성해보아도 좋습니다. 최소한 두 달에 한 번은 해당 지역 중개사에게 전화를 해서 물건의 시세를 확인하고, 변동 사항 및 사건이나 호재, 악재 등을 확인합니다. 한 달에 한 번이라면 더욱 좋습니다. 매달 시장 상황을 체크하다 보면 전체적인 '경향'을 파악할 수 있게 됩니다.

② 내가 매수한 물건의 시세 변화를 기록하라

내가 매수한 집의 가격 변화를 주기적으로 확인해 정리합니다. 특히 투자한 물건이 여러 채로 늘어날수록 꼼꼼한 정리는 필수입니다. 네이버부동산 등의 호가와 실거래가를 기준으로 정리하고, 최근 실거래가가 없다면 KB 시세를 확인하거나 중개사에게 문의해서 현재 시세를 알아봅니다.

③ 시세 상승과 하락 원인을 제대로 파악하라

내가 매수한 집의 시세 변화를 파악하는 일도 중요하지만, 더욱 중요한 것은 '왜 변화가 일어났는가'를 따져보는 겁니다. 매수한 물건의 가격이 유지 혹은 상승하는 중이라면 여유롭지만, 하락하는 경우에는 조급한 마음에 바로 매도를 고려하는 분들이 있습니다. 그러나 일시적인 가격 하락일 수도 있으니 시세 변동의 원인을 명확히 파악하는 것이 우선입니다.

다른 금융 자산에 비해서는 덜하지만, 부동산 역시 시세가 변동하는 자산입니다. 항상 집값이 오르는 것은 아니며 보합이나 조정, 하락기를 맞기도 합니다. 이때 무조건 가격이 정체하거나 하락한다고 매도를 결정해선 안 됩니다. 하락 요인이 단기적으로 해결될 수 있는 것이라면 보유하면 되고, 나의 예상과 달리 시장이 급격히 변화하거나 쉽게 해결할 수 없는 악재가 있다고 판단되면 집값이 상승하더라도 매도를 준비해야 합니다.

결국 매도를 결정하는 핵심은 원인을 정확히 분석하는 것입니다. 원인을 제대로 분석하기 위해서는 인터넷으로 정보를 충분히 검색하고, 부동산 애플리케이션 등을 통해 통계 수치를 확보해야 할 뿐만 아니라, 실제 그 지역에서 활동하는 중개사 다수의 의견까지 들어본 후 종합적으로 판단해야 합니다. 비교적 단기간에 해결되는 문제인지, 계속 누적되는 문제인지를 구분하려고 노력해야 합니다.

'대안'을 찾고 매도하라

내가 가진 매물의 가격이 상승하는데도 매도를 해야 할 때가 있습니다. 그런 일은 언제 일어날까요? 바로 '내가 소유한 물건 외에 더 나은 대안을 찾았을 때'입니다. 현명한 투자자는 부동산 상승기에도, 하락기에도 투자할 최적의 대상을 찾고 있어야 합니다. 더 나은 투자 대상을 찾았다면 기존의 집을 매도하고 새로운 집을 매수하면 됩니다. 이때가 바로 기존 집을 매도하는 최적의 타이밍입니다.

우리는 더 나은 투자 대상을 찾아내는 눈을 기르기 위해 공부합니다. 부동산 투자는 결국 '많이 쌓는' 쪽이 성공할 확률이 높습니다. 이론적인 지식을 더 많이 쌓고, 현장에서 보고 들으며 직접 투자해 경험을 쌓아야 합니다. 그럼 전체 시장의 흐름을 예측할 수 있는 눈이 생기고, 변화에 유연하게 대응하면서도 쉽게 흔들리지 않는 안정감이 생깁니다. 투자금을 모으고 있는 분부터 이미 집을 보유한 분까지 모두 '더 나은 대안'을 위한 공부를 끊임없이 해야 합니다.

나의 첫 투자가 최고의 투자일 리는 없습니다. 항상 공부하고 더나은 대안을 찾다 보면 더 좋은 투자를 할 수 있게 됩니다. 그러니 처음부터 가장 성공한 투자를 해야겠다고 마음먹을 필요는 없습니다. 현재 내가 할 수 있는 최선의 선택을 한 뒤, 더 나은 기회를 찾아 발전시켜야 투자를 꾸준히 이어갈 수 있습니다. 물론 한번 투자

운명을 바꾸는 부동산 투자 수업

한 매물을 그냥 방치하는 것도 금물입니다. 항상 나의 선택이 잘못되었을 수도 있다는 마음으로 지속적으로 살피고 대안을 찾아보세요. 다음 페이지에 여러분이 투자한 물건의 시세 변화를 한눈에 체크해볼 수 있는 양식을 준비했습니다. 자신의 상황에 맞게 활용하여 매도 타이밍을 정해보기 바랍니다.

내 재산은 스스로 지켜야 합니다. 이 책의 기초편에서 계속해서 강조했던, "부자가 되고 싶다면 돈을 벌려고 하지 말고 투자를 잘하는 사람이 되려고 해야 한다"라는 말을 매 순간 명심해야 합니다.

물건 정보

단지 정보

✨ 서울시 건축물 대장 정보 >

세대수	4424세대(총28개동)	저/최고층	14층/14층
사용승인일	1979년 08월 30일	총주차대수	3021대(세대당 0.68대)
용적률	204%	건폐율	20%
건설사	한보주택		
난방	지역난방, 열병합		
관리사무소	02-567-7608		
주소	서울시 강남구 대치동 316 도로명 서울시 강남구 삼성로 212		
면적	101㎡, 115㎡		

물건주소	서울시 강남구 대치동 316 은마아파트 0동 000호			
분양면적	30.7평		전용면적	23.22평
매수일자	2000-01-01		매수가격	200,500 만 원

임차 정보

성명	홍길동		연락처	010-1234-1234	
임차일자	2020-05-01		만기일자	2020-05-01	
보증금	45,000	만 원	차임	-	만 원
중개사명	00공인중개사		연락처	02-123-1234	

시세 정보

구분	매매 시세	전세 시세	월세 보증	월세 차임	특이사항
20년 01월	200,500	49,000	5,000	150	
20년 03월	198,000	55,000	5,000	150	전세는 오르는데 매매가격은 큰 차이가 없다고 함
20년 05월	184,500	54,000	5,000	150	
20년 07월	195,000	55,000	5,000	150	
20년 09월	215,000	59,000	5,000	160	전세 부족, 가격이 상승하고 있음
20년 11월	207,000	67,500	5,000	160	

운명을 바꾸는 부동산 투자 수업

21년 01월	208,500	82,500	5,000	160	이사철 수요로 전세가 급등
21년 03월	211,500	82,500	5,000	165	
21년 05월	220,000	77,500	5,000	165	매매가격도 꾸준히 올라가고 있음
21년 07월	220,000	87,500	5,000	165	
21년 09월	222,500	80,000	5,000	165	대출 규제로 전세 수요가 줄어들었다고 함
21년 11월	233,500	80,000	5,000	165	재건축 규제 완화 이야기가 나오면서 가격이 조금씩 변하고 있음
22년 01월	233,500	77,500	5,000	165	
22년 03월					
22년 05월					
22년 07월					

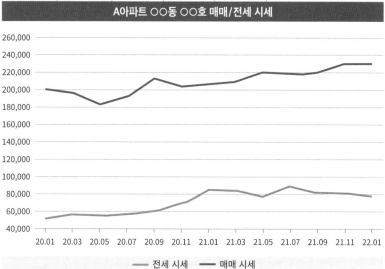

A아파트 ○○동 ○○호 매매/전세 시세

초보 투자자를 위한 '권역' 구분법

특정 지역의 한 도시만 알아보고 투자하는 사람이 있습니다. 그런데 부동산 투자를 할 때는 해당 도시와 영향을 주고받는 주변 지역, 즉 특정한 범위 안의 지역을 뜻하는 '권역'을 기준으로 생각해야 합니다. 이때 권역을 나누는 기준을 알아두면 투자에 큰 도움이 됩니다.

행정구역이 아닌 생활권역이 중요하다

기본적으로는 수도권, 충청권, 경남권과 같은 행정구역 각각이 하나의 권역을 뜻합니다. 그런데 부동산 투자에서는 행정상 권역이 아닌 '생활권'의 범주로 나눈 '생활권역'이 더욱 중요합니다. 예를 들어, 서울 강북구보다는 경기도 성남시의 판교가 '강남 생활권'에 가깝다고 할 수 있습니다. 마찬가지로 천안시의 경우 행정구역상 충청남도로 분류되지만 생활권으로는 수도권에 더 가깝습니다.

하지만 처음에는 생활권역을 구분하기가 쉽지 않습니다. 그럴 때는 우선 행정구역으로 분류한 뒤, 그중 관심 지역을 선정해 생활권역을 조사해보면 됩니다.

행정구역상 구분과 인구 증감 확인

먼저 행정구역부터 알아보겠습니다. 행정구역상 우리나라는 총 6개의 권역으로 구분해볼 수 있습니다. 수도권, 충청권, 강원권, 경북권, 경남권, 호남권으로 구분되죠. 부동산 투자에서 '수요'를 예측하려면 먼저 각 행정권역의 인구 증감을 따져봐야 합니다. 권역별 인구 증감 자료는 국가통계포털(KOSIS)에서 찾아볼 수 있습니다. 다음 표는(484쪽) 6개 행정구역의 전년 대비 인구 증감률을 나타낸 자료입니다.

해당 자료를 보면 대부분은 인구가 감소하는 와중에 경기도와 인천, 세종, 제주는 증가했습니다. 인구가 가장 크게 감소한 지역은 경남, 경북, 호남 순이죠. 거리상 수도권에서 멀어질수록 인구 감소가 일어나고 있음을 알 수 있습니다. 향후 3년간 인구는 지속적으로 줄어들 것이며, 특히 수도권을 제외한 권역들의 감소세가 두드러질 것으로 예상됩니다. 수도권과 가장 가까운 충청권은 상대적으로 안정적인 편입니다. 여기에는 2030년까지 계획 인구 80만 명을 목표로 설계된 세종시의 인구 증가가 한몫하죠. 정리하면 현재 수도권으로 인구가 몰리는 양상이고, 이런 추세는 더욱 가속화될 것으로 보입니다. 즉, 거시적인 관점에서는 수도권과 충청권 투자가 적합하다는 결론이 나옵니다. 또한 인구가 감소하

권역		2019년	전년비	2020년	전년비	2021년	전년비	권역 비중
수도권	서울	9,729,107	-0.7%	9,668,465	-0.62%	9,509,458	-1.64%	50.0%
	경기	13,239,666	1.24%	13,427,014	1.42%	13,565,450	1.03%	
	인천	2,957,026	0.08%	2,942,828	-0.48%	2,948,375	0.19%	
	소계	25,925,799	0.05%	26,038,307	0.43%	26,023,283	-0.06%	
충청권	대전	1,474,870	-1.01%	1,463,882	-075%	1,452,251	-0.79%	10.7%
	세종	340,575	8.42%	355,831	4.48%	371,895	4.51%	
	충북	1,600,007	0.05%	1,600,837	0.05%	1,597,427	-0.21%	
	충남	2,123,709	-0.12%	2,121,029	-0.13%	2,119,257	-0.08%	
	소계	5,539,161	0.17%	5,541,579	0.04%	5,540,830	-0.01%	
강원권	강원	1,541,502	-0.10%	1,542,840	0.09%	1,538,492	-0.28%	3.0%
	소계	1,541,502	-0.10%	1,542,840	0.09%	1,538,492	-0.28%	
경북권	대구	2,438,031	-0.96%	2,418,346	-0.81%	2,385,412	-1.36%	9.8%
	경북	2,665,836	-0.41%	2,639,422	-0.99%	2,626,609	-0.49%	
	소계	5,103,867	-0.68%	5,057,768	-0.90%	5,012,021	-0.90%	
경남권	부산	3,413,841	-0.80%	3,391,946	-0.64%	3,350,380	-1.23%	15.3%
	울산	1,148,019	-0.66%	1,136,017	-1.25%	1,121,592	-1.27%	
	경남	3,362,553	-0.34%	3,340,216	-0.66%	3,314,183	-0.78%	
	소계	7,924,413	-0.59%	7,868,179	-0.71%	7,786,155	-1.04%	
호남권	전북	1,818,917	-0.98%	1,804,104	-0.81%	1,786,855	-0.96%	11.2%
	전남	1,868,745	-0.76%	1,851,549	-0.92%	1,832,803	-1.01%	
	광주	1,456,468	-0.20%	1,450,062	-0.44%	1,441,611	-0.58%	
	제주	670,989	0.57%	674,635	0.54%	676,759	0.31%	
	소계	5,815,119	-0.53%	5,780,350	-0.60%	5,738,028	-0.73%	
총계		51,849,861	0.05%	51,829,023	-0.04%	51,638,809	-0.37%	100%

권역별 인구수 증감

운명을 바꾸는 부동산 투자 수업

는 와중에 국지적으로는 인구가 증가하는 지역도 있고, 심지어 같은 도시에서도 구나 동 단위로 다른 양상을 보이기도 합니다. 이런 세부적인 차이에서 투자의 기회를 찾을 수 있습니다. 다른 곳의 인구가 감소해도 내가 투자한 곳의 인구가 늘어났다면 수요는 오히려 증가했을 가능성이 높으니까요.

세부 지역 인구와 세대수 증감은 '부동산지인(aptgin.com)'에서 간단하게 확인할 수 있습니다. 부동산지인에 접속해 '지인 빅데이터 – 인구/세대수'를 선택 후, 원하는 지역을 설정해 검색하면 인구 및 세대수 증감과 3년간 연령별 인구 증감까지 확인할 수 있습니다. 자세한 설명은 142쪽 '부자 아빠가 되기 위한 투자 수업: 투자하기 전에 반드시 확인해야 할 지표들'을 참고하기 바랍니다.

생활권역 및 도시별 인구 증감 확인

같은 생활권역은 도로나 철도로 이어져 있어 서로 출퇴근이 편리하고, 백화점과 쇼핑몰 같은 상업 인프라를 공유합니다. 특히 인근의 주요 도시 또는 업무지구까지의 거리가 중요합니다. 이때는 '물리적 거리'보다는 '시간적 거리'를 따져봐야 하는데, 대중교통이나 자차를 이용해 출퇴근할 수 있어야 같은 생활권역이 됩니다. 이때 대중교통으로 40분 안에 이동 가능한지를 기준으로 삼으면 됩니다. 보통은 출퇴근 가능한 기준을 편도 1시간으로 잡기 때문입니다. 대중교통이라면 역까지의 이동 시간을 고려해 '지하철 40분 내외'로 기준을 세우는 것이 적당합니다.

지하철역	직선거리	지하철 이동 시간
수원역-구로역	약 28.4킬로미터	33분(직행)~41분
광교중앙역-강남역	약 21.9킬로미터	35분
수원역-강남역	약 26.3킬로미터	1시간 2분

　　서울, 그중에서도 양질의 직장이 집중돼 있는 '강남 생활권역'을 보면 물리적 거리와 시간적 거리의 차이가 명확하게 드러납니다. 강남역까지 신분당선으로 35분이면 이동 가능한 광교중앙역 인근은 강남 생활권역이지만, 지하철만 1시간이 넘게 걸리는 수원역 인근은 강남 생활권역으로 보기 어렵습니다. 행정구역상으로는 같은 수원시이고 직선거리가 약 5킬로미터에 불과하지만 생활권역은 전혀 다르죠. 수원역 인근은 오히려 '구로 생활권역'으로 구분할 수 있는데, 수원역에서 구로역까지 직선거리는 28킬로미터가 넘지만 지하철로 환승 없이 40분이면 이동할 수 있기 때문입니다 .

　　지방에서는 자차 이동 시간이 30~40분이면 같은 생활권역으로 구분할 수 있습니다. 예를 들어 전라남도의 경우 광주가 가장 큰 도시이므로 광주 생활권역을 생각해볼 수 있습니다. 그런데 광주에서 나주까지는 도로가 잘 닦여 있어 30분 내외로 이동이 가능합니다. 나주에 살면서 광주로 출퇴근하거나, 반대로 광주에 살면서 나주의 한국전력 같은 직장으로 출퇴근하는 사람도 많죠. 그래서 나주는 '광주 생활권역'이라 할 수 있습니다. 반면 같은 전라남도임에도 광주까지 1시간 정도 걸리는 목포는 광주 생활권역에 포함하기 어려울 수 있습니다.

생활권역은 바뀔 수 있다

행정구역과 달리 생활권역은 변동될 수 있습니다. 교통 인프라 개선으로 이동 시간이 단축되면 생활권역도 달라지죠. 앞서 예로 든 수원역은 GTX-C가 계획되어 있는데, 완공되면 삼성역까지 20분대로 이동이 가능해집니다. 강남 접근성이 개선되니 단숨에 강남 생활권역에 포함될 수 있죠.

그럼 왜 생활권역을 따져봐야 할까요? 생활권역의 중심이 되는 도시나 지역의 집값이 오르면 동일 생활권역 내 도시들의 집값도 따라 오를 수 있기 때문입니다. 지금은 강남의 집값이 수원역에 직접적 영향을 준다고 할 수는 없지만, 향후 수원과 강남이 GTX-C로 연결된다면 같은 생활권이 되므로 조금 더 직접적으로 영향을 받을 수 있다는 뜻입니다.

투자하고 싶은 지역이 있다면 먼저 그 지역의 행정구역과 생활권역을 확인한 다음 그 권역의 인구 및 세대수 증감, 수요와 공급의 변화 그리고 권역의 중심 지역이나 인근에 교통 개발 호재가 있는지 등을 따져보세요.

11부

부동산에는 아파트 외의 다양한 투자처가 있습니다.

내가 처한 상황과 자금, 목적에 따라 아파트 외의 투자,

즉 비(非)아파트 투자를 시도해볼 수도 있죠.

11부에서는 이러한 투자에는 무엇이 있는지 알아보고,

투자를 고려하기 전에 꼭 알아야 할 점들을 짚어보겠습니다.

실전 투자자를 위한
비(非)아파트 투자 엿보기

49 비(非)아파트 투자, 나에게 적합한지부터 따져라

앞서 아파트 투자를 집중적으로 다룬 이유가 있습니다. 초보자도 입지를 분석하기 쉽고, 부동산 침체기에도 하락 폭이 작다는 점에서 아파트가 안전한 투자처이기 때문입니다.

그런데 아파트가 아닌 부동산에 투자하는 사람들도 많습니다. 각자가 처한 상황과 자금, 목적에 따라 아파트 투자를 했을 때보다 이득이 있기 때문일 겁니다. 물론 아파트 투자에 비해 상대적으로 어려워 더 많은 준비와 공부가 필요합니다.

나에게 맞는 투자처를 정하자

"아파트, 빌라, 오피스텔, 상가 투자 중 무엇이 제일 좋나요?"

사실 이 질문에 정답은 없습니다. 아파트가 무난하고 안전한 투자처라고 해도 나이와 재산, 성향, 직업, 가족 구성 등에 따라 다른 투자처가 더 나을 수도 있기 때문입니다. 아파트 이외의 투자에도 관심 있는 분들을 위해 투자 종류별 적합한 사람의 유형을 정리해 보았습니다. 물론 이는 이해와 결정을 돕기 위한 참고 자료일 뿐, 실제 선택은 각 투자처의 특징과 장단점을 충분히 고민한 후에 결정해야 합니다.

① 빌라 투자가 적합한 사람

빌라는 투자금이 가장 적게 들어갑니다. 매수 자금은 부족한데 실거주할 집을 사고 싶은 분이라면 적합한 선택지가 될 수 있죠. 비슷한 입지에 같은 평수, 같은 연식이면 빌라는 대략 아파트 가격의 30~50%에 매수가 가능합니다. 만약 실거주가 아니라 투자로 접근한다면 재개발 가능성이 있는 빌라 투자를 고려해볼 수 있습니다. 이미 재개발이 진행되고 있는 곳은 아파트만큼 투자금이 드는 경우가 많으므로, 재개발이 불확실한 초기에 저렴하게 매수하여 장기 보유하는 전략을 활용해야 하죠.

재개발은 시간이 오래 걸리는 투자입니다. 짧게는 10년, 길게는

운명을 바꾸는 부동산 투자 수업

20년 이상도 걸릴 수 있죠. 그래서 저는 시간 레버리지를 오랫동안 활용할 수 있는 사람이 아니라면 빌라 투자를 권장하지 않습니다. 단기간에 투자 성과를 얻고 싶다면 빌라 이외의 투자를 권합니다.

② 상가 투자가 적합한 사람

상가는 애초에 월세를 받을 목적으로 지어진 건물입니다. 상가 투자는 시세차익을 얻을 목적이 아니라, 매달 들어오는 월세 수입이 필요한 사람에게 적합하죠. 물론 '꼬마빌딩'처럼 건물 전체를 소유하는 경우에는 땅값 상승에 따른 시세차익을 얻을 수도 있지만 엄청난 투자금이 필요합니다. 일반적으로 '상가 투자'라고 하면 건물의 한 개 호실을 매수하는 상가 점포 투자를 말합니다. 매달 고정적인 수익이 필요한 사람, 즉 은퇴나 건강상의 이유로 더 이상 근로소득을 얻기 힘든 분들은 상가 투자를 고려해볼 수 있죠. 만약 안정적인 직장을 다니고 있으며 당장 회사를 그만둘 이유가 없는 상황이라면 임대소득보다 시세차익을 노리는 투자부터 접근하는 편이 낫습니다. 장기적인 투자 성과로 따져보면 더욱 그렇습니다.

그 밖에도 상가 투자를 추천할 만한 사람이 있습니다. 이미 내 집 마련이 되어 있고 충분한 주택 투자를 해왔으며, 다주택자에 대한 규제를 피해 추가로 부동산 투자를 하고 싶은 분들입니다. 상가는 주택이 아니기 때문에 주택 규제에서 한결 자유롭고 정책의 영향을 상대적으로 덜 받습니다. 처음에 주택 투자로 성공한 사람들도 최종적으로는 상가, 빌딩 투자에 관심을 갖는 이유가 바로 이 때문입니다.

③ 오피스텔 투자가 적합한 사람

오피스텔 투자는 크게 2가지로 나뉩니다. 매달 월세가 들어오는 임대용 소형 오피스텔 투자, 그리고 아파트의 대체재로서 시세차익을 노려볼 만한 중대형 오피스텔 투자입니다. 전자는 주로 1인 가구 수요가 있는 원룸 형태 오피스텔이고, 후자는 가족 단위에 적합한 아파트 구조 오피스텔인 '아파텔'입니다.

시세차익보다는 매달 고정적인 월세 수익을 목표로 한다는 점에서 임대용 오피스텔은 상가 투자와 공통점이 있습니다. 임대용 오피스텔 투자 역시 곧 고정 수입이 끊길 수 있는 예비 은퇴자들에게 적합하죠. 상가보다 월세 수익률 면에서 다소 떨어질 수 있지만 주거용으로 사용하는 만큼 임차인 구하기가 수월합니다. 그리고 상가와 달리 급한 경우 전세를 놓을 수도 있으니 공실 우려가 상대적으로 적습니다. 주거용 건물이기 때문에 상대적으로 수월하게 가치를 판단할 수 있다는 것도 장점입니다. 물론 상가 투자와 마찬가지로 아직 젊고 한동안 근로소득이 이어질 것이라 기대되는 사람에게 적극적으로 추천하지는 않습니다.

반면 안정적으로 거주할 집도 마련하면서 주택 청약도 포기할 수 없는 사람에게는 아파트의 대체재인 '아파텔' 매수를 추천합니다. 생애 주기로는 20~30대의 미혼이나 아직 어린 미취학 자녀가 있는 시기에 적합하죠. 아파트만큼은 아니지만 어느 정도 시세 상승도 기대해볼 수 있는 투자처입니다.

투자 목표	상품	특징	실거주	적합한 사람
임대 수익	상가	• 초보자에게 어려움 • 익숙하지 않은 투자처 • 많은 투자금이 필요	대부분 임대 목적	• 고정 수익이 필요한 사람(은퇴 자 등) • 실거주 집이 있고, 다주택자 규 제를 피해 투자하고 싶은 사람
	소형 오피 스텔	(상가 대비) • 공실 우려 낮음 • 투자 난이도 쉬움 • 월세 수익률은 낮음	1인·2인 가구	• 고정 수익이 필요한 사람(은퇴 자 등) • 상가 투자가 두려운 사람
시세 차익	아파텔	• 아파트의 대체재 역할 • 청약 도전 가능 • 임치인 구하기가 상대적으 로 쉬움	가족 난위	• 신혼부부거나 아이가 한 명인 부부 • 주택 청약을 준비 중인 사람 • 적은 돈으로 대도시에 실거주 용 집을 구해야 하는 사람
	빌라	• 가장 비선호하는 주택 형태 • 투자 가치에서 가장 불리 • 재개발 시 수익 극대화	가족 단위	• 시간 레버리지를 길게 쓸 수 있 는 청년층 • 현실적으로 아파트 실거주가 어려운 자산 소유자

50

빌라 투자,
시세 조사가 핵심이다

　　빌라 투자의 가장 큰 장점은 적은 돈으로 접근할 수 있다는 것입니다. 5천만 원 안팎의 투자금을 가진 분들이 빌라에 관심 갖는 이유가 여기에 있습니다. 그런데 단순히 저렴하다는 이유만으로 접근하면 낭패를 볼 수 있습니다. 빌라는 기본적인 수요가 낮은 상품이기 때문이죠. 적은 금액이라 해도 수천만 원 이상이 들어가는 만큼, 리스크를 최소화하기 위한 위험 요인을 반드시 점검해야 합니다. 성공적인 빌라 투자를 위해 꼭 알아야 할 것들은 무엇이 있을까요?

빌라 투자를 할 때 반드시 알아야 할 것들

빌라 투자를 할 때 다음의 몇 가지는 반드시 명심해야 합니다. 첫째, 신축 빌라를 분양받는 것은 매우 신중해야 합니다. 아파트와 달리 빌라는 정확한 시세 파악이 어렵습니다. 특히 신축 빌라의 경우 분양업자가 분양가를 높게 책정해도 초보 투자자는 이것이 적당한 가격인지 제대로 분석해내기 어렵습니다. 그래서 분양 후 2년이 지나 매매, 전세가 거래된 사례가 있는 빌라를 매수하는 편이 안전합니다.

둘째, '일단 매수하고 나중에 팔면 되겠지' 하고 안심해서는 안 됩니다. 일반적으로 매도하는 데 시간이 오래 걸리기 때문입니다. 사람들이 선호하는 주거 형태가 아니기 때문에 임차 수요는 있어도 매수 수요는 없을 때가 많습니다. 꼭 팔고 싶어서 '급매'로 내놓아도 매수자가 없어 오랫동안 기다릴 수 있죠. 기본적으로 빌라 투자는 장기적인 관점으로 접근해야 한다는 사실을 잊지 말아야 합니다.

마지막으로 당장 실거주할 집이 필요해도 빌라 투자는 심사숙고해서 결정해야 합니다. 낡은 빌라를 사서 재개발을 기다리며 실거주하겠다는 분들도 있지만, 재개발 가능성이 있는 빌라의 주거 환경이 생각보다 열악한 경우가 많습니다. 게다가 생각처럼 재개발이 빨리 진행되지 않으면 내 자산 대부분이 빌라에 묶이게 됩니다.

여러 번 강조하지만 빌라 투자를 너무 단기적인 시각으로 접근하지 말아야 합니다.

빌라 투자는 '시세 조사'가 핵심이다

아파트가 표준화·규격화된 상품이라면, 빌라는 비표준화·비규격화된 상품이라고 볼 수 있습니다. 아파트는 지난 실거래가와 최근 시세까지 네이버부동산 등의 사이트에서 손쉽게 알아볼 수 있습니다. 빌라는 이를 파악하기가 쉽지 않기 때문에 '시세 조사'가 투자의 성패를 가릅니다. 즉 빌라의 시세 조사는 비표준화·비규격화된 것을 표준화·규격화하는 과정입니다.

빌라의 시세를 알아볼 때는 최대한 비슷한 조건의 물건들을 가능한 한 여러 개 조사해야 합니다. 해당 동네에서 연식과 구조, 평수가 비슷한 빌라를 최소 5채 이상 확보해야 하죠. 만약 내가 관심 있는 물건이 2018년 준공한 방 3개짜리 17평형 빌라라면, 오른쪽 표와 같은 조사를 통해 대략적인 시세를 파악해볼 수 있습니다.

이런 과정을 통해 내가 매수하려는 빌라 시세를 최대한 객관적으로 보고 투자해야 성공 가능성을 높일 수 있습니다. 이때 같은 빌라의 다른 세대, 혹은 근처 빌라 중 연식과 평수, 구조가 비슷한 매물들을 집중적으로 조사합니다.

빌라	해당 매물과의 거리	준공일	평수	방 개수	시세(매매/전세, 단위: 원)	특징
A	5분	2016년	18평	3개	2.1억/1.5억	남향, 역세권
B	3분	2015년	17평	3개	1.7억/1.2억	남서향, 주차 시설 없음
C	2분	2020년	17평	2개	2.4억/1.8억	남향, 필로티 주차장
D	3분	2018년	15평	3개	1.6억/1.2억	남동향, 구조 나쁨
E	1분, 바로 옆	2018년	17평	3개	1.8억/1.3억	가장 유사함
⋮	⋮	⋮	⋮	⋮	⋮	⋮

성공하는 빌라 투자의 3가지 조건

다양한 요소를 따지고 검증해야 빌라 투자에 성공할 수 있지만, 여기서는 초보자가 이해하기 쉽도록 가장 간단한 몇 가지 기준을 소개합니다. 빌라 투자의 성공 확률을 높이는 3가지 방법은 아래와 같습니다.

① 아파트와 인프라를 공유하는 빌라를 매수한다

상대적으로 싼 가격으로 좋은 입지를 매수할 수 있다는 것이 빌라의 장점입니다. 따라서 투자뿐만 아니라 실거주까지 고려하고 있다면 최대한 인프라를 잘 갖춘 지역의 빌라를 매수하는 편이 좋습니다. 아파트가 밀집한 인근 지역의 빌라는 주거 환경을 함께 공유하죠. 대체로 아파트에 비하면 빌라는 가격 상승 폭이 적은 편이지만, 인프라를 잘 갖추고 있는 빌라의 매매가격은 아파트 가격이 상승하면 소폭이라도 따라가는 경향을 보입니다.

② 재개발 가능성이 있는 지역의 빌라를 매수한다

재개발 투자는 '시간 레버리지'를 활용하는 투자입니다. 실거주하기에는 너무 낡고 불편하지만 오랜 시간 기다려서 '낡은 빌라'가 '새 아파트'로 바뀌면 모든 상황이 역전되죠. 이런 빌라를 미리 매수하는 방식이 '재개발 빌라 투자'입니다. 이때는 우선 낡은 빌라들이 밀집해 있는 지역부터 찾아보고, 인근에 새 아파트가 많은 곳을 추려봅니다. 교통 인프라가 좋고 주변에 새 아파트들이 많이 있다면, 낡은 빌라가 모여 있는 지역도 개발 압력을 받을 확률이 높아집니다.

오른쪽 사진은 인천광역시 가정동의 위성사진입니다. 지도에서 붉은색으로 표시된 부분은 빌라 밀집 지역으로 현재 낙후되어 있으나, 입지 자체는 나쁘지 않다는 것을 확인할 수 있습니다. 중앙부엔 가정중앙시장역이 있고, 서쪽에는 7호선 연장 공사가 진행 중입니다. 북쪽으로 대단지 아파트가 들어서 있으며, 상단 봉수초등학교

인근 지역에도 대단지 아파트가 입주할 예정입니다. 재개발을 노리고 이런 지역의 빌라를 미리 매수해볼 수도 있겠죠. 물론 재개발이 되리라는 확신은 할 수 없으므로 리스크는 존재합니다. 그러나 반대로 생각하면, 아무것도 정해진 것이 없기 때문에 상대적으로 작은 투자금으로 매수할 수 있기도 합니다. 재개발 투자는 절대 만만

하지 않지만 제대로 공부해볼 만한 투자라는 점은 틀림없습니다.

③ 시세보다 싸게 사야 한다

일단 일반 매매로 빌라를 매수하면 손해를 볼 가능성이 높습니다. 매매가격이 잘 오르지 않는데 애초에 시세대로 사면 중개수수료, 세금 등으로 시작부터 손해 보기 때문입니다. 따라서 '급매'로 사거나 '경매' 등을 통해 시세보다 저렴하게 매수한다면 조금 더 리스크를 줄일 수 있습니다. 싸게 사서 제값에만 팔아도 이익이 발생하니까요. 물론 이때도 시세를 정확히 알아내는 능력이 핵심입니다.

운명을 바꾸는 부동산 투자 수업

51

재건축·재개발,
낡은 건물을 사면 돈을 벌까

　오랜 시간을 기다리는 대가로 큰 수익을 낼 수 있는 대표적인 분야가 바로 재건축·재개발 투자입니다. 하지만 위험 요소가 많을 뿐만 아니라 매수 전에 공부를 많이 해야 하는 복잡한 투자이기도 합니다. 이번 장에서는 재건축·재개발의 기초적인 개념을 알아보고, 투자를 고려하고 있다면 꼭 알아야 할 기본 사항들을 짚어보겠습니다.

재건축과 재개발, 무엇이 같고 다를까

📍**초과이익환수제**
재건축으로 조합원이 얻은 이익이 인근 집값 상승분과 비용 등을 빼고 1인당 평균 3천만 원이 넘을 경우에 초과 금액의 최고 50%를 세금으로 환수하는 제도. 여기서 조합원이란, 재건축 사업이 진행되는 해당 토지 및 건축물의 소유자를 뜻한다.

재건축·재개발은 '노후화된 건물을 부수고 새 건물을 짓는 사업'입니다. 모두 주거 환경을 개선하고 주택 공급을 늘리기 위한 사업이라는 데 공통점이 있죠. 그러나 재건축이 '30년 이상의 노후 아파트'를 대상으로 하는 반면 재개발은 '낡은 단독주택, 빌라 등이 밀집된 지역'이 대상이라는 점에서 차이가 있습니다. 두 방식 모두 아파트를 건설하게 되는데, 이것이 가장 사업성이 좋기 때문입니다.

구분		재건축	재개발
개념		노후 아파트 → 신축 아파트	노후 주택 밀집 지역 → 신축 아파트
차이	대상	정비기반시설은 양호하나 30년 이상 된 아파트	상하수도, 도로 등 기반시설이 미비한 낡은 주택 및 상가 등이 밀집된 지역
	기타	• 안전 진단 필수 • 초과이익환수제📍 • 민간사업의 성격 • 토지, 건물 모두 소유해야 참여 가능	• 공공사업의 성격 • 토지 혹은 건물만 소유해도 가능하며 무허가 건축물도 조건 충족 시 가능

재건축·재개발의 5단계

재건축·재개발은 순탄하게 진행되어도 최소한 10년은 걸린다고 할 정도로 여러 단계를 거칩니다. 전 과정을 이해하기 쉽도록 단순화하면 5단계로 구분할 수 있습니다.

초기 단계에서 정비구역으로 지정된 이후에 소유자들은 조합을 설립합니다. 소유자들이 모여 일종의 회사를 세우는 과정이죠. 조합이 설립되면 조합장이 곧 대표이사의 역할을 맡아 각종 절차를 진행하게 됩니다. 조합 설립 여부는 소유자의 동의율이 관건인데, 재개발의 경우 토지 등 소유자(정비구역 안에 소재한 토지 또는 건축물의 소유자 또는 창고 등을 소유한 지상권자)의 4분의 3 이상, 토지 면적 2분의 1 이상이 동의해야 하며, 재건축은 각 동별 소유자의 2분의 1, 전체 소유자의 4분의 3 및 토지 면적의 4분의 3 이상의 동의가 필요합니다.

조합 설립 후엔 시공사를 선정하고 각종 심의를 거치는 과정이 이어집니다. 몇 년이 지나 지자체의 최종 승인까지 받으면 본격적으로 이주 및 건물 철거가 이뤄지는데, 아파트 준공까지 2~3년간의 공사 기간이 소요됩니다. 이후 새 아파트에 입주하고 조합 청산을 하면 모든 과정이 끝납니다.

단계	기간	세부 사항
1단계: 정비구역 지정	2~3년	• 정비 기본 계획 수립 • 안전 진단(재건축) • 정비구역 지정 • 조합 설립 추진위원회 구성
2단계: 조합설립인가	1~2년	• 조합설립인가 • 시공사 선정
3단계: 사업시행인가	1~2년	• 건축 심의 • 사업시행인가 • 종전 자산 감정평가 • 조합원 분양
4단계: 관리처분인가	1~2년	• 이주 및 철거
5단계: 일반 분양 및 조합 청산	2~3년	• 일반 분양 • 준공 • 조합 청산

재건축·재개발 5단계 과정

재건축·재개발 투자에서 주의해야 할 3가지

재건축·재개발 투자는 여러 단계를 거치는 장기적인 사업이므로 일반 주택 투자와는 차이가 있습니다. 재건축·재개발 투자를 고려한다면 최소한 다음의 사항은 제대로 알고 접근해야 합니다.

① 예상보다 훨씬 오래 걸릴 수 있다
재건축·재개발 투자는 사업 초기 단계일수록 투자금이 적게 들

어가지만, 기약 없는 기다림을 감당해야
합니다. 정비구역 지정 이후에도 넘어야
할 산이 많아 사업 진행에 속도가 잘 나
지 않습니다. 조합 설립 단계에서부터 동
의율이 낮아 지지부진할 때도 있죠. 왜
이런 일이 발생할까요? 그것은 소유주 각

♀ 권리가액
감정평가액에 비례율을 곱하
여 산출된 금액. 비례율은 수
익률 계산의 기준이 되며 '개
발이익률'이라고 한다. 이렇
게 산출된 권리가액을 기준
으로 분담금을 계산한다.

자의 상황과 이해관계가 다르기 때문입니다. 집을 부수고 새로 짓
는 과정에는 많은 돈이 필요합니다. 이때 조합원이 소유한 자산의
권리가액♀을 제외하고 내야 하는 돈을 '분담금'이라고 하는데, 일
반 분양으로 공사비를 어느 정도 충당한다고 하더라도 기존 소유주
들이 꽤 많은 돈을 내야 하는 경우가 생깁니다.

　재건축·재개발을 하면 새 집을 거저 얻을 수 있다고 오해할 수
도 있으나 이는 사실이 아닙니다. 예를 들어, 재건축·재개발을 통
해 200세대가 살던 곳에 300세대의 아파트가 들어선다고 하면, 200
명이 소유했던 땅을 300명이 나눠 가지게 되니 그만큼 지분을 양보
하는 셈입니다. 한마디로 재건축·재개발을 하기 위해 돈 대신 땅을
주는 것이라고 이해하면 됩니다. 납부한 땅 지분으로도 공사비가
부족하다면 '분담금'을 추가로 내야 하죠. 이 과정에서 누군가는 더
많은 권리를 요구하기도 하고, 분담금에 대한 분쟁도 생기면서 시
간이 흘러갑니다. 정책이나 규제가 없더라도 소유자들의 합의를 모
으는 일 자체가 넘어야 할 큰 산입니다.

② 수익을 잘 따져봐야 한다

재건축·재개발은 미래를 예측해야 하는 만큼 리스크가 큰 투자입니다. 투자에 성공해 큰 수익을 얻을 때도 많지만, 그다지 성과가 없거나 오히려 손해를 볼 때도 있습니다. 따라서 수익성을 잘 따져보고 투자 여부를 결정해야 합니다. 수익성을 계산하는 데 중요한 5가지 포인트는 다음과 같습니다.

첫째, 사업 기간 예측이 중요합니다. 내 자금이 오래 묶여 있을수록 수익성이 떨어집니다. 또한 사업이 길어지면 분담금 외에 '추가 분담금'이 발생하기도 합니다. 재건축 이야기가 나올 때마다 언급되는 곳으로 서울 강남구의 은마아파트를 꼽을 수 있습니다. 준공한 지 40여 년이 된 오래된 아파트지만 아직 조합 설립도 못한 상태죠. 이렇듯 재건축·재개발 사업을 진행할 때의 돌발 변수는 매우 많습니다. 따라서 사전에 조합 내부의 분쟁 요소는 없는지, 또다른 사업 지연 요소에는 무엇이 있는지 철저히 조사해야 합니다.

둘째, 용적률과 대지 지분을 잘 파악해야 합니다. 용적률이란 '대지 면적에 대한 건축물 연면적(한 건축물의 각 층 바닥 면적의 합)의 비율'을 뜻하는 말입니다. 대지 지분은 공동주택 전체의 대지 면적을 가구 수로 나눈 면적을 말합니다. 그림으로 표현하면 오른쪽과 같습니다.

참고로 재건축·재개발 투자를 할 때 대지 지분과 용적률을 구분하는 것은 크게 의미가 없습니다. 현재 건물의 용적률이 낮다는

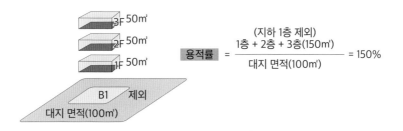

용적률

$$\text{용적률} = \frac{\text{(지하 1층 제외)}\quad 1층 + 2층 + 3층(150㎡)}{\text{대지 면적}(100㎡)} = 150\%$$

3F 50㎡
2F 50㎡
1F 50㎡

B1   제외

대지 면적(100㎡)

말은 곧 대지 지분이 많다는 뜻과도 같으니까요. 두 개념을 세부적으로 파고들면 복잡하니, '현재 건물의 용적률이 낮은', 즉 '대지 지분이 많은' 건물이 투자 가치가 좀 더 높다는 점을 기억해두면 됩니다. 반대로 현재 건물의 용적률이 높으면 재개발·재건축을 통해 늘어나는 세대수가 적기 때문에 일반 분양을 통한 수익이 적어지는데, 이는 다시 말해 기존 조합원들의 분담금이 늘어난다는 의미입니다. 이 경우 조합원들의 동의를 모으기가 더욱 어렵습니다. 용적률이 높은 곳은 '사업성이 나쁘다'라는 말이 나오는 이유입니다.

셋째, 비례율♀을 확인해야 합니다. 비례율은 다른 말로 '개발이익률'이라고도 합니다. 이는 사업성을 나타내는 지표로, 일종의 수익성 지표입니다. 비례율이

♀ 비례율
재개발 사업이 끝난 후, 해당 조합이 벌어들이게 될 전체 수입에서 사업 진행 비용을 뺀 돈을 해당 사업 구역 내의 토지 및 건물 감정평가액으로 나눈 금액.

100%를 넘으면 수익성이 높다는 뜻이고 반대로 100% 이하라면 수익성이 낮다는 의미입니다. 딱 100%라면 재건축·재개발을 통해 추가로 발생하는 이익이 없다고 생각하면 됩니다. 이때 조합원은 '권리가액', 즉 감정평가액에 비례율을 곱한 금액으로 보상받게 되므로 재건축·재개발 투자에서는 비례율을 잘 따져봐야 합니다. 비례율이 높은 곳일수록 내가 내는 '분담금'이 적어진다고 이해하면 됩니다.

넷째, 재건축은 재개발에는 없는 '초과이익환수제'가 있습니다. 바로 이 규제가 거대한 벽처럼 사업을 가로막고 있죠. 간단히 설명하면, 재건축을 통해 조합원들이 얻게 된 '이익'이 일정 수준을 '초과'하면 세금으로 '환수'해가는 제도입니다. 재건축 초과이익환수제가 적용되는 단지는 재건축 후 시세 상승분의 최대 50%까지 세금으로 내야 합니다. 이러한 이유로 재건축을 반대하는 소유주가 많아서 사업이 중단된 곳들도 있습니다. 따라서 재건축 아파트에 투자하고 싶다면 재건축 초과이익환수제가 얼마나 영향을 줄 것인지 사전에 꼭 체크해봐야 합니다.

다섯째, '어느 단계에서' 투자를 시작하는지에 따라 투자금이 달라집니다. 초기 단계일수록 투자금이 적게 들지만, 그만큼 불확실한 기간을 견뎌야 합니다. 즉 각 단계를 통과할 때마다 투자금은 커지는 반면, 수익을 낼 때까지 기다리는 기간은 짧아진다는 뜻입니다. 만약 관리처분인가 이후에 진입한다면 상대적으로 많은 투자금

운명을 바꾸는 부동산 투자 수업

이 들고 기대 수익도 적지만, 초기 단계에 투자할 때보다 훨씬 짧은 기간을 기다리면 되겠죠. 결국 내가 어느 단계에서 투자할 것인지에 대해 고민이 필요합니다.

③ '현금 청산'을 주의하라

재건축·재개발 대상이 되는 지역에 땅이나 건물을 가졌다고 해서 모든 사람이 조합원이 되는 것은 아닙니다. 조합원 자격을 얻지 못하고 현금 청산을 당하는 일도 있습니다. 현금 청산이란 조합원의 조건을 충족하지 못한 사람 또는 조합원 분양을 신청하지 않은 사람에게 '현금'을 주고 조합이 소유권을 가져가는 행위를 말합니다. 이때 당시의 감정가액을 기준으로 보상하며 추후 재개발·재건축에 따른 이익이 고려되지 않습니다. 현금 청산을 당하면 대부분 기대 이하의 보상금을 받습니다. 생각보다 현금 청산 대상자가 될 때가 많고, 조합원 지위가 승계되지 않는 경우도 있으니, 매수 전에 반드시 확인합니다.

재건축·재개발 투자는 매우 복잡하여 초보 투자자가 쉽게 접근하기는 어렵습니다. '낡은 건물을 매수하면 이득을 볼 수 있다'라는 단순한 생각으로 투자했다가는 오히려 손해를 볼 수도 있습니다. 반드시 투자의 전 과정을 이해하고 세부 사항까지 모두 확인해야 한다는 사실을 꼭 기억하세요.

52

아파트를 살 수 없다면 '아파텔'을 매수해도 될까

　'주택 투자'를 한다고 하면 보통 아파트, 빌라, 오피스텔을 꼽습니다. 이 중 아파트가 최우선으로 꼽히죠. 그런데 레버리지를 최대한 활용해도 아파트 투자가 힘들 때는 어떻게 해야 할까요? 주거용 오피스텔 중 아파트와 구조가 흡사한 '아파텔'이 대안이 될 수 있습니다. 물론 모든 아파텔이 좋은 투자처인 것은 아니므로, 오를 만한 곳을 찾아내는 안목을 기르기 위해 노력해야 합니다.

운명을 바꾸는 부동산 투자 수업

아파텔 투자, 정말 해도 될까

부동산 투자에 성공하려면 기본적으로 수요가 탄탄한 곳을 매수해야 합니다. 그런데 소형 오피스텔은 1~2인 가구를 대상으로 하며 세입자의 이동이 잦아 계속해서 수요가 쌓이기는 어렵습니다. 반면, 아파트와 흡사한 구조로 가족이 거주할 수 있는 중대형 오피스텔, 즉 아파텔은 어느 정도 수요가 쌓일 수 있습니다. 이때 아파텔은 방 2개 이상에 거실이 있는 아파트 구조를 가진 오피스텔을 말합니다.

사실 원래부터 아파텔이 주목을 받았던 것은 아닙니다. 최근 몇 년간 아파트값이 폭등하면서, 직장 등의 문제로 서울에 실거주해야 하지만 도저히 아파트를 살 수 없게 된 사람들에게 대안으로서 차츰 인기를 얻게 되었죠. 아파텔은 일반적으로 동일한 지역에서 비슷한 연식과 평수일 때, 아파트의 60~70% 가격으로 매수할 수 있습니다. 아파트에 비하면 훨씬 저렴하니 실거주나 투자자 입장에서 자금 부담이 덜합니다. 또한 익숙한 아파트형 구조를 취한 데다 주변 아파트와 인프라를 함께 공유하기까지 하니, 아파텔이 사람들의 주목을 받게 된 것은 어찌 보면 당연합니다. 이해를 돕기 위해 서울시 송파구 문정동에 위치한 송파파크하비오푸르지오를 예로 들어보겠습니다.

　네이버 위성지도를 통해 확인하니, 붉은색으로 표시된 송파파크
하비오푸르지오 주위에 대단지 아파트가 모여 있음을 확인할 수 있
습니다. 최근 몇 년간 인근의 아파트 시세가 가파르게 올랐는데, 맞
은편에 위치한 송파파인타운의 경우 30평대의 호가가 2022년 2월
기준으로 15억 원에 달합니다. 송파파크하비오푸르지오 주변을 보
면 서울동부지방검찰청과 서울동부지방법원 등 탄탄한 직장 수요
가 있고, 8호선 장지역 역세권이라 교통도 편리하다는 사실을 알
수 있습니다. 이곳의 시세 변화를 한번 살펴볼까요?

　해당 오피스텔 12평형의 실거래가를 살펴보면, 2020년 10월에
1억 7,800만 원에서 2021년 11월 1억 8,700만 원으로 13개월간 약

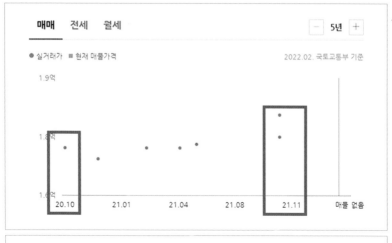

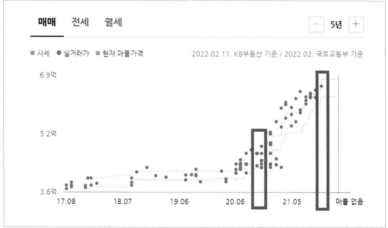

송파파크하비오푸르지오 12평형(위)과 28평형(아래)의 실거래 가격 출처: 네이버부동산

900만 원 상승했습니다. 상승률로 따지면 5% 정도로 적은 편입니다. 반면 28평형은 같은 기간에 최고 실거래가 기준으로 4억 7천만

원에서 6억 6천만 원으로 1억 9천만 원이나 상승했습니다. 상승률로 따지면 약 40%에 달합니다.

송파파크하비오푸르지오 사례를 통해 오피스텔 투자의 전반적인 주의점을 다시 한번 정리하겠습니다. 첫째, 소형 오피스텔보다 '아파텔'이라 불리는 중대형 오피스텔의 수요가 훨씬 많고, 가격 상승 폭도 더욱 큽니다. 둘째, 주변 아파트와 교통, 상권, 학군 등의 주거 인프라를 공유하는 아파텔은 아파트가 상승할 때 같이 시세가 상승함을 알 수 있습니다. 셋째, 그러면서도 아파트 대비 적은 투자금으로 매수 가능합니다. 아파트 투자가 어렵다면 대체 투자처로 아파텔을 고려해볼 수 있습니다. 물론 아파텔에 투자할 때도 충분히 공부하고 많이 조사하여 오를 만한 곳을 찾는 것이 중요합니다.

성공하는 아파텔 투자를 위한 3가지 조건

'아파텔'이라는 용어에서부터 알 수 있듯 아파텔은 태생적으로 아파트와 유사할 수밖에 없습니다. 그 가치를 평가할 때도 아파트와 떼어놓고 생각할 수 없죠. 그렇다면 가치가 상승하는 아파텔은 어떻게 찾을 수 있을까요?

① 인근에 대규모 아파트 단지들이 있다

여러 번 강조했듯 아파텔은 아파트의 대안으로서 기능합니다. 그 말은 아파트를 선택하지 못하는 분들이 차선책으로 아파텔을 선택한다는 뜻입니다. 당연히 '아파트가 있을 만한 곳'에 있는 아파텔이어야 대체재로서 가치가 높습니다. 특히 대단지 아파트가 많이 모여 있는 곳의 아파텔이라면, 아파트에 대한 넘치는 수요 중 일부가 아파텔로 넘어올 수 있죠.

② 아파트와 인프라를 공유한다

단순히 아파트가 많은 곳의 아파텔이라고 해서 무조건 시세가 연동하여 함께 상승하지는 않습니다. 기본적인 주거 인프라가 좋은 지역이어야 합니다. 즉 살기 좋은 곳에 있어야 하죠. 교통은 물론이고 학군과 상업 및 문화 시설 등의 인프라를 최대한 함께 누릴수록 좋습니다.

③ 인근 아파트의 가격이 급격히 오르고 있다

위의 조건들을 모두 갖추었다고 하더라도 아파트 가격이 떨어지는데 아파텔 가격만 오르는 경우는 없습니다. 기본적으로 우리나라에서는 아파트가 1순위이고, 아파텔은 차선책이라는 점을 생각해보면 당연합니다. 아파트의 가격이 오르는 추세여야만 아파텔 투자를 고려할 수 있습니다.

서울 아파텔만 노릴 필요는 없다

'성공하는 아파텔 투자의 3가지 조건'이 반드시 서울에만 적용되는 것은 아닙니다. 최근 몇 년간 아파텔 가격이 크게 상승한 경기도 고양시 삼송동 인근을 한번 살펴보겠습니다. 위 사진은 네이버 부동산에서 검색한 삼송역 인근의 위성사진입니다.

붉은색으로 표시된 곳이 총 10동, 1,424세대의 대단지에 해당하는 e편한세상시티삼송3차 오피스텔입니다. 이곳은 앞서 언급한 아파텔의 조건을 충족하고 있습니다. 첫째, 주위에 삼송호반베르디움, 삼송아이파크 등 대단지 아파트가 대규모로 모여 있습니다. 둘째, 아파트의 여러 인프라를 공유하고 있습니다. 초등학교와 3호선

운명을 바꾸는 부동산 투자 수업

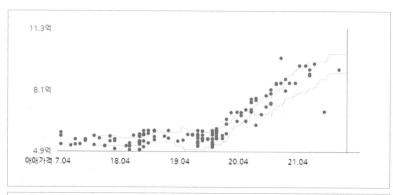

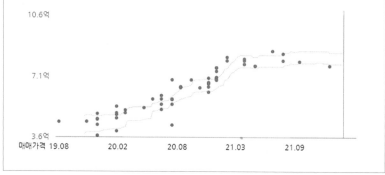

삼송호반베르디움 22단지 아파트(위)와 근처 아파텔 e편한세상시티삼송3차(아래)의 실거래 가격

출처: 네이버부동산

지하철 삼송역은 물론이고 쇼핑하기에 좋은 스타필드 고양점과 대형 마트가 가까이에 위치해 있죠. 셋째, 최근 인근 아파트 가격이 가파르게 올랐음을 확인할 수 있습니다.

네이버부동산을 통해 근처 삼송호반베르디움 22단지 아파트 112제곱미터(약 33평형)의 가격을 보면 2020년 3월경부터 가격이

네이버 로드뷰로 확인한 대단지 오피스텔 광교힐스테이트레이크(위)와 e편한세상시티 3차(아래)

가파르게 상승했음을 알 수 있습니다. 그렇다면 그 시기, 인접한 아파텔인 e편한세상시티삼송3차의 가격은 어떻게 바뀌었을까요? 그 아래 표를 통해 전용면적 82.76제곱미터(약 25평형)의 경우 비슷한 시기에 가격이 상승했음을 확인할 수 있죠. 인접한 아파트의 가격이 먼저 오르고, 그 수요 중 일부가 아파텔로 몰리면서 아파텔 가격

운명을 바꾸는 부동산 투자 수업

도 따라 오른 것입니다.

물론 모든 아파텔의 가격이 오르는 것은 아니고, 모든 시기에 아파텔의 가격이 오르는 것 또한 아닙니다. 그러나 앞서 말한 조건과 시기를 잘 따져서 투자한다면 아파텔을 통한 시세차익을 얻을 수도 있습니다. 특히 인프라를 갖춘 곳에 집을 매수하고 싶지만 아파트에 투자할 여력이 없다면, 아파텔도 충분한 대안이 될 수 있습니다.

53

상가 투자 하려면 이것만은 반드시 기억해라

지금까지 설명한 아파트, 빌라, 아파텔 등은 모두 주거 수요를 노린 투자입니다. 그런데 부동산 투자엔 또 다른 분야가 있죠. 바로 임대 수익을 노리는 상업용 부동산 투자입니다. 49장에서 언급했듯 이 다주택자 규제를 피해 추가 투자를 하려는 사람, 정기적인 월세 수익이 필요한 사람이라면 상가 점포 혹은 빌딩 등의 투자를 고려 해볼 만합니다. 그럼 상가 투자의 성패를 가르는 요소에는 어떤 것 들이 있을까요?

운명을 바꾸는 부동산 투자 수업

생소한 분야에
무작정 뛰어드는 투자는 위험하다

상가 투자를 결정하기 전에 먼저 알아두어야 할 점이 있습니다. 투자를 막 시작한 초보 투자자가 상가 투자부터 시작하는 것은 위험하다는 사실입니다. 아파트와 같은 주택 투자를 한 다음 상가 투자로 넘어오는 것이 좋습니다. 대부분의 사람들이 오랜 시간 주택에서 살아온 만큼 집에 대해서는 준전문가라 할 수 있지만, 장사를 직접 해보거나 상가를 빌려본 경험이 있는 사람은 상대적으로 적습니다. 경험의 측면에서만 보더라도 상가는 주택에 비해 어려운 투자처일 수밖에 없죠.

또한 상권을 잘못 분석하여 오랜 시간 임차인을 들이지 못하면 큰 손해를 볼 수 있습니다. 월세를 낮춰 임차인을 구하는 것도 쉽지 않은 결정입니다. 상가는 월세 수익에 따라 매매가도 같이 정해지기 때문에 월세를 무작정 낮추기 어렵습니다. 게다가 한번 낮춘 월세는 2018년 개정된 상가임대차보호법에 따라 10년간 상승 폭이 제한되기 때문에 차라리 공실로 두더라도 싼값에 임대를 놓지는 못하는 일도 생깁니다.

성공률을 높이는 상가 투자 노하우

여러 어려움에도 불구하고 상가 투자를 최우선으로 고려하는 분들이 있습니다. 그렇다면 최대한 리스크를 줄이는 것이 관건이겠죠. 지금부터 상가 투자를 시도하기 전에 미리 알아야 할 최소한의 사항을 정리해보겠습니다.

① 임차인 입장에서 생각하라

상가만 매수하면 매달 월세가 알아서 들어올 것처럼 생각하는 사람들이 의외로 많습니다. '10년 임대 보장' 같은 광고 문구를 철석같이 믿기도 하죠. 그런데 생각보다 월세 받기가 쉽지 않습니다. 결국 임차인이 내 상가에서 충분히 돈을 벌 수 있어야 월세를 받을 수 있습니다. 임차인이 내 상가에서 돈을 벌지 못하면 월세도 감당하지 못할 테고, 결국 공실이 발생할 수밖에 없죠. 즉, 투자자라면 상가를 매수하기 전에 입장을 바꿔 생각해봐야 합니다. '여기서 영업하면 임차인이 돈을 잘 벌 수 있을까?', '어떤 업종을 해야 돈을 벌 수 있을까?' 등에 대해 고민해보는 거죠. 임차인의 입장에서 생각해보는 것이 상가 투자의 기본입니다.

② '매출의 10%'를 기억하라

상가 투자를 할 때는 내가 얼마를 월세로 받을지 목표 수익을 정해야 하는데, 이 또한 임차인 입장에서 생각해보아야 합니다. 업종에 따라 다르겠지만 보통 매출액의 10% 이상이 임대료로 지불됩니다. 임차인 입장에서는 그 임대료를 지불할 수 있을 만큼의 매출을 내야 월세를 낼 수 있겠죠. 그럼 역으로 매출액이 월세의 10배 정도 나올 만한 업종이 무엇인지 따져보는 겁니다. 월세로 100만 원을 받고 싶다면 적어도 그 상가에서 월 매출 1천만 원이 나올 수 있는지, 그럴 만한 업종은 무엇이 있는지 알아봐야 한다는 말입니다.

세대수가 많기로 유명한 송파구의 한 아파트를 살펴봅시다. 단지 내에 있는 실평수 7평짜리 상가의 월세 호가는 2022년 2월 기준 보증금 5천만 원/월세 350만 원에 달합니다. 임차인이 이곳에서 월세를 내려면 월 매출 3,500만 원 정도는 나와야 한다고 가정해봅시다. 일반적인 30평 아파트의 안방보다 조금 큰 7평 남짓한 작은 공간에서 월 3,500만 원의 매출을 올릴 만한 업종이 많지는 않을 겁니다. 30일 내내 일한다고 가정해도 매일 120만원, 10시간 기준 시간당 12만 원을 벌어야 합니다. 테이블 두세 개 놓을 수 있는 공간에서 10분에 2만 원씩 한 달 내내 팔아야 한다는 의미입니다.

좀 더 명확하게 조사하기 위해 내가 매수하려는 상가 주변에 실제 영업하는 업종의 일 매출을 계산해보는 것도 좋은 방법입니다. 며칠 시간을 들여 실제 가게에서 시간당 얼마를 벌고 있는지 확인하는 것이죠.

위와 같은 조사를 통해 내가 원하는 월세를 감당할 업종으로 무

상가명	면적	배후 인구수	실투자금	목표 월세	필요 일 매출	가능 업종	경쟁 업체
A							
B							
C							
⋮	⋮	⋮	⋮	⋮	⋮	⋮	⋮

엇이 있을지, 월세가 너무 높은 것은 아닌지 대략적인 감을 잡을 수 있습니다. 그다음에는 이를 바탕으로 내가 투자하고자 하는 상가에 대한 정보를 정리하면 됩니다.

만약 내가 매수하려는 상가에서 그 정도 매출을 올릴 만한 업종이 떠오르지 않거나, 해당 업종의 경쟁 업체가 이미 인근에서 영업을 하고 있다면 원하는 월세를 받기가 어려울 수도 있습니다.

③ 반드시 현장에 가봐야 한다

주택 투자와 마찬가지로 상가 투자를 할 때도 현장에 여러 번 가야 합니다. 투자에 영향을 주는 중요한 정보는 현장에 가야 얻을 수 있습니다. 현장에서 체크해야 하는 부분은 다음과 같습니다.

첫째, '주 동선', 즉 사람들이 주로 다니는 동선을 파악하는 것입니다. 최근 며칠간 외출했던 기억을 떠올려봅시다. 아마 외출할 때도, 집에 돌아올 때도 거의 같은 길로 다녔을 겁니다. 사람들은 대부분 주로 다니는 길을 잘 벗어나지 않습니다. 특히 아파트 단지에는 많은 사람이 익숙하게 다니는 '주 동선'이 따로 있습니다. 같은 아파트 단지를 배후에 둔 상가라 해도 주 동선에 해당되는 곳과 아닌 상가는 매출에 큰 차이가 있을 수밖에 없습니다.

둘째, '공실'을 체크해야 합니다. 내가 관심을 둔 건물은 물론이고 인근 상가도 돌아다니면서 비어 있는 곳이 얼마나 되는지 확인해보는 것이 좋습니다. 공실이 많으면 그만큼 그 지역 상가의 임대료가 과대 포장되어 있을 가능성이 큽니다. 내가 원하는 만큼의 월세를 받기가 힘들다는 의미죠.

셋째, '경쟁 업체 수'를 따져봐야 합니다. 내 목표 월세를 감당할 만한 업종을 대략적으로 예측해본 후, 경쟁 업체가 인근에 얼마나 있는지, 또 영업이 잘되고 있는지 확인합니다.

넷째, 상가 주변의 '분위기'를 느껴봐야 합니다. 내가 임차인이라면 정말 여기에서 영업을 하고 싶은지 등 말로 설명하기 힘든 느낌을 확인하는 것이죠.

④ 최소한 3~4년 정도 상권이 형성된 곳을 노려라

대단지 신축 아파트의 상가를 분양받는 것은 어떨까요? 새것을 매수하는 만큼 좋은 선택으로 보일 수 있지만, 신축 상가는 변수가 많습니다. 먼저 상가 분양가가 높게 책정되어 있을 가능성이 있습니다. 또한 상권이 아직 자리 잡기 전이라 추후 어떤 업종이 입주할지 예측하기 어렵고, 사람들의 주 동선이 어디일지 미리 예측하기 힘듭니다. 이미 투자했는데 예측이 틀어지면 상가는 해결책을 찾기가 힘듭니다. 이런 상황을 피하려면 배후 세대 입주가 어느 정도 마무리되고, 이들의 주 동선이 파악된 이후에 상가를 매수하는 편이 안전합니다. 입주가 끝나고 3~4년 정도 지난 곳이라면 어느 정도 시세와 주 동선이 정해지기 마련입니다.

⑤ 주택의 호재가 상가에 무조건 좋은 것은 아니다

내가 매수한 상가 인근에 지하철역이 들어선다고 가정해봅시다. 주택 투자라면 무조건 호재로 작용하겠지만 상가는 그렇지 않을 수도 있습니다. 지하철역이 생기면서 사람들의 주 동선이 완전히 바뀔 수도 있기 때문입니다. 지하철 입구로 가는 최단 거리가 주 동선으로 바뀌기도 합니다. 장사가 잘되던 상가인데 갑자기 사람이 뜸해지고 매출이 하락하기도 하죠. 이렇듯 상가 투자를 할 때는 주택과 다른 관점에서 호재를 바라볼 수 있어야 합니다. 무엇보다 '임차인이 돈을 잘 벌 수 있을까'를 중점적으로 생각해야 한다는 사실을 잊지 마세요.

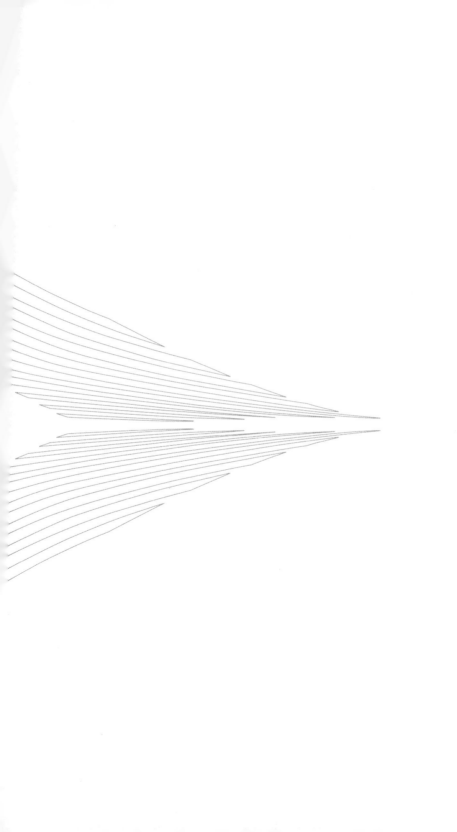

성공하는 상가 투자

초보 투자자일수록 주택 투자가 안전하고 유리하지만, 상황에 따라 상가 투자가 더 적합한 사람도 있습니다. 제대로 할 수만 있다면 상가 투자 또한 충분히 매력적이죠. 이번에는 제가 투자한 상가 중 하나를 예로 들어 투자 프로세스를 설명해 드리려고 합니다.

♀ 공매
공공기관이 주체가 되어 실시하는 경매. 세금 체납 등 주로 국가기관과 개인 간의 채무 관계에서 비롯하며, 주체가 다를 뿐 행위는 경매와 동일하다고 이해해도 무방하다.

저는 2017년 공매♀를 통해 인천의 한 상가에 투자했습니다. 인천 남동구 구월동 정각사거리에 있는 상가 3층의 60평대 점포에 투자했는데, 이곳의 위치를 보자마자 좋은 투자처가 될 수 있겠다는 판단이 들었습니다.

　　정각사거리 상권은 대단지 아파트로 둘러싸여 있는데, 사거리 주변에만 상가가 모여 있을 뿐 대로 중간부터는 상가가 없습니다. 이런 경우 아파트 거주자들이 상업시설을 이용하기 위해 자연스레 사거리로 몰릴 수밖에 없습니다. 즉, 해당 상가는 배후 인구가 충분한 입지에 있으면서 유동인구의 주 동선에 위치한 셈입니다. 이렇듯 좋은 입지에 위치했다는 사실을 확인한 뒤 본격적인 현황 조사를 시작했습니다.

① 배후 인구, 주 동선 조사

　　먼저 시세 조사에 앞서 인터넷 검색과 지도를 통해 대략적인 상권을 분석했습니다.

　　지도를 통해 확인한 정각사거리의 입지는 매우 양호했습니다. 석천

사거리역과 모래내시장역이 바로 근처에 있으며, 주변에 초등학교와 중학교가 많았죠. 무엇보다도 구월힐스테이트1단지(5,076세대)와 롯데캐슬골드2단지(3,384세대), 간석래미안자이아파트(2,432세대)라는, 총 1만 세대가 넘는 아파트 단지들에 둘러싸여 있다는 점이 매력적이었습니다. 임장을 통해 유동인구를 확인하니, 앞서 말했듯 대로변에는 상가가 부족한 상황이라 주민들이 정각사거리 쪽으로 나올 수밖에 없어 낮에도 사람이 많다는 사실을 확인할 수 있었습니다. 정각초등학교와 정각중학교에 다니는 학생과 학부모들, 그리고 지하철을 이용하려고 상가를 지나치는 사람도 많았습니다.

② 업종 조사

이제 어떤 업종이 들어와야 할지, 그 업종이 월세를 감당할 수 있을지를 따져볼 차례입니다. 당시 임대 시세를 알아보니 60평대 상가는 보증금이 5천만 원에 월세가 275만 원 안팎이었습니다. 이 정도 월세를 감

운명을 바꾸는 부동산 투자 수업

당할 수 있는 업종이 무엇인지, 그 업종이 들어섰을 때 영업이 잘될 것인지를 파악해봐야겠죠. 업종에 따라 다르지만 월 매출의 10% 정도를 임대료로 낸다고 가정하고 상상해보는 겁니다. 즉, 월세 275만 원을 받고 싶다면 그 10배인 2,750만 원 수준의 월 매출이 나올 업종이 무엇인지를 고민해봐야 합니다.

저는 배후 인구의 연령대와 수요를 감안했을 때 병원과 학원이 먼저 떠올랐습니다. 정각사거리에는 정각초등학교와 정각중학교가 인접해 있고, 인근에 다른 학교들도 있습니다. 따라서 어린이나 학생을 대상으로 하는 병원과 학원 수요가 높을 것으로 예상했고, 60평 정도 규모라면 월 매출 3천만 원은 나올 수 있을 것 같다는 판단이 들었습니다. 시세 조사와 현장 조사 결과를 표로 나타내면 다음과 같습니다.

위치(주소)	인천광역시 남동구 구월동 정각사거리 60평대 3층 상가		
평수	60평대	배후 인구	약 1만 1,000세대
보증금	5,000만 원	월세	275만 원
필요 매출(월)	2,750만 원	가능 업종	병원, 학원
기타	- 상가 및 지하철역 이동 시 지나는 주 동선에 위치 - 인근의 학원과 병원이 활발하게 영업 중 - 특히 학원은 인당 수강료 20만 원으로 계산 시 수강생 150명 확보는 가능할 것으로 판단		

③ 투자 결과

위의 시세 조사와 현장 조사를 근거로 시세를 검증하고 조사한 뒤 투자를 결정했고, 해당 상가를 5억 4천만 원에 낙찰받았습니다. 그중 83%인 약 4억 5천만 원을 대출받았으며, 나머지 9천만 원과 기타 비용을 합쳐 초기 투자금으로 1억 2천만 원 정도가 필요했습니다. 예상대로 학원 및 병원 수요가 많아 한 달도 채 되지 않아 임차인이 들어왔고, 시세 조사 결과보다 높은 금액인 보증금 5천만 원/월세 300만 원에 계약했습니다. 보증금으로 환수한 금액을 제하면 실제 투자금은 약 7천만 원 정도였고, 다달이 300만 원의 월 수익을 거둘 수 있었죠. 대출 이자가 한 달에 160만 원 정도였으니 이를 제한 실제 연 수익은 1,700만 원가량으로, 실투자금인 7천만 원의 24%에 달했습니다. 즉, 4년 만에 실투자금을 모두 회수할 수 있는 투자였죠. 5년이 지난 현재 월 350만 원의 월세를 받고 있으니 투자금을 모두 회수하고 투자 수익률은 더욱 높아진 상황입니다.

투자금		수익	
① 낙찰가 ② 대출 ③ 잔금(①-②) ④ 세금 및 기타 비용 ⑤ 대출 이자(월)	5억 4,000만 원 4억 5,000만 원 9,000만 원 3,000만 원 160만 원	⑥ 보증금 ⑦ 월세 ⑧ 월 순수익(⑦-⑤) ⑨ 연 순수익(⑧×12)	5,000만 원 300만 원(월) 약 140만 원 약 1,680만 원
⑩ 실투자금(③+④-⑥)		7,000만 원	
⑪ 연간 수익률(⑨÷⑩)		약 24%	

* 특기사항: 현재 월 350만 원으로 계약, 투자 수익률 45.6%

운명을 바꾸는 부동산 투자 수업

장기적인 호재도 있습니다. 간석래미안아파트 우측의 다복마을이 재개발 정비구역으로 지정된 후 현재 공사 중으로, 2024년에 이곳에 1,119세대의 신규 대단지 아파트가 들어서면 배후 인구가 더욱 늘어나게 됩니다. 또한 아직 먼 이야기지만 인천시청역의 GTX-B 건설이 예정되어 있으니 향후 추가 시세 상승도 기대해볼 만합니다.

이처럼 상가 투자는 생각보다 적은 돈으로 안정적인 월세 수익을 얻을 수 있다는 장점이 있습니다. 물론 주택 투자보다 어려움이 많은 만큼 사전에 공부가 필요하다는 사실은 꼭 기억해야 합니다.

12부

‘경매 투자’라고 하면 대부분 어렵고 힘들다거나 혹은 위험하다고 생각합니다.

이러한 인식 때문에 평생 한 번도 경매에 참여하지 않는 사람들이 더욱 많습니다.

경매에 대한 오해와 진실을 짚어보고 과연 경매가 좋은 투자가 될 수 있을지 알아보겠습니다.

결론부터 말씀드리면, 경매는 좋은 투자가 될 수 있습니다.

실전 투자자를 위한
경매 투자 엿보기

54

경매,
부를 쌓는 수단

    부동산은 장기적으로 우상향하는 투자처입니다. 제대로 공부하고 안정적인 선택을 한다면 대다수가 이익을 볼 수 있죠. 주변에서 주식으로 부자가 되었다는 사람은 찾기 어려워도 부동산으로 부자되었다는 사람은 쉽게 만날 수 있는 것만 보아도 알 수 있는 사실입니다. 물론 부동산 시장도 항상 오르기만 하지는 않습니다. 국가적인 혹은 전 세계적인 위기가 닥칠 때마다 부동산 시장도 정체나 하락기를 맞으니까요.

    그런데 부동산 가격 하락이 우려되거나 실제로 하락세가 나타났을 때 오히려 돈을 더 벌 수 있는 투자법이 있습니다. 바로 '부동산 경매'입니다. 경매 투자를 잘할 수만 있다면 상승기는 물론이고 하락기에도 돈을 벌 수 있습니다. 이런 장점에도 불구하고 대부분의 사람들은 왜 경매에 관심을 갖지 않을까요? 여러 이유가 있겠지만, 제일 큰 이유는 두렵기 때문입니다. 지금부터 경매에 대한 오해와 진실을 살펴보겠습니다.

경매 투자가 유독 위험하다는 생각은 오해다

세상에는 경매를 한 번도 경험해보지 않은 분들이 훨씬 많습니다. '위험하다'라는 인식 때문에 아예 시도조차 하지 않는 경우가 대부분이죠. 경매 투자가 위험하다고 여기는 이유는 크게 3가지입니다.

① "경매 물건은 법적인 문제가 있지 않나요?"

경매를 '당하는' 입장에서 생각해봅시다. 왜 경매를 당하게 되었을까요? 이는 사람과 사람 사이에 흔히 일어나는 '돈 문제'에서 비롯됩니다. 타인의 돈을 빌렸다가 갚지 못했을 수도 있고, 사업을 하다가 동업자에게 손해를 입혀 경매를 당하게 되었을 수도 있습니다. 살아가며 '돈'으로 인한 분쟁은 늘 존재하게 마련이며, 이때는 법을 통해 시시비비를 가릴 수밖에 없습니다. 경매는 사람과 사람

사이의 '돈 문제'를 나라에서 해결해주는 제도라고 이해하면 됩니다. 다만 개인 간의 돈 문제에 공적인 세금을 활용할 수는 없으니, 제3자인 낙찰자에게 돈을 받아서 문제를 해결합니다. 대신 낙찰자에게 부동산 소유권을 넘겨줌으로써 보상을 해주는 것입니다. 국가, 정확히는 사법부가 나서서 돈 문제를 해결해주는 제도가 '경매'이니, 경매는 본질부터 '법'과 관련이 있는 것이 당연합니다.

그런데 여기서 중요한 점이 있습니다. 제3자인 낙찰자가 경매를 통해 손해를 보기 쉬운 구조라면, 경매 물건이 잘 팔릴까요? 다들 손해를 입을 것이 두려워 입찰을 꺼리거나 아주 싼값에 입찰하려고 들 겁니다. 경매 물건이 싸게 매각될수록 돈 문제를 해결하기도 어려워지겠죠. 따라서 법원에서는 웬만하면 낙찰자가 법적인 책임을 지지 않도록 낙찰받는 즉시 대부분의 문제를 해결해줍니다. 실제로 경매를 해보면 낙찰자가 법적인 책임을 지는 물건은 10%도 되지 않죠. 경매를 경험하기 전까지는 막연히 두렵지만, 막상 해보면 법적인 문제를 크게 걱정하지 않아도 된다는 사실을 깨닫게 됩니다.

② "명도라는 과정이 어렵고 위험하다던데요?"

경매에는 '명도'라는 과정이 있습니다. 이는 쉽게 말해 낙찰받은 집에 살고 있는 사람(집주인 혹은 기존 세입자)을 내보내는 일입니다. 많은 분들이 명도에 대해 두려움과 공포를 느낍니다. 명도를 하러 갔더니 누가 칼을 들고 쫓아 나왔다는 둥, 낙찰자가 멱살을 잡혔다는 둥 불미스러운 일이 많이 생긴다는 소문 때문입니다. 잘 살고 있는 사람을 내쫓는 것 같아 미안해지기도 하고요.

실제 현실에서도 그럴까요? 저의 경험상 이런 극단적인 사례는 2%도 채 되지 않습니다. 대부분은 점유자와 대화를 통해 순조롭게 명도가 진행됩니다. 물론 점유자 중에 무리한 요구를 하며 버티는 사람도 종종 있습니다. 이럴 때는 매각을 주관하는 법원에 '인도명령' 제도를 신청하여 점유자를 내보내면 되니 크게 걱정하지 않아도 됩니다. 법원은 왜 점유자를 강제로 내보내줄까요? 그 이유는 소유권을 얻은 낙찰자의 정당한 권리를 보호해주기 위해서입니다. 점유자가 정당한 권리 없이 남의 재산을 무단으로 점유해서는 안 된다는 것이죠. 명도에 대한 두려움도 결국 경매를 해보지 않았기 때문에 느끼는 감정일 뿐입니다.

③ "이제 경매로 돈 버는 때가 지났다던데요?"

이는 경매의 기본 속성 자체를 잘못 이해한 데서 생겨난 오해입니다. 경매는 시세보다 싸게 사서 비싸게 파는 것을 원칙으로 합니다. 어느 시기든 물건을 시세보다 싸게 살 수만 있다면 수익을 낼 수 있습니다.

그런데 왜 '경매로 돈 버는 때는 지났다'라는 말이 나오는 걸까요? 사실은 경매로 돈을 못 버는 시기가 있는 것이 아니라 특정한 물건을 싸게 사지 못하는 때가 있을 뿐입니다. 아파트 가격이 급등하는 시기를 떠올려봅시다. 자고 일어나면 몇 천만 원씩 오르는 시기에 경매를 한다고 해서 시세보다 수천만 원씩 싸게 살 수 있을까요? 경매도 결국 최고가를 쓴 사람이 낙찰을 받는 구조이므로, 경쟁이 과열되는 시기에는 낙찰가가 높아집니다. 반대로 그 누구도 집 사기를 꺼리는 부동산 하락기가 온다면 경매를 통해 아파트를 수천만 원, 심지어는 수억 원씩 싸게 살 수도 있습니다. 경쟁자 자체가 적어지고, 그나마 경매에 참여하는 사람들도 무조건 저렴한 가격에 입찰하려고 시도하기 때문이죠. 올바르게 상황을 판단하여 투자한다면 경매라는 투자법 자체가 무용지물이 되는 때는 없습니다.

경매, 알고 보면 좋은 투자법

지금까지는 경매에 대한 장점을 이야기했지만, 실제로 경매 투자자가 어려움을 겪을 때도 많습니다. 애초에 물건을 낙찰받기가 쉽지 않아 중도에 포기하는 사람이 많습니다. 또한 시세 조사를 잘못하거나 권리분석에서 실수를 하면 낙찰을 받고도 큰돈을 손해 보기도 합니다.

그럼에도 경매는 '좋은 투자'가 될 수 있다고 생각합니다. '좋은 투자'의 기준은 무엇일까요? 다음의 4가지 요소를 따져봅시다.

- **투자금**: 투자를 하는 데 들어가는 최초의 원금
- **시간**: 가치가 상승하는 데 소요되는 시간
- **정성**: 가치의 상승을 예측하는 데 필요한 노력
- **변동성**: 가치의 변동이 급격하게 일어날 확률

좋은 투자란 가능한 한 적은 투자금을 들여 높은 확률로 돈을 버는 투자라고 할 수 있습니다. 경매는 어떨까요? 경매는 3천만 원 정도면 시작할 수 있을 정도로 일반 매매에 비해 상대적으로 적은 돈으로 접근할 수 있는 투자입니다. 시세 상승을 기대하기 힘든 저렴한 낡은 빌라나 원룸형 오피스텔도 경매라면 싸게 사서 시세차익을 얻을 수 있죠.

다음으로는 '시간'과 '정성'을 보겠습니다. 낯선 용어와 절차에 익숙해져야 하니, 일반 매매보다 경매 투자를 할 때 더 많은 공부가 필요한 것은 사실입니다. 하지만 한번 익히고 나면 경험이 쌓일수록 더욱 잘할 수 있는 분야이기도 합니다. 경매 투자에서는 경쟁자들의 심리 예측도 매우 중요한데, 여러 번의 경험을 통해 이를 파악하기가 수월해지기 때문이죠.

마지막으로 경매는 시세보다 싸게 사므로 사자마자 시세차익이 발생합니다. 부동산이라는 특성상 급등이나 급락이 드물기 때문에 투자 안정성이 높습니다.

운명을 바꾸는 부동산 투자 수업

다시 한번 강조하지만, 경매 투자의 핵심은 '시세보다 싸게 살 수 있다'는 점에 있습니다. 일반 매매로 투자하면 제값 주고 사서 세금 및 수수료를 내야 하니 시작부터 손해를 봅니다. 또한 시세차익을 볼 때까지 기다려야 하죠. 반면 경매는 시세보다 저렴하게 낙찰을 받으면 그 즉시 시세차익이 발생합니다. 어떤 경우에는 낙찰 받고 2~3개월 만에 매도해서 단기 차익을 얻기도 하죠. 물론 투자에 정답은 없으니 경매가 최고의 투자라고 단언할 수는 없습니다. 다만 제 경험에 비춰보면, 경매는 부자가 되는 길을 단축해주는 하나의 수단임은 분명합니다.

55

상승기에도
하락기에도 통하는 경매 투자

"집값이 오를 때도 경매로 돈을 벌 수 있나요? 그럴 때는 다들 집을 사려고 하니까 낙찰가가 높아진다고 하던데요."

이런 의문은 합당해 보입니다. 상승기에는 경매 시장이 과열 양상을 보이기도 하고, 입찰자가 많아지면 낙찰가율◆도 높아질 수밖에 없죠. 그런데 저는 이 같은 질문에 늘 "지금도 경매로 돈을 벌 수 있다"라고 말합니다. 기본적으로 경매는 부동산 하락기에 빛을 발하지만, 상승기에도 가능한 투자입니다.

◆**낙찰가율**
경매 물건의 입찰 기준이 되는 '감정가' 대비 실제 낙찰된 가격. 감정가 1억 원짜리가 1억 500만 원에 낙찰됐다면 낙찰가율은 105%(1.05억/1억)가 된다.

경매는 하락기에 빛을 발한다

먼저 부동산 하락기부터 살펴보겠습니다. 사람들이 좀처럼 집을 사려고 하지 않는 시기에는 경매에 대한 관심도 현저히 낮아질 수밖에 없습니다. 일반 매매도 꺼리는 마당에 절차가 복잡하고 권리분석까지 해야 하는 경매는 두말할 것도 없지요. 그런데 이때 경매 투자자들은 '물 만난 고기'처럼 활발히 경매 투자를 합니다. 하락기에는 돈 문제에 얽혀 나오는 물건이 더욱 많아지니 경매 투자자 입장에서는 좋은 물건을 싸게 살 수 있기 때문이죠. 이때 경매의 장점이 극대화됩니다. 시세보다 싸게 샀으니 당장 팔아 차익을 얻을 수도 있고, 일단 전세나 월세를 주고 부동산 상승기까지 기다리며 적은 투자금으로 소유권을 늘려갈 수도 있습니다. 태풍을 피해 모두가 도망칠 때 오히려 그 속으로 뛰어드는 사람들이 돈을 버는 투자처가 경매입니다.

경매는 상승기에도 통한다

그렇다면 부동산 상승기에는 어떨까요? 최근 몇 년간 부동산 가격이 폭등하면서 경매 낙찰가율이 치솟았습니다. 경매 전문 기업 지지옥션이 발표한 자료에 따르면, 2021년 10월 서울 아파트 경매 낙찰가율은 평균 119.9%였습니다. 낙찰자들이 감정가보다 거의 20%나 높은 가격에 샀다는 의미입니다. 이러한 통계를 보면 이제 경매로는 돈을 벌 수 없겠다고 생각하는 것도 당연합니다.

그런데 여기에는 '감정가'라는 함정이 있습니다. 감정가는 경매를 진행할 '기준 가격'을 책정하기 위해 법원이 감정평가사에게 받은 금액일 뿐, 실제 '시세'와는 차이가 있습니다. 감정평가는 보통 입찰일보다 6~8개월 전에 이뤄집니다. 한 달 사이에도 집값이 뛰는 부동산 상승기에 반년이면 감정가 대비 시세가 더욱 많이 올랐을 가능성이 높죠. 즉, 낙찰가율이 100%가 넘는다는 사실만으로 시세보다 비싼 값에 낙찰받았다고 단정할 수는 없습니다. 결국 낙찰가율보다는 당시 시세보다 얼마나 싸게 샀는지가 관건입니다.

지금도 경매로 돈을 버는 사람들이 있다

부동산 상승기가 오래 이어진 최근에도 경매 투자를 통해 수익을 낸 사례는 손에 꼽을 수 없을 정도로 많습니다. 경매 전문 사이트 스피드옥션(speedauction.co.kr)에서 매물을 검색해보면 성공한 경매 투자 사례를 확인할 수 있습니다.

2022년 2월 21일에 낙찰된 하남시 창우동 신안아파트의 사례를 보면, 단 한 명의 입찰자가 감정가보다 11만 원 높은 7억 4,611만

원에 단독 낙찰받았습니다.

다음의 '실거래가 정보'를 통해 2022년 1월 같은 평수인 84.89제곱미터가 8억 1,450만 원에 거래된 사실을 확인할 수 있습니다. 비슷한 평수의 매물이 대략 8억~8억 4천만 원 사이에 거래되었죠. 낙찰자는 경매 과정에서 들어간 기타 비용을 감안하더라도 최소 5천만 원 이상의 시세차익을 이미 확보한 셈입니다.

실거래가 정보 (•최근 거래내역 10건) ●매매 ○전월세					시세 실거래가 전월세
명칭(매매)	전용면적(㎡)	거래년월	계약일	해당층	거래금액
꿈통산신안	84.89	2022.1	(11~20)	11	814,500,000 원
꿈통산신안	84.965	2021.11	(21~31)	2	840,000,000 원
꿈통산신안	84.965	2021.11	(11~20)	2	803,000,000 원
꿈통산신안	84.965	2021.10	(21~31)	6	840,000,000 원
꿈통산신안	84.965	2021.10	(11~20)	9	840,000,000 원
꿈통산신안	84.89	2021.10	(11~20)	11	810,000,000 원
꿈통산신안	84.965	2021.10	(11~20)	6	817,000,000 원
꿈통산신안	84.89	2021.10	(11~20)	7	840,000,000 원
꿈통산신안	84.965	2021.9	(11~20)	11	850,000,000 원
꿈통산신안	84.89	2021.9	(11~20)	16	845,000,000 원

결국 지금 이 순간에도 누군가는 경매를 통해 시세보다 싸게 사서 수익을 내고 있습니다. 일찌감치 경매에 대한 경험과 실력을 쌓아둔다면 언젠가 닥쳐올 하락기에 남들과 달리 큰돈을 벌 기회를 잡을 수도 있겠죠. 이것이 바로 지금 경매를 공부해야 하는 이유입니다.

운명을 바꾸는 부동산 투자 수업

56 한눈에 파악하는 경매 절차

경매 절차가 너무 복잡하고 어렵다고 지레 생각하는 분들이 많습니다. 하지만 막상 경매에 한두 번 참여해보고 나면 생각보다 어렵지 않음을 깨닫게 됩니다. 이번 장에서 경매 과정을 단계별로 정리해보면 더욱 이해하기 쉬울 것입니다.

① 물건 검색

내가 사고 싶은 집을 찾아보는 단계입니다. 우리나라 법원에서 운영하는 사이트인 법원경매정보(courtauction.go.kr)에서 모든 경매 매물 정보를 무료로 확인할 수 있습니다. 다만 경매 투자자들

대표적인 유료 옥션 사이트 스피드옥션

은 편의성이 좋은 유료 사이트를 이용하는 편입니다. 스피드옥션
(speedauction.co.kr)이나 지지옥션(ggi.co.kr) 같은 유료 사이트에는
무료 사이트엔 없는 편리한 부가 기능이 많습니다. 법원경매정보를
이용할 때는 해당 매물의 등기부등본이나 전입세대 열람 등을 매번
스스로 찾아봐야 하지만, 유료 사이트에서는 이를 포함한 다양한
정보를 제공합니다.

이러한 경매 사이트에서 투자 조건(투자금, 상품 유형 등)에 맞는

매물을 검색해보면 됩니다. 참고로 실제 검색되는 경매 물건은 입찰까지 약 2개월 정도 남은 물건만 가능합니다. 언제 어떤 물건이 경매 시장에 나올지 알 수 없고 입찰일 변경도 잦은 편이니, 경매 투자자는 수시로 사이트를 확인해야 합니다.

② 권리분석

권리분석은 일반 매매에는 없는 경매 절차입니다. 경매에는 채무 관계로 법적 소송과 다툼이 있는 물건이 나옵니다. 어떤 경우에는 낙찰자가 입찰 금액 이외의 추가금을 물어주어야 하는 물건도 있습니다. 따라서 입찰하고 싶은 물건이 있다면 반드시 해당 부동산에 얽힌 각 이해 당사자의 법적 권리를 분석해야 합니다. 이 행위가 바로 '권리분석'입니다.

혹시 '잘못하면 손해를 볼 수 있다'라는 생각에 두려운가요? 경매에서 법적인 문제 혹은 다툼이 생기거나 낙찰자가 채권자에게 예상치 못했던 돈을 물어주는 상황은 주로 권리분석을 제대로 하지 못해서 발생합니다. 그러니 실수하지 않을 만큼 공부하거나 애초에 애매한 물건을 입찰하지 않으면 손해 볼 일은 없습니다. 결국 권리분석이 문제가 아니라 돈 욕심에 성급하게 투자한 자신이 문제입니다.

③ 시세 조사 및 현장 조사

경매는 권리분석보다 시세 조사나 현장 조사가 훨씬 중요하고 어렵습니다. 경매 투자를 할 때는 남들이 꺼리는 물건을 주로 다룰 수밖에 없고, 그런 물건은 시세 조사가 어려운 빌라나 오피스텔, 상가인 경우가 많죠. 그렇다 보니 경매에서도 실거래가나 호가 정보가 많은 아파트에 입찰자가 몰리는 경향이 있습니다. 경쟁자가 많으면 싼값에 매수하기가 힘드니 경매로 돈 벌기 힘들다는 말이 나옵니다. 결국 경매의 성패는 '현장 조사'와 '시세 조사'에서 판가름 난다고 생각하면 됩니다. 한편 경매 투자자는 혹시 모를 실수나 추가 비용 등을 사전에 예측하기 위해 다양한 방식으로 정보를 수집해야 합니다. 적정 비용을 계산하고 최적의 입찰가를 결정하기 위해 많은 노력을 해야 하죠.

④ 입찰 및 낙찰

♀ 입찰 보증금
법원에서 공시한 최저가의 10%를 입찰 보증금으로 준비해야 한다. 낙찰에 성공하면 최종 잔금을 계산할 때 보증금을 제한 금액을 내며, 낙찰받지 못한 사람은 보증금을 입찰장에서 즉시 돌려받는다.

원하는 물건을 검색해서 권리분석과 시세 조사까지 마쳤다면, 이제 입찰에 참여할 차례입니다. 정해진 입찰일에 해당 관할 법원에 직접 가서 참여하며, 이때 본인의 신분증과 도장, 입찰 보증금♀을 준비해야 합니다. 내가 직접 갈 수 없어서 대리인이 참여할 때는 위임장이 있어야 하죠.

입찰장에 도착하면 입찰 보증금을 넣는 봉투와 '기일입찰표'를 받게 됩니다. '기일입찰표'에는 입찰인의 신상, 물건의 정보와 원하는 입찰 금액을 적습니다. 입찰이 마감되면 개찰 후 입찰가가 가장 높은 사람이 낙찰에 성공합니다.

문제는 낙찰 확률이 그리 높지 않다는 점입니다. 싸게 사려고 하니 입찰가를 낮게 적게 되고, 그럼 낙찰 확률이 떨어질 수밖에 없죠. 어느 정도 시세차익을 내면서도 경쟁자보다는 높게 써야 하는 매우 어려운 과정입니다. 만약 낙찰을 받지 못하면 다시 1단계부터 과정을 반복해야 합니다.

⑤ 경락잔금 납부

낙찰을 받았다면 이제 잔금을 치를 차례입니다. 보통 입찰일로부터 30~45일 사이에 납부하며, 입찰 보증금을 제외한 금액 전체를 냅니다. 그런데 일반 매매와 달리 경매로 낙찰받은 물건은 '전세를 끼고' 세입자를 들여서 잔금을 치를 수 없습니다. 잔금까지 모두 납부하고 소유권을 완전히 이전받은 뒤에야 전세를 놓을 수 있습니다. 아직 점유자가 살고 있고 명도도 되지 않았기 때문입니다. 따라서 잔금은 보통 대출을 받아 납부합니다. 이를 '경락잔금대출'이라 부르는데, 일반적인 주택담보대출과 비슷합니다.

⑥ 명도

명도는 일반 매매에는 거의 없는 과정으로, 기존 점유자(집주인 또는 임차인)를 내보내는 일을 말합니다. 낙찰자는 '대항력♀'이 없는 임차인을 내보낼 수 있는 법적인 권리가 있지만, 이 과정에서 종종 다툼이 발생하기도 합니다. 명도의 절차 자체는 단순하지만 점유자와 협상하는 과정에서 날 선 대화가 오고 가는 경우도 있기 때문에 아무래도 심리적 부담을 느끼는 분들이 있죠.

> **♀ 대항력**
> 임차인이 경매를 통해 새롭게 소유주가 된 사람에게 '대항'할 수 있는 권한이다. 모든 임차인이 대항력을 갖는 것은 아니지만, 대항력 있는 임차인은 마음대로 명도할 수 없다는 점만 기억한다.

⑦ 수리

명도까지 완료하고 비어 있는 집을 수리하는 단계입니다. 일반 매매와 크게 다른 점은 없지만, 수리해야 할 부분이 좀 더 많을 수는 있습니다. 소유주가 원해서 집을 매도한 것이 아니다 보니, 상대적으로 관리가 덜 된 경우가 많습니다.

⑧ 임차

경매는 대개 실거주보다는 임대 및 매각 목적으로 낙찰받습니다. 직접 살 집이라면 지역과 평수, 연식 및 가격대 등을 종합적으로 따져보게 되는데, 그런 물건이 원하는 시기에 경매로 나올 확률

운명을 바꾸는 부동산 투자 수업

은 매우 희박하기 때문입니다. 물론 수리를 마친 뒤에 세입자를 들이지 않고 바로 매도하여 시세차익을 보기도 합니다.

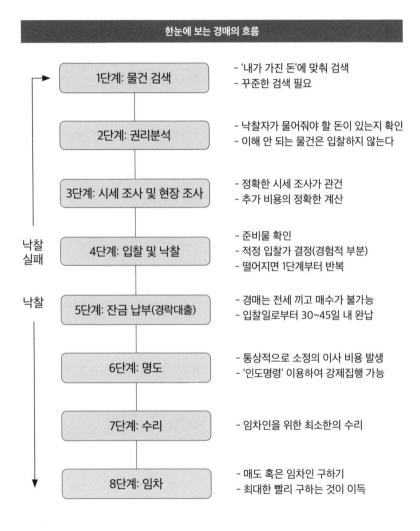

한눈에 보는 경매의 흐름	
1단계: 물건 검색	- '내가 가진 돈'에 맞춰 검색 - 꾸준한 검색 필요
2단계: 권리분석	- 낙찰자가 물어줘야 할 돈이 있는지 확인 - 이해 안 되는 물건은 입찰하지 않는다
3단계: 시세 조사 및 현장 조사	- 정확한 시세 조사가 관건 - 추가 비용의 정확한 계산
4단계: 입찰 및 낙찰	- 준비물 확인 - 적정 입찰가 결정(경험적 부분) - 떨어지면 1단계부터 반복
5단계: 잔금 납부(경락대출)	- 경매는 전세 끼고 매수가 불가능 - 입찰일로부터 30~45일 내 완납
6단계: 명도	- 통상적으로 소정의 이사 비용 발생 - '인도명령' 이용하여 강제집행 가능
7단계: 수리	- 임차인을 위한 최소한의 수리
8단계: 임차	- 매도 혹은 임차인 구하기 - 최대한 빨리 구하는 것이 이득

낙찰 실패

낙찰

57

권리분석, 제대로 배우면 1분 안에 끝난다

일반 매매에는 없는 경매 절차 중 하나가 바로 '권리분석'입니다. 입찰 전 매물에 문제가 있는지를 살펴보고, 추후 어떤 권리들이 입찰자에게 인수되는지 확인하는 과정이죠. 법적으로 얽힌 관계를 파악하는 과정이 매우 복잡할 것이라고 생각하기 쉽지만, 모든 물건의 권리분석이 어렵지는 않습니다. 초보자는 기본적으로 알아야 할 사항을 공부하고, 기준에 맞는 물건에만 투자하면 됩니다. 대다수 경매 물건의 권리분석은 1분 안에 해결됩니다.

운명을 바꾸는 부동산 투자 수업

복잡한 권리가 얽힌 물건에 투자하지 마라

'경매는 어려운 투자이기 때문에 오랜 시간 공부해야 한다'라는 편견을 가진 분들이 많습니다. 경매 절차와 권리분석 등을 철저하게 알아두어야 하는 것은 맞지만, 경매는 100점을 받아야 하는 시험이 아닙니다. 투자하는 데 무리가 없을 정도로만 알아두면 된다는 말입니다. 그리고 그 정도 수준의 권리분석을 익히는 데는 그리 오래 걸리지 않습니다. 경매의 모든 것을 완벽히 공부할 필요도, 용어 하나하나의 개념과 의미를 다 외울 필요도 없죠.

물론 여기에는 한 가지 조건이 있습니다. 권리분석이 복잡하고 어려운 물건은 애초에 시도하지 않는다는 원칙입니다. 권리분석이 복잡한 물건에 뛰어들어 이를 해결할 수만 있다면 더 빨리, 더 많은 돈을 벌 수는 있습니다. 그러나 경매 초보자가 시도하기에는 매우 위험합니다. 초보자에게는 적게 벌더라도 안전한 물건을 찾아내는 안목과 어렵고 위험한 물건은 포기하는 결단력이 필요합니다. 한마디로 내가 할 수 있는 물건에만 도전하면 충분히 실전 투자가 가능하다는 의미입니다.

이번 장에서는 초보자도 할 수 있는 아주 간단한 권리분석법에 대해 알려드리고자 합니다.

낙찰자가 '물어줘야 할 돈'도 있다

저렴하게 낙찰받았다고 생각했는데 예상과 달리 수익이 매우 작거나 심지어 손해를 보는 경우가 있습니다. 이는 '낙찰자가 물어줘야 할 돈'을 입찰 전에 제대로 파악하지 못했을 때, 즉 권리분석을 제대로 하지 않았을 때 발생합니다.

그럼 이를 어떻게 판단할 수 있을까요? 깊게 파고들면 책 한 권으로도 모자라지만, 경매를 처음 접하는 분들을 위해 2가지 기본 개념을 간단히 살펴보겠습니다. 이것만 알아도 경매 물건의 60%는 권리분석이 가능합니다.

① 말소기준권리

권리분석을 할 때 가장 먼저 해야 할 일이 말소기준권리를 찾아내는 것입니다. 말소기준권리란 부동산을 낙찰받는 경우 그 부동산에 존재하던 권리가 소멸하는가, 그렇지 않으면 그대로 남아 낙찰자에게 인수되는가를 가늠하는 기준이 되는 권리를 말합니다. 즉 말소기준권리보다 빨리 설정된 권리는 낙찰자에게 인수되고, 느린 권리는 소멸한다고 이해하면 됩니다. 말소기준권리에는 저당권, 근저당권, 압류, 가압류, 담보가등기, 경매개시결정등기 등 6개가 있는데, 이 중 가장 빨리 설정된 권리를 '소멸 기준'으로 잡습니다. 어차피 이 권리보다 느린 것은 모두 소멸하기 때문입니다. 또한 말소

(출처: 스피드옥션)

기준권리 자신도 낙찰되면 같이 소멸합니다. 결국 자신을 포함 자기보다 느린 권리를 모두 소멸시킨다고 이해하면 쉽습니다. 위는 경매 정보 유료 사이트인 스피드옥션에서 확인한 경매 사례입니다.

2022년 2월에 경매 진행된 물건(2020 타경 1013)입니다. 아래 '등기 사항/소멸 여부'를 살펴보면 소유권 바로 아래에 2014년 5월 19일 '(근)저당'이 있고, 옆에 '소멸 기준'이라고 적혀 있습니다. 근저당은 말소기준권리 중 하나이고, 2014년 5월 19일 이후에 발생한 권리들은 모두 말소(삭제)됩니다. 그럼 가장 위에 '소유권'만이 남는데, 이는 이 물건을 소유한 사람이 누구인지를 알려주는 것이니 신경 쓰지 않아도 됩니다. 모든 권리가 소멸했고 책임질 것이 없는 이런 물건을 두고 '권리가 깨끗하다'라고 표현합니다.

어떤가요? 너무 간단한가요? 이 물건의 권리분석은 이것으로 끝이 났습니다. 위의 사례에서 알 수 있듯이 권리분석이 어렵고 복잡한 물건만 경매에 나오는 것은 아닙니다.

② 임차인의 대항력

말소기준권리 이외에 알아야 할 기본 개념이 바로 '임차인의 대항력'입니다. 임차인의 대항력이란, 임차인이 말소기준권리(소멸 기준)보다 빠른 날짜에 전입신고를 했다면 이 물건이 경매로 넘어가더라도 보증금을 돌려받을 수 있게 해주는 권리입니다. 주택임대차보호법에 의해 보장권 권리로, 대항력이 있을 시에 임차인은 새로운 주인, 즉 낙찰자에게 보증금을 모두 받아낼 권리가 있습니다. 따라서 경매 투자자 입장에서는 내가 입찰하려는 물건을 점유하고 있는 사람이 임차인인지 여부가 중요하며, 임차인이 말소기준권리 일

자보다 전입신고를 빨리 했는지, 즉 대항력이 있는지를 따져봐야

합니다. 참고로 소유자는 임차인이 될 수 없으니 당연히 대항력이

있을 수 없습니다.

2022년 1월 경매가 진행된 위 물건(2021 타경 3259)의 권리분석

을 해보겠습니다. 하단의 '등기 사항/소멸 여부'를 보면 2018년 9월 6일에 (근)저당이 설정되어 있는 것을 볼 수 있습니다. 이 (근)저당으로 인해 이후의 권리들은 모두 소멸됩니다. 그 위로는 소유권밖에 남아 있지 않으니 신경 쓰지 않아도 됩니다. 다음으로 옆의 '임차인/대항력 여부'를 보면, 앞서 살펴본 물건과 달리 임차인이 거주하고 있습니다. 그러나 전입신고일이 2021년 5월 6일로, 소멸 기준인 2018년 9월 6일의 (근)저당권보다 늦습니다. 이 경우 임차인은 대항력이 없으므로, 낙찰자가 임차인의 보증금을 책임질 필요가 없습니다.

지킬 것만 지켜도 돈 되는 경매를 할 수 있다

이 2가지 기본 개념만 알아도 경매를 시작할 수 있습니다. 권리분석이 복잡한 사례도 있지만 아주 간단히 해결되는 물건이 훨씬 많습니다. 그러니 경매를 공부하기도 전에 겁부터 먹을 필요는 없습니다.

이번에는 실제 수강생의 투자 사례로 권리분석을 연습해보겠습니다. 다음 물건의 권리분석을 직접 해보세요.

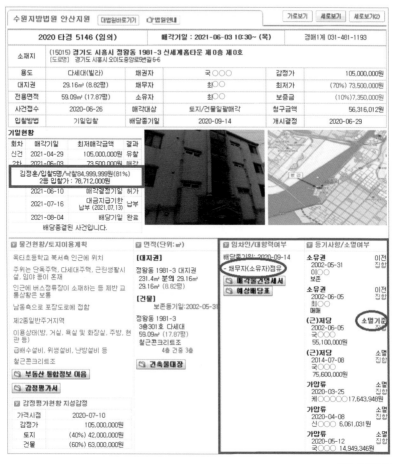

어떤가요? 앞의 내용을 이해했다면 빠른 시간 안에 권리분석이 마무리되었을 겁니다. 내용을 살펴보면 2002년 6월 5일의 (근)저당권으로 인해 이후의 권리들은 모두 소멸했으니 문제가 없고, 채무

투자		수익	
① 낙찰가	8,500만 원	⑥ 매각	1억 600만 원
② 대출	6,300만 원	⑦ 시세차익(⑥-①-④)	1,800만 원
③ 투자금(①-②)	2,200만 원	⑧ 양도소득세(⑦×77%) (250만원 기본공제)	1,193만 원
④ 기타 비용	300만 원	⑨ 순수익(⑦-⑧)	607만 원
⑤ 실투자금(③+④)	2,500만 원	⑩ 수익률(⑨/⑤)	24.3%

자(소유자) 본인이 거주하고 있으니 임차인의 대항력은 따져볼 필요가 없습니다. 투자자 입장에서는 전혀 문제없는 물건이죠.

그럼 이렇게 간단한 권리분석 물건으로도 돈을 벌 수 있을까요? 당연히 가능합니다. 수강생은 해당 물건을 8,500만 원에 낙찰받은 후 3개월 만에 1억 6백만 원으로 매각하여 바로 시세차익을 얻을 수 있었죠.

낙찰자는 단 3개월 만에 투자금 2,500만 원으로 607만 원의 수익을 냈습니다. 양도세 77%를 내고도 어떻게 24%가 넘는 높은 수익을 단기간에 얻을 수 있었을까요? 권리분석을 잘해서가 아니라, 남들이 꺼리는 물건의 가치를 알아보는 눈과 20년 된 낡은 빌라에도 도전할 수 있는 투자 마인드가 있었기에 가능했던 일입니다.

58

명도가 어렵다고
경매 포기하지 마라

　　명도를 크게 걱정하지 않아도 된다고 하지만 막상 눈앞에 닥치면 두려움이 생길 수밖에 없습니다. '어떤 사람이 살고 있는지도 모르는데, 막무가내로 버티거나 다짜고짜 욕을 하면 어쩌지?' 별별 생각이 다 듭니다. 그런 걱정을 조금이라도 줄일 수 있도록 실제 경매 투자자들의 경험담을 소개합니다.

교통사고 날까 봐 운전을 못 한다고?

낙찰을 받고 점유자와 연락이 되지 않아 법원을 통해 강제로 문을 열고 들어갔는데, 고독사한 시체가 있었다면 어떨 것 같나요? 대화가 통하지 않는 점유자가 집 안 벽지와 싱크대에 유성 매직으로 온갖 욕과 저주를 퍼부어놓았다면요? 이런 경우도 있습니다. 낙찰받은 집의 문을 열고 들어가니 치매에 걸린 80대 어르신이 홀로 계셨는데, 이분은 본인 집이 경매에 넘어간 줄도 몰랐습니다. 대화하기도 어렵고 심지어 가족들 연락처도 모르는 상황이었죠. 어떤가요? 듣기만 해도 아찔한가요? 모두 저의 교육생들이 겪었던 사례입니다.

그런데 진짜 중요한 건 바로 이것입니다. 과연 이런 일들이 발생할 확률은 몇 퍼센트나 될까요? 위 사례들은 제가 본 명도 사례 중 정말 손에 꼽을 만한 일이고, 이런 특별한 상황이 발생할 확률은 2%가 채 안 될 겁니다. 나머지 98%는 별 문제 없이 명도가 끝나죠. 2%라면 어떤 생각이 드시나요? 이것 때문에 경매를 하지 못한다고 할 수 있을까요? 저는 명도의 두려움이 교통사고와 똑같은 개념이라 생각합니다. 매일 교통사고가 일어나지만 우리가 운전대 잡는 것을 두려워하지 않는 이유는 발생 확률이 극히 낮기 때문입니다. 명도도 똑같이 생각하면 두려움을 극복할 수 있습니다.

운명을 바꾸는 부동산 투자 수업

명도는 비도덕적인 일이 아니다

부동산 경매를 할 때 가장 까다로운 부분으로 명도를 꼽는 또 다른 이유가 점유자에 대한 미안함입니다. 명도 자체를 타인에게 상처를 주는 과정으로 받아들여 지나친 감정 소모를 합니다. 아무리 적법하게 낙찰을 받았다고는 해도 멀쩡히 잘 사는 점유자를 내쫓기가 괴롭다고 합니다. 이런 분들에게 꼭 하고 싶은 말은 명도는 비도덕적 행위가 아니며, 낙찰자는 오히려 문제를 해결해주는 사람이라는 것입니다.

경매에 나온 물건은 대부분 돈 문제가 얽혀 있습니다. 중간에 돈 문제가 해결되었다면 해당 물건이 경매에 나오지는 않았겠죠. 결국 채무자가 돈 문제를 해결하지 못했기에 그 물건이 경매에 나온 것입니다. 이런 문제는 낙찰자의 돈으로만 해결할 수 있습니다. 즉 입찰자는 부동산을 매수함으로써 채무자의 돈 문제를 해결해주는 좋은 일을 한 것입니다. 그리고 그렇게 얻은 부동산에 대한 적법한 권리를 요구하는 것입니다.

인도명령: 법원이 법적으로 명도를 보장한다

대부분 낙찰자는 점유자와 대화를 통해 명도 과정을 원만히 진행합니다. 그 과정에서 점유자에게 '이사비'로 얼마간의 돈을 지불하는 경우도 있는데, 낙찰자의 법적인 의무는 아니지만 여러 상황을 고려하여 조금이라도 명도를 빨리 끝내기 위해 지불하는 협상 비용의 일종으로 볼 수 있습니다.

그런데 이런 협상을 통해서도 명도가 매끄럽게 진행되지 않으면 어떻게 해야 할까요? 많은 분들이 오해하는 점이 있는데, 원래 명도는 협상이 아니라 법으로 하는 것입니다. 낙찰 후 절차에 따라 법원에 '인도명령'을 신청 후 '강제집행'을 하면 낙찰자는 거주자와 만날 일도 없이 명도를 진행할 수 있죠.

이렇게 법원이 명도를 대신해주는데도 낙찰자가 직접 임차인을 만나서 설득하고 명도를 진행하는 이유는 무엇일까요? 시간과 비용을 조금이라도 아끼기 위해서입니다. 법원을 통한 명도는 보통 2~3개월 이상 소요되고, 그에 따라 비용이 발생할 수밖에 없죠. 20평대를 기준으로 300만 원 안팎인데, 이를 아껴볼 요량으로 점유자와 협상을 해보는 것입니다. 따라서 명도가 너무 두렵다면 협상 없이 법적 절차를 밟겠다고 생각해도 됩니다. 시간과 돈을 들이면 스트레스가 덜어집니다. 이러한 사실만 미리 알고 있어도 명도에 대한 걱정이 훨씬 줄어들 것입니다.

다시 한번 강조하지만, 저는 명도 과정이 쉽다는 말을 하려는 것이 아닙니다. 누군가와 다툼이 일어날 가능성이 있다는 그 자체로도 부담인 것은 사실이니까요. 그러나 하나를 얻으려면 다른 하나를 잃어야 한다는 말이 있습니다. 경매의 장점을 얻기 위해서는 내가 감수해야 할 단점도 있겠죠. 그중 하나가 명도라고 생각하고 투자자 스스로 극복하려는 마인드를 갖추어야 합니다. 결국 모든 일은 내 마음에 따라 고통스러운 일이 될 수도, 살아가는 데 도움이 되는 경험일 수도 있습니다. 단점이 걱정될 때는 장점을 떠올려보세요. 시세보다 싸게 살 수 있다는 엄청난 장점은 거저 얻어지는 것이 아닙니다. 어떤가요? 이제는 경매에 한번 도전해볼 마음이 생기지 않나요?

적게 쓰고 크게 버는 경매의 정석

　몇 페이지 설명으로 경매 투자 노하우를 모두 알려줄 수는 없지만 경매가 의외로 어렵지 않다는 사실과 투자 효율성이 좋다는 사실은 확실히 보여줄 수 있습니다. 이번에는 적은 투자금으로 큰 수익을 얻은 제 수강생의 사례를 공유합니다.

① 물건 검색

　2020년 당시 여유 자금이 많지 않았던 수강생 A씨는 경매 사이트에서 최소 금액으로 투자 가능한 물건을 검색했습니다. 마침내 김포시의 한 아파트를 찾았죠.

　보통 경매에서는 최저입찰가가 첫 감정가 그대로인 '신건'보다는 한 번 이상 유찰된 물건들에 관심이 쏠리는 경우가 많습니다. 무엇보다 '싸게 사는 것'이 관건인 투자법이기 때문이죠. 그런데 A씨가 찾은 물건은

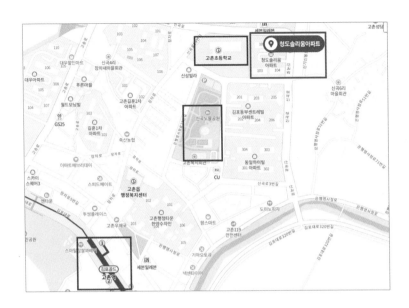

당시 신건이라 상대적으로 관심도가 덜했습니다. 또한 김포골드라인 고촌역까지 도보로 10분 조금 넘게 걸려서 역세권으로 보기도 애매한 데다가, 232세대의 소규모 아파트라 경매 투자자의 관심도가 떨어지는 물건이었습니다. 그럼 경쟁률이 낮을 테니 A씨의 낙찰 가능성이 높아지는 셈입니다. A씨는 해당 물건 옆에 초등학교와 공원이 있어 아이를 키우는 가족의 임차 수요는 높을 것이라 판단하고 추가 조사를 시작합니다.

② 권리분석

다음으로 할 일은 권리분석입니다. 살펴보니 말소기준권리 중 가장 빠른 권리가 근저당이었고, 낙찰 후 모든 권리는 소멸되는 구조였습니

2019 타경 9960 (임의)		매각기일 : 2020-09-17 10:00~ (목)		경매7계 032-320-1137	
소재지	(10125) 경기도 김포시 고촌읍 신곡리 1102 강변마을청도솔리움 제0동 제0층 제0호 [도로명] 경기도 김포시 고촌읍 신곡로 33				
용도	아파트	채권자	하○○○	감정가	358,000,000원
대지권	39.51㎡ (11.95평)	채무자	박○	최저가	(100%) 358,000,000원
전용면적	59.97㎡ (18.14평)	소유자	박○	보증금	(10%) 35,800,000원
사건접수	2019-12-16	매각대상	토지/건물일괄매각	청구금액	138,767,229원
입찰방법	기일입찰	배당종기일	2020-03-23	개시결정	2020-01-03

기일현황 ▼간략보기

회차	매각기일	최저매각금액	결과
신건	2020-05-07	358,000,000원	변경
신건	2020-06-11	358,000,000원	변경
신건	2020-07-16	358,000,000원	변경
차	2020-09-17	358,000,000원	매각
김○○/입찰2명/낙찰360,090,000원(101%) 2등 입찰가 : 358,000,000원			
	2020-09-24	매각결정기일	허가
	2020-10-30	대금지급기한 납부 (2020.10.21)	납부
	2020-11-30	배당기일	완료
배당종결된 사건입니다.			

변경공고 ▶ 변경일자 : 2020-07-08

변경내용 2020.07.08. 변경 후 추후지정

📄 물건현황/토지이용계획

고촌초등학교 동측에 인접하여 위치

주위 일대는 동유형의 공동주택 및 각종 근
린생활시설 등이 혼재하는 지역

인근에 버스정류장이 소재하여 대중교통사
정은 무난

단지내의 포장도로를 이용하여 외곽 공도에
접함

제2종일반주거지역

성장관리지역

기본적인 위생설비 및 급배수설비, 난방설
비, 소화전, 화재탐지설비, 승강기 등

철근콘크리트조

🔲 부동산 통합정보 이용

📄 면적(단위:㎡)

【대지권】

신곡리 1102 대지권
9,348.9㎡ 분의 39.51㎡
39.51㎡ (11.95평)

【건물】

보존등기일:2006-10-31

신곡리 1102 103동
4층 401호 아파트
59.97㎡ (18.14평)
철근콘크리트조
15층 건중 4층

🔲 건축물대장

📄 임차인/대항력여부

배당종기일: 2020-03-23
- 채무자(소유자)점유

🔲 매각물건명세서
🔲 예상배당표

📄 등기사항/소멸여부

소유권	이전 집합
2013-10-04 임○ (거래가) 212,000,000원 매매	
소유권	이전 집합
2017-07-28 박○ (거래가) 290,000,000원 매매	
(근)저당	소멸기준 집합
2017-07-28 하○○ 168,000,000원	
(근)저당	소멸
2019-10-00 포○○ 143,000,000원	

다. 또한, 소유자가 거주하고 있는 곳이니 임차인의 대항력 문제도 신경
쓸 필요가 없었죠.

③ 시세 조사 및 현장 조사

수강생 A씨는 시세 조사를 할 때 전세 매물이 거의 없다는 말을 여
러 번 들었습니다. 또한 매매 시세를 확인하니 그동안 시세가 안정되어

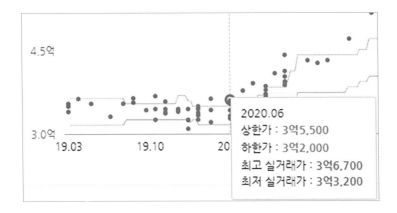

2020.06
상한가 : 3억5,500
하한가 : 3억2,000
최고 실거래가 : 3억6,700
최저 실거래가 : 3억3,200

있다가 입찰 직전 몇 개월간 단기적으로 급등했다는 것을 알았습니다. 이러한 점들로 미루어보아 시세 상승의 초입 같다는 느낌이 들었습니다. 일단 낙찰을 받으면 전세를 주고 보유하는 방향으로 기본 전략을 세웠지만, 운이 따라준다면 단기 매매로 시세차익을 볼 수도 있겠다 싶었습니다. 해당 물건은 79제곱미터(24평형) 단일 평형 단지로 시세 조사도 수월한 편이었는데, 당시 매매는 3억 9,200만 원, 전세는 2억 6천만 원 정도에 형성되어 있었습니다.

④ 입찰과 낙찰

신건인 데다 비역세권, 소규모 아파트라는 이유로 입찰자는 해당 수강생을 포함해 2명뿐이었습니다. 당시는 '임대차 3법'이 통과된 직후로, 시세가 감정가 대비 3천만 원 정도 오른 상태였습니다. 그러나 앞서 말한 이유들로 이 물건에 대한 관심이 적었기에 경쟁자들이 이러한 사실을 제대로 인지하지 못했던 것으로 보입니다. 애초에 경쟁률이 낮을 것으로 예상한 만큼 낮은 금액으로 입찰을 시도했는데, 다른 경쟁자는 최저가를 쓰는 바람에 209만 원 차이로 A씨가 낙찰을 받게 되었습니다.

⑤ 경락잔금대출

A씨는 처음부터 전세 임대를 놓을 생각이었기에, 중도상환수수료가 낮은 대출 상품을 우선적으로 고려했습니다. 세입자를 구하면 그 보증금으로 대출을 상환할 생각이었기 때문이죠. 여러 은행에서 상담을 받은 뒤 3개월 이후 상환할 경우 중도상환수수료가 면제되는 대출 상품을 찾았습니다. 낙찰 이후 명도 과정이 보통 2~3개월 걸리기 때문에 전세 입자를 제때 맞추면 중도상환수수료 없이 상환할 수 있었죠. 당시 낙찰금 약 3억 6천만 원의 59.4%인 2억 1,400만 원을 대출받았고, 이자는 연 3.06%였습니다.

⑥ 명도

먼저 소유자에게 전화를 걸어 명도 협상을 진행했습니다. 참고로 이 물건은 채권 총액이 낙찰금보다 적었습니다. 즉, 해당 물건에 사는 소유자가 낙찰금으로 빚을 모두 처리하고도 남는 돈을 배당받을 수 있었죠. 소유자는 법원으로부터 돈을 받는 배당기일인 11월 30일에 이사를 가겠다고 약속했습니다. 그러나 명도 과정에서 임차인이나 소유자의 말을 그대로 믿을 수는 없습니다. 경매에 집이 부쳐질 정도로 경제적인 어려움이 있는 상황인 만큼 약속이 지켜지지 않을 수 있습니다. A씨는 명도 협상을 진행하면서 한편으로는 인도명령 및 강제집행 절차를 병행했죠.

안타깝게도 소유자는 약속을 계속해서 어기며 이사 날짜를 미뤘고, 심지어 이사 갈 집을 계약했다며 조금만 기다려달라고 낙찰자를 안심시켰습니다. 실제 소유자까지 찍힌 임차 계약서를 보내왔지만 그 계약서는 위조된 것으로 밝혀졌습니다. 계속되는 실랑이 끝에 결국 이 물건은 2021년 2월 22일 강제집행을 통해 명도가 마무리되었습니다. 순탄하게 끝냈다면 2020년 12월 초에 마무리할 수 있었던 명도가 2개월가량 늦어진 셈이죠.

⑦ 수리

명도 후 A씨가 집을 방문해본 결과, 짐이 조금 남아 있었지만 깨끗한 편이었습니다. 도배를 새로 하고 약간의 비품 정도만 교체하면 문제

없이 임차가 가능해 보였습니다. 실제로 수리비는 114만 원 정도밖에 들지 않았죠.

⑧ 8단계: 임차

명도 과정이 순탄치 않아 시간이 더 걸렸으나, 놀랍게도 이것이 큰 이득으로 돌아왔습니다. 수강생이 낙찰받은 2020년 9월은 임대차 3법(전월세신고제·전월세상한제·계약갱신청구권제 등을 핵심으로 하는 개정안)이 막 통과된 때였는데, 이 시기 이후로 전국의 전세 가격이 급등했기 때문입니다. 수강생 A씨가 소유자와 실랑이를 벌이는 동안 해당 지역의 전세 가격 또한 크게 상승했죠. 수리를 마친 3월 말에는 낙찰 당시보다 1억 원가량 전세 가격이 올라 있었습니다. 즉, 낙찰가와 전세가가 같아진 셈입니다. 더욱이 입찰 전 조사할 때 알아낸 정보처럼 임차 수요가 많은 곳이었기 때문에 세입자도 금방 구할 수 있었습니다.

수강생 A씨는 입찰부터 임차인을 받기까지 6개월이 걸렸습니다. 세입자에게서 받은 전세금으로 대출을 상환하고 보니 실제로 지출한 돈은 취득세와 법무사 수수료, 수리비 등으로 쓴 708만 원이 전부였습니다. 실투자금 708만 원으로 3억 6천만 원짜리 아파트의 소유자가 된 것이죠. 이를 간단하게 정리하면 다음과 같습니다.

1년이 지난 2022년 2월 현재 이 물건은 매매가격이 5억 8천만 원, 전세 가격이 3억 9천만 원으로 상승했습니다. 매매 시세가 당시보다 2억 2천만 원 올랐으니, 단순 계산하면 투자금의 거의 30배를 번 셈입니다.

운명을 바꾸는 부동산 투자 수업

투자금		수익	
낙찰가	36,000	전세 보증금	36,000
취득세	396		
수리비용	114		
기타 비용	198		
① 투자 총액	36,708	② 환수 총액	36,000
실투자금(①-②)			708

(단위: 만 원)

이 사례를 보면 '나도 경매를 해볼까?' 하는 생각이 들지도 모릅니다. 그러나 경매는 시세 조사가 상대적으로 어려운 데다 입찰과 명도 과정에서의 스트레스로 인해 강한 투자 마인드가 없으면 접근하기 어려운 분야입니다. 물론 이를 해결하고 감당할 수만 있다면, 이처럼 적은 금액으로 큰 이득을 얻을 수 있는 투자이기도 합니다.

투자는 결국 나와 가족의
행복을 위한 것

사람들은 왜 돈을 벌고 투자를 하며 부자가 되려 할까요? 단순하게 생각해보면 '돈이 필요하기 때문'입니다. 돈이 있어야 좋은 집에서 맛있는 음식을 먹고, 여행도 좀 다니고, 아이 교육을 시킬 수 있죠. 그런데 아무리 열심히 돈을 벌어도 근로소득만으로는 늘 돈이 모자랍니다. 대부분 돈 문제를 해결하고 싶어서 투자를 시작하죠.

그럼 얼마나 돈을 벌어야 할까요? 10억이나 20억 혹은 100억을 벌어야 한다는 사람도 있죠. '강남에 아파트 한 채 사는 것이 꿈'이라는 사람도 있습니다. 그만큼 돈을 벌면, 그 집을 사면 정말 행복해질까요? 우리가 돈을 버는 이유에는 수천, 수만 가지가 있겠지만,

그 모든 목표의 이면에는 '행복'이 있습니다. 결국 우리는 행복해지기 위해 돈을 법니다. 우리가 하는 모든 행동은 결국 지금보다 더 행복해지기 위해서죠. 그러니 돈보다 '행복'에 대해 더 고민해야 합니다. 나와 가족을 더 행복하게 해줄 목표가 무엇인지를 깊이 생각해봐야 한다는 말입니다.

나의 진짜 목표가 무엇인지 고민해야 한다

"당신의 목표는 무엇입니까?"

이 질문에 뭐라고 대답하시겠습니까? 저는 상담할 때 실제로 이런 질문을 자주 하는데, 답변은 크게 둘로 나뉩니다. 첫 번째는 앞서 이야기한 것처럼 '강남 아파트에 살고 싶다'라거나 '20억 벌고 싶어요'와 같은 1차원적인 목표입니다. 하지만 이것은 '목표를 위한 목표'에 불과합니다. 과정은 힘들지만 막상 이루고 나면 공허한 경우가 많죠. 자신의 빌딩을 세우는 것이 목표였던 80대 어르신이 있습니다. 40년 넘게 악착같이 모으고 벌어서 드디어 건물을 지으려고 준비하던 와중에 안타깝게도 고인이 되고 말았습니다. 유족들과 이야기를 나눈 적이 있는데, 그 어르신의 목표를 위해 40년 이상을 희생한 가족들은 하나같이 너무 힘들었다고 합니다. 자신의 행복을 위해 목표를 세웠는데, 그 목표 때문에 가족은 불행했던 것이죠.

두 번째로는 '해외여행을 통해 나를 찾고 싶어요'라거나 '재단을 세워서 어려운 사람을 돕고 싶어요'와 같이 거창한 목표를 세우는 분이 있습니다. 그런데 과연 돈을 많이 벌어야만 이러한 꿈을 이룰 수 있을까요? 몇 달만 바짝 모으면 해외여행을 갈 자금 정도는 마련할 수 있습니다. 큰돈이 아니어도 기부 역시 당장 시작할 수 있고요. 지금 할 수 있는데도 하지 않는 것은 보여주기 식의 목표일 뿐 진짜 나의 목표는 아닐 겁니다. 그게 진짜 자신의 꿈이고 목표라면 당장, 작게라도 시작했을 테니까요.

목표에서 행복을 찾지 말고 행복해질 목표를 찾아라

좋은 목표를 세우기 위해서는 내가 무엇을 할 때 행복한지에 대해 고민해봐야 합니다. 그래야 '행복한 무엇'을 하기 위해 얼마의 돈과 시간이 필요한지를 알고 제대로 된 목표를 세울 수 있습니다.

30대 초반에 창업해 승승장구하던 사업가가 있습니다. 보통은 급성장한 회사를 더 키우고 싶게 마련이지만, 사실 이분의 목표는 '은퇴해서 일 안 하고 집에서 취미생활을 하며 사는 것'이었습니다. 이분은 정말로 그렇게 했습니다. 회사를 매각하고 생긴 수십억 원으로 집에서 게임을 하면서 살고 있습니다. 방 한 칸에는 컴퓨터를

운명을 바꾸는 부동산 투자 수업

여러 대 둬서 친구들이 찾아오면 함께 게임을 하죠. 게임 외에는 돈을 쓸 일이 없다 보니 한 달 생활비가 100만 원밖에 들지 않는다고 합니다. 현금만 수십 억이 있는 분인데도 회사를 운영할 때는 하루하루가 스트레스였는데 매일 좋아하는 게임만 하다 보니 너무 행복하다고 했습니다. 저는 이분의 삶도 충분히 멋지다고 생각합니다. 자신이 무엇을 해야 행복한지 알고 있었고, 이를 위한 기틀을 마련해 실제로도 그렇게 살아가고 있으니까요.

나는 무엇을 할 때 행복한가? 그 행복한 일을 평생 하고 싶다면 얼마의 돈이 필요한가? 즉, 그만큼의 돈을 모아서 평생 하고 싶은 행복한 일은 무엇인가? 그 돈을 모으는 데 얼마나 걸릴 것인가? 저는 이런 질문들이 실전 투자를 시작하기에 앞서 진지하게 고민해봐야 할 부분이라고 생각합니다. 그 질문에 대한 답변이 당신을 투자라는 쉽지 않은 길에서 버티게 하고 노력하게 만들어줄 것이기 때문입니다. 이 책을 읽는 모든 분들이 각자 세운 목표를 이루고, 오늘보다 더 행복한 내일을 살아가게 되기를 진심으로 기원합니다.

운명을 바꾸는
부동산 투자 수업

내 집 마련부터 실전 아파트 투자까지, 결국 돈 버는 부동산 투자 트레이닝

【 바이블 에디션 | 기초편·실전편 합본판 】

초판 1쇄 발행 2022년 9월 30일
초판 2쇄 발행 2022년 10월 3일

지은이 정태익

발행인 이재진	**단행본사업본부장** 신동해
편집장 조한나	**기획편집** 전해인
구성 노준승	**교정** 남은영
디자인 studio forb	**마케팅** 최혜진 최지은
홍보 최새롬 반여진 정지연	**제작** 정석훈

브랜드 리더스북
주소 경기도 파주시 회동길 20
문의전화 031-956-7209(편집) 031-956-7127(마케팅)

홈페이지 www.wjbooks.co.kr
페이스북 www.facebook.com/wjbook
포스트 post.naver.com/wj_booking

발행처 ㈜웅진씽크빅
출판신고 1980년 3월 29일 제 406-2007-000046호

ⓒ 정태익, 2022

ISBN 978-89-01-26389-2 03320